U0751049

▶ **主编简介**

　　曹贤信，男，1974年生，湖南郴州永兴人，民建会员，2011年6月毕业于西南政法大学民商法专业，获法学博士学位。现为赣南师范学院政治与法律学院副教授、硕士生导师、应用法学研究中心主任，主要从事民法、亲属法、法哲学研究。2012年3月进入吉林大学法学院博士后科研流动站，从事法学理论博士后研究工作。现主持教育部人文社会科学研究项目、江西省社科规划项目和江西省教科规划课题各一项。已在《知识产权》《伦理学研究》等期刊上发表学术论文十余篇，著有《亲属法的伦理性及其限度研究》（群众出版社2012年版）等。

江西省法学教材系列

婚姻家庭与继承法

主　编　曹贤信

副主编　陈思琴　宋金华

▶ 撰稿人（按撰稿章节顺序）：

陈思琴　宋金华　汤　亮　吴金莲

段伟伟　曾晓林　刘国华　曹贤信

王晓云　徐聪颖　罗金寿　籍明明

厦门大学出版社　国家一级出版社
XIAMEN UNIVERSITY PRESS　全国百佳图书出版单位

江西省法学教材系列编委会

主　任：魏小琴

常务副主任：刘德意

副主任：涂书田　　叶　青　　利子平　　邓　辉

　　　　沈桥林　　朱爱莹　　邓国良　　王世进

　　　　王新华　　宋文艳

执行总主编：涂书田

委　员：（按姓氏拼音排序）

　　　　曹贤信　　邓国良　　邓　辉　　江　丽

　　　　康　诚　　李朝生　　利子平　　刘德意

　　　　刘　俊　　刘　俊　　沈桥林　　施高翔

　　　　舒小庆　　宋文艳　　涂书田　　宛锦春

　　　　汪志刚　　王世进　　王新华　　魏小琴

　　　　叶　青　　朱爱莹　　邹建辉

总　序

　　党的十八大根据全面建成小康社会的新形势和新要求,作出了"全面推进依法治国"的重大决策和战略部署。习近平同志在中央政治局就全面推进依法治国进行集体学习时强调,要坚持依法治国、依法执政、依法行政共同推进,坚持法治国家、法治政府、法治社会一体建设。江西省第十三次党代会根据建设富裕和谐秀美江西的发展战略,提出了加快推进依法治省进程的明确要求。党中央、江西省委为新时期法学研究和法学教育事业发展提出了新的要求并指明了方向。

　　法律的进步和法治的完善,是一项综合性、系统性的社会工程。全民法律意识、法律素质的提高,是实现全面推进依法治国战略关键的、决定性的因素。在推进法律进步和法治完善进程中,法学教育无疑处于基础的地位。江西省的法学教育自上世纪 70 年代末恢复开展以来,取得了长足的进步。时至今日,开设法学本科教育的大专院校就有二十余所,培养了大批的优秀法律专业人才。随着国家的发展、社会的进步和法治建设的深入推进,高等法学教育日益面临新的任务。这就需要全省高校各法学院(系)加强合作与交流,共同推进我省高等法学教育事业发展,以适应全社会对法律专业人才的多样化需求。要搞好法学教育,自然离不开一套好的法学教材。为了适应新形势下我省高等法学教育和民主法治实践发展的需要,提升法学本科教学和研究水平,江西省法学会组织全省高校各法学院(系)联合编写了这套适应法学本科教育,具有江西特色,符合社会主义法治理念要求的法学系列教材。

　　本套教材以我省高校主要法学院(系)的师资力量为依托,由具有丰富教学经验和科研能力的资深教授领衔主编,约请全省二十余所高校法学专业骨干教师联袂参编,作者权威,阵容强大。在内容和体例上,教材特别强调以学生为本,从法学本科生的知识需要出发,既注重保留传统教材的精华,又力求有所突破和创新。首先,各册教材根据巩固基础、够用好学的要求,对相应领域的法律知识进行了高度整合,形成一个逻辑严密、便以理解掌握的知识体系,帮助学生打下扎实的法律专业基础。其次,突出理论与实践的结合,在各章之前增设了"引例",通过案例激发学生的学习动力和兴趣,切入相关知识体系,从而进一步理解抽象的法律专业知识。同时,根据当前法科学生必须通过司法考试方能取得司法从业资格的实际需要,注意了理论教育与职业教育之间的衔接,在各章之后增加了"司法考试真题链接",帮助学生将理论知识与司法考试有机结合起来。在学术观点上,为了避免给学生学习上带来过多困惑,通篇采用了我国法学界公认的理论观点,对存有争议的部分不作深入探讨。

本套教材既是江西省各高校法学院(系)通力协作、共同努力的结果,集中体现了我省法学教学与科研的最新成果,凝聚了广大教师的心血和智慧,也是一套面向新时期、反映我省当今高等法学教育最新状况的法学教材。相信本套教材的出版,一定能够为新时期我省高等法学教育的繁荣发展发挥应有的作用。

本套教材的编写,由厦门大学出版社策划并提供大力支持,得到了中共江西省委政法委的指导。在此,谨致深切的谢意。由于水平和经验有限,错误和不当之处在所难免,敬请读者批评指正,以助日后不断修改完善。

江西省法学教材系列编委会

2013 年 3 月

前言

　　婚姻家庭法作为调整男女两性关系和亲属关系的法律,是现今各国普遍施行的、国与家并治的重要民事基本法,同时也是民事审判实践中适用性极强的法律之一。继承法是以婚姻、血缘为重要基础的,与民生紧密相关的民事法,在我国物质财富越来越丰富的今天,其适用面也越来越广。因此,对婚姻家庭与继承法的深入研究和学习是非常必要的。

　　本教材以 2001 年修正后的《婚姻法》、现行《继承法》和其他最新的法律、法规及司法解释为依据,注意吸收婚姻家庭法与继承法的最新研究成果,借鉴外国立法,结合司法实务,根据法学专业本科生的学习特点和教学规律,系统阐述婚姻家庭与继承法的基本知识、基础理论和基本制度,以适应培养高层次法学人才的需要。本教材的编写突出了以下三点要求:

　　第一,摒弃单纯的法律视角,注重伦理视角和社会性别视角。由于婚姻家庭继承制度具有高度的伦理性,许多婚姻家庭问题并不一定都通过法律途径来解决,道德的作用往往更为人们所重视。婚姻家庭与继承法课程的教学不仅是法律、法学知识的传播过程,同时也必然是社会主义伦理道德教育的过程。此外,由于婚姻家庭领域受封建制度和传统思想影响最深,男尊女卑的思想从未彻底根除,因此认识婚姻家庭问题特别是婚姻家庭法律制度问题时,还必须具有社会性别视角。

　　第二,内容简明扼要,顺应教学需求。本教材对婚姻家庭与继承法领域的基本概念、基本知识、基本理论及主要法律制度进行了全面系统的阐述,尤其注意重点阐明我国最新现行法律及相关司法解释的内容。对于理论性学说、观点的介绍力求简要,避免对争议性内容作过多评价,以适应教学之需要。

　　第三,讲求理论联系实际,注重学生法学思维能力的培养。根据章节内容的实践性要求,适时在各章章前或节前以"引例"的方式吸引学生的注意力,引导学生进入本章或本节主要知识点的学习。各章结尾部分均结合本章重点设置了"思考题",并附有自 2002 年以来的国家司法考试真题,从而帮助学生深入理解和熟练掌握相关的基本知识和基本理论,提高学生的知识应用能力,并更为全面地强化其法学思维能力。

本教材的编写程序,先由集体讨论确定编写大纲和写作要求,再由各撰稿人分工撰写,最后由主编、副主编统改定稿。本教材撰稿分工如下(按撰写章节排序):

陈思琴(法学博士,南昌航空大学文法学院副教授):撰写第一章、第六章。

宋金华(法学硕士,江西理工大学文法学院副教授):硕士生导师,撰写第二章、第十章。

汤　亮(法学硕士,江西省委党校法学教研部讲师):撰写第三章。

吴金莲(法学硕士,南昌大学科学技术学院人文学科部法律系讲师):撰写第四章。

段伟伟(法学博士,江西理工大学文法学院讲师):撰写第五章。

曾晓林(法学硕士,赣南师范学院政治与法律学院副教授):撰写第七章。

刘国华(法学硕士,江西警察学院法律系副教授):撰写第八章。

曹贤信(法学博士,赣南师范学院政治与法律学院副教授,硕士生导师):撰写第九章。

王晓云(法学硕士,江西科技师范大学法学院讲师):撰写第十一章。

徐聪颖(法学博士,江西财经大学法学院副教授,硕士生导师):撰写第十二章。

罗金寿(法学博士,江西师范大学政法学院副教授,硕士生导师):撰写第十三章。

籍明明(法学硕士,江西理工大学应用科学学院人文科学系讲师):撰写第十四章。

需说明的是,本教材除婚姻家庭法总论(第一至三章)以外,主要由婚姻制度(第四、九章)、家庭制度(第五至八章)和继承制度(第十至十四章)三个部分构成,但未将涉外(含涉港澳台地区)婚姻家庭与继承的法律适用纳入编写范围,主要是因为这些法律适用问题大多属于区际冲突法或国际冲突法范畴,且我国《涉外民事关系法律适用法》第三、四章已对此进行了规定,故放在《国际私法》课程里学习比较合适。

需强调的是,尽管有我们全体编写人员的努力,但受学识所限,书中观点与内容难免存在一些不够成熟之处,权作引玉之砖以求教于学界同仁,也恳请各位读者批评指正(E-mail:caoxianxin@gnnu.cn)。

最后,本教材的出版得到了厦门大学出版社的大力支持,在此深表谢忱。

曹贤信

2013 年 3 月 30 日

目录

常用法律、法规及司法解释等缩略语表

简 称	法律、法规及司法解释等
《宪法》	2004 年 3 月 14 日修正后的《中华人民共和国宪法》
《婚姻法》	2001 年 4 月 28 日修正并颁布施行的《中华人民共和国婚姻法》
《婚姻法解释（一）》	2001 年 12 月 24 日通过、2001 年 12 月 27 日施行的最高人民法院《关于适用〈中华人民共和国婚姻法〉若干问题的解释（一）》
《婚姻法解释（二）》	2003 年 12 月 4 日通过、2004 年 4 月 1 日施行的最高人民法院《关于适用〈中华人民共和国婚姻法〉若干问题的解释（二）》
《婚姻法解释（三）》	2011 年 7 月 4 日通过、2011 年 8 月 13 日施行的最高人民法院《关于适用〈中华人民共和国婚姻法〉若干问题的解释（三）》
《婚姻登记条例》	2003 年 7 月 30 日通过、2003 年 10 月 1 日施行的《中华人民共和国婚姻登记条例》
《审理以夫妻名义同居生活案件的意见》	1989 年最高人民法院《关于人民法院审理未办结婚登记而以夫妻名义同居生活案件的若干意见》
《财产分割意见》	1993 年最高人民法院《关于人民法院审理离婚案件处理财产分割问题的若干具体意见》
《认定夫妻感情确已破裂的意见》	1989 年最高人民法院《关于人民法院审理离婚案件如何认定夫妻感情确已破裂的若干具体意见》
《子女抚养意见》	1993 年最高人民法院《关于人民法院审理离婚案件处理子女抚养问题的若干具体意见》
《收养法》	1998 年 11 月 4 日修正、1999 年 4 月 1 日施行的《中华人民共和国收养法》
《妇女权益保障法》	2005 年 8 月 28 日修正、2005 年 12 月 1 日施行的《中华人民共和国妇女权益保障法》
《老年人权益保障法》	2012 年 12 月 28 日修正、2013 年 7 月 1 日施行的《中华人民共和国老人年权益保障法》
《未成年人保护法》	2012 年 10 月 26 日再次修正、2013 年 1 月 1 日施行的《中华人民共和国未成年人保护法》

《母婴保健法》	1994 年 10 月 27 日通过、1995 年 6 月 1 日施行的《中华人民共和国母婴保健法》
《人口与计划生育法》	2001 年 12 月 29 日通过、2002 年 9 月 1 日施行的《中华人民共和国人口与计划生育法》
《继承法》	1985 年 4 月 10 日通过、同年 10 月 1 日施行的《中华人民共和国继承法》
《继承法意见》	1985 年最高人民法院《关于贯彻执行〈中华人民共和国继承法〉若干问题的意见》
《民法通则》	1986 年 4 月 12 日通过、1987 年 1 月 1 日施行的《中华人民共和国民法通则》
《民法通则意见》	1988 年最高人民法院《关于适用〈中华人民共和国民法通则〉若干问题的意见(试行)》
《民事诉讼法》	2012 年 8 月 31 日再次修正、2013 年 1 月 1 日施行的《中华人民共和国民事诉讼法》
《刑法》	2011 年 2 月 25 日修正、2011 年 5 月 1 日施行的《中华人民共和国刑法》
《刑事诉讼法》	2012 年 3 月 14 日修正、2013 年 1 月 1 日施行的《中华人民共和国刑事诉讼法》
《行政诉讼法》	1989 年 4 月 4 日通过、1990 年 10 月 1 日施行的《中华人民共和国行政诉讼法》
《公证法》	2005 年 8 月 28 日通过、2006 年 3 月 1 日施行的《中华人民共和国公证法》

第一章　婚姻家庭法概述

【引例】

　　刘某和李某是一对同性恋,两人的感情很深厚,一起投资买了一套房。刘某考虑到自己比李某年长许多,认为自己一定会先死,于是坚持在房产本上户主一栏写上了李某。然而,李某却因为一次交通事故先刘某而去。去世的李某并没有父母和任何兄弟姐妹。由于买房时系李某前去办理相关购房手续,刘某亦没有证据证明他投资过这套房子。

　　问:(1)刘某和李某是否具有婚姻关系? 为什么?

　　(2)刘某是否有权利继承李某的遗产?

　　(3)刘某是否有权利替李某追究肇事司机的责任?

第一节　婚姻家庭概述

一、婚姻家庭的概念

(一)婚姻的概念

　　关于婚姻的概念,不同时期有不同的解释,无统一的定论。学术界对婚姻的概念,有"契约说"、"神权说"、"社会制度说"、"共同生活说"等多种说法。我国现行《婚姻法》没有对"婚姻"一词作出明确的定义。学者们对婚姻所下的定义也有所不同,有的认为婚姻是"男女双方以永久共同生活为目的,以夫妻权利义务为内容的合法结合"[1]。有的认为婚姻是指"为当时社会制度所确认的,男女两性以互为配偶为目的的结合"[2]。有的认为婚姻是指"男女双方以永久共同生活为目的,具有社会认可的夫妻身份的男女两性的结合"[3]。有的认为婚姻是"男女双方以共同生活为目的而缔结的,具有公示的夫妻身份的两性结合"[4]。

　　我们认为,婚姻是为当时社会制度所确认的,男女两性互为配偶的结合。根据这一概念,婚姻必须具备以下要件:

---

[1]　杨大文、马忆南编著:《婚姻家庭法》,北京大学出版社 2004 年版,第 3 页。

[2]　陈苇主编:《婚姻家庭继承法学》,法律出版社 2002 年版,第 2 页。

[3]　王洪:《婚姻家庭法》,法律出版社 2003 年版,第 62 页。

[4]　方文晖:《论婚姻在法学上的概念》,载《南京大学学报》2000 年第 5 期。

1. 婚姻必须是男女两性的结合

男女两性的生理差别和性的本能与需要,是婚姻的原始动力和自然条件。只有男女两性的结合,才能满足性本能的要求和实现种族的延续。同性结合违背了婚姻的自然法则,不构成婚姻。

关于同性恋者结婚问题,国内学界主要存在两种观点:"否定说"和"肯定说"[①]。"否定说"认为,同性恋者结婚违背婚姻的自然属性;不利于生理健康;不能生育后代;同性结合的家庭可能对未成年人的成长不利;对人类传统的婚姻家庭道德带来破坏性的冲击等。"肯定说"认为,同性恋者的结婚权利属于人权;禁止同性结婚偏离了法律面前人人平等的价值追求;医学并不认为同性恋是变态;以大多数人的常态来断定少数人的非常态是错误的;同性结合只是一种生活方式的选择,不同于大多数人的生活方式和婚姻观念;只要同性恋者的结合行为不影响社会利益和他人利益,理应得到宽容与尊重[②]。自 20 世纪 70 年代末,西方国家的大批同性恋者掀起了同性婚姻合法化运动。许多国家实现了同性恋者婚姻权益的法律保护。由于这些国家国情差异,有关同性恋者婚姻权益的立法模式主要有:零星规制模式、同性伴侣(家庭伴侣、登记伴侣、民事伴侣)的立法模式、同性婚姻立法模式[③]。第一个为同性恋者制定同性伴侣法的国家是丹麦,其立法形式是 1989 年颁布的《登记伴侣法案》(*Danish Registered Partnership*)。第一个将同性婚姻合法化的国家是荷兰。2001 年生效的《荷兰民法典》第 30 条第 1 款规定:"婚姻是异性或同性的两人之间所缔结的契约关系。"[④]可见,该法直接承认同性婚姻和一般的异性婚姻有着一样的法律地位。

我国现行《婚姻法》未规定同性结合,其所规定的合法婚姻是一男一女的依法结合,即不承认两位男性或女性之间的同性结合。值得注意的是,我国《婚姻法》和《婚姻登记条例》对婚姻须是一男一女的结合的性别判断,主要是根据户口簿以及身份证上所显示的性别信息。实施变性手术后的公民(如原为男性,经变性手术后为女性),只要经公安派出所办理性别变更登记手续,将其原性别(男)更改为手术后的新性别(女),则可以新性别身份

---

① 陈苇主编:《当代中国内地与港、澳、台地区婚姻家庭法比较研究》,群众出版社 2012 年版,第 124 页。

② 关于"否定说"和"肯定说"的各种理由的归纳,参见蒋月:《婚姻家庭法前沿导论》,科学出版社 2007 年版,第 54～55 页;王歌雅:《论同性恋者婚姻权的法律规制》,载《甘肃社会科学》2008 年第 1 期;马忆南、高庆:《改革开放三十年中国结婚法研究回顾与展望》,载陈苇主编:《家事法研究》(2008 年卷),群众出版社 2009 年版,第 46～49 页。

③ 有关内容简介,请参见曹贤信:《亲属法的伦理性及其限度研究》,群众出版社 2012 年版,第 268～269 页。

④ [德]M. 克斯特尔:《欧洲同性恋立法动态的比较考察》,邓建中译,载《比较法研究》2004 年第 2 期。

（女）与异性（男）结婚,既有立法对此并无禁止规定①。社会现实生活中,已有变性人以变性后的身份与他人结婚的实例②。

我国香港地区《婚姻条例》规定,婚姻是一男一女的结合。可见,香港地区亦不认同同性恋者享有结婚权,不承认同性结合具有婚姻的效力。尽管如此,但同性同居关系已被纳入香港地区反家暴立法的调整范围。对于变性人能否以变性后的身份与异性结合的问题,2010 年香港法院在 W v. Registrar of Marriages（即婚姻登记处）一案中,裁定跨性别人士（不论变性手术前或后）只能与出生证明上原生性别（例如,女）相反性别（男）的人士结婚③。由此可以说明,现今香港不承认变性人（例如,女）以变性后的身份（男）与异性（女）结婚,只承认其原生性别身份（例如,女）与异性（男）结婚。我国澳门地区《民法典》第1501 条规定,相同性别的两人结婚,所缔结的婚姻在法律上不成立。可见,澳门地区也不承认同性恋者享有结婚权,同性之间结合不具有婚姻的效力。此外,我国台湾地区"民法·亲属编"在结婚要件上要求婚姻是一男一女的结合,排除同性之间缔结婚姻。

2. 婚姻是男女两性互为配偶身份的结合

婚姻的效力,在于夫妻身份的确立。正是由于夫妻的身份,使得婚姻与同居等非婚姻关系区别开来。男女自领取结婚证书之日起,夫妻身份成立,自此夫妻间人身关系和财产关系产生。夫妻相互负有扶养的义务;夫妻应当相互忠实,相互尊重;夫妻都有实行计划生育的义务;夫妻相互享有姓名权、社会活动权、婚姻住所以及家事处理的平等决定权以及遗产继承等权利。不具有夫妻身份、不以夫妻名义共同生活的两性同居关系的当事人,则不产生婚姻法上夫妻间的权利义务关系。

3. 婚姻是为当时社会制度所确认的男女两性结合

婚姻的社会属性决定婚姻必须符合当时社会制度的要求,只有为当时社会制度认可,两性的结合才具有法律上的效力,产生法律上的权利义务关系。如我国古代社会制度要求婚姻须有"父母之命、媒妁之言",须经六礼,才成为当时社会所确认的合法婚姻。现代社会制度则规定了结婚的实质要件和形式要件,只有符合婚姻的必备条件和禁止条件,并经过法定的登记程序,两性的结合才产生法律上的效力,夫妻身份确立,夫妻权利义务得以产生。不符合或不具备实质或形式要件的两性结合不为法律所认可,有可能为无效婚姻、可撤销婚姻或其他违法婚姻,或者仅形成非婚同居关系等。

（二）家庭的概念

家庭是根据婚姻、血缘和法律拟制而产生的由一定范围的亲属所组成的社会生活单

---

① 根据公安部治安管理局《关于公民实施变性手术后变更户口登记性别项目有关问题的批复》（公治〔2002〕131 号）的规定:"对于申请变更户口登记性别项目的公民,只要其出具国家指定医院为其成功实施变性手术的证明,经区、县(市)级以上公安机关审核后,公安派出所应予以办理性别项目变更手续。性别项目变更后,应重新编制公民身份号码。"此后,公安部治安管理局《关于公民手术变性后变更户口登记性别项目有关问题的批复》（公治〔2008〕478 号）亦作了类似规定。为贯彻批复的精神,有的省市也对实施变性手术的公民的性别变更登记作了相应的规范,如《福建省公安机关办理公民申请变更更正户口登记项目暂行办法》（闽公综〔2008〕515 号）等。

② 曾光:《"她"变"他",娶了她　全国首例女变男变性人成婚》,载《晚报文萃》2004 年第 4 期。

③ 赵文宗、何志权:《香港实用婚姻法》,香港:红投资有限公司(圆桌文化)2011 年版,第 13 页。

位,是人类最基本最重要的一种群体生活形式。这一概念包括两方面的含义:

1. 家庭是人们共同生活的单位

家庭成员在一起共同生活是家庭的基本特征,共同生活的内容主要表现在:父母对子女的抚养教育、子女对父母的赡养扶助、夫妻间的照料与扶养等。家庭成员间有共同的财产关系,既有夫妻共同财产、家庭成员共同财产,也有家庭成员个人财产。家庭成员之间相互享有法定权利,互负法定义务。全体成员相互尊重、相互照顾,共同维护家庭的美满和谐,促进社会的稳定与发展。

2. 家庭由一定范围的亲属组成

家庭不是由人们随意组成的生活单位,家庭成员相互间必须具有亲属关系,有固定的身份和称谓,有法律赋予的权利和义务关系。亲属范围很广,人数众多,亲疏有远近,作为共同生活单位的家庭,只能选择一定范围的亲属组成,而不能是全部,原因在于:一是亲属是由婚姻关系、血缘关系和法律拟制而产生的一个庞大的群体,任何时代的任何家庭都不可能容纳全部亲属在一个家庭中共同生活。二是家庭成员越多,人际关系越复杂,不利于家庭的团结和稳定。① 至于"一定范围"的界定,则由于各国在社会类型、民族传统、经济制度、居住区域以及住房条件等方面存在的差异,而各有不同。

■ 二、婚姻家庭的属性

婚姻家庭是以两性结合与血缘联系为基础而形成的社会关系,既有一般社会关系的共性,又有其自身独具的特点和属性,体现出自然属性和社会属性的统一,社会属性是其本质属性。

(一)婚姻家庭的自然属性

婚姻家庭的自然属性,是婚姻家庭赖以形成的自然条件和婚姻家庭内含的自然规律。它是在婚姻家庭中客观存在的、人为因素所不能改变的具有普遍意义的属性,是婚姻家庭关系与其他的社会关系相区别的显著特征。男女两性的生理差异和人类所固有的性本能,是建立婚姻关系的生理基础。家庭的生育职能使家庭成员之间有着基因上的血脉联系,使家族得以绵延久存,使人类得以繁衍生息。亲子间的血缘联系,是亲子关系确定与否认的主要依据,也为法律上的禁婚亲提供了得以界定的根据和标准。各国婚姻家庭法关于法定婚龄、禁止一定范围的近血亲结婚以及禁婚疾病等规定,是婚姻家庭自然属性的体现。

(二)婚姻家庭的社会属性

婚姻家庭的社会属性,是指决定和影响婚姻家庭的社会力量及婚姻家庭包含的内容。婚姻家庭从本质上说是一种特殊的社会关系,承担多重社会职能,对社会和谐稳定和发展起着积极的促进作用。社会关系是人与人之间的关系,婚姻家庭关系是特殊的群体——家庭成员之间形成的关系,既体现出区别于其他自然界动物的社会性,又体现出区别于普

---

① 陈苇主编:《婚姻家庭继承法学》,群众出版社 2012 年版,第 5～6 页。

通社会关系的特殊性。这种社会关系依存于一定的社会结构和社会发展。什么样的两性结合才能成为婚姻,组成家庭需要什么样的条件和形式,家庭成员之间的权利义务是什么,这些都不是由人们随心所欲去决定的,必须由社会作出决定,并且要受社会的传统习惯、伦理道德、经济文化等各方面因素的影响。婚姻家庭的发展、变异的根本动因是不同社会条件下各种社会因素的综合影响。

三、婚姻家庭的职能

婚姻家庭作为人类社会所特有的现象,自其产生之日起,便担负着一定的社会职能。只有认识到婚姻家庭的职能,才能有助于婚姻家庭制度的建构和婚姻家庭法的研究。

(一)经济职能

家庭所具有的经济职能主要体现在生产、生活和消费两个方面。家庭的生产职能,随着社会的发展、专业的分工和细化,相对而言由强变弱。在古代社会,家庭的生产功能是很强大的,但在现代社会由于生产力以及生产方式的转变,该职能已经大为减弱,只有农民、城市手工业家庭仍然负担有生产的部分作用,大多数其他家庭已经不再具有生产的职能。与此相对应的,随着物质资料的丰富和人们生活水平的提高,家庭生活与消费职能大为提高。生活在同一家庭的成员、有劳动能力的成员将其在社会分配中所得的收入,用于家庭成员的再分配——消费之中,安排一家人的生活及其他消费。

(二)生育职能

生育是婚姻家庭的主要职能之一,也是人类两性结合的必然产物。人口的再生产,是人类社会存在和可持续发展的必然要求。男女结婚,生儿育女,繁衍后代,是任何社会的家庭所具有的共同职能。不过,生育与各国各时期社会的人口状况以及经济发展水平等紧密相连,所以部分国家基于人口增长过慢以及生育率的下降,为提高生育率实行鼓励生育,如西班牙、德国等;也有部分国家基于控制人口的过快增长,实行计划生育,如中国;还有部分国家既不鼓励也不限制,随其自然生育,如美国由于移民增加以及移民生育子女的增加等,对家庭生育实行不干预政策等[①]。但无论是采取鼓励生育还是实行计划生育,都实际上证明了家庭的生育职能于社会的重大意义。

(三)教育职能

正如费孝通先生所说,婚姻的意义在于人为地确立双系抚育。家庭是孩子们最初的成长环境和活动场所,是对孩子教育的启蒙和开端。亲子之间所具有的亲情、血缘、经济和生活上的联系使得家庭教育具有与其他的社会教育不同的特点,良好的家庭教育对孩子的健康成长等具有重要的作用。所以,家庭是孩子最好的教育环境,父母是孩子最好的老师。

---

① 熊传东:《各国生育态势及政策扫描》,载《北方新报》2010年5月28日第15版。

（四）扶助职能

在我国社会保障尚不健全的今天,家庭是养老育幼的主要方式。夫妻之间、父母子女之间、(外)祖父母与(外)孙子女之间以及兄弟姐妹之间在物质上相互扶养与帮助,在情感上相互交流与关怀,既保障了儿童健康成长,老人老有所依,缺乏劳动能力又没有生活来源的其他家庭成员得以生存和发展,又维护了家庭与社会的稳定。

第二节　婚姻家庭法的界定

一、婚姻家庭法的概念和特征

（一）婚姻家庭法的概念

婚姻家庭法是规定婚姻家庭关系的发生和终止,以及由此产生的特定范围内的亲属之间权利义务关系的法律规范的总称。婚姻家庭法既包括形式意义上的婚姻法,即仅以婚姻法命名的法律文件,也包括实质意义上的婚姻法,即以宪法、法律法规中涉及婚姻家庭权利义务关系内容的法律规范。

关于婚姻家庭法的名称,世界各国的规定并不完全相同,主要有:婚姻法、家庭法、婚姻家庭法、亲属法、家事法以及根据具体事由形成的单行法,如结婚法、离婚法、父母子女关系法等。名称存在差异主要原因在于:一是因调整范围的不同导致命名各不相同。例如,调整婚姻关系的叫婚姻法,调整家庭关系的叫家庭法,既调整婚姻关系又调整家庭关系的叫婚姻家庭法。二是认识差异和传统习惯的影响。[1] 例如,调整婚姻关系和家庭关系的法律,有的国家称为婚姻法,如我国 1950 年《婚姻法》、1980 年《婚姻法》及 2001 年修正后的《婚姻法》;有的称为婚姻和家庭法,或家庭法,或家庭法典,如苏联 1968 年《苏俄婚姻和家庭法典》以及 1995 年《俄罗斯联邦家庭法典》。大陆法系国家则一般称婚姻家庭法为亲属法,如德国、瑞士、日本等国民法典之亲属编。英美法系国家一般称婚姻家庭法为家庭法,并根据具体规范的事项命名,如英国的《婚姻诉讼法》、《家庭赡养法》、《离婚改革法》以及美国的《统一结婚离婚法》等。

在 2001 年之前修改婚姻法的过程中,我国社会各界对调整婚姻家庭和其他亲属关系的法律规范的科学命名问题产生了较大的争论,且已经普遍认识到我国现行《婚姻法》"名实不符是一大问题"[2]。第一种观点认为,保留"婚姻法"称谓。其理由主要包括:一是广义的婚姻法既调整婚姻关系,也调整家庭关系;二是历史地看,新中国成立后颁布的第一部法律就是《婚姻法》,在逐步完善法制建设、强调依法治国的今天,在不影响其调整范围

---

① 陈苇主编:《婚姻家庭继承法学》,群众出版社 2012 年版,第 8 页。
② 杨大文:《民法的法典化与婚姻家庭法制的全面完善》,载《中华女子学院学报》2002 年第 4 期。

和所规定内容的前提下,保留"婚姻法"的名称尤为重要①。第二种观点认为,应将婚姻法更名为婚姻家庭法,与其调整范围更相适应②,不宜使用"亲属法"的概念或名称,易让民众造成误解③。第三种观点认为,应采"家庭法"的概念。其理由主要有:现代婚姻法的调整范围已经不像以前那样广泛,它基本上只调整婚姻家庭关系,而婚姻可以被包含在家庭之中,所以称其为"家庭法"更为简单明了,也符合国际惯例④。第四种观点认为,应将婚姻法更名为"亲属法",因为许多超越婚姻家庭范围而又需要法律调整的亲属关系,是婚姻家庭法所不能涵括的⑤。采用"亲属法"称谓更名副其实,而且与国际上通行的做法相接轨,鉴于其调整的亲属关系已超出家庭关系的范围,故不宜采用婚姻家庭法的名称⑥。我们认为,婚姻法概念的内涵相对较窄,仅作文理解释的话,易被理解为调整婚姻关系的法律规范的总称。婚姻家庭法概念的内涵较之婚姻法更宽,包括调整婚姻关系和家庭关系的法律规范,但名称本身不够精练简洁,且婚姻和家庭两个概念之间是被包含与包含的关系。亲属法是大陆法系通用的概念,目前内地专家学者的民法典草案普遍反映出采"亲属编"称谓的趋势,也能包容婚姻家庭关系以及超出婚姻家庭范围的同居关系等其他内容,相较于"婚姻法"、"家庭法"以及"婚姻家庭法"更为妥当。

(二)婚姻家庭法的特征

与其他部门法相比较,婚姻家庭法主要表现出以下特征:

1. 婚姻家庭法的适用对象具有广泛性

婚姻家庭涉及每个公民和家庭的切身利益,作为调整人们在婚姻家庭领域行为基本准则的婚姻家庭法,适用于一切公民。正如毛泽东同志曾说的:"《婚姻法》是有关一切男女利害的普遍性仅次于宪法的国家的根本大法之一。"⑦一国之内,婚姻家庭法是适用于全体公民的普通法,而不是针对部分公民的特别法。因此,婚姻家庭法在适用上具有广泛性。

2. 婚姻家庭法的内容具有强烈的伦理性

婚姻家庭法既调整家庭成员之间的人身关系,也调整家庭成员之间的财产关系。但与其他调整陌生人之间人身和财产关系的法律相比较,婚姻家庭法调整的是亲属之间的人身及财产关系,其典型特征在于身份法属性和伦理性,这些特性要求婚姻家庭法在法律调整的内容和方法上区别于其他普通法律。不但在立法上反映伦理道德的要求,而且将

---

① 全国人大法工委民法室编:《〈中华人民共和国婚姻法〉修改立法资料选》,法律出版社 2001 年版,第 26 页。

② 巫昌祯、杨大文:《走向 21 世纪的中国婚姻家庭》,吉林人民出版社 1995 年版,第 17 页。

③ 王利明:《民法典体系研究》,法律出版社 2009 年版,第 470 页。

④ 王洪:《婚姻家庭法》,法律出版社 2003 年版,第 2 页。

⑤ 杨遂全:《论婚姻法正名为亲属法的必要性》,载《社会科学研究》1998 年第 3 期。

⑥ 余延满:《亲属法原论》,法律出版社 2007 年版,第 1 页。

⑦ 1950 年 4 月 14 日,中央人民政府法制委员会:《婚姻法起草经过和理由的报告》,载西南政法学院民法教研室编:《中华人民共和国婚姻法教学参考资料》(第一辑),西南政法学院内部印刷 1984 年版,第 277 页。

某些伦理道德上升为法律规范。婚姻家庭法所规定的权利义务多来自于婚姻家庭伦理，如亲子间的权利义务、祖孙间的权利义务以及兄弟姐妹间的权利义务、禁止家庭成员间的虐待和遗弃等。2001 年被修正后的《婚姻法》第 4 条增加规定的夫妻忠实义务，亦是道德义务法定化的表现。应当看到，婚姻家庭是否具有伦理性与婚姻家庭法是否具有伦理性是两个不同的问题。但这两个问题所统摄的"伦理性"的交集在哪里？范围和程度又如何？这些无不值得思考。对于作为调整一定亲属间人身关系和财产关系且具有伦理性的婚姻家庭法来说，我们必须在厘清其与婚姻家庭伦理之关系的基础上，区分法律道德化与道德法律化之间的界限，并针对婚姻家庭法所内含的伦理类型提出立法标准及立法规则，以实现对婚姻家庭关系的良法之治①。

3. 婚姻家庭法的规范大多具有强行性

婚姻家庭法所规定的内容，不但关系到个人利益，而且关系到社会利益以及国家利益。为了有效保护公民个人合法权益、维护社会利益及国家利益，婚姻家庭法规范兼具私法与公法的特性，既有任意性规范，也有强行性规范。但与其他私法相比，则更多采用强行性规范的形式，以凸显国家权力对婚姻家庭领域涉及社会利益和国家利益事项的介入和干预，彰显对妇女老人和儿童等弱势群体的倾斜保护，维护婚姻家庭的稳定、儿童的健康成长以及人类社会的繁衍生息。一定的法律事实（如结婚、离婚、出生、收养等）出现后，必然引起相应的法律后果，这些后果是由法律预先予以指明的。例如，结婚与否虽然是由当事人自愿，但一旦结婚，就产生了夫妻间的权利义务关系，婚姻关系终止以前，当事人不得随意抛弃、不能加以限制，也不得改变或者通过约定加以改变。在婚姻家庭法中，许多条文都是用"必须"、"禁止"等肯定性词语，要求当事人只能这样做或不能那样做。当然，在现行婚姻家庭法中，也有一些任意性规范，在条文中使用"可以"来规定，允许公民作灵活性选择，但并不影响《婚姻法》的强行性。例如，在夫妻财产约定、财产分割、离婚时对子女的抚养等方面允许夫妻协议确定，就存在某些任意性规范。

二、婚姻家庭法的调整对象

从调整对象的范围来看，婚姻家庭法既调整婚姻关系，也调整家庭关系；既包括结婚的条件和程序、婚姻的无效与撤销、婚姻成立后夫妻之间的权利和义务、离婚的理由和程序以及婚姻的终止等，也包括家庭成员间的权利义务关系，如夫妻、父母子女、祖父母与孙子女，外祖父母与外孙子女和兄弟姐妹等近亲属之间的权利义务关系。从调整对象的性质来看，婚姻家庭法既调整婚姻家庭中的人身关系，也调整婚姻家庭中的财产关系。

婚姻家庭中财产关系的发生以人身关系为前提和基础，它不同于民法中陌生人之间因交易等所发生的财产关系，其是以婚姻和血缘为基础而在家庭成员之间形成的财产权利义务关系。是故婚姻家庭法是身份法，而非财产法。在婚姻家庭领域的制度建构应始终以此为原则和根本。

婚姻家庭中的人身关系，是指存在于具有特定身份的主体之间，本身并不直接体现经济内容的权利义务关系。无论是婚姻关系还是家庭关系，都是以特定身份为前提所发生

---

① 曹贤信：《亲属法的伦理性及其限度研究》，群众出版社 2012 年版，第 4～5 页。

的权利义务关系,不具有直接的经济内容,也不以经济上的目的而确立。包括夫妻间同居、相互忠实、姓名权、社会活动权、计划生育、相互忠实以及父母对子女的教育保护等权利义务。上述主体之间相互的权利义务,来源于其相互间的特定身份。不具备这种身份,便不具有婚姻家庭法上的权利义务。

婚姻家庭中的财产关系,是指婚姻家庭中具有特定身份的主体之间直接体现经济内容的权利义务关系,如家庭成员间相互扶养、继承遗产的权利义务、夫妻在财产上的权利义务、法定共同制和约定共同制、夫妻共同债务和个人债务的界定和清偿,以及监护人对被监护人造成损失应承担的赔偿责任等。这种财产关系的特殊性在于,它不能脱离婚姻家庭的人身关系而独立存在,它的发生和终止是以人身关系的发生和终止为前提的。财产关系对人身关系有从属性,人身关系消失,相互间的财产关系也会随之消失。婚姻家庭法调整的财产关系与其他民事领域的财产关系有所不同:前者调整的是特定的亲属之间以人身关系为前提的财产关系,具有持续性、无偿性、伦理性、与亲属关系的不可分离性等特点;后者调整的是作为民事权利主体之间的财产关系的普通自然人、法人或非法人组织之间具有等价有偿的商品经济关系,主体之间没有特定的人身关系,而且不受婚姻家庭伦理的影响。

三、婚姻家庭法的渊源

婚姻家庭法的渊源,是婚姻家庭法借以存在和表现的法律规范形式。根据我国现行的法律规范体系、层次和立法模式,我国婚姻家庭法已形成以《宪法》为依据,以《婚姻法》为主干,以其他不同层次的婚姻家庭法规、规章、条例及司法解释为补充的规范体系。

(一)宪法

宪法作为我国的根本大法,是婚姻家庭立法的根据和必须遵循的原则。如《宪法》第33条规定,公民在法律面前一律平等。在《婚姻法》以及《继承法》等婚姻家庭立法中,表现为夫妻关系平等以及男女平等。《宪法》第13条规定,公民的合法的私有财产不受侵犯。国家依照法律规定保护公民的私有财产权和继承权。《继承法》为保障公民继承权的实现,具体规定继承权的主体、实现继承的方式以及遗产的范围等。《宪法》第49条规定,婚姻、家庭、母亲和儿童受国家的保护。夫妻双方有实行计划生育的义务。父母有抚养教育未成年子女的义务,成年子女有赡养、扶助父母的义务。禁止破坏婚姻自由,禁止虐待老人、妇女和儿童。《婚姻法》以此为根据,规定计划生育的基本原则,以及父母子女之间的扶养义务,并对破坏婚姻自由、虐待老人、妇女和儿童提出禁令,专章规定救助措施和法律责任,以确保宪法的规定具有可操作性,是宪法原则性规定的具体化和系统化。

(二)法律

由全国人民代表大会及其常委会制定的法律,是婚姻家庭法的主要渊源。主要包括:一是专门调整婚姻家庭关系的法律,如《婚姻法》《收养法》等,是我国婚姻家庭法集中的规范性文件,详细规定了婚姻家庭领域家庭成员之间在人身及财产上的各项具体权利义务;二是专门保护社会弱势群体的社会立法,如《妇女权益保护法》《未成年人保护法》以及《老年人权益保障法》等,为婚姻家庭法提供弱势群体倾斜保护的立法原则和价值理念;三是其他构成独立法律部门的法律,如《民法通则》、《治安管理处罚法》①、《民事诉讼法》、《行政法》、《行政诉讼法》、《刑法》以及《刑事诉讼法》等,为婚姻家庭法各项制度的具体实现提供配套措施和补充规定。

(三)行政法规及部门规章和条例

行政法规是国务院制定的规范性文件,国务院所属部委可在各自的权限内制定部门规章和条例。行政法规及部门规章和条例中的相关规定,具有针对性、操作性、具体性等更为实用的特点,对贯彻执行《宪法》中有关婚姻家庭的具体规定,发挥了重要的细化作用。例如,2003 年国务院颁布的《婚姻登记条例》,为婚姻登记机关及居民办理婚姻登记提供了规则的指引。2008 年民政部颁布的《收养登记工作规范》、1999 年《中国公民收养子女登记办法》以及《外国人在中华人民共和国收养子女登记办法》为收养登记机关以及收养人、被收养人和送养人提供了收养登记的具体规定。1998 年《大陆居民与台湾居民婚姻登记管理办法》、2012 年民政部颁布的《中国边民与毗邻国边民婚姻登记办法》,为大陆与台湾地区居民的婚姻、为边民之间结婚和离婚登记等提供了详细条件和程序。

(四)司法解释

最高人民法院所作的有关适用婚姻家庭法的司法解释,是人民法院长期审理有关案件的经验的总结,具有法律的效力,可以作为人民法院判案的法律依据。由于法律概念在理解上的丰富性以及可能存在的分歧,也由于现实生活的复杂性和社会发展相对于法律的超前性,婚姻家庭法在司法适用的过程中难免过于原则,难免有不足之处,难免滞后,所以需要通过立法或司法解释,明确概念的含义以及填补法律的漏洞。例如,为了更好地贯彻实施《婚姻法》,指导各级人民法院正确审理婚姻家庭纠纷案件,最高人民法院于 2001 年通过《婚姻法解释(一)》,于 2003 年通过《婚姻法解释(二)》,于 2011 年通过《婚姻法解释(三)》,于 1993 年通过《财产分割意见》,于 1993 年通过《子女抚养意见》以及于 1989 年通过《认定夫妻感情确已破裂的意见》等,这些司法解释都是我国婚姻家庭法的重要补充规范。

(五)地方性法规和地方政府规章

地方人大及其常委、地方政府制定的有关贯彻执行婚姻家庭法的规定,是地方贯彻执行现行婚姻家庭法的具体措施,有利于其辖区范围内婚姻家庭法的具体实施。民族自治地方制定的贯彻执行婚姻家庭法的变通规定,是为了符合区域自治地方有别于其他省市自治区的特别情况而作出的补充规定。如近年来各省市自治区制定的《预防和制止家庭暴力防治办法》或相关条例,是地方人大及其常委为贯彻执行《婚姻法》有关禁止家庭暴力的规定而出台的具体预防和制止措施。

---

① 《中华人民共和国治安管理处罚法》于 2012 年 10 月 26 日修正,自 2013 年 1 月 1 日起施行。

（六）我国缔结或者参加的国际条约

根据《民法通则》第 142 条的规定,涉外婚姻家庭关系可适用我国缔结或参加的国际条约,但我国声明保留的条款除外。对于我国法律以及我国缔结或参加的国际条约没有规定的,可以适用国际惯例。因此,经全国人大或其常委批准生效或参加的有关婚姻家庭的国际条约,也是婚姻家庭法的渊源之一。例如 1989 年联合国大会通过了《儿童权利公约》。1992 年中国加入该公约,成为第 110 个成员国,自此该公约对我国生效。儿童最大利益原则逐渐成为婚姻家庭法领域儿童利益保护的立法理念,儿童权利观念渐次成为父母子女权利义务关系的核心。

第三节　婚姻家庭法的地位

婚姻家庭法的地位,集中反映在两个方面:一是婚姻家庭法在法律体系中的地位,其在立法体例上的发展变化;二是婚姻家庭法与其他法律的关系,反映现实社会中婚姻家庭法与各部门法相互渗透、交互作用的内在关系。

一、婚姻家庭法的立法体例

（一）诸法合体的古代婚姻家庭法

中国古代婚姻家庭法与其他法律制度融合为一体,且对婚姻家庭关系的调整也多适用刑罚手段,故在编纂体例上呈现出诸法合体、刑民不分的特点。直至清末变法修律之前,法典的内容都是混合的,买卖交易以及婚姻继承等民事法律、罪名和刑罚等刑事法律、官僚选任及考核等行政法律以及举劾告诉等诉讼法律混杂在一部法典之中,主要表现为户律、婚律或户婚律以及刑律的相关规定。在此立法模式下,有关婚姻家庭和继承的法律规范,不可能在法律体系中有其独立的地位,而是被包含在统一的法典之中,与礼教习俗与道德规范相结合,相互补充,共同调整着中国古代家庭成员之间的关系。此外,普遍采用刑罚方法作为处理婚姻家庭方面违法行为的主要手段,婚姻家庭法的刑法色彩浓厚。

（二）属于民法组成部分的近代婚姻家庭法

在外国列强的入侵下,清末时期清政府进行了一系列的变法修律活动。1910 年《大清现行刑律》仍然是诸法合体的形式,亲属法规范包含于其中。但以《大清新刑律》为开端,诸法合体向诸法分离转变,各部门法开始出现专门化的制订。《大清民律草案》是中国民法近代化的最初尝试,有关婚姻家庭关系的法律规范被列入第四编"亲属编"之中。以德国、日本民法典为蓝本①,第一次把婚姻家庭方面的立法归到民法亲属编,如此确立了所谓婚姻家庭法属于民法的体例。此后,北洋政府修订形成的《民律亲属编草案》、1926年起草《民律草案》(包括亲属和继承两编)、1930年南京国民政府公布《中华民国民法》(包含亲属编和继承编)等,都将亲属编作为民法的组成部门,列入民法典的体例框架。其"亲属编"主要内容有通则、婚姻、父母子女、监护、扶养、家、亲属会议等。该法一直沿用到1949年,此后因新中国成立,该法在大陆被废止,但在台湾地区仍继续施行,并不断被修改补充。

(三)革命根据地及新中国成立后作为独立法律部门的婚姻家庭法

受苏联及一批社会主义国家法学理论视婚姻法为独立部门法的影响,我国革命根据地时期以及新中国成立后的婚姻家庭立法也都采独立部门法的模式。根据马恩家庭理论与妇女解放理论,认为单独列婚姻法为部门法,宣称了婚姻家庭为夫妻生活共同体,不同于一般的民法商品契约关系,是社会主义国家婚姻法的一大特色。新中国的婚姻家庭法发端于革命根据地时期的有关立法,如1930年《婚姻法》、1931年《婚姻问题决议案》以及《中华苏维埃共和国婚姻条例》等。1950年《婚姻法》在苏联婚姻法立法模式的影响下,成为独立的法律部门,到1980年《婚姻法》仍保持此立法模式。

目前,我国正在起草制定民法典,对于婚姻家庭法的立法体例再次引起争议,主要有"回归民法"说与"独立法律部门"说。第一种观点认为,婚姻家庭法应回归民法,作为民法典的一部分,以亲属编或继承编的形式列入民法典,认为婚姻家庭法调整婚姻关系和家庭关系,以及由此而产生的人身关系和财产关系,都是平等主体之间的关系,符合民法调整对象的特征。因此,婚姻家庭法应当回归民法,宜借鉴大陆法系的《德国民法典》编制模式,将民法分为总则、物权、债权、亲属、继承五编。第二种观点认为,中国婚姻家庭法之回归民法适宜缓行,适宜慎行。理由在于:第一,中国婚姻法之为独立部门法的立法与理论事实已存在了半个世纪以上,改弦易辙回归民法尚需要考察是否必要②。第二,中国作为不具备所谓罗马法历史的国家,在家庭法地位的确立上,完全可以甩开所谓罗马法体系传统的制约,为避免婚姻法回归民法简单化推行私法权利制度给中国婚姻家庭理论与立法司法实践带来更大的难题,有必要保持并发展家庭法独立部门法传统,并提出构建一个以家事实体法和家事程序法为核心的多层次的家庭法体系,包括《婚姻家庭法》、《继承法》、《收养法》、《母婴保健法》、《婚姻登记条例》等家事实体法和《家事诉讼法》或《家事纠纷程序法》和《家事纠纷调解条例》等法规章组成的家事程序法③。我们赞同将婚姻家庭法

---

① 1804年《法国民法典》将婚姻家庭中有关婚姻成立、婚姻终止、父母子女等人身关系的产生和消灭、亲权、监护等有关身份关系和行为,统一规定在第一编"人"之中,将婚姻家庭中涉及财产关系的内容,如夫妻间的扶养、夫妻财产制、亲属间的遗产继承等统一规定在第三编"取得财产的各种方法"之中。1900年《德国民法典》将婚姻家庭的人身关系和财产关系集中编制在第四编,称为"亲属编"。日本、瑞士民法典均采此编制法。

② 巫若枝:《论婚姻家庭法在法律体系中定位的历史变迁》,载《廊坊师范学院学报》2006年第1期。

③ 巫若枝:《三十年来中国婚姻法"回归民法"的反思——兼论保持与发展婚姻法独立法律部门传统》,载《法制与社会发展》2009年第4期。

作为民法的有机组成部分,在民法典中设立单独的一编,专门规定婚姻家庭法的内容。

二、婚姻家庭法与其他法律的关系

婚姻家庭法是我国社会主义法律体系的重要组成部分,处于同一法律体系中的各种法律,有着共同的社会基础,同时又各有其调整对象和调整方法。就维护婚姻家庭制度而言,婚姻家庭法和其他法律是相互分工、相互合作的。不仅作为婚姻家庭基本法的《婚姻法》发挥着调整婚姻家庭关系的主要功能,《宪法》以及其他法律法规的相关规定也为《婚姻法》的施行提供了辅助和保障作用。

(一)婚姻家庭法与宪法

宪法作为国家的根本大法,规定我国的社会制度、国家制度、国家机构的组织与活动原则、公民的基本权利与义务等带有根本性的问题,具有最高的法律效力,俗称"母法"。宪法与婚姻家庭法的关系,即是"母法"与"子法"的关系,这一关系要求婚姻家庭法不得与宪法相抵触,要求婚姻家庭法以宪法为根据,贯彻《宪法》关于婚姻家庭以及妇女儿童老人权益保护的原则和精神。我国《宪法》第48条规定:"中华人民共和国妇女在政治的、经济的、文化的、社会的和家庭生活的各个方面都享有与男子平等的权利。国家保护妇女的权利和利益。"以该规定为基础,《婚姻法》以男女平等为基本原则,并将之贯穿于夫妻人身和财产关系的规范之中,并考虑到女性与男性存在的生理差异与社会认同差异,设置怀孕及分娩期的离婚限制,注重离婚财产分割中的女性权益保护。

(二)婚姻家庭法与民法

婚姻家庭法与民法的关系,可以从两方面厘清。一方面,在编纂的体例框架上,存在"回归民法"与"独立法律部门"之争。按"回归民法"论,婚姻家庭法属于民法的重要组成部分,《民法通则》属于民事活动的基本准则,婚姻家庭法与《民法通则》的关系则属于同一法律部门中的内部关系①。按"独立法律部门"论,婚姻家庭法是独立于民法的法律部门,两者是平行关系。另一方面,在法律的实质内容上,婚姻家庭法与民法有着紧密的关联。我国《民法通则》第103条至第105条规定:"公民享有婚姻自主权,禁止买卖、包办婚姻和其他干涉婚姻自由的行为","婚姻、家庭、老人、母亲和儿童受法律保护","妇女享有与男子平等的民事权利";该法第147条规定:"中华人民共和国公民和外国人结婚适用婚姻缔结地法律,离婚适用受理案件法院所在地法律"等,都直接构成婚姻家庭法的渊源。此外,婚姻家庭法同其他民事单行法也有密切的衔接。如《婚姻法》涉及的夫妻共同财产与个人财产、法定共同制与约定财产制,尤其是当代夫妻在房产及其他重大财产上的所有权争议以及继承法中遗产的范围等,无不与《物权法》关于物权的占有、登记与公示等相关联。再如,根据《侵权责任法》第2条的规定,将侵害婚姻自主权、监护权以及继承权等人身权益的行为亦纳入调整范围,明确侵权行为应当依照该法承担侵权责任,为维护婚姻家庭当事人的合法权益提供了更多层次的保障和救济。

---

① 孟令志、曹诗权、麻昌华:《婚姻家庭与继承法》,北京大学出版社2012年版,第38页。

（三）婚姻家庭法与行政法

行政法规范的是行政机关在行政管理过程中与行政相对人之间发生的关系。婚姻家庭法领域涉及行政管理的主要有以下方面：其一，公民的结婚登记、离婚登记、复婚登记、收养登记和办理有关出生、死亡、婚姻状况和亲属关系的证明等均属于行政管理的范围。其二，民政部颁布的《婚姻登记条例》、《收养工作登记规范》等既属于行政法的范畴，也是婚姻家庭法的重要内容之一。其三，公民因出生、死亡、结婚、离婚和收养等身份变化引起家庭成员的户籍、住所的变更，必须进行户籍登记，也属行政法调整的范畴。其四，对于违反婚姻家庭法规定尚未构成犯罪的行为，如殴打家庭成员，造成轻微伤害；虐待家庭成员，受虐待人要求处理的，由公安机关等依照《治安管理处罚法》等进行行政处罚。其五，夫妻实行计划生育，计生原则的违反，社会抚养费的征收等都属行政管理的对象。由此可以说明，婚姻家庭法与行政法在上述事项的调整上有着相互补充、协调和保障的作用。

（四）婚姻家庭法与刑法

刑法是规定有关犯罪和刑罚的法律，是维护社会秩序、保护公民人身和财产权利的有力武器，是对严重侵犯刑法所要保护的社会关系的制裁手段。公民在婚姻家庭方面的合法权益，既受到婚姻家庭法的保护，也受到刑法的保护。如与《婚姻法》有关"禁止家庭暴力，禁止家庭成员间的虐待和遗弃，一夫一妻制的基本原则，禁止重婚，禁止有配偶者与他人同居，禁止暴力干涉他人婚姻自由"等调整婚姻家庭关系的规定相对应，我国《刑法》第257条至第262条对暴力干涉婚姻自由罪、重婚罪、破坏军婚罪、虐待罪、遗弃罪、拐卖妇女儿童等妨害婚姻家庭的犯罪作了具体的规定。《刑法》通过惩罚妨害婚姻家庭的犯罪的方法，维护我国的婚姻家庭制度，保障公民的婚姻家庭权益，成为婚姻家庭法强有力的后盾，是其他法律所不可替代的。

（五）婚姻家庭法与诉讼法

婚姻家庭法是实体法，规范着婚姻家庭成员间的实体权利义务关系。诉讼法是程序法，为家庭成员的实体权利义务提供程序上的保障和救济。我国司法实务中，每年的婚姻家庭案件占到相当大的比重。人民法院处理各类婚姻家庭纠纷，如有关婚姻无效和可撤销、重婚或有配偶者与他人同居、相互无配偶者同居产生的财产及子女抚养纠纷、父母子女关系纠纷、离婚及财产分割等，在程序上适用民事诉讼法、行政诉讼法或刑事诉讼法的规定。无保障即无权利，没有诉讼法的救济，婚姻家庭法的实体权利只是纸面上的权利，仅可能停留在应有的状态，只有在诉讼法的程序保障下，婚姻家庭法的实体权利才有实现的约束机制。同样，欠缺婚姻家庭法等实体法的内容，诉讼法的存在亦失去了其前提和基础。两者虽各自独立，但又相互依存、相辅相成，都是调整婚姻家庭关系不可缺少的法律规范。

第四节　我国婚姻家庭法的发展演变

一、中国古代婚姻家庭法概览

中国古代经历了奴隶制和封建制两个时期，经历过数千年变迁，朝代不断更替，礼法逐渐变化，但婚姻家庭法在这两个时期基本上有着共同的本质和特征，担负着相同的作用和发挥着相同的功能。礼法调整、家长专权、男尊女卑、政治联姻、婚姻的家族及社会意义远驾于个人利益之上等特点一脉相随。

在整个奴隶制时期，婚姻家庭关系主要是由维护宗法制度的礼以及为统治阶级所认可的习惯来调整的。调整婚姻家庭关系的礼主要是"婚礼"和"家礼"。所谓婚礼，是指嫁娶之礼，即当时结婚的"六礼"，包括纳采、问名、纳吉、纳征、请期、亲迎，成为当时结婚的基本程序。所谓家礼，是指冠、丧、祭等礼。冠礼是成年之礼，丧礼与祭礼要求后代对死者"厚葬久丧"，并按照丧服制的要求，根据亲属关系的亲疏远近的不同，来祭奠死者。进入封建社会后，为了维护封建的婚姻家庭关系，一方面加强了法律调整，多在统一的法典中设户律、婚律或户婚律等规定婚姻成立、婚姻障碍及对违法婚姻应给予的刑罚处罚等。另一方面，礼仍然是婚姻家庭关系的主要调整手段。礼法结合，以礼为预防，以法为惩罚，形成婚姻家庭关系的事前和事后调整机制。总体上，中国整个古代时期，婚姻家庭法主要体现出以下基本特征：

1. 在婚姻的目的和功能上，家族利益和国家利益凌驾于个人利益之上

婚姻的《礼记·昏义》说："昏礼者，将合二姓之好，上以事宗庙而下以继后世。"在婚姻的功能要求面前，男女情感不是婚姻的决定因素，决定婚姻的是宗族的延续和祖先的祭祀。婚姻的目的不是为了个人，而是通过婚姻的生育行为使家族得以延续进而使祖先得以祭祀。在这一婚姻的根本目的的要求下，婚姻的成立须出于"父母之命，媒妁之言"。正所谓"男不自专娶，女不自专嫁，必由父母"，如《大清律例》规定："嫁娶皆由祖父母、父母主婚。祖父母、父母俱无者，从余亲主婚。"正如恩格斯所说："在整个古代，婚姻的缔结都是由父母包办，当事人则安心顺从。古代所仅有的那一点夫妇之爱，并不是主观的爱好，而是客观的义务；不是婚姻的基础，而是婚姻的附加物。"①此外，通过联姻的方式，在血亲之外结交异姓，加强同盟关系，增强本家的实力和威望。典型的表现是，同姓不婚，娶于异姓，所以附远厚别也。同姓不婚除了优生学上的考虑外，更有政治和家庭利益的考量。而且多数时期礼法都禁止良贱通婚，以维护其等级秩序。我国《唐律》规定："诸与奴娶良人为婚者，徒一年半，女家减一等，离之。"

2. 在夫妻关系上，以夫权为核心，实行男尊女卑，夫权统治

男尊女卑，夫权统治概括了整个古代时期夫妻关系的实质和样貌，正所谓"夫者，妻之天也"②。在婚姻成立前的订婚阶段，不允许女方悔婚，悔者，杖六十；而男家自悔无罪，只

---

① 《马克思恩格斯全集》第21卷，人民出版社1965年版，第90页。
② 《唐律疏议·名例律》。

是不可追加聘财。在聘娶婚的婚姻形态下,男子迎娶女子到男家成婚,新妇以夫家为居所生活,即妇从夫居。"出嫁从形式上看是女子从一个居所转移到另一个居所,但实质上却是女子离开父母家而嫁入夫家,这种改变从礼法意义上讲,是让女子从父家长权的统治下,转移到夫宗家长权和夫权的统治下。嫁入夫家的女儿,其姓名要于本姓之上,冠于夫姓,以示身份已属夫家。"①正如《白虎通·嫁娶》说:"在家从父,既嫁从夫,夫死从子。""三从"礼教,把妇女从生到死都从属于男子的控制之下,毫无平等可言。在家庭分工方面,"男主外,女主内",妻子只能从事洗衣做饭、相夫教子等家务劳动。在婚姻方面,丈夫可以多妻,妻子只能片面遵守贞操;丈夫享有休妻的特权,妻子无离婚权:"夫有再醮之义,女无二适之文。"即妻子死了,丈夫可以再娶,而丈夫死了,妻子只能"从一而终"。夫妻之间发生骂詈、殴打、致伤、杀害等人身侵犯时,同罪异罚。如《唐律》规定,妻殴夫徒一年,伤重者,加凡人三等。而夫殴妻未伤者无罪,伤者减凡人二等。

3. 在亲子关系方面,以父权、家长权为核心,家长享有对子女的惩戒和教令权

家庭制度的核心是维护家长的特权。在整个家庭之中,父亲是一家之长,子女在家庭中只是作为依附而存在。父亲对子女具有绝对的支配权,子女必须服从家长的支配,否则构成"违反教令"罪。家长可以训诫子女,决定子女的婚姻大事。子孙不得未经家长的允许使用家庭的财产,家庭财产的处分必须由家长决定。祖父母、父母在,子孙不得别立户籍,不得分异财产,违者处以"别籍异财"罪。家长对家庭成员的监护,是国家赋予的权利。与此相对应的,也是对国家承担的义务,家庭成员违法犯禁,家长要连带受罚。此外,只有在婚姻中出生的子女才为社会认可,只有身处婚姻关系中的女子才有生育子女的权利。婚姻为子女确定了得到礼法认可的社会性的父亲和母亲。在婚姻之外出生的子女被称为私生子,受到歧视,不被认可。

4. 在继承上,以嫡长子继承为标志

长子继承制本身是宗法制度的一部分,其主要作用在于消除继承中的无序和混乱。先是以性别为界,将女性全部排除在家族继嗣之外,形成以父子为主轴世代相传的世系传承体系。继而利用母亲的身份,在父系血亲中划分出嫡庶这样具有本质差异的身份。凡是正妻所生之子,为嫡子;庶妻(妾)所生之子为庶子,母亲在婚姻中的地位决定了子女在家庭和继承中的地位,嫡贵而庶贱。在排除庶子之后的嫡子中,长幼之别成为决定继承先后的关键。最后,嫡长子在父亲血亲中显赫胜出,成为家族传承的正宗。只有嫡长子担当起门户延续的重任,继承家族的身份和地位,而嫡长子之外的诸小只取得财产却不能分享祖先的身份和荣誉。② 女子的继承只在少数朝代的法典中出现,不普遍,而且也区分在室女与出嫁女,区分家庭有无男性继承人等,即使得以继承也只能继承相对男性而言更少的数额。

二、中国半殖民地半封建社会的婚姻家庭法

1840 年鸦片战争开始,帝国主义入侵,中国逐步沦为半殖民地、半封建社会。在国内

---

① 金眉:《论中国古代婚姻家庭继承法律的精神与意义》,载《政治论坛》2009 年第 4 期。
② 金眉:《论中国古代婚姻家庭继承法律的精神与意义》,载《政治论坛》2009 年第 4 期。

外矛盾和压力下,清政府宣布变法,派大臣到国外考察,启动了一系列立法变革。在"中学为体,西学为用"的理念指导下,进行修宪、修订刑律及民律等活动,在婚姻家庭关系的调整上仍然保留了鲜明的封建法律的精神。在这一时期,占统治地位的仍然是封建婚姻家庭制度。

1. 清末的婚姻家庭立法

清朝末期,清政府宣布实行"新政",于 1910 年 9 月颁布了《大清现行刑律》,一些关于婚姻、继承等纯民事性质的条款不再科刑,以示民事法与刑事法的区别。1911 年公布《大清新刑律》,产生了中国历史上第一部近代意义上的专门刑法典,引发了"礼教派"与"法理派"关于家庭关系犯罪的激烈争议①。争议的结果,仍在该法典后附加"暂行章程",章程规定,无夫妇女犯和奸之罪及与之和奸者,加重处罚;对尊亲属有犯,不得适用正当防卫之例。1911 年 8 月,清政府起草了《大清民律草案》,分为总则、物权、债权、亲属、继承五编。前三编由日本法学家起草,以德日民法为渊源,受到大陆法系民法的影响,吸纳了资本主义民法的形式、原理和原则。后两编仍由法律馆起草。法律馆受"数千年来中国贯行家属制度之习尚"的观念束缚,仍然采取家属制度,肯定了以父权和夫权为支柱的家长制度。由于清王朝的迅速覆灭,未及颁行。

2. 中华民国的《民法·亲属编》

1911 年爆发的辛亥革命,推翻了清王朝的统治。1912 年到 1949 年新中国的成立,中华民国中央政府多次更迭,先后经历了南京临时政府时期、北洋政府时期和南京国民政府时期,这期间婚姻家庭法多体现在《民律草案》及《民法·亲属编》之中。

1915 年北洋政府曾对《大清民律草案》最欠妥当的亲属编加以修订,形成《民律亲属编草案》,但由于处在袁世凯独裁时期,国会被解散,草案未能交付立法机关审议。此后于1926 年再次起草《民律草案》(包括亲属和继承两编),但仍由于军阀混战未能交付审议。直至 1930 年南京国民政府公布《中华民国民法》(包含亲属编),是中国历史上第一部正式颁行的民法典,标志着中国民法近代化的完成。其"亲属编"主要内容有通则、婚姻、父母子女、监护、扶养、家、亲属会议等。该《中华民国民法》一直沿用到 1949 年新中国成立。南京国民政府统治时期颁布的《中华民国民法·亲属编》是仿资本主义大陆法系德国、日本、瑞士等国民法典亲属编制定的,具有资本主义性质,但是又承袭了清末《大清民律草案》中的内容,集中体现了半殖民地、半封建社会婚姻家庭的特征。与我国几千年来的封建婚姻家庭制度相比,无论在立法形式还是内容上,无疑都具有一定的进步意义。它从法律上废除了几千年盛行的封建包办买卖婚姻,实行男女结婚须双方合意,废除了男子片面休妻的特权,规定夫妻离婚权利平等,在符合法定理由的条件下,任何一方都有离婚权。将联合财产制作为法定夫妻财产制,允许夫妻约定选择其他夫妻财产制,承认妇女有一定

---

① 礼教派与法理派关于家庭成员犯罪的争议焦点主要有:第一,关于"干名犯义"条存废问题,干名犯义,是指子孙控告祖父母、父母的行为。礼教派认为,中国素重纲常,干名犯义是传统伦理的根本,不能在新刑律中没有反映。第二,关于"存留养亲"制度。第三,关于"无夫奸"及"亲属相奸"等问题。第四,关于"子孙违反教令"问题。第五,关于子孙卑幼能否对尊长行使正当防卫权问题。参见曾宪义主编:《中国法制史》,中国人民大学出版社 2010 年版,第 214 页。

的独立财产权。[①]

三、中国民主革命根据地的婚姻家庭法

从 1927 年革命根据地的创建,到 1949 年新民主主义革命在全国取得胜利,随着革命形势和阶级关系的变化,革命根据地的婚姻家庭法制建设经历了以下阶段:

1. 土地革命战争时期的婚姻家庭法

随着劳动群众的翻身解放,新的婚姻家庭关系随之孕育成熟,工农民主政权相应制定了一些婚姻法规。如 1930 年《闽西第一次工农兵代表大会婚姻法》,1931 年《鄂豫皖工农兵第二次代表大会婚姻问题决议案》等。1931 年在上述立法基础上制定了《中华苏维埃共和国婚姻条例》,1934 年公布了《中华苏维埃共和国婚姻法》。工农民主政权的婚姻立法,砸碎了几千年束缚妇女的枷锁,使广大妇女从野蛮的封建婚姻制度下得到解放,实现了男女婚姻自由,建立了新民主主义婚姻制度,是中国家庭婚姻史上的重大变革。该法的主要内容有:

(1)基本原则。男女婚姻自由,严禁强迫包办及买卖婚姻,废除童养媳和强迫守寡,实行一夫一妻,严禁蓄婢纳妾。为了保障这些原则的实施,特别规定了"男女结婚须经双方同意,不许任何一方或第三者加以强迫","禁止一夫多妻与一妻多夫"。

(2)结婚与离婚。结婚必须具备实质和形式要件:男女双方自愿;达到法定婚龄;夫妻禁婚的血族关系和疾病;须到苏维埃登记领取结婚证才是合法婚姻;实行离婚自由。

(3)离婚后财产处理和子女抚养。离婚时,结婚满一年男女共同经营所增加的财产,男女平分,如有小孩则按人口平分。男女同居时所负的公共债务,由男子负责清偿。离婚后,女子如未再行结婚,并缺乏劳动力,或没有固定职业,因而不能维持生活的,男子帮助女子耕种土地或维持其生活。离婚后双方所生子女归女子抚养,如女子不愿抚养,则归男子抚养。女子抚养子女,由男子担负小孩必需的生活费的 2/3 直至 16 岁为止。年长的子女由谁抚养尊重子女意见。上述规定具有以下意义:第一,按人口平分家庭财产,有利于子女利益和直接抚养子女的父母一方利益的保护。第二,关于子女抚养权的相关规定,一方面体现出女性优先的思想,但"女子不愿抚养则归男子抚养"的规定,过于侧重对女性的保护,而忽视了男性对子女的养育利益,也部分忽视了子女利益的维护;另一方面,立法已注意到尊重年长小孩的意见,虽然对于年长并未有一个确定的标准,但已体现出对儿童意见表达权的承认和尊重,儿童主体和儿童权利意识较过去增强。第三,公共债务由男子清偿以及子女生活费由男子承担大部分的规定,是基于对女性曾经的劣势地位的认同采取的差异负担原则,最主要是使女子不受经济上的束缚而得到真实的解放,体现出对女性的倾斜照顾。第四,离婚后女子若不能维持生活由男子帮助维持的规定,则认为是限制男子随便离婚结婚的办法,可以无形地减少乱结乱离的现象。

(4)保护军婚。红军战士之妻要求离婚须得其夫同意。

2. 抗日战争和解放战争时期的婚姻家庭法

1937 年至 1949 年中华人民共和国成立,中国共产党领导的抗日根据地和解放区,遍

---

① 陈苇主编:《婚姻家庭继承法学》,群众出版社 2012 年版,第 21～22 页。

及大江南北,长城内外。随着革命形势的发展,婚姻家庭立法也随之加强。各革命根据地、解放区根据当时形势的要求和自己的实际情况,先后制定了一批区域性的婚姻法。主要有 1939 年《陕甘宁边区婚姻条例》、1940 年《晋西北婚姻暂行条例》、1942 年《晋冀鲁豫边区婚姻暂行条例》以及 1943 年《晋察冀边区婚姻条例》等。这些革命根据地的婚姻家庭立法活动,是新中国婚姻家庭法制建设的序幕,为新中国成立后的婚姻家庭立法提供和积累了经验,也奠定了良好的基础。这一时期的婚姻家庭立法主要有以下显著特征:

(1)新增离婚法定理由。各抗日根据地和解放区,由于贯彻了婚姻自由,新型的婚姻家庭关系大量涌现,为了反对离婚上的随意性,各根据地的婚姻条例除规定双方自愿离婚外,还对一方要求的离婚规定了多项法定理由,如重婚、感情意志根本不合无法继续同居、通奸、虐待及遗弃、图谋陷害他方、不能人道、患不治之恶疾、生死不明以及其他重大事由,以此适当限制离婚。

(2)采用幼年原则确定离婚后子女的直接抚养。《陕甘宁边区婚姻条例》关于"婚姻与子女及财产关系"规定,离婚子女未满五岁者由女方抚养,已满五岁者,随父或随母须尊重子女之意见,父母不得强迫,女方未再婚且无力维持生活,归女方抚养之子女的生活费由男方继续负担,至年满 16 岁时为止;女子再婚后带去的子女,由新夫负责抚养教育[①]。说明我国开始采用幼年原则作为离婚后子女抚养的推定原则。为促进妇女解放,在离婚后的子女抚养问题上对女性采取倾斜保护。此外,为满足子女在父母离婚后的经济需要,立法确认在当时较母亲而言更具有经济创造能力的父亲负担较大部分或由其继父代替承担,使子女免受无经济供养的忧虑或免于经济贫困的威胁。

四、新中国成立后的婚姻家庭法

新中国成立后,共制定和颁布了两部《婚姻法》,即 1950 年《婚姻法》和 1980 年《婚姻法》。现行《婚姻法》是 2001 年在 1980 年《婚姻法》的基础上修正的。目前调整婚姻家庭法律事务的主要是 2001 年修正后的《婚姻法》、《未成年人权益保障法》、《老年人权益保障法》、《妇女权益保障法》、《继承法》、《收养法》、《婚姻登记条例》等相关法律法规,以及最高人民法院分别于 2001 年、2003 年和 2011 年通过的《婚姻法解释(一)》、《婚姻法解释(二)》以及《婚姻法解释(三)》等司法解释。

(一)1950 年《婚姻法》

中华人民共和国成立不久,经中央人民政府委员会第七次会议于 1950 年 4 月 13 日通过了《婚姻法》,并于同年 5 月 1 日颁布施行。它是我国民主革命时期婚姻家庭制度改革的历史经验总结,也是适应新中国成立后调整婚姻家庭关系的实际需要而制定的,是新中国成立后颁布的第一部具有基本法性质的法律。该法共分为 8 章,主要内容包括:总则、结婚、夫妻间的权利和义务、父母子女间的关系、离婚、离婚后子女的抚养和教育、离婚后的财产和生活以及附则。该法具有以下特点:

1. 意在废除包办强迫、男尊女卑、漠视子女利益的封建主义婚姻制度,建立起婚姻自

---

① 张希坡:《中国婚姻立法史》,人民出版社 2004 年版,第 162 页。

由、一夫一妻、男女平等,保护妇女和子女合法利益的新民主主义婚姻制度。明确规定禁止重婚、纳妾。禁止童养媳。禁止干涉寡妇婚姻自由。禁止任何人借婚姻关系索取财物。在当时"许多妇女在家庭生活中过着人间地狱般的生活"的时代背景下,该法的颁布被称为新中国"恢复女性人权的宣言"。

2. 明确结婚条件。规定男女有以下情形之一者,禁止结婚:一是为直系血亲,或为同胞的兄弟姊妹和同父异母或同母异父的兄弟姊妹者;其他五代内的旁系血亲间禁止结婚的问题,从习惯。二是有生理缺陷不能发生性行为者。三是患花柳病或精神失常未经治愈,患麻风或其他在医学上认为不应结婚之疾病者。

3. 贯彻婚姻自由,规定结婚自由和离婚自由。尤其是考虑当时仍旧有大量包办强迫、买卖婚姻存在,虐待妇女、早婚重婚、通奸以及遗弃等现象中受害者主要是女方这一事实,作出无条件离婚的规定,"男女双方自愿离婚的,准予离婚,男女一方坚决要求离婚的,经区人民政府和司法机关调解无效时,亦准予离婚"。由此可见离婚法的宽松。1953—1956 年,全国法院受理的离婚案件在当年民事案件中占到 60% 左右,居各类民事案件之首[1]。当时有观点认为法院判决准许离婚的太多,助长了离婚率的上升。由此引发了离婚法上"感情破裂论"与"正当理由论"的第一次激烈争论[2]。此争论在后来 1980 年《婚姻法》制定时再次展开。

4. 推行男女平等。夫妻双方均有选择职业、参加工作和社会活动的自由;夫妻对家庭财产有平等的处理权;夫妻有各自使用自己姓名的权利;夫妻有互相扶养和继承遗产的权利。并且认识到中国社会男女不平等已有几千年的历史,要达到真正的男女平等,绝不是形式上规定平等就可达到,要改变封建时代由于制度不公所造成的男女不合理的差别对待,必须加倍扶持实际处在弱势地位的妇女,才有可能真正消除女性受到的不平等待遇,所以在离婚问题的处理上以照顾女方权益为原则。如规定:女方怀孕、分娩一年中,男方不得提出离婚,女方提出离婚,不在此限;离婚财产的分割协议不成时,法院以照顾女方与其子女权益判决,且在夫妻共同债务以共同财产清偿不足时,由男方清偿。

(二)1980 年《婚姻法》

20 世纪 60 年代中期以来,我国经历了十年"文化大革命",法制遭到了严重破坏。民

---

① 韩幽桐:《对于当前离婚问题的分析和意见》,载《人民日报》1957 年 4 月 13 日第 7 版。

② 持"感情破裂论"观点的代表学者韩幽桐认为,夫妻感情完全破裂不能继续共同生活下去的时候,这种夫妻关系便是名存实亡,勉强维持这种名义上的夫妻关系,对双方、对子女、对整个家庭都是痛苦的。法院对于每个离婚案件判离或不判离是根据夫妻关系本身有无和好的可能,双方感情是否完全破裂而定的,从实质上说离与不离决定于夫妻关系本身,而不决定于法院的主观愿望。因此,从法律上说,准离和不准离的判决只能用作决定夫妻间权利义务存在或消灭的手段,而不应当用作制裁错误思想或行为的手段。持"正当理由论"观点的代表学者刘云祥认为,资产阶级婚姻观点与小资产阶级婚姻观点是当时离婚的主要原因,反对满足基于资产阶级思想提出的离婚请求,提出凡一方严重地破坏共产主义道德,违背夫妻忠实义务或有其他违法犯罪行为,使夫妻关系恶化以致对方据此请求离婚的,人民法院应当支持和满足这种正义要求,如果有罪过的一方提出离婚,这时有决定意义的是对方的态度。薛宁兰:《1950 年〈婚姻法〉与婚姻家庭法学研究》,载孙宪忠主编:《王家福法学研究与法学教育六十周年暨八十寿诞庆贺文集》,法律出版社 2010 年版,第 148~157 页。

政、司法等部门和妇女组织瘫痪,人民群众尤其是广大妇女婚姻家庭权益无法得到保障,婚姻家庭方面的宣传教育无人过问,这一切,导致婚姻家庭领域封建习俗和各种旧的习惯势力回潮。1978年全国妇联基于对婚姻状况的调查,向中央请示修改婚姻法得到批准。[①]同年年底婚姻法修改启动,数易其稿后于1980年9月10日经第五届全国人大第三次会议通过,颁布了修改后的《婚姻法》,自1981年1月1日起施行。与1950年《婚姻法》相比,1980年《婚姻法》所作的修改和补充主要体现在以下方面:

1. 基本原则的补充

除原有的婚姻自由、一夫一妻、男女平等、保护妇女儿童合法权益原则外,补充了计划生育原则和保护老人合法权益原则,同时增加规定禁止家庭成员间的虐待和遗弃。

2. 结婚条件的修改

关于结婚条件的修改主要有:第一,法定婚龄提高。法定婚龄由1950年规定的"男20女18始得结婚"变更为"结婚年龄,男不得低于22周岁,女不得低于20周岁,晚婚晚育应予鼓励"。第二,禁婚亲属范围的改变。由1950年规定的"男女为直系血亲,或同胞兄弟姐妹和同父异母或同母异父的兄弟姐妹者禁止结婚,其他五代内的旁系血亲间禁止结婚的问题从习惯"修改为"禁止直系血亲和三代以内的旁系血亲结婚"。第三,废除了1950年《婚姻法》关于"男女有生理缺陷不能发生性行为者,禁止结婚"的规定。由于性生活仅仅是婚姻生活的一个方面,生育也不再是婚姻的唯一目标,所以只要男女双方愿意结合,即使其中一方或双方有生理缺陷不能发生性行为,这种选择也是个人生活方式的取舍,在尊重个人生活方式多元化的现代社会,没有必要禁止其结婚。如果当事人因此而至夫妻感情破裂,婚姻关系难以维系,可以选择离婚。第四,禁婚疾病的修改。由1950年"患花柳病或精神失常未经治愈,患麻风或其他在医学上认为不应结婚之疾病者"修改为"患麻风病未经治愈或患其他在医学上认为不应结婚之疾病"。

3. 家庭关系调整的扩大

除夫妻、父母子女外,祖孙关系、兄弟姐妹关系也列入调整范围。在夫妻人身关系方面,规定实行计划生育是夫妻双方的共同义务。在夫妻财产、扶养、赡养、收养以及继父母子女关系问题上,比1950年《婚姻法》的规定更为具体。增设父母对子女的管教和保护的权利和义务。

4. 离婚条款的增补

延续1950年《婚姻法》制订后学界关于感情破裂论和正当理由论的争论,到1980年再次引发争议,最终确立了以"感情破裂论"作为准予离婚的法律原则。在离婚债务清偿问题上,废除了"夫妻共同财产不足清偿共同债务时由男方清偿"的规定,转变为"夫妻共同财产不足清偿共同债务时,双方协议清偿;协议不成时由人民法院判决"。更尊重夫妻当事人对债务清偿的意思自治;也不再将未清偿的债务要求只由男方承担,以免造成新形式的不平等。

5. 制裁办法的增加

1980年《婚姻法》规定,对违反婚姻法的行为得分别给予行政处分或法律制裁。对拒

---

① 杨大文:《1980年〈婚姻法〉的修改与颁行》,载《中国妇运》2010年第5期。

不执行人民法院有关抚养费、扶养费、赡养费、夫妻财产分割和遗产继承等具有财产内容的裁定、调解协议或判决者,人民法院得依法强制执行。

（三）2001 年修正后的《婚姻法》

随着我国改革开放的深入,市场经济和社会的发展,人们的思想观念发生了一定的变化,在婚姻家庭关系方面出现了一些新问题,有必要总结婚姻法的实施经验,针对存在的问题,对 1980 年《婚姻法》作出修改和补充①。早在 1990 年理论界就提出了修改 1980 年《婚姻法》的主张。1992 年中国法学会婚姻法学研究会正式向有关部门呈交了修改《婚姻法》的书面建议,1995 年第八届全国人民代表大会常务委员会通过了修改《婚姻法》的决定。2001 年 4 月 28 日,第九届全国人大常委会第 21 次会议通过了《关于修改〈中华人民共和国婚姻法〉的决定》,修正案自公布之日起施行。该次修改内容主要体现在以下几方面:

1. 总则新增规定

新增了"禁止有配偶者与他人同居"、"夫妻应当相互忠实"的规定,体现了一夫一妻制原则的基本要求,补充规定"禁止家庭暴力",维护家庭成员的身体健康等基本人权,并在新增的"救助措施与法律责任"一章规定了针对重婚、有配偶者与他人同居以及家庭暴力等现象的离婚损害赔偿请求权,为前述新增规定的施行提供了有力的保障机制。

2. 首次规定无效婚姻制度和可撤销婚姻制度

针对出现的违法婚姻情形,新设无效和可撤销婚姻制度,具体规定了无效婚姻和可撤销婚姻的原因、可撤销婚姻的请求权人、请求权行使的期限以及法律后果。

3. 修改夫妻财产制的内容

在坚持婚后所得制为法定夫妻共同财产制的基础上,另以列举的方式补充了夫妻共同财产的类型,新增了个人特有财产制,缩小了夫妻共同财产的范围,同时细化了夫妻约定财产制的内容,包括夫妻约定财产制的类型、形式以及对内对外的效力,使夫妻财产制得以丰富和进一步充实。

4. 弥补了离婚制度的不足或缺陷

因为原关于"夫妻感情确已破裂"的概括式立法难以避免判断的主观随意性以及离婚的轻率性,以例示主义立法模式进一步规定判断夫妻感情是否确已破裂的五类具体情形,为司法裁判提供更具操作性的标准和指引。增设探望权制度,使未成年子女得以在父母离婚后仍保护与双亲的交往,不因父母离婚而失去其中一方。增设分别财产制下家务劳动的补偿请求权,第一次在法律上明确承认家事劳动的社会价值。此外,还增补了对军婚的特殊保护规定。

5. 新增一章"救助措施与法律责任"

增加了对家庭暴力、虐待、遗弃家庭成员的救助和处理的规定,为经受家庭暴力、虐待或遗弃的受害者提供了保障和救济。补充了对重婚的刑事责任追究,以起到预防和惩罚重婚犯罪的目的。首次规定了"因重婚、有配偶者与他人同居、实施家庭暴力、虐待或遗弃

---

① 参见陈苇:《婚姻法的修改及其完善》,载《现代法学》2003 年第 4 期。

家庭成员导致离婚的,无过错方有权请求损害赔偿",这一制度创举开启了离婚损害赔偿制度的先河。此外,还新增规定"离婚时,一方隐藏、转移、变卖、毁损夫妻共同财产,或伪造债务企图侵占另一方财产的,分割夫妻共同财产时,对隐藏、转移、变卖、毁损夫妻共同财产或伪造债务的一方,可以少分或不分。离婚后,另一方发现有上述行为的,可以向人民法院提起诉讼,请求再次分割夫妻共同财产",有效保障离婚当事人的合法财产权益。

【思考题】

1. 婚姻须具备哪些要件?
2. 婚姻家庭法的概念是什么?
3. 婚姻家庭法的调整对象是什么?
4. 婚姻家庭法与民法的关系如何?
5. 2001 年《婚姻法》修正的主要内容有哪些?
6. 试论婚姻家庭法的特征。

第二章 亲属关系原理

第一节 亲属关系概述

【引例】

张玲与王成于 2000 年结婚,婚后生有一子王军,2004 年王成因意外事故死亡。两年后张玲经人介绍与李光容相识并于 2007 年结婚,王军随母亲张玲与李光容共同生活,李光容承担起抚养王军的义务,将其抚养成人。

问:王军与李光容之间的亲属关系属于哪一种类的亲属关系?

亲属是人类社会的一种重要的社会关系,其存在已有很久的历史。亲属关系一经法律调整,便在具有亲属身份的主体之间产生法定的权利和义务。亲属制度是社会制度的组成部分。我国现行婚姻家庭法律尚未对亲属制度进行全面、系统地规定,但在婚姻法、民法、继承法、诉讼法、国籍法等有关法律中,从不同角度对亲属关系作了具体规定。

一、亲属的界定

(一)亲属的概念

亲属的概念具有广义和狭义之分,广义的亲属是指一切具有婚姻、血缘或法律拟制血亲关系的人,范围很广,包括受法律调整或不受法律调整的所有的具有婚姻、血缘或法律拟制关系的成员。"亲属关系是根据生育和婚姻事实所发生的社会关系。从生育和婚姻所结成的网络,可以一直推出去包括无穷的人,过去的、现在的和未来的人。"[①]狭义的亲属是指具有婚姻、血缘或拟制血亲关系,同时彼此具有法律上的权利义务关系的成员。

亲属和婚姻家庭之间有着密切的关系。婚姻是一切亲属关系的源泉,家庭是由一定范围的亲属组成的。在不同的社会制度下,亲属关系所起的作用是有区别的。越是在距今较远的古代,亲属关系的作用越大。在当今社会,亲属关系在婚姻家庭中起着相当重要的作用。

(二)亲属的特征

亲属按其形成特点的不同,可以分为生物学上的亲属和法律上的亲属。生物学上的亲属是指因遗传学规律自然形成的血缘亲属,它可以世代延续下去。法律上的亲属,是指

---

① 费孝通:《乡土中国·生育制度》,北京大学出版社 1998 年版,第 26 页。

法律规定和承认的亲属,它包括自然形成的血亲,还包括法律所确认的无血缘关系的亲属。法律意义上的亲属特征有以下几点:

1. 亲属有固定的身份和称谓

亲属是一种特殊身份,亲属一旦形成,身份则是固定的,只要亲属关系存在,特定身份就不会改变。而且,任何具有亲属关系的人相互间都有固定的称谓。亲属身份不同,亲疏远近不同,称谓也就不同,如夫妻、父母子女、兄弟姐妹等。亲属的这种身份和称谓,可因出生自然形成,如父母、子女、伯叔、兄弟姐妹等;也可因婚姻或法律拟制而形成,如夫妻、公婆、儿媳、养父母、养子女等。但一经形成,非经法定事由不能随意变更。因自然血缘联系形成的亲属,一般情况下称谓不能变更,但如因法律设定而形成亲属关系,称谓可以更改。如叔叔收养侄子,由叔侄称谓更改为父子。而因婚姻、法律拟制而形成的亲属,其身份和称谓,可因离婚或收养解除等法律行为而变更和解除。

2. 亲属基于特定原因而产生

亲属不同于一般的社会关系,它是一种以两性结合和血缘联系为自然条件的社会关系。亲属关系的产生,必须具有血缘、婚姻或法律拟制三个原因之一。

(1)人的出生是亲属自然形成的重要原因。父母子女关系、兄弟姐妹关系以及祖父母、外祖父母与孙子女、外孙子女关系等其他亲属关系,是基于人的出生的事实而产生的,血缘是这类亲属关系的联系纽带。

(2)结婚是亲属产生的基础。男女因结婚而形成夫妻关系也称配偶关系,由此产生夫对妻的父母、兄弟姐妹以及妻对夫的父母、兄弟姐妹等的姻亲关系。

(3)拟制血亲是产生亲属的又一原因。拟制血亲是指本来没有血亲关系的人,通过某一法律行为或法律事实而创设血亲间的权利与义务关系。如通过收养法律行为,将他人的子女作为自己的子女,产生父母子女亲属关系;通过继父母与继子女之间的抚养法律事实,继父母与继子女之间产生父母子女法律关系。这类法律确认的血亲关系,为拟制血亲。但是从根本上说婚姻和血缘是亲属产生的最基本的前提,拟制血亲往往是建立在婚姻和血缘之上的,如养子女和其养父母的亲属产生拟制血亲,其基础是因为养父母与其亲属之间有着以婚姻和血缘为纽带的亲属关系;继父母和受其抚养教育的继子女形成拟制血亲,其生父或生母与继母或继父的结婚是这一拟制血亲关系形成的条件之一。

3. 法律确定的亲属之间具有法律上的权利义务关系

亲属的范围很广泛,只有经法律确认的亲属相互之间才产生法律上的权利义务。正如恩格斯所讲,"父母、子女、兄弟、姊妹等称谓,并不是简单的荣誉称号,而是一种负有完全确定的、异常郑重的相互义务的称呼。这些义务的总和便构成这些民族的社会制度的实质部分"[①]。如父母子女之间相互的抚养、赡养权利义务,一定范围亲属之间的禁婚义务等。其中,某些亲属间的权利义务体现为无条件性,如父母子女之间、夫妻之间具有相互扶养的权利和义务;某些则体现为有条件性,如祖父母、外祖父母与孙子女、外孙子女之间以及兄弟姐妹之间在一定的条件下有扶养的权利和义务。法律规定范围以外的亲属间没有权利义务关系,如叔伯与侄子女等,但法律并不妨碍他们之间自觉地履行道义上的社会责任。

———————————

① 《马克思恩格斯全集》第 21 卷,人民出版社 1965 年版,第 40 页。

（三）亲属与家长、家属、家庭成员的区别

1. 与家长和家属的区别

传统意义上的家长是指一家中为首的人，一般由家庭成员中辈分高而年长的男性担任。在奴隶社会和封建社会，家长握有经济大权，在家庭中居于支配地位，其他成员都要绝对服从他。家属是家长的对称，是指家长以外的其他家庭成员，处于从属地位。因此，家长与家属在地位上是不平等的。在现代生活中，虽然仍沿用家长和家属之称谓，但是，其含义已与过去大不相同。现代意义上的家长是指父母或其他监护人。例如，学校召开家长座谈会，父亲或母亲均可参加；如父母不能参加的，祖父母或外祖父母等亲属，都可参加。家长不再居于支配地位，所有家庭成员的地位平等。夫妻之间可互为家属。

2. 与家庭成员的区别

家庭成员是指同居一家共同生活、相互具有权利义务关系的近亲属，如夫妻、父母子女、祖孙、兄弟姐妹等。并非所有的亲属都为家庭成员，如叔、姑、舅、姨及侄、甥是亲属，但他们不是家庭成员。因此家庭成员一般都是亲属关系，而有亲属关系则不一定是家庭成员。

二、亲属的种类

在不同时代、不同社会制度下，依据不同的标准，亲属的种类有所不同。

（一）我国古代亲属分类

在中国古代社会，小农经济和宗法等级制度决定了家庭为封建社会的基本构成单位。封建礼法重视亲属关系，规定了过宽的亲属范围。重男系血统而轻女系血统。我国最早将亲属分为宗亲和外亲两种。明、清时将妻族从外亲中分离出来，亲属分为宗亲、外亲和妻亲三种。

1. 宗亲

宗亲又称本亲或内亲，指同祖先的男系血亲及其配偶和在室未嫁的女性亲属。宗亲是封建礼法确认的亲属，由同一宗族的成员组成，其地位高于外亲。宗亲具体由下列成员组成：

（1）同一祖先的男系血亲。一般指包括自己在内的上、下各四代，共九代男系血亲，通称为"九族"。如自己为一代，直系血亲向上，包括父母、祖父母、曾祖父母、高祖父母；向下包括子女、孙子女、曾孙子女、玄孙子女。还有旁系宗亲，如兄弟姐妹、堂兄妹、叔、伯等。

（2）同一祖先的男系血亲的配偶，即嫁入的妇女，如伯母、婶母、嫂、儿媳、孙媳等。

（3）同一祖先的未出嫁的女性。如未出嫁的女儿、姐妹、姑、侄女等。如果她们结婚则成为丈夫的宗族成员。

2. 外亲

外亲又称女亲、外姻、外族，是指与女系血亲相联系的亲属，包括与母亲有关的亲属和与出嫁女儿相联系的亲属。与母亲有关的亲属，如外祖父母、舅、姨及表兄妹等。与女儿相联系的亲属，如女婿、外孙子女和姑夫及其子女等。外亲的地位不如宗亲，范围很窄。

如母亲的亲属,仅算及上下两代,从母亲上溯至她的父母,旁及她的兄弟姐妹,下至她的兄弟姐妹之子,即外祖父母、舅、姨及舅姨的子女,超出这个范围的人就不算亲属。而父系方面的亲属包括上下九代,范围很宽。

3. 妻亲

妻亲指与妻子相联系的亲属,包括妻的父母、妻的兄弟姐妹及其子女等。妻亲的范围比外亲更窄。

(二)现代亲属分类

根据亲属关系发生的原因,现代各国法律对亲属的分类主要有两种:一是将亲属分为血亲和姻亲两类,如德国、秘鲁、瑞士等;二是将亲属分为配偶、血亲和姻亲三类,如日本、韩国。关于配偶应否作为亲属的组成部分,又有两种不同的主张:一是法理主义,认为配偶为血亲、姻亲关系产生的基础和源泉,其本身不发生亲缘关系,又无亲系、亲等可分,所以不应列入亲属范围。二是实效主义,认为既然配偶是产生血亲、姻亲关系的源泉,当然应属于亲属范围,否则,"配偶的血亲"为亲属,而配偶之间不算亲属,则不尽情理。而且与其他亲属相比,配偶关系更为密切,所以应列入亲属范围。现代各国大都根据亲属产生的原因,将亲属分为配偶、血亲和姻亲三种。

1. 配偶

配偶,即夫妻,是男女双方因结婚而产生的亲属关系。在婚姻关系存续期间,夫妻互为配偶。配偶是血亲的源泉和姻亲关系形成的基础,在亲属关系中起着承上启下的作用。

我国自古就认为配偶是亲属,而且是关系最亲近的亲属,律法所称的"亲属杀害"、"亲属伤害"以及"亲属相容隐"均包含夫妻在内。我国现行法虽未明文规定亲属的类型,但从《婚姻法》和《刑事诉讼法》等法律规定来看,均把配偶作为亲属的一种。

2. 血亲

血亲,是指有血缘联系的亲属,如父母、子女、伯、叔、姑、舅、姨、兄弟姐妹等都是血亲。按血缘的真假划分,血亲又有自然血亲和拟制血亲之分。

(1)自然血亲。自然血亲是指出自同一祖先,有真实血缘联系的亲属,基于出生而产生,如父母子女、兄弟姐妹、伯叔与侄子女、舅姨与外甥子女等。自然血亲的形成是以客观的血缘联系为依据,不分父系、母系。无论婚生的,还是非婚生的,也无论是全血缘(同父同母的兄弟姐妹)还是半血缘(同父异母或同母异父的兄弟姐妹),都属于自然血亲。

(2)拟制血亲。拟制血亲是指本无血缘联系或无该种血亲应具有的血缘联系,而由法律确认其与自然血亲有同等权利义务的亲属。这种血亲不是自然形成的,而是依法创设,故又称为"准血亲"、"法定血亲"。不同社会、不同国家的法律确认的拟制血亲范围不同。我国现行《婚姻法》确认的拟制血亲只限于两种类型:其一是养父母与养子女及养子女与养父母的近亲属;其二是形成扶养关系的继父母子女关系。

3. 姻亲

姻亲是指以婚姻为中介而形成的亲属,但配偶除外。一般而言,根据姻亲的发生原因,姻亲分为以下四种类型:

(1)血亲的配偶。即己身血亲的配偶,如儿媳、女婿、嫂、姐妹夫、姑父、舅母、姨父、伯母等。

(2)配偶的血亲。即己身配偶的血亲,如公婆、岳父母、夫的兄弟姐妹、妻的兄弟姐妹等。

(3)配偶的血亲的配偶。即己身与配偶的血亲的配偶,这种姻亲是以两次婚姻为中介,如妯娌、连襟等。

(4)血亲的配偶的血亲。即己身与己身血亲的配偶的血亲的关系,如继兄弟姐妹关系,夫妻双方父母之间的关系(俗称亲家)。

以上四种类型的姻亲虽均是以婚姻为中介形成的亲属关系,但由于社会学意义上的姻亲关系过于广泛,因此现代各国法律对姻亲都有所限制。多数国家只承认血亲的配偶与配偶的血亲为姻亲。对于第三类"配偶的血亲的配偶"是否为法律上的姻亲,各国法律规定不一。而对于第四类"血亲的配偶的血亲",也是多数国家法律不予承认的,我国法学理论便属于不承认之列。我国《继承法》涉及了直系姻亲的规定,如丧偶女婿或儿媳对岳父母或公婆尽到主要赡养义务的,可以作为岳父母或公婆的法定第一顺序继承人参与继承。最高人民法院 2000 年颁布的《最高人民法院关于审判人员严格执行回避制度的若干规定》第 1 条规定:"审判人员具有下列情形之一的,应当自行回避,当事人及其法定代理人也有权要求他们回避:(一)是本案的当事人或者与当事人有直系血亲、三代以内旁系血亲及姻亲关系的……"除此之外,姻亲间的权利义务规定并不多见。

■ 三、法定近亲属范围

亲属关系如此广泛,为便于对亲属关系的法律调整,各国法律将亲属限定在一定范围。而且因各国的风俗习惯、历史传统不同,法律所限定的亲属关系的范围也不同。关于亲属关系范围的限定,各国主要有两种不同的立法例。

一是概括性限定。通过总则的方式对亲属关系的范围作概括性规定,如《日本民法典·亲属编》第 725 条规定下列人等为亲属:六亲等内的血亲;配偶;三亲等内姻亲。除此之外的亲属关系都不属于法律确认的亲属范围。

二是具体性限定。法律对亲属关系的范围并不作明文规定,仅对亲属之间在法律上享有的权利或承担的义务作列举性规定的范围,如对亲属之间的禁婚、扶养、继承、监护、司法回避等列举出具体亲属的范围。

我国对亲属范围的限定主要采取具体的限定法。依《婚姻法》的规定,禁婚亲的范围为"直系血亲和三代以内旁系血亲",相互扶养亲属的范围包括夫妻、父母子女、祖孙和兄弟姐妹。依《继承法》的规定,关于法定继承人的范围为:夫妻、父母、子女、祖父母外祖父母,兄弟姐妹;孙子女外孙子女及其晚辈直系血亲为代位继承人;尽了主要赡养义务的丧偶儿媳与女婿可以作为法定第一顺序继承人参与继承。而依有关诉讼法的规定,在诉讼过程中,审判人员是其审理的案件当事人或者与当事人有直系血亲、三代以内旁系血亲及姻亲关系的,应当回避。此外,一些法律和司法解释规定的近亲属的范围亦不尽相同。[①]

第二节 亲系与亲等

【引例】

李甲(男)与张乙(女)结婚后,生了儿子李丙、女儿李丁。李丙后来又与王戊结婚,生了女儿李己。李丁与韩庚结婚,生了儿子韩辛。

问:(1)张乙与李己是直系血亲还是旁系血亲? 他们是几亲等? 几代?

(2)李丙与韩辛是直系血亲还是旁系血亲? 他们是几亲等? 几代?

一、亲系

亲系,是指亲属间的联系。亲属以婚姻、血缘为基础,纵横交错,互相交织构成亲属网络。除配偶外,一切亲属都有一定的亲系可循。按不同的联系标准,亲属可以分为不同种类。依亲属血缘来源不同,可分为父系亲与母系亲;依亲属间亲疏远近不同,可分为直系亲与旁系亲;按亲属间辈分不同,可分为长辈亲、晚辈亲和平辈亲。

(一)父系亲和母系亲

父系亲和母系亲,是以父亲或母亲的血缘联络产生的亲属,又称为男系亲和女系亲。父系亲,是指以父亲血统为中介联系的亲属,如祖父母、伯叔、姑、侄子女、姑表兄弟姐妹等。母系亲,是指以母亲血统为中介联系的亲属,如外祖父母、舅、姨、外甥、舅表、姨表兄弟姐妹等。

我国古代的亲属制度是以父系为本位的,重父系亲而轻母系亲。但依我国现行法,并无父系亲与母系亲之分,其法律地位完全相同。

(二)直系亲和旁系亲

1. 直系亲

(1)直系血亲。直系血亲是指与己身有直接血缘联系的亲属,包括己身所从出和己身所出的两部分血亲。己身所从出的血亲即是生育己身的各代血亲,如父母、祖父母、外祖父母、曾祖父母、外曾祖父母、高祖父母和外高祖父母;己身所出的血亲,即是己身生育的后代,如子女、孙子女、外孙子女、曾孙子女、外曾孙子女、玄孙子女和外玄孙子女。值得注意的是,除自然直系血亲外,直系血亲还包括法律拟制的直系血亲,如养父母与养子女、养

---

① 例如,依《民法通则意见》第12条规定,我国《民法通则》规定的近亲属包括:配偶、父母、子女、兄弟姐妹、祖父母、外祖父母、孙子女、外孙子女。依2000年最高人民法院《关于执行〈中华人民共和国行政诉讼法〉若干问题的解释》第11条规定:"行政诉讼法第二十四条规定的'近亲属',包括配偶、父母、子女、兄弟姐妹、祖父母、外祖父母、孙子女、外孙子女和其他具有扶养、赡养关系的亲属。"2012年修正后的《刑事诉讼法》第106条规定的"近亲属"只是指夫、妻、父、母、子、女、同胞兄弟姊妹。

祖父母与养孙子女,有扶养关系的继父母与继子女也属于直系血亲。

(2)直系姻亲。直系姻亲是指己身直系血亲的配偶和配偶的直系血亲,如儿媳与公婆为直系姻亲、女婿与岳父母为直系姻亲。

2. 旁系亲

(1)旁系血亲。旁系血亲是指除直系血亲外,与己身同出一源的血亲,如伯、叔、姑、舅、姨、兄弟姐妹、堂兄弟姐妹、表兄弟姐妹等。旁系血亲具有间接血缘联系,血缘上具有同源关系。

(2)旁系姻亲。旁系姻亲是指旁系血亲的配偶、配偶的旁系血亲、配偶的旁系血亲的配偶。如嫂、弟媳、侄媳、伯母、姑父、姨父、舅母、妻或夫的兄弟姐妹等。

(三)长辈亲、晚辈亲和平辈亲

辈分又称为行辈,是指亲属之间的世代第次。与直系与旁系亲的纵向划分亲属不同,辈分是横向划分亲属的。根据辈分不同,亲属可以分为长辈亲、晚辈亲和平辈亲。

1. 长辈亲,又称为尊亲属,是指高于己身辈分的亲属,如父母、伯叔父母、祖父母、舅、姑父等。

2. 晚辈亲,也称为卑亲属,是指低于己身辈分的亲属,如子女、儿媳、女婿、侄子女、表侄子女等。

3. 平辈亲,是指与己身辈分相同的亲属,如兄弟姐妹、嫂、姐妹夫、表兄弟姐妹等。

辈分的观念素来受到我国人民的重视,古代礼制和法律历来讲究尊卑有序。同宗内亲固然不得结婚,在可以结婚的亲属中,也不得长辈与晚辈婚配;立嗣亦是如此,立嗣必须同宗且昭穆①相当,只能在长辈与晚辈之间进行,不得打乱辈分。到现代,辈分的区分除礼仪上的影响外,在法律上也有一定意义。辈分不同的亲属在法律上往往发生不同的效力。在我国,《婚姻法》虽然没有此类亲属的划分,但《继承法》规定代位继承中被继承人的子女的晚辈直系血亲的继承权。在国外,一些国家的民法典对尊亲属和卑亲属的继承顺序及份额也有具体规定。

▌二、亲等

亲等是计算亲属亲疏远近的单位。亲等数与亲属关系的亲密程度成反比,即亲等数越小,亲属关系越亲近,亲等数越大,亲属关系越疏远。亲等在法律上运用较广,诸如禁婚范围、亲属间的权利义务等,大都用亲等来限定。由于各国法律不同,使用的亲等制也不同,计算亲等的方法也不尽相同。

亲等以血缘联系为依据,以世代的多少来计算。根据世界各国亲属法的规定,国外通行的亲等的计算方法有两种方法,即罗马法亲等计算法和寺院法亲等计算法。在我国,古代采用丧服制计算亲属关系,根据男女的尊卑、亲属的远近加以计算,而现行法则是采用世代来表示血亲关系的亲疏远近,如《婚姻法》是以代数来计算禁婚亲属的范围,"禁止三

---

① 所谓"昭穆"本是宗法制度对宗庙或墓地的辈次排列规则和次序,此处是指按照亲属尊卑、长幼、上下等排列的次序。

代以内的旁系血亲结婚"。

(一)罗马法亲等制

罗马法亲等制是古罗马帝国法律规定计算亲属亲疏远近方法的制度,随着罗马法的传播而为多数欧洲国家接受。罗马法亲等制分为直系血亲、旁系血亲和姻亲三个方面计算。

1. 直系血亲亲等的计算

直系血亲亲等的计算方法是:从己身往上或往下数,往上数,父母为一亲等,祖父母、外祖父母为二亲等,曾祖父母、外曾祖父母为三亲等,高祖父母、外高祖父母为四亲等。往下数,子女为一亲等,孙子女、外孙子女为二亲等,曾孙子女、外曾孙子女为三亲等,玄孙子女、外玄孙子女为四亲等。父母与子女是一亲等的直系血亲,祖父母与孙子女是二亲等的直系血亲。父母与子女比祖父母与孙子女的血缘关系近。

2. 旁系血亲亲等的计算

旁系血亲亲等的计算方法是:首先找出同源直系血亲,然后按直系血亲亲等的计算方法从己身数至同源直系血亲,记下亲等数;再从同源直系血亲往下数至要计算的旁系血亲(或从要计算的旁系血亲也往上数至同源直系血亲),记下亲等数;最后将两边的亲等数相加所得之和,就是旁系血亲的亲等数。例如,要计算表兄弟姐妹的亲等数,首先找出己身与表兄弟姐妹的同源直系血亲外祖父母,然后从己身往上数至外祖父母是二亲等,再从外祖父母往下数至表兄弟姐妹或从表兄弟姐妹往上数至其祖父母或外祖父母也是二亲等,最后将两边亲等数相加为四,因此,己身与表兄弟姐妹是四亲等的旁系血亲。

3. 姻亲亲等的计算

姻亲亲等的计算方法是:姻亲的亲等数是以赖以发生姻亲的一方配偶与对方的血亲等数为依据。例如,儿媳与公婆,因丈夫与其父母是一亲等的直系血亲,因此,儿媳与公婆是一亲等的直系姻亲,伯叔与侄子女是三亲等的旁系血亲,因此,侄子女与伯母、婶母是三亲等的旁系姻亲。

(二)寺院法亲等制

寺院法亲等制是欧洲中世纪基督教寺院法计算亲属亲疏远近的制度。由于此种计算方法不能准确地反应亲属关系的远近,因此目前采用者极少,只有少数基督教盛行的国家,如英国、爱尔兰、梵蒂冈等国仍坚持使用寺院法亲等制。但是在阅读和理解欧洲中世纪文献时常会用到。例如,在 12 世纪之前,教会法规定禁止七等亲之内的亲属结婚,直到 1215 年的第四次拉特兰会议,才将近亲结婚的限制从七等亲缩小为四等亲[①]。此处的亲等,均按照寺院法的计算方式计算。

寺院法亲等制是在罗马法亲等制的基础上稍加修改而成的,其方法分为直系血亲和旁系血亲两个方面。

---

① [加]罗德里克·菲利普斯:《分道扬镳——离婚简史》,李公昭译,中国对外翻译出版公司 1998 年版,第 3 页。

1. 直系血亲亲等的计算

直系血亲亲等的计算方法与罗马法完全相同,即从己身往上或往下(不算己身)以一世代为一等亲。

2. 旁系血亲亲等的计算

旁系血亲亲等的计算方法与罗马法大致相同,只是两边亲等数的取舍不同。寺院法旁系血亲亲等数的确定是:如果两边的亲等数相同,则用一边的亲等数为旁系血亲亲等数。例如,兄弟姐妹是同源于父母,己身数至父母是一亲等,再从父母数至兄弟姐妹也是一亲等,则兄弟姐妹间按寺院法亲等制计算是一亲等的旁系血亲。如果两边的亲等数不同,则取亲等数大的一边的亲等数为旁系血亲亲等数。如计算己身与堂侄子女的亲等数,先从己身数到同源直系血亲祖父母为二亲等,再从祖父母数至堂侄子女处为三亲等,因此,己身与堂侄子女按寺院法亲等制计算是三亲等的旁系血亲。

对于旁系血亲的亲等计算,根据罗马法和寺院法的计算方法所得出的结论很不相同。按照寺院法亲等制,己身与舅父、己身与舅表兄弟姐妹均属于二亲等旁系血亲。而按照罗马法亲等制,己身与舅父、己身与舅表兄弟姐妹则分别属于三亲等和四亲等。可见,与寺院法亲等制相比较,罗马法亲等制较为科学,能精确地揭示亲属间的亲疏远近。

(三)我国亲属法上的亲等制度

我国《婚姻法》是以"代"来表明亲属关系的亲疏远近。先后颁布的 1950 年《婚姻法》和 1980 年《婚姻法》,都用代数来表示旁系血亲的亲疏远近,如我国 1950 年《婚姻法》规定:"其他五代内的旁系血亲间禁止结婚的问题,从习惯。"现行《婚姻法》规定"直系血亲和三代以内的旁系血亲禁止结婚",其中所说的"五代"、"三代"就是我国法律规定的亲属之间亲疏远近的单位。代数越小,亲属关系越亲近。

1. 代的计算

计算亲属的代数分为直系血亲和旁系血亲两个方面的计算。

(1)直系血亲代数的计算。从己身开始,己身为一代,往上或往下数。往上数父母为二代,祖父母、外祖父母为三代,曾祖父母、外曾祖父母为四代,高祖父母、外高祖父母为五代。往下数,子女为二代,孙子女、外孙子女为三代,曾孙子女、外曾孙子女为四代,玄孙子女、外玄孙子女为五代。

(2)旁系血亲代数的计算。计算旁系血亲的代数时,必须以同源关系为依据。首先找出同源直系血亲,按直系血亲代的计算法,从己身往上数至同源直系血亲,记下代数。再从同源直系血亲往下数至要计算的旁系血亲,记下代数。如果两边的代数相同则用一边的代数,如果两边的代数不同,则取代数大的一边为代数。如要计算兄弟姐妹的代数,首先找出同源直系血亲父母,己身为一代,往上数至父母为二代;再从父母为一代,往下数至兄弟姐妹是二代。因此,兄弟姐妹之间是二代的旁系血亲。再如,要计算己身与表侄子女(表兄弟姐妹的子女)的代数,先找出同源直系血亲外祖父母(从表侄子女一边来说为其曾祖父母)。己身为一代,往上数至外祖父母为三代,再从外祖父母往下数至表侄子女为四代,因此,己身与表侄子女为四代的旁系血亲。

2."三代"、"五代"以内的旁系血亲

（1）三代以内的旁系血亲。它指同源于祖父母、外祖父母以内的旁系血亲，其范围包括伯、叔、姑、舅、姨、兄弟姐妹、堂兄弟姐妹、表兄弟姐妹、侄子女、外甥子女。超过这一范围的亲属，就不属三代以内的旁系血亲。

（2）五代以内的旁系血亲。它指同源于高祖父母、外高祖父母以内的旁系血亲。其范围较广，在三代以内的旁系血亲基础上，再向上溯及两代这一范围的旁系血亲。

第三节　亲属关系的发生和终止

【引例】

刘宗烈与肖华于 1986 年结婚，婚后生一子刘宇恒。2005 年 2 月，肖华在和刘宗烈争吵后服毒自杀身亡，导致刘宇恒与父亲刘宗烈的关系急剧恶化，在很长时间内互不往来、形同陌路。2007 年 10 月，刘宗烈与儿子刘宇恒签订了"断绝父子关系协议"，约定：双方断绝父子关系，此后发生任何事情双方毫无瓜葛，各自负责。

问：刘宗烈与刘宇恒的父子关系能否因"断绝父子关系协议"而终止？

一、配偶关系的发生和终止

配偶因男女结婚而发生，配偶关系以婚姻成立为发生原因，这是各国亲属法的通例。根据我国《婚姻法》的规定，配偶关系发生的时间即是领取结婚证的时间。

配偶关系的终止同样也是以婚姻的终止为原因的。根据我国《婚姻法》的规定，婚姻得以终止的原因有二：一是配偶一方或双方死亡，包括自然死亡和法院宣告死亡；二是因离婚而消灭。因此，配偶关系终止的时间是配偶一方死亡的时间，或婚姻登记机关颁发离婚证的时间，或人民法院准予离婚的调解书或判决书生效的时间。

二、血亲关系的发生和终止

1. 自然血亲关系的发生和终止

自然血亲关系是基于出生的事实而发生，而且出生是发生自然血亲唯一的原因。父母子女、兄弟姐妹等亲属关系以客观存在的血缘为联系，均基于出生而发生。自然血亲关系的发生时间就是出生的时间。即使是非婚生子女与其生父的关系，经认领或法律确认也是以出生为客观根据的。

自然血亲关系因死亡而终止，除送养外，不能通过人为解除。即使子女为他人所收养，消除的只是生父母子女之间法律上的权利义务，而他们之间的自然血亲关系仍存在，法律中有关自然血亲的规定仍然适用，如禁婚亲。

2. 拟制血亲关系的发生和终止

拟制血亲是因法律规定而发生的血亲关系，由于拟制血亲的种类不同，其发生和终止原因也不同。拟制血亲关系主要是养父母与养子女间的关系，也包括继父母与受其抚养的继子女之间的关系。

（1）养父母与养子女关系的发生和终止。养父母与养子女是以合法的收养行为作为发生原因，要求符合收养的条件并遵循收养的程序才能发生拟制血亲的效力。该拟制血亲关系除因一方死亡而终止外，还可因法律行为而终止，如收养的解除。

（2）有扶养关系的继父母与继子女关系的发生和终止。继父母与继子女作为拟制血亲发生的原因：一是因继子女的生母或生父与其继父或继母结婚；二是继子女受继父母抚养教育。这两个原因，缺一不可，否则不发生拟制血亲关系，仅为姻亲关系。

已形成拟制血亲关系的继父母与继子女关系的终止，除可因继父母与继子女一方的死亡外，还可以基于双方当事人协议解除，或一方当事人诉至法院通过诉讼解除，或未成年的继子女因生母或生父与继父或继母离婚，其被生父或者生母一方带走，继父或继母终止抚养关系。但根据我国现行法律政策的规定，已被继父母抚养教育成年的继子女，双方已形成拟制血亲关系并不因其母或生父与继父或继母的离婚而终止。

三、姻亲关系的发生和终止

姻亲是因婚姻为中介而产生的亲属关系。婚姻成立是姻亲关系发生的原因，婚姻成立的时间就是姻亲关系发生的时间。

姻亲关系的终止是一个较复杂的问题，是否因离婚或配偶一方的死亡而发生终止，各国有不同的立法例。

1. 姻亲关系是否因离婚而终止

姻亲关系是否因婚姻当事人离婚而终止，在现代国家的法律中，有采消灭主义和不消灭主义两种。

（1）消灭主义。消灭主义认为，姻亲关系是基于婚姻成立而产生的亲属，若离婚，就已失去其存在的基础，因此姻亲关系自然应随当事人的离婚而终止。如《日本民法典》第728条则采用该主张，规定"姻亲关系因离婚而终止"。但采消灭主义国家的法律，规定禁止直系姻亲结婚的，其禁婚效力不消灭，如《日本民法典》第735条规定："直系姻亲间不得结婚。即使在第728条或第817条规定的姻亲关系终了之后，亦同。"我国《婚姻法》未规定禁止姻亲结婚，因而姻亲消灭后，不存在禁婚效力。我国现行法律虽未作明文规定，但在法学理论上多采消灭主义。

（2）不消灭主义。不消灭主义认为，姻亲关系一般不发生重大权利义务，其法律效力仅限于禁婚效力和诉讼回避效力，因此，婚姻虽然已解除，但姻亲关系仍继续存在，如《德国民法典》第1590条第2款规定："即使姻亲关系因之而成立的婚姻已被解除，姻亲关系也存续。"[①]

2. 姻亲关系是否因婚姻当事人一方死亡而终止

姻亲关系是否因婚姻当事人一方死亡而消灭，各国法律规定也不一致，主要有不消灭主义和有条件消灭主义两种立法例。

（1）不消灭主义。我国法律规定姻亲关系不因婚姻当事人一方死亡而消灭，如丧偶的儿媳对公婆、丧偶的女婿对岳父母，无论再婚与否，如尽了主要赡养义务的，公婆或岳父母

---

① 《德国民法典》，陈卫佐译注，法律出版社2010年第3版，第472页。

死亡后可享有继承权,为第一顺序继承人,并且不影响子女的代位继承。

(2)有条件的消灭主义。即婚姻当事人一方死亡后,如果生存配偶一方再婚或表示了终止姻亲的意思时,归于消灭。例如,旧《日本民法典》第729条规定:夫妻一方死亡,生存配偶离其家时(即再婚)公婆与儿媳、岳父母与女婿等的姻亲关系终止。现行《日本民法典》第728条第2项规定:"夫妻一方死亡时,如有生存的配偶关于终止姻亲关系的意思表示",姻亲关系终止。

第四节　亲属关系的法律效力

【引例】

　　黄林的父亲黄云与刘芳的母亲黄欣系堂兄妹关系,黄林与刘芳从小青梅竹马,感情很深厚。大学毕业后,两人又分在同一城市工作,刘芳23岁、黄林25岁。2008年2月,两人恋爱2年后向各自父母提出结婚之事,遭父母一致反对,理由是黄林与刘芳是《婚姻法》规定的禁止结婚的亲属关系。而黄林与刘芳则认为他们两人之间不是近亲属,不属于禁止结婚的亲属范围,坚决要求登记结婚。

　　问:刘芳与黄林之间是否属于现行《婚姻法》禁止结婚的近亲属关系?

　　亲属关系的法律效力是指一定范围内的亲属所具有的法定权利义务及其在法律上发生的其他效果[①]。自古以来我国一直重视道德人伦,赋予亲属关系法律上的效力。这种效力包括公法上的效力和私法上的效力,公法上的效力包括刑法、行政法以及诉讼法上的效力,私法上的效力则主要体现在民法、婚姻法、继承法上的效力。

一、亲属关系在婚姻家庭继承法上的效力

　　亲属关系在婚姻家庭法领域的效力最广,主要有以下几个方面:

　　1. 扶养效力。一定范围内的亲属有互相抚养或扶养的义务。我国《婚姻法》规定,夫妻之间的扶养义务;父母对未成年子女或尚未独立生活的子女负抚养的义务;在一定条件下,祖孙之间和兄弟姐妹间有扶养义务。

　　2. 继承效力。一定范围内的亲属有互相继承遗产的权利。我国《继承法》规定,被继承人的配偶、父母、子女是第一顺序法定继承人,兄弟姐妹、祖父母、外祖父母为第二顺序法定继承人,对被继承人死亡后所遗留的财产,除依法丧失继承权之外,享有继承遗产的权利。

　　3. 共同财产效力。一定范围内的亲属有法定共同财产。我国《婚姻法》规定,夫妻在婚姻关系存续期间,无论双方所得或一方所得的财产,除另有约定或法律另有规定外,归夫妻共同所有。

　　4. 禁婚效力。一定范围内血亲禁止结婚。我国《婚姻法》规定,禁止直系血亲和三代以内的旁系血亲结婚。法律拟制的直系血亲,如养父母与养子女,有扶养关系的继父母与

---

　　① 　巫昌祯主编:《婚姻与继承法学》,中国政法大学出版社2011年版,第81页。

继子女间,虽然无自然血缘联系,但基于伦理道德,也禁止结婚。在一些国家的立法中,还有禁止直系姻亲之间和一定范围内不同辈分的旁系姻亲结婚的规定①。

二、亲属关系在其他民事法律上的效力

在民法领域,很多民事法律关系都与亲属关系有关,集中体现在以下几个方面。

1. 法定代理效力。一定范围的亲属对无民事行为能力人或者限制性民事行为能力人享有法定代理权。一般认为,近亲属是无民事行为能力人或限制民事行为能力人的法定代理人。如我国《民法通则》规定,父母是未成年子女的法定代理人,依法行使代理权,进行民事活动,如父母代理未成年子女缔结合同、代理民事诉讼等。

2. 监护效力。一定范围的亲属对无民事行为能力人或者限制性民事行为能力人享有监护权。未成年人和精神病人的法定监护人是其近亲属。如我国《民法通则》第 16 条、第 17 条规定:"未成年人的父母是未成年人的监护人。未成年人的父母已经死亡或者没有监护能力的,由下列人员中有监护能力的人担任监护人:(一)祖父母、外祖父母;(二)兄、姐;(三)关系密切的其他亲属、朋友愿意承担监护责任,经未成年人的父、母的所在单位或者未成年人住所地的居民委员会、村民委员会同意的……";"无民事行为能力或者限制民事行为能力的精神病人,由下列人员担任监护人:(一)配偶;(二)父母;(三)成年子女;(四)其他近亲属;(五)关系密切的其他亲属、朋友愿意承担监护责任,经精神病人的所在单位或者住所地的居民委员会、村民委员会同意的。"监护人依法行使监护权,保护被监护人的人身、财产及其他合法权益。被监护人的人身、财产及其他民事权益受到侵害时,监护人有要求加害人停止侵害,赔礼道歉,赔偿损失,恢复原状的权利。可以被监护人的名义向人民法院起诉、应诉。当被监护人对国家、集体和他人的人身或财产造成损害时,监护人应承担一定的财产损失的民事责任。被监护人有财产的,以其财产支付赔偿费用,不足部分,由监护人承担。

3. 对失踪人、精神病人申请宣告效力。一定范围的亲属可以请求民事行为能力的宣告。对下落不明达到法律规定期限的人,其近亲属可以向人民法院申请宣告失踪、宣告死亡。对精神病人申请宣告无民事行为能力或限制民事行为能力。当失踪人生还或有生存信息时,本人或近亲属可以向人民法院申请撤销失踪宣告或死亡宣告判决。当被宣告为无民事行能力的精神病人,已经治愈,具有民事行为能力时,本人或其近亲属可以向人民法院申请撤销其无民事行为能力或限制行为能力的判决。

三、亲属关系在刑法上的效力

《刑法》中某些行为是否构成犯罪,与亲属关系有关。我国《刑法》涉及亲属效力的规定,主要有以下两个方面。

1. 犯罪构成效力。《刑法》规定某些犯罪的构成必须以一定亲属关系为条件,如《刑法》中规定的虐待罪、遗弃罪、暴力干涉婚姻自由罪等,加害人与被害人必须是家庭成员或有扶养义务的亲属关系才能成立。

---

① 陈苇主编:《外国婚姻家庭法比较研究》,群众出版社 2006 年版,第 154 页。

2. 告诉效力。某些犯罪必须由具有一定亲属关系身份的人才能行使告诉权。如我国《刑法》规定："本法所称告诉才处理,是指被害人告诉才处理。如果被害人因受强制、威吓无法告诉的,人民检察院和被害人的近亲属也可以告诉。"

不过我国《刑法》并没有因为罪犯与受害人之间的亲属关系而加重或者减轻刑罚的规定,其他国家则有相关规定。例如,法国《刑法》特别规定,盗窃尊、卑直系亲属和配偶(分居除外)之财物者,不得引起刑事追究;但凡是针对合法直系尊亲属或养父母或者配偶的故意杀害生命罪、故意伤害身体罪和暴力罪的,要加重处罚。德国、意大利以及日本等国家也有相关规定。[①]

四、亲属关系在诉讼法上的效力

在诉讼法上中,无论是刑事诉讼、民事诉讼、还是行政诉讼,对涉及亲属关系的事项在程序上都有特别规定。

1. 回避效力。一定范围的亲属关系为发生回避的原因。如我国《刑事诉讼法》规定,审判人员、检察人员、侦查人员、书记员、鉴定人和勘验人员如果是本案的当事人或是当事人的近亲属,或者与本案有直接利害关系,上述人员应自行回避。如果不回避,诉讼当事人可以申请他们回避。申请回避有异议的,应由审判委员会、检察委员会、院长或审判长决定,以裁定形式决定是否回避。《民事诉讼法》中也有类似规定。

2. 上诉、申诉效力。一定范围内的亲属可以代为行使诉讼权。如民事诉讼中,没有诉讼行为能力的当事人,由其取得法定代理人身份的亲属代为进行诉讼活动;行政诉讼中,可以提起行政诉讼的公民死亡后,其近亲属可以依法提起诉讼;刑事诉讼中,被告人的近亲属可以担任被告人的辩护人,可以代其上诉或申诉。

3. 申请执行效力。民事案件、刑事附带民事诉讼案件以及行政案件的判决、裁定及调解协议中涉及财产内容,义务人到期不履行义务的,近亲属为法定监护人的可以申请强制执行。

五、亲属关系在国籍法上的效力

亲属关系在国籍法上是取得国籍、入籍、退籍的重要依据,公民国籍的取得、丧失和恢复与亲属关系均直接相关。

1. 国籍自然取得。中国国籍的自然取得,依据一定的亲属关系。根据我国《国籍法》的规定,父母双方或一方为中国公民,本人出生在中国,具有中国国籍;出生在外国的人,除驻在国法律规定出生时就具有外国国籍的外,只要其父母有一方为中国公民,也具有中国国籍。

2. 申请入籍。外国人或无国籍人,愿意遵守中国宪法和法律,且是中国公民的近亲属的,可以经申请批准加入中国国籍。

3. 申请退籍。中国公民是外国人的近亲属的,经申请批准可以退出中国国籍。

---

① 张华贵:《中外亲属关系法律效力比较研究——兼论我国亲属关系法律效力的完善》,载《西南民族大学学报》(人文社科版)2004 年第 12 期。

此外,在劳动法、行政法等法律部门中,也有涉及亲属关系的规定,具有一定的法律效力。

【思考题】

1. 亲属的法律特征有哪些?

2. 亲属有哪些类型?

3. 什么是亲系? 如何区分直系血亲和旁系血亲?

4. 什么是亲等? 亲等的计算方法有哪些? 我国现行亲属世代计算法与罗马法、寺院法的亲等计算法有何不同?

5. 亲属关系的发生与终止原因有哪些?

6. 亲属关系在法律上的效力体现在哪些方面?

第三章　婚姻家庭法基本原则

婚姻家庭法基本原则,是婚姻家庭法的立法指导思想,又是婚姻家庭法的基本精神,也是婚姻家庭法操作适用的基本准则,贯穿于婚姻家庭法的始终,集中体现了以婚姻家庭法为主体内容的婚姻家庭制度的本质和特征。现行《婚姻法》第2条规定:"实行婚姻自由、一夫一妻、男女平等的婚姻制度。保护妇女、儿童和老人的合法权益。实行计划生育。"这是我国婚姻家庭法规定的五项基本原则。为了保障这些基本原则的贯彻实施,现行《婚姻法》第3条又特别作出规定:"禁止包办、买卖婚姻和其他干涉婚姻自由的行为。禁止借婚姻索取财物。禁止重婚。禁止有配偶者与他人同居。禁止家庭暴力。禁止家庭成员间的虐待和遗弃。"同时,现行《婚姻法》第4条还从社会主义法律和道德的一致性、法律的宣言性与导向性作用出发,明确规定:"夫妻应当互相忠实,互相尊重;家庭成员间应当敬老爱幼,互相帮助,维护平等、和睦、文明的婚姻家庭关系。"这不但是婚姻家庭关系的主体相互之间的权利义务,而且是个人对国家、对社会、对家庭的共同责任,具有丰富的法律内涵和道德底蕴。

第一节　婚姻家庭法的原则规定

【引例】

赵某自幼丧父,由母亲施某一手拉扯大,赵某深知母亲不易,十分孝顺。赵某和孙某是中学同学,又在一个单位工作,两人互相爱慕。施某坚决不同意他们交往,原因是孙某的父亲是施某原单位的人事科长,在施某下岗的问题上,是孙某的父亲提出并一再坚持的。女儿若再和害得自己没有饭碗的人的儿子结婚,施某无论如何也咽不下这口气。于是,施某就强令赵某立刻断绝和孙某的往来,并把户口簿、赵某的身份证隐匿起来,不让赵某和孙某登记结婚。赵某找人做施某的工作,施某拒不接受,还说赵某要胆敢嫁给孙某,自己就一头撞死。看到女儿还和孙某继续来往,施某干脆把赵某关在家里锁了起来,不让赵某出门,除非赵某答应和孙某断绝关系。

问:(1)施某的行为是否违反婚姻自由原则?

(2)赵某的什么权利受到侵害?

一、婚姻自由原则

(一)婚姻自由的概念和特征

所谓婚姻自由,是指婚姻当事人有权按照法律的规定,决定自己的婚姻问题,不受任何限制和干涉。婚姻自由具有以下两个特征：

1. 婚姻自由是法律赋予公民的一项专属性人身权利

我国《宪法》第 49 条第 4 款规定："禁止破坏婚姻自由。"《民法通则》第 103 条规定："禁止破坏婚姻自由。"《婚姻法》第 2 条规定："实行婚姻自由。"该法第 3 条规定："禁止包办、买卖婚姻和其他干涉婚姻自由的行为。"该法第 5 条规定："结婚必须男女双方完全自愿。"可见，婚姻自由是法律赋予公民的一种人身权利，并受法律的保护。公民有权决定自己的婚姻问题，不受任何强迫、限制和干涉。任何第三者，包括当事人的父母在内，都不能侵犯这种权利，婚姻关系当事人的一方也无权对他方加以强制。

2. 婚姻自由的行使必须符合法律的规定

婚姻自由与公民的其他权利一样，不是绝对的、无限制的，而是相对的。行使婚姻自由权，必须在法律许可的范围内。我国现行《婚姻法》规定了结婚和离婚的条件与程序，这些规定就是在婚姻问题上合法与违法的界限。缔结和解除婚姻关系必须依照法律的规定进行，否则就是违法行为，不会受到法律的保护。

（二）婚姻自由的内容

婚姻自由包括结婚自由和离婚自由两个方面的内容，两者相辅相成，共同构成婚姻自由的内容。

1. 结婚自由

所谓结婚自由，是指婚姻当事人有权依照法律的规定，自主自愿地缔结婚姻关系，不受任何强制和干涉。当事人是否结婚，与谁结婚，何时结婚，以什么方式结婚，是其本人的权利，任何人无权干涉。它要求拟结婚的当事人必须完全自愿且意思表示真实，不允许任何一方对他方进行强迫、欺骗、乘人之危或第三人加以包办及非法干涉。

2. 离婚自由

所谓离婚自由，是指夫妻双方或一方依照法律规定的条件和程序，有权提出解除夫妻关系的请求。成立和维系婚姻都应该以爱情为基础，如果双方感情确已破裂，婚姻关系无法继续的时候，解除婚姻关系对双方、对社会都是一件幸事。把离婚一律看成悲剧是不恰当的。实行离婚自由，能使那些夫妻感情破裂，本质上已经死亡的婚姻，通过法律规定的正当途径得到解除。正如列宁指出的："离婚自由并不会使家庭关系'瓦解'，而相反地会使这种关系在文明社会中唯一可能的坚固的民主基础上巩固起来。"[①]但离婚是一项重要的法律行为，不仅关系到婚姻当事人，还关系到家庭的稳定，子女的幸福。因此，离婚自由权利的行使不能只凭当事人的主观愿望，处理离婚问题时，应有对社会和家庭的责任感，在对子女和财产作出妥善的处理后方可离婚。要反对在离婚问题上的各种轻率行为。

3. 结婚自由与离婚自由的关系

结婚自由和离婚自由共同构成婚姻自由的完整内涵，两者是相辅相成、互为补充的。没有结婚自由就没有离婚自由，而没有离婚自由，也就没有真正的结婚自由。但结婚自由是普遍的行为，是婚姻自由的主要方面，离婚自由只是少数夫妻不得已而选择的行为，是

---

① 《列宁选集》第 2 卷，人民出版社 1960 年版，第 534 页。

婚姻自由的次要方面,是结婚自由的必要补充,现行《婚姻法》对结婚与离婚的条件和程序的规定,体现了法律在对待婚姻问题上的自由和约束的统一。

二、一夫一妻制原则

(一)一夫一妻制的概念

一夫一妻制又称为个体婚,是指一男一女结为夫妻的婚姻制度。这一规定的要求是任何人均不得同时有两个或两个以上的配偶;禁止一切一夫多妻或一妻多夫的结合;已婚男女在婚姻终止(配偶死亡或离婚)以前不得再行结婚;一切公开的、隐蔽的一夫多妻或一妻多夫的两性关系都是非法的,为法律所禁止。

(二)我国实行一夫一妻制的必要性

婚姻家庭的发展经过了从群婚制到对偶婚,再从对偶婚到一夫一妻制的发展变化过程。一夫一妻制的出现,是历史发展的普遍规律,是迄今为止最文明、最进步的婚姻制度。我国实行一夫一妻制的必要性表现在:

1. 一夫一妻制是婚姻关系本质的必然要求

我国主张建立以感情为基础的婚姻,感情的专一性与排他性决定必须实行一夫一妻制。爱情的专一性和排他性,决定了爱情不容许第三人分享和介入。多偶制会带来家庭内部的纷争,破坏家庭的团结。只有严格地实行一夫一妻制,才能使夫妻感情专一、持久,真诚相爱,同心协力抚育子女,搞好家庭建设,承担家庭和社会的责任。

2. 一夫一妻制是保障公民建立婚姻家庭的必要条件

为了给每个公民成年后寻求配偶结婚提供均等的机会,以保证每个公民成年后,都能建立婚姻家庭,必须实行一夫一妻制。实行多偶制,必然会使一部分人成年后无法寻找伴侣而被迫独身,也可能会导致两性冲突和违法犯罪的发生。

3. 一夫一妻制是彻底实现男女平等的重要条件

在私有制的社会中,男女两性的地位是不平等的,例如,中国古代实行的一夫一妻多妾制即是男尊女卑的一个重要体现。我国将男女平等作为基本国策,提倡男女两性在政治、经济、文化及婚姻家庭等各个方面都是平等的。只有实行一夫一妻制,才能提高妇女的地位,保护妇女的权益,实现妇女的彻底解放。

4. 一夫一妻制是婚姻道德的必然要求

夫妻和睦相处、感情专一、恪守贞操是中华民族的传统美德。社会主义道德和法律也要求人们忠实于夫妻感情。任何公开的或隐蔽的一夫多妻或一妻多夫,以及有配偶者与他人同居、通奸等败坏婚姻道德的行为,历来受到人民群众的谴责。

5. 有利于未成年人的健康成长

一夫多妻或者一妻多夫会使婚姻家庭处于错综复杂的矛盾之中,家庭成员之间的利害冲突,矛盾尖锐,尤其是父母之间的矛盾,会造成子女的冷漠与仇视,不利于其融入社会,处理与他人之间的关系。

三、男女平等原则

(一)男女平等的概念

男女平等,从概念上说,有广义和狭义之分。广义的男女平等,是指男女两性在政治、经济、文化、社会生活及婚姻家庭等各方面平等地享有权利和承担义务。狭义的男女平等,仅仅是指男女两性在婚姻家庭领域平等地享有权利和承担义务。我国婚姻家庭法中的男女平等即属于广义的男女平等,内容十分广泛,它贯穿于整个婚姻家庭领域,既表现在婚姻家庭方面,又表现在人身关系方面和财产关系方面。

(二)男女平等的内容

1. 夫妻在家庭中地位平等

我国现行《婚姻法》第13条规定:"夫妻在家庭中地位平等。"这是我国《婚姻法》对夫妻地位所作的原则性规定,即夫妻在人身关系和财产关系两个方面的权利义务都是平等的。具体见本书"夫妻关系"一章。

2. 不同性别的家庭成员在家庭中平等地享有权利和承担义务

在我国家庭中,除夫妻外,还有父母与子女,祖父母、外祖父母与孙子女、外孙子女、兄弟姐妹关系。在这些关系中,无论男性、女性,都平等地享有权利和承担义务。

四、保护妇女、儿童和老人的合法权益原则

(一)保护妇女的合法权益

1. 保护妇女合法权益的意义

保护妇女合法权益是对男女平等原则的必要补充,它是实现男女平等从法律上的平等向实际生活中的平等的有力保障。之所以要特别规定保护妇女的合法权益,原因有以下几个方面。

(1)社会原因。在旧中国,几千年的奴隶社会、封建社会,广大妇女处于社会的最底层,社会地位、家庭地位低下。新中国成立后,党和国家采取了一系列社会改革措施,提高了妇女的地位。但是,由于几千年遗留下来的男尊女卑观念并未完全清除,歧视妇女、侵犯妇女合法权益的现象依然不同程度地存在。在婚姻家庭中,父母包办女儿的婚姻,阻碍妇女参加工作学习,剥夺妇女的合法继承权,侵犯妇女应享有的夫妻财产权,虐待妇女、拐卖妇女、遗弃女婴等违法犯罪行为仍时有发生。如果法律对妇女不给予特别保护,制裁侵犯妇女合法权益的行为,就很难实现真正的男女平等。

(2)生理原因。男女两性固有的生理差异,决定了妇女在体力上普遍低于同龄男子。妇女负担着怀孕、生育,实现人口再生产的职能和哺育子女的任务,身体负担和精神负担较男子为重。因此,法律对妇女权益的特殊保护,是妇女生理因素的要求。

(3)家庭原因。社会分工造就了男女家庭角色的不同,妇女在实现人口再生产、从事子女抚养教育和组织家庭生活中的角色价值,应给予相应的特殊保护。

2. 妇女合法权益的内容

现行《婚姻法》和《妇女权益保障法》对妇女在婚姻家庭方面的合法权益的内容作了较为详细的规定,概括起来主要有以下几方面的内容。

(1)妇女的人身权不受侵犯。妇女的人身权,是指妇女在婚姻家庭中与其身份相联系应享有的权利。其主要内容包括:姓名权、社会活动权、人身自由权、婚姻自由权、生育权等。这些权利受法律的保护。

(2)妇女的财产权不容侵犯。财产权是妇女在婚姻家庭中享有的重要权利,家庭成员不得侵犯或剥夺。妇女在家庭中享有财产权,主要有:抚养费、扶养费和赡养费的请求权;共有财产权;遗产继承权;离婚时妇女享有财产分割时的受照顾权等。这些权利都受法律保护。

(二)保护儿童的合法权益

1. 儿童及未成年人的界定

我国现行《婚姻法》所保护的儿童的合法权益,通常是指未成年人的合法权益。我国2012年修正后的《未成年人保护法》第2条规定:"本法所称未成年人是指未满十八周岁的公民。"

2. 保护儿童合法权益的必要性

儿童是民族的后代,是国家的希望。他们正处于长身体、长知识的阶段,不能自食其力,在法律上属于无民事行为能力或限制民事行为能力人。法律对儿童的合法权益进行特别保护,是为了使他们在德、智、体各方面得到全面健康成长。保护儿童合法权益不仅是国家的责任,也是父母及其他家庭成员应尽的法律义务。

在旧中国,子女被当作父母、家庭的私有财产,他们的权益得不到法律应有的保护。礼和法律极力维护的"父为子纲",使子女一直从属于父母、家长。子女只能唯家长之命是从。非婚生子女、继子女还往往会受到社会的歧视,甚至受到父母及其他家庭成员的虐待和遗弃。新中国成立后,儿童的合法权益受到了《宪法》、《婚姻法》、《未成年人保护法》等法律的全面保护,使儿童在家庭中的权利有了可靠的法律保障。

3. 儿童合法权益的内容

根据现行《婚姻法》、《未成年人保护法》等法律的规定,儿童在家庭中享有的合法权益,主要内容如下:

(1)父母及其他监护人对未成年子女负有扶养、教育和保护的义务。我国《婚姻法》对此作了明确规定,如该法第21条规定:"父母对子女有抚养教育的义务;父母不履行抚养义务时,未成年的或不能独立生活的子女,有要求父母付给抚养费的权利。"第23条规定:"父母有保护和教育未成年子女的权利和义务。在未成年子女对国家、集体或他人造成损害时,父母有承担民事责任的义务。"第24条规定:"父母和子女有相互继承遗产的权利。"第28条规定:"有负担能力的祖父母、外祖父母,对于父母已经死亡或父母无力抚养的未成年的孙子女、外孙子女,有抚养的义务。"第29条规定:"有负担能力的兄、姐,对于父母已经死亡或父母无力抚养的未成年的弟、妹,有扶养的义务。"等等。同时,我国《未成年人保护法》、《收养法》等对儿童的合法权益也作了全面系统的规定。

（2）子女在法律上一律平等。这里的子女是指婚生子女、非婚生子女、养子女和继子女。其中，非婚生子女一直受到社会不公平待遇。根据我国《婚姻法》第25条的规定："非婚生子女享有与婚生子女同等的权利，任何人不得加以危害和歧视。"因此，法律赋予非婚生子女和婚生子女完全相同的法律地位。在养子女和继子女方面，我国《婚姻法》规定适用本法对父母子女关系的有关规定。

（3）离婚后父母对子女的义务。我国《婚姻法》第36条规定："父母与子女间的关系，不因父母离婚而消除。离婚后，子女无论由父或母直接抚养，仍是父母双方的子女。离婚后，父母对于子女仍有抚养和教育的权利和义务。"未成年子女不论是否与离婚后的父母居住在一起，都有权要求父母继续履行抚养的义务。

（三）保护老年人的合法权益

1. 保护老年人合法权益的必要性

根据我国《老年人权益保障法》第2条的规定，该法所称老年人是指60周岁以上的公民。尊老、爱老是中华民族的传统美德。老年人为国家的发展付出了辛勤劳动，贡献了毕生精力，为社会创造了财富。在家庭中为培养后代和家庭建设操劳一生，履行了应尽的法律义务。因此，当他们年老丧失劳动能力时，应当受到社会的尊重和关怀，得到后代的尊敬和生活上的赡养扶助，使他们幸福、愉快地安度晚年。

2. 老年人合法权益的内容

现行《婚姻法》规定了很多保护老年人合法权益的条款。这些条款不仅涉及财产问题，也涉及人身方面，其主要内容如下：

（1）老人有接受子女或其他家庭成员赡养的权利。我国《婚姻法》第21条规定："子女对父母有赡养扶助的义务。子女不履行赡养义务时，无劳动能力的或生活困难的父母，有要求子女付给赡养费的权利。"第28条规定："有负担能力的孙子女、外孙子女，对于子女已经死亡或子女无力赡养的祖父母、外祖父母，有赡养的义务。"

（2）保障老年人的婚姻自由权。对老年人的物质帮助很重要，但对老年人的精神关怀更重要。在目前的现实生活中，子女干涉父母婚姻自由的现象时有发生。对此，我国《婚姻法》第30条明确规定："子女应当尊重父母的婚姻权利，不得干涉父母再婚以及婚后的生活。子女对父母的赡养义务，不因父母的婚姻关系变化而终止。"

五、计划生育原则

实行计划生育是我国的一项基本国策，现行《婚姻法》第2条特别规定"实行计划生育"。为了保障此原则的实施，现行《婚姻法》第16条规定"夫妻双方都有实行计划生育的义务"。

（一）计划生育的概念

计划生育，是指对人的生育实行计划化，做到有计划地生育子女，调节人口发展速度。计划生育包括两个方面的含义：一是节制生育，有计划地降低人口发展速度；二是鼓励生育，有计划地提高人口发展速度。我国目前的计划生育是以降低人口发展速度为内容。

(二)实行计划生育的必要性

1. 实行计划生育是加快经济建设和社会发展的重要条件。我国人口众多,人口增长很快,使国民经济的发展受到限制,实施计划生育在现阶段意义尤其重大。

2. 实行计划生育是不断提高人民物质文化生活水平的需要。人是生产者,也是消费者,不实行计划生育,过多的人口将影响整体人均生活水平的提高速度。

3. 实行计划生育,有利于减轻家庭经济负担,提高人口素质,保护母亲的健康。

(三)计划生育的基本要求

我国《人口与计划生育法》第2条第2款规定:"国家采取综合措施,控制人口数量,提高人口素质。"第18条规定:"国家稳定现行生育政策,鼓励公民晚婚晚育,提倡一对夫妻生育一个子女;符合法律、法规规定条件的,可以要求安排生育第二个子女。"按照这些规定,我国计划生育的基本要求是有计划地控制人口数量,提高人口素质,提倡晚婚、晚育、少生、优生。

1. 对汉族计划生育的要求

我国汉族占全国总人口的九成。[①] 对汉族实行严格的计划生育,对控制我国人口发展有着决定性的战略意义。其基本要求是:

第一,提倡晚婚。晚婚与控制人口有着直接的关系。我国现行《婚姻法》虽然规定法定结婚年龄是男不得早于22周岁,女不得早于20周岁。但是这是最低法定婚龄,并不是达到这一年龄必须结婚。为此,现行《婚姻法》第6条特别规定:"晚婚晚育应予鼓励。"根据国家规定,提倡男女按法定婚龄各推迟三岁,即男25岁、女23岁结婚为晚婚。广大青年应当根据国家利益和个人利益自觉实行晚婚,这不但能延缓我国人口增长速度,而且会使青年集中精力工作或学习。

第二,提倡晚育。女性24岁生育第一胎的为晚育。经科学研究证明,女性24~30岁是最佳生育年龄,在这一年龄阶段生育的子女无论体质还是智力均优于其他年龄,符合优生要求。

第三,少生。即提倡一对夫妻终身只生育一个子女。这是我国汉族地区当前计划生育,控制人口增长的决定措施。对某些有特殊困难的夫妻,经过申请,经县以上管理计划生育行政机关批准,允许有计划地生育第二胎。但无论何种情况都不允许生育第三胎。

第四,优生。为了下一代的健康,提高中华民族人口体质,必须实行优生优育。为此,我国现行《婚姻法》、《母婴保健法》特别规定,禁止直系血亲和三代以内的旁系血亲结婚;禁止患医学上认为不应结婚的疾病者结婚;禁止有遗传疾病的夫妻生育子女。这些规定是保证优生的法律措施,应当坚决贯彻执行。

2. 对少数民族计划生育的要求

我国是一个多民族的国家,除汉族外,共有55个少数民族。在旧中国,少数民族深受

---

① 王希辉:《李绍明先生与〈民族学〉》,载《黑龙江民族丛刊》2013第2期。

历代统治阶级的压迫、歧视,大多聚居在边疆、高原、沙漠、高山峡谷。地理条件恶劣,人口发展极为缓慢,有的民族面临灭绝。新中国成立以后,少数民族与汉族一样,成了祖国大家庭的主人,为了帮助少数民族发展,从 20 世纪 50 年代起到 70 年代,国家对少数民族一直实行鼓励生育,发展少数民族人口从 80 年代起才开始逐步实行计划生育。我国少数民族人口从 1953 年第一次全国人口普查时的 3532 万多人,到 2000 年第五次全国人口普查,已达到 10449 万多人,占全国总人口的 8.4%。[①] 少数民族人口经过几十年的发展,人口数量已有很大增长,为了繁荣民族经济,从 20 世纪 80 年代起,国家对少数民族要求提倡计划生育,适当控制民族人口增长。《人口与计划生育法》第 18 条第 2 款规定:"少数民族也要实行计划生育。"

由于我国各少数民族人口发展不平衡,对少数民族的计划生育问题,国家的具体要求是:人口在一千万以上的少数民族,[②]原则上与汉族同样要求;人口在一千万以下的少数民族,可以考虑允许一对夫妇生育第二胎,个别的可以生育第三胎,不准生第四胎。具体规定由民族自治地方的人大和政府,有关的省、自治区,根据当地实际情况制定,报上一级人大常委会或人民政府批准后执行。[③] 我国现行少数民族计划生育要求,不搞"一刀切",深受少数民族的拥护。

(四)违反人口与计划生育法行为的法律责任

由于几千年的封建统治,在我国生育领域向来存在"多子多福"、"重男轻女"、"传宗接代"的陈腐观念,这些旧思想、旧习俗还严重阻碍着计划生育原则的贯彻实施,违反《人口与计划生育法》要求的行为时有发生。除应当继续加大力度开展计划生育宣传外,我国《人口与计划生育法》第六章特别规定了法律责任。归纳起来,主要有以下几方面的内容:

1. 行政处罚

(1)缴纳社会抚养费。《人口与计划生育法》第 41 条规定,公民无计划或超计划生育子女的,应当依法缴纳社会抚养费。其社会抚养费的数额和征收管理办法,由国务院制定。对未在规定期限内足额缴纳应当缴纳的社会抚养费的,自欠款之日起,按国家规定加收滞纳金。仍不缴纳的,由计划生育行政部门依法向人民法院申请强制执行。

(2)其他行政处罚。有关单位或个人非法为他人施行计划生育手术的;或利用技术手段为他人进行非医学需要的胎儿性别鉴定,或者选择性别进行人工终止妊娠的;或实施假节育手术、进行假医学鉴定、出具假计划生育证明的,由计划生育部门或卫生行政部门依据职权责令改正,给予警告,没收违法所得。违法所得一万元以上的,处以二倍以上六倍以下罚款;没有违法所得或违法所得不足一万元的,处一万元以上三万元以下罚款。伪造、变卖、买卖计划生育证明的,由计划生育行政部门没收违法所得;违法所得五千元以上

[①] 马正亮:《少数民族人口政策与西藏人口发展》,载扬军昌、蓟继志主编:《人口·社会·法制研究》(2009 年卷),知识产权出版社 2010 年版,第 154 页。

[②] 2000 年第五次全国人口普查统计,我国少数民族中只有壮族和满族人口达 1000 万以上,分别是 1617.88 万人和 1068.23 万人。

[③] 1984 年 4 月 13 日中共中央批转国家计划生育委员会党组《关于计划生育工作情况的汇报》(中发〔1984〕7 号)。

的,处违法所得二倍以上十倍以下罚款;没有违法所得或违法所得不足五千元的,处五千元以上二万元以下的罚款。拒绝、阻碍计划生育行政部门及其工作人员依法执行公务,构成违反《治安管理处罚法》的行为的,可依法给予治安管理处罚。

2. 行政处分

(1)无计划、超计划生育人员的行政处分。根据《人口与计划生育法》第42条的规定,无计划、超计划生育人员是国家工作人员的,除缴纳社会抚养费外,还应由所在单位给予行政处分;其他人员还应当由其所在单位或者组织给予纪律处分。

(2)对有关工作人员的行政处分。根据《人口与计划生育法》第37条至第40条的规定,国家机关工作人员在计划生育工作中,以不正当手段出具计划生育证明的主管人员和直接责任人员,或者在计划生育工作中侵犯公民人身权、财产权、滥用职权、玩忽职守、徇私舞弊、索贿、受贿等,或者计划生育技术服务人员违章操作,或者延误抢救、诊治造成严重后果的,尚未构成犯罪的,由有关单位给予行政处分。

3. 刑事处罚

对拒绝、阻碍计划生育行政部门及其工作人员依法执行公务的,或伪造、变卖、买卖计划生育证明的,有关单位或个人非法施行计划生育手术,计划生育工作人员索贿、受贿,侵犯公民人身权、财产权等,情节严重构成犯罪的,分别按《刑法》有关规定追究刑事责任。

第二节　保障基本原则的禁止性规定

【引例】

孙谊2004大学毕业后在某企业工作,每月收入3000多元。2005年经人介绍与本市大学二年级女生王娅相识,确立了恋爱关系。王娅提出,因父母是下岗工人,要求孙谊给付每年学费4000元和每月生活费800元,且购置70平方米以上商品房一套和家具、家电等生活用品,毕业后即结婚,否则终止恋爱关系。王娅的父母也坚持这一立场。孙谊觉得自己已近而立之年,且相貌平平,恋爱多次受挫,只得同意了王娅及其父母的要求,并签订了书面协议。孙谊节衣缩食,按时给付和筹集购房等费用。2006年孙谊购置了价值30万元的按揭15年的商品房一套,向亲友借得4万元付首付款。2007年8月王娅毕业后双方办理了结婚登记。婚后,王娅毫不考虑孙谊的实际经济状况,追求高消费,双方为经济问题时常发生纠纷。2009年7月,孙谊经济上不堪重负,向法院起诉,要求与王娅离婚,并要求王娅退还自己婚前支付的学费和生活费3.6万元。王娅表示双方毫无感情,同意离婚,但不同意退还3.6万元。

问:王娅离婚时应否返还3.6万元?

我国《婚姻法》第3条规定:"禁止包办、买卖婚姻和其他干涉婚姻自由的行为。禁止借婚姻索取财物。禁止重婚。禁止有配偶者与他人同居。禁止家庭暴力。禁止家庭成员间的虐待和遗弃。"上述为法律所禁止的行为,是贯彻执行我国婚姻家庭法的障碍。这些禁止性条款载于《婚姻法》的总则,起着保障婚姻家庭法诸原则执行的重要作用。

一、禁止干涉婚姻自由

(一)禁止包办婚姻

所谓包办婚姻,是指包括父母在内的第三人,违背婚姻自由原则和婚姻当事人的真实意愿,强迫其缔结婚姻关系的行为。其表现形式多样,大多数是父母为子女直接选择结婚对象,在当事人双方或一方不同意时,就采取强制手段,强迫结婚;其主要形式有换亲、娃娃亲、指腹婚、童养媳等。包办婚姻的特征主要有三个方面:第一,实施包办强迫的行为主体是婚姻当事人以外的第三人;第二,违背当事人双方或者一方的真实意愿;第三,强迫当事人完成了婚姻缔结行为。

(二)禁止买卖婚姻

所谓买卖婚姻,是指包括父母在内的第三人,以索取大量财物为目的,违背男女双方或一方意愿,包办强迫他人缔结的婚姻的行为。其表现形式通常是父母违背女儿的意愿将女儿公开出卖或以要彩礼、辛苦费、养育费等为名向男方或其家属索要高额聘金、聘礼。也有妇女被拐卖形成的买卖婚姻。买卖婚姻的特征有四:第一,索取财物、包办强迫当事人缔结婚姻的主体是婚姻当事人以外的第三人;第二,违背当事人双方或者一方的真实意愿;第三,强迫当事人完成了婚姻缔结行为;第四,强迫他人婚姻的目的是获取大量财物。

包办婚姻与买卖婚姻既有联系又有区别,两者的共同点在于,两者都违背当事人双方或者一方的意愿;都采取强制手段强迫当事人结婚;包办强迫的行为主体是婚姻当事人以外的第三者。两者的区别在于,第三者是否以索取大量财物为目的。买卖婚姻以索取大量的财物为目的,而包办婚姻无此特征。由此可见,买卖婚姻都是包办强迫的,而包办婚姻则不一定是买卖婚姻。

(三)禁止其他干涉婚姻自由的行为

所谓其他干涉婚姻自由的行为,是指除包办、买卖婚姻以外的其他违反婚姻自由原则,阻挠、干涉他人行使婚姻自由权的行为。其表现形式很多,主要是父母干涉子女婚姻、子女干涉父母再婚、亲属干涉寡妇再婚、干涉非近血亲的同姓男女结婚及干涉他人离婚、复婚等。

(四)对包办婚姻、买卖婚姻及其他干涉婚姻自由的处理

包办、买卖婚姻和其他干涉婚姻自由的行为,都是第三者侵犯当事人的婚姻自主权的违法行为。有关部门和人民法院对这些行为都应区分情况,依法处理,以保护受害人的合法权益。

1. 对第三人的处理。父母、近亲属对受害人的一般包办买卖干涉婚姻自由的行为,若没有使用暴力,可由有关单位给予批评教育或行政处分。若使用暴力,则构成刑法上的

暴力干涉婚姻自由罪，必须严格按照刑法追究其刑事责任。例如，对受害人使用打骂、捆绑、限制人身自由等暴力强迫受害人结婚构成犯罪的，或拐卖妇女、收买被拐卖妇女的，强迫其结婚的[①]。

2. 对婚姻关系的处理。如果当事人共同生活的时间不长或者共同生活的时间虽然较长但确实没有建立起感情的，一方起诉离婚，调解无效的，应准予离婚[②]。

3. 对财物的处理。属于包办强迫买卖婚姻所得的财物，离婚时，原则上依法收缴[③]。包办买卖婚姻的当事人在同居期间所得的财产，在离婚时，由双方协议处理，协议不成时，由人民法院根据照顾无过错方的原则判决。

4. 应当注意的问题。第一，要划清包办婚姻与父母主持，经人介绍，本人同意的界限。前者是违法行为，违背婚姻自由原则，强迫当事人结婚；后者是合法行为，符合婚姻自由原则，虽然是父母主持，但是经过双方认识了解，自愿结婚的。第二，划清一般干涉婚姻自由和以暴力干涉婚姻自由的界限。虽然两者都是干涉他人的婚姻自由，但前者是违法行为，后者是犯罪行为。

二、禁止借婚姻索取财物

1. 借婚姻索取财物的概念

借婚姻索取财物，是指婚姻当事人自愿结婚，但一方向对方索要一定的财物作为同意结婚条件的行为。借婚姻索取财物是对婚姻权利的滥用，违背婚姻自由原则的要求。在选择结婚对象时，人们可以适当考虑对方的经济条件，如果以索取大量财物作为结婚的条件，是法律所禁止的行为。这种行为虽不如买卖婚姻严重，但比买卖婚姻普遍，涉及面广，其危害性不容忽视。

2. 对借婚姻索取财物行为的处理

由于此种行为具有极大的危害性，因此，现行《婚姻法》第3条明确规定为禁止行为。如果在结婚后，一方要求离婚的，应按自主婚姻处理，经人民法院调解无效时，应按现行《婚姻法》第32条规定的原则判决是否准予离婚。对于婚前一方向对方索要的财物，俗称"彩礼"，离婚时按《婚姻法解释（二）》第10条的规定进行处理，即"当事人请求返还按照习俗给付的彩礼的，如果查明属于以下情形，人民法院应当予以支持：（一）双方未办理结婚登记手续的；（二）双方办理结婚登记手续但确未共同生活的；（三）婚前给付并导致给付人生活困难的。适用前款第（二）、（三）项的规定，应当以双方离婚为条件"。

3. 借婚姻索取财物与几个相关概念的区别

（1）借婚姻索取财物与买卖婚姻的区别主要有两个方面。一是索要财物的主体不同。借婚姻索取财物是婚姻当事人一方索要并归其所有，买卖婚姻是婚姻关系以外的第三人索要。二是婚姻关系性质不同。借婚姻索取财物，婚姻当事人双方自愿结婚，无包办强迫

---

① 我国现行《刑法》第257条、第240条、第241条。
② 1989年《认定夫妻感情确已破裂的意见》第6条。
③ 1984年8月30日最高人民法院《关于贯彻执行民事政策法律若干问题的意见》第17条。

行为,属于自主婚姻性质。买卖婚姻中的结婚男女一方或双方不愿结婚,由第三人强迫结合,属于违法婚姻性质。

(2)借婚姻索要财物与赠与财物的区别主要有两个方面。一是条件不同。借婚姻索要财物是将给付财物作为结婚的先决条件,如对方不给付,则不与之结婚,给付一方是被迫进行给付行为。赠与财物的赠与方是一种主动、自愿行为。二是行为不同。借婚姻索取财物是索要财物一方的单方行为,不存在双方相互索要。赠与财物是双方为了增强感情联系的双方行为,通常存在互相赠与。在现实生活中,虽然借婚姻索取财物中的给付方是不愿意的,但在诉讼中却往往难以取证,司法实践中能够认定的也较少见。

(3)借婚姻索取财物与索要婚后生活用品的区别。借婚姻索取的财物是归索要一方所有,作为其婚前财产。索要婚后生活用品通常是女方不顾男方的经济能力要求婚前购置高档婚后用品,如家电、家具、房屋等供婚后双方共同使用,其所有权归购置一方所有。

(4)借婚姻索取财物与以婚骗财的区别。借婚姻索取财物的当事人有自愿与对方结婚的目的,一旦财物得到满足,便与对方结婚,共同生活。以婚骗财通常是妇女以同意结婚为名,行诈骗对方财物之实,一旦得到财物便逃离。以婚骗财是一种诈骗行为,如果数额较大,应按诈骗罪追究其刑事责任。

■ 三、禁止重婚

1. 重婚的概念

重婚,是指男女一方或双方有配偶者又与他人结婚或与他人以夫妻名义共同生活的行为。根据这一概念,重婚具有以下特征:第一,当事人一方或者双方为有配偶者;第二,实施了违反一夫一妻制的行为。有配偶者与他人再结婚或与他人以夫妻名义同居生活,无配偶者明知他人有配偶而与之结婚或者与之以夫妻名义同居生活。

2. 重婚的形式

重婚可以分为法律上的重婚和事实上的重婚。所谓法律上的重婚,是指前婚未解除,又与他人办理了结婚登记而形成的重婚。由于我国对婚姻的成立,采取的是单一的登记制,因此,对法律上的重婚的认定,关键在于是否办理了结婚登记。在一方或双方已有配偶的情况下,双方只要办理了结婚登记,无论是否同居、是否公开举行婚礼,都构成法律上的重婚。所谓事实上的重婚,是指前婚未解除,未办结婚登记,又与他人以夫妻名义共同生活。即在一方或双方已有配偶的情况下,只要双方公开以夫妻名义共同生活,虽未办理结婚登记,也构成重婚。现实生活中重婚的形式多半是事实上的重婚,如何认定事实上重婚中的"以夫妻名义"共同生活,主要是看其是否以夫妻名义申报户口、是否公开举行婚礼、是否以夫妻名义去探亲访友、是否以夫妻名义外出旅游等。

3. 重婚的法律后果

重婚行为是对一夫一妻制的严重破坏,须受法律的制裁。根据我国现行《婚姻法》及《刑法》的有关规定,重婚行为将产生以下法律后果:

(1)重婚的民事后果。主要表现在三个方面:一是重婚是结婚的禁止条件、婚姻无效的原因。即使后婚已经登记，法律也只保护前婚；二是一方的重婚行为是认定夫妻感情破裂的法定情形之一；三是一方的重婚行为是无过错方要求离婚损害赔偿的法定理由之一。

（2）重婚的刑事责任。根据现行《刑法》第 258 条的规定，有配偶者与他人结婚或者明知他人有配偶而与之结婚的，处两年以下的有期徒刑或者拘役。现行《刑法》第 259 条规定："明知是现役军人的配偶而与之同居或者结婚的，处三年以下的有期徒刑或者拘役。"与有配偶者结婚或者同居的一方，如果主观上不知道对方有配偶，不追究其刑事责任。对破坏军婚的则要加重处罚。

4. 处理重婚应注意的几个问题

（1）无论是事实上的重婚还是法律上的重婚，都承担重婚的法律后果，在法律责任上无轻重之分。

（2）对因历史原因或特殊原因形成的重婚，要从实际出发，考虑重婚形成的原因、情节和后果，分别情况，区别对待：

其一，1950 年 5 月 1 日以前形成的重婚。"由于是不合理的婚姻制度所造成的，因此，我们一般是不加干涉的。"①即当事人相安无事的，法律不予追究；如果当事人提出离婚要求，应准予离婚。男方一直与妻、妾共同生活的，男方死亡时，妻、妾均有权继承其遗产，妻、妾所生的子女法律地位平等，亦均可继承其父的遗产。

其二，1981 年前西藏地区的重婚。对 1981 年《西藏自治区施行〈中华人民共和国婚姻法〉的变通条例》施行前形成的一夫多妻或一妻多夫关系，凡不主动提出解除婚姻关系者，准予维持。

其三，涉台婚姻中的重婚。1949 年以后直到 1981 年前，由于客观上的原因有夫妻关系的台胞与大陆的配偶无法通信，婚姻关系发生了变化。有的单方在台湾地区或者在大陆再婚，在对待这种因为历史的原因而造成的重婚时，要灵活掌握政策，一般情况下，不论在台一方或大陆一方再婚，均不以重婚论处。当事人不告诉的，人民法院不主动干预，如果其中一方当事人提出与其配偶离婚的，人民法院应依照现行《婚姻法》的有关规定处理②。

其四，当事人因为一定特殊的客观原因而形成的重婚，不以重婚论处。例如，因反抗包办、买卖婚姻等原因而外出与人重婚的；一贯受虐待者离婚不成外出与人重婚的；因遭受自然灾害等原因外出与人重婚的；因被拐卖而与他人形成重婚等，一般不以重婚罪论处。

（3）重婚罪不属于现行《刑法》规定的告诉才处理的案件，因此对重婚罪的追究一般应由检察机关提起公诉；但如检察机关没有提起公诉，受害人在掌握重婚行为证据或证据线索的情况下，也可以向人民法院提起重婚案件的刑事自诉③。

---

① 1952 年中央人民政府、司法部《关于婚姻法施行以前重婚的处理原则的规定》。

② 1988 年 8 月 9 日最高人民法院《关于人民法院处理涉台民事案件的几个法律问题》。

③ 1993 年 9 月 24 日《最高人民法院关于刑事自诉案件审查立案的规定》第 2 条、第 12 条。

四、禁止有配偶者与他人同居

1. 有配偶者与他人同居的概念和特征

根据《婚姻法解释（一）》的规定，所谓"有配偶者与他人同居是指有配偶者与婚外异性，不以夫妻名义持续、稳定地共同居住"。在现实生活中也称为"姘居"。其特征主要是：第一，主体上，至少有一方为有配偶者。第二，同居的对象是婚外异性，不能是同性。第三，同居者相互间不以夫妻名义。第四，持续、稳定地共同居住生活。即共同生活要有持续性和稳定性，存在状态上的稳定、时间上的持续。

2. 有配偶者与他人同居与事实上的重婚的联系和区别

有配偶者与他人同居与事实上的重婚既有相同之处，又有不同之处。两者的相同之处在于：第一，主体上都是双方或一方有配偶；第二，有共同的住所或者有共同居住的事实，有稳定的一定时期的同居生活。两者的主要区别是：第一，男女双方的关系不同。有配偶者与他人同居的男女双方是以恋人、情人、朋友等关系相待，对外也以此关系相称，周围的人也不认为他们是夫妻。事实上的重婚的男女双方对内对外均以夫妻关系相待和相称，周围的群众都认为他们是夫妻。第二，目的不同。有配偶者与他人同居的男女间是为了过临时的两性生活，双方没有结婚与组成家庭的目的。事实上的重婚之男女双方有结婚的目的，自愿组成家庭，长期共同生活，有的还生育了子女，互相履行夫妻间的权利义务。第三，违法的性质和后果不同。除与现役军人配偶同居之外，有配偶者与他人同居不构成犯罪，不承担刑事责任，但要承担一定的民事后果。如有配偶者与他人同居是法院认定夫妻感情确已破裂，准予离婚的法定理由之一；也是无过错方请求过错方离婚损害赔偿的理由之一。而重婚如果已构成犯罪的，除要承担民事责任外，还要承担刑事责任。

3. 对有配偶者与他人同居的处理

有配偶者与他人同居是破坏一夫一妻制的行为，它不但败坏社会道德风尚，导致家庭破裂，而且容易激化矛盾，导致家庭暴力，引起伤害、自杀、杀人等严重刑事犯罪的发生，影响社会安定。因此，现行《婚姻法》明确规定禁止有配偶者与他人同居，一经查明，应依法严肃处理。

（1）刑事处罚。我国现行《刑法》第259条规定，凡与现役军人配偶同居（即姘居）的，按破坏军人婚姻罪处三年以下有期徒刑或者拘役。

（2）民事后果。依现行《婚姻法》的规定，夫妻一方与他人同居，另一方因此要求离婚的，调解无效，应当准予离婚。无过错一方有权请求离婚损害赔偿。《婚姻法解释（二）》第1条规定："有配偶者与他人同居，请求解除同居关系的，人民法院应当受理，并依法予以解除。"

五、禁止家庭暴力、禁止家庭成员间的虐待和遗弃

我国现行《婚姻法》第3条规定："禁止家庭暴力。禁止家庭成员间的虐待和遗弃。"并且我国现行《婚姻法》第43条至第46条明确地规定了有关家庭暴力、虐待和遗弃的救助措施和法律责任。

（一）家庭暴力、虐待和遗弃的概念和特征

1. 家庭暴力的概念和特征

禁止家庭暴力是 2001 年修正后的《婚姻法》新增加的一项禁止性规定①。这是我国第一次以法律的形式明确反对和禁止家庭暴力。对家庭暴力的具体界定，我国《婚姻法》没有明确规定。学界对家庭暴力的界定和分类，更多的是基于侵害的客体。有的学者认为，家庭暴力是家庭成员之间一方对另一方在身体、精神、性权利等方面的暴力行为，包括侵害生命健康权的暴力、侵害人身自由权的暴力、侵害人格权的暴力、侵害婚姻自由权的暴力、侵害妻或其他家庭成员性权利的暴力、侵害生育权的暴力②。第 48 届联合国大会通过的《消除对妇女的暴力行为宣言》第 2 条③将对妇女的暴力行为界定为对妇女造成或可能造成身体、心理和性方面伤害或痛苦的任何基于社会性别的暴力行为。因此从广义上，可以将家庭暴力理解为家庭成员一方对另一方实施的身体暴力、精神暴力和性暴力三种。身体暴力是通过殴打等外在暴力手段直接伤害受害人的身体，这种伤害经常表现为受害者的身体外伤。精神暴力是家庭成员之间实施采用精神折磨等方式经常性地侵害人格尊严的行为，这种伤害更多体现在受害者产生恐惧等精神伤害后果。性暴力是不同性别的家庭成员之间强行实施性侵害，如丈夫违背妻子意愿强迫发生性关系就是最常见的性暴力。但有的学者认为，家庭暴力是狭义的概念，仅指家庭成员一方对另一方的身体侵害。

《婚姻法解释（一）》第 1 条即采狭义概念，指出：家庭暴力"是指行为人以殴打、捆绑、残害、强制限制人身自由或其他手段，给家庭成员的身体、精神等方面造成一定伤害后果的行为"。据此解释规定，家庭暴力主要具有以下特征：

（1）家庭暴力的主体具有特定性。实施家庭暴力的行为人与受害人，都是在家庭中互享权利、互负义务的家庭成员。如果行为人与受害人不是家庭成员，则不属于家庭暴力，而属于其他社会暴力。在现实生活中，家庭暴力主要是发生在夫妻之间和父母子女之间。其中，以丈夫对妻子、父母对未成年子女、成年子女对老年的父母、儿媳对公婆施暴最为突出。

（2）家庭暴力行为的方式是作为的暴力行为。行为人对受害人实施家庭暴力，尽管其原因和使用的手段各不相同，但都是故意实施一定的暴力行为，如故意实施殴打、捆绑、残害、强制限制人身自由或其他暴力行为，损害受害人的健康，使之肉体上受到损害和痛苦，

---

① 每年的 11 月 25 日是联合国确定的"国际消除家庭暴力日"，通过 1948 年的《世界人权宣言》、1979 年的《消除对妇女一切形式的歧视公约》、1993 年《消除针对妇女的暴力宣言》等国际法律文件，预防和制止家庭暴力已经成为各国政府和人民日益关注的重要问题，我国也不例外，2001 年修正后的《婚姻法》第一次以法律的形式明确规定"禁止家庭暴力"，并规定了有关家庭暴力的救助措施和法律责任。参见陈苇、秦志远：《我国台湾地区防治家庭暴力立法与司法之研究及其启示》，载陈苇主编：《家事法研究》（2006 年卷），群众出版社 2007 年版，第 37、38 页。

② 李明舜主编：《婚姻法中的救助措施与法律责任》，法律出版社 2001 年版，第 41 页。

③ 该条规定："对妇女的暴力行为应理解为包括但并不仅限于下列各项：（a）在家庭内发生的身心方面和性方面的暴力行为，包括殴打、家庭中对女童的性凌虐、因嫁妆引起的暴力行为、配偶强奸、阴蒂割除和其他有害于妇女的传统习俗、非配偶的暴力行为和与剥削有关的暴力行为；（b）在社会上发生的身心方面和性方面的暴力行为，包括强奸、性凌虐、在工作场所、教育机构和其他场所的性骚扰和恫吓、贩卖妇女和强迫卖淫；（c）国家所做或纵容发生的身心方面和性方面的暴力行为，无论其在何处发生。"

以达到报复、"惩罚"受害人的目的。如果行为人没有采取一定的行为,而是采用饥不给吃饭、病不给治疗等不作为的方式,或其行为不是暴力的方式,而引起受害人的身体损害和精神损害,则应属于虐待行为。

(3)家庭暴力行为的后果具有伤害性。我国现行司法解释规定,构成家庭暴力行为须具有伤害的后果,这就将日常生活中偶尔的打闹争吵从家庭暴力中剔除了出去。强调的是行为人要给受害人造成身体上的一定伤害,由身体上的伤害引起精神上的伤害。

2. 虐待的概念和特征

虐待,是指行为人经常以打骂、冻饿、禁闭、强迫过度劳动、有病不给治疗或其他方式,折磨、摧残家庭成员,对其身体、精神等方面造成伤害后果的行为。虐待与家庭暴力一样,行为人与受害人双方都是家庭中互有权利义务的家庭成员,都会给受害人造成伤害后果,但虐待与家庭暴力不同,虐待主要具有以下特征:

(1)虐待行为的方式可表现为作为的行为与不作为的行为。如果行为人对受害人实施打骂、禁闭、强迫过度劳动等行为,属于作为的行为;实施有病不给治疗、天冷不给衣穿等行为,则属于不作为的行为。

(2)虐待行为在手段上具有暴力性和非暴力性。行为人对家庭成员进行虐待,在手段上通常有两种:一是使用暴力,如行为人经常对受害人采用殴打、捆绑、强迫从事过度劳动、限制人身自由等暴力手段,使受害人的身体和精神受到伤害。二是使用非暴力,如有扶养能力的行为人对受害人有病不给治疗,使其病情加剧、恶化或死亡;或经常对受害人进行冻饿,摧残受害人的身体,造成其精神上的痛苦。一般来说,行为人对受害人进行虐待往往以暴力为主,同时施以非暴力,或两者交替使用。但也有的行为人经常使用一种,也足以达到虐待受害人的目的。

(3)虐待行为在时间上具有经常性。行为人对受害人进行虐待,不是偶然的行为,而是经常性的、持续性的侵害,日积月累才会造成一定的损害后果。《婚姻法解释(一)》第1条明确指出:"持续性、经常性的家庭暴力,构成虐待。"因此,如行为人对受害人使用暴力手段造成了身体、精神等方面损害后果的,其性质是属于虐待行为或家庭暴力行为,主要区别之一就是看其是否具有持续性、经常性。

3. 遗弃的概念和特征

(1)遗弃的概念。遗弃,是指负有扶养义务的人,对年老、年幼、患病或其他没有独立生活能力的家庭成员,拒绝扶养的行为。这里所指的拒绝扶养应当包括以下三种情况:

一是人身遗弃。即行为人对家庭成员中的婴、幼儿或生活不能自理的重症病人等将其丢弃在医院、车站、码头、街道或荒郊野外,以达到推卸扶养义务的目的。

二是经济上拒绝供养。行为人对年老、年幼、患病或其他没有独立生活能力的家庭成员,应当提供的生活费、教育费、医疗费等必要的基本生活费用拒绝支付,造成权利人生活极端困难。

三是生活上拒绝照料。行为人对年老、年幼、患病而生活不能自理的家庭成员,日常生活上既不给予照料,又不做妥善安置,造成权利人生活上极为困难。

凡属上述三种行为之一的,行为人均可构成遗弃,对受害人都应采取救助措施,行为人都应承担相应的法律责任。

（2）遗弃的特征。遗弃必须具备以下特征：一是行为人与受害人必须是法定的主体。我国现行《婚姻法》规定，夫妻、父母子女、祖孙之间、兄弟姐妹之间有相互的扶养义务。只有符合一定条件的义务人对权利人拒绝扶养才能构成遗弃。二是遗弃行为侵犯的客体是权利人的受扶养权。三是义务人主观方面必须具有故意。

（二）家庭暴力、虐待和遗弃的救助措施和法律后果

1. 救助措施

根据现行《婚姻法》第43条的规定，实施家庭暴力或虐待家庭成员，受害人有权提出请求，居民委员会、村民委员会以及所在单位应当予以劝阻、调解。对正在实施的家庭暴力，受害人有权提出请求，居民委员会、村民委员会应当予以劝阻；公安机关应当予以制止。实施家庭暴力或虐待家庭成员，受害人提出请求的，公安机关应当依照治安管理处罚法的法律规定予以行政处罚。

根据现行《婚姻法》第44条的规定，对遗弃家庭成员，受害人有权提出请求，居民委员会、村民委员会以及所在单位应当予以劝阻、调解。对遗弃家庭成员，受害人提出请求的，人民法院应当依法作出支付扶养费、抚养费、赡养费的判决。

2. 法律后果

（1）民事后果和民事责任。实施家庭暴力或虐待、遗弃家庭成员有以下民事后果和民事责任：

第一，构成法定离婚理由。现行《婚姻法》第32条规定，因实施家庭暴力或虐待、遗弃家庭成员，夫妻一方要求离婚的，经调解无效，应准予离婚。

第二，过错方承担离婚损害赔偿责任。依据现行《婚姻法》第46条及有关司法解释的规定，因实施家庭暴力或虐待、遗弃家庭成员导致离婚的，无过错方有权请求损害赔偿，过错方应当承担损害赔偿责任，包括物质损害和精神损害的赔偿。

第三，丧失继承权。我国《继承法》第7条规定，继承人故意杀害被继承人的，或遗弃被继承人的，或者虐待被继承人情节严重的，丧失继承权。

（2）行政责任。这里的行政责任主要是指行政处罚，有实施家庭暴力、虐待或遗弃家庭成员的行为尚未构成犯罪的，由国家机关依据行政法规给予行为人处罚。根据我国《治安管理处罚法》第43条的规定：殴打他人的，或者故意伤害他人身体的，处5日以上10日以下拘留，并处200元以上500元以下罚款；情节较轻的，处5日以下拘留或者500元以下罚款；如殴打、伤害残疾人、孕妇、不满14周岁的人或者60周岁以上的人，或多次殴打、伤害他人或者一次殴打、伤害多人的，处10日以上15日以下拘留，并处500元以上1000元以下罚款。同时我国《治安管理处罚法》第45条明确规定："有下列行为之一的，处5日以下拘留或者警告：（一）虐待家庭成员，被虐待人要求处理的；（二）遗弃没有独立生活能力的被扶养人的。"

（3）刑事责任。实施家庭暴力或虐待、遗弃家庭成员，构成犯罪的，应当承担刑事责任。现行《婚姻法》第45条规定："对重婚的，对实施家庭暴力或虐待、遗弃家庭成员构成犯罪的，依法追究刑事责任。受害人可以依照刑事诉讼法的有关规定，向人民法院自诉；公安机关应当依法侦查，人民检察院应当依法提起公诉。"

我国现行《刑法》第 260 条规定："虐待家庭成员,情节恶劣的,处二年以下有期徒刑、拘役或者管制。犯前款罪,致使被害人重伤、死亡的,处二年以上七年以下有期徒刑。"第 261 条规定："对于年老、年幼、患病或者其他没有独立生活能力的人,负有扶养义务而拒绝扶养,情节恶劣的,处五年以下有期徒刑、拘役或者管制。"

第三节 法律化的道德性原则

【引例】

2005 年 7 月,李月大学毕业后因找不到工作便临时在吴中家为其儿子做英语家教。吴中见李月漂亮可人、善解人意,平时对其关怀备至,随着时间的推移,二人产生私情,趁吴中的妻子张可不在家时发生两性关系。不久,二人厮混时被张可在家抓住,张可将李月赶出家门。但吴中与李月时常私下约会,有时趁张可不在时在家幽会,吴中后来索性为李月在外买了一套房子作为二人偷情之所。此后没过多久又被张可发觉,张可非常气愤,于是以吴中违反了《婚姻法》第 4 条规定的夫妻忠实义务为由,向法院提起诉讼,要求吴中为自己的不忠行为承担损害赔偿责任,但张可并未诉请离婚。

问:法院应否受理? 为什么?

现行《婚姻法》第 4 条规定:"夫妻应当互相忠实,互相尊重;家庭成员间应当敬老爱幼,互相帮助,维护平等、和睦、文明的婚姻家庭关系。"本条的规定是婚姻家庭道德规范的法律化,对于建立和维护平等、和睦、文明的婚姻家庭关系具有强有力的推动作用。婚姻以夫妻共同生活为目的,夫妻双方应当互相忠实。家庭的和睦是社会安定的重要基础,要提倡文明婚俗,鼓励家庭成员勤俭持家,建立互爱互助、和睦团结的婚姻家庭关系。

一、平等、和睦、文明的婚姻家庭关系是法律和道德的共同要求

2001 年修正后的《婚姻法》明确规定,维护平等、和睦、文明的婚姻家庭关系是夫妻双方以及家庭成员的共同责任。这是社会主义婚姻家庭道德的必然要求,也集中体现了我国婚姻家庭法的根本宗旨,是对五项基本原则和"六个禁止"的积极回应和进一步强化,对构建和谐家庭关系、灵活处理婚姻家庭纠纷具有基础性的引领作用。

婚姻家庭关系在本质上是个伦理实体,是一个实存的两性结合或血缘相通的伦理关系,伦理道德长期以来都是调整婚姻家庭关系的重要规范。法律与道德的一致性是社会主义婚姻家庭立法的重要特征,社会主义的婚姻家庭道德与婚姻家庭法应当是相辅相成、互相促进的。凡是婚姻家庭法所禁止和制裁的行为,也是社会主义道德所谴责与反对的行为;凡是婚姻家庭法所要求和倡导的行为,也是社会主义道德所肯定与支持的行为。社会中有关婚姻家庭的道德具有多元特性,在我国只有居于主流地位的社会主义道德才能够上升为法律规范。为了更好地贯彻实施《婚姻法》的基本原则,维护社会主义婚姻家庭制度,婚姻家庭法从法律的导向性与宣言性功能出发,在总则中明确规定了夫妻应当互相

忠实,互相尊重,家庭成员间应当敬老爱幼,互相帮助,维护平等、和睦、文明的婚姻家庭关系的倡导性条款,力图通过法律的导向作用,弘扬文明进步的婚姻家庭观念和道德风尚,维护社会主义的婚姻家庭制度。

二、夫妻有互相忠实、互相尊重的责任

夫妻忠实义务,是婚姻家庭中的道德义务,也是我国《婚姻法》第 4 条规范的夫妻间应履行的倡导性法定义务。它指出夫妻双方应当互相忠诚不得背叛对方,不得出现出于一己私利或其他人的利益而损害自己配偶利益的行为。

忠实义务有广义和狭义的区分。广义上的忠实义务,是指夫妻应当互相信任和忠诚,不得欺骗、侮辱、歧视、遗弃配偶,不得为第三者利益损害配偶的利益。狭义上的忠实义务,是指夫妻共同生活中,应当保持性生活的专一性,不得从事婚姻外性行为,包括重婚、同居、通奸、嫖娼、卖淫等。这是夫妻关系的本质要求,是婚姻的专一性和排他性的集中体现。当然,要求夫妻间互相忠实,绝不意味着用法律手段强行维持感情确已破裂的婚姻关系。感情确已破裂的夫妻可以依法离婚。因一方的不忠行为(如重婚、与他人同居等)导致离婚的,受害方可以依照《婚姻法》的有关规定获得法律上的救济。

夫妻之间的相互尊重,是指夫妻双方应在男女平等的基础上,互敬互爱,在感情上相互体贴,在生活上相互关心和扶助,在工作上互相帮助和理解,在抚养教育子女和赡养老人上通力合作,在家庭事务上相互协商,一方不得将自己的意志强加于另一方。

《婚姻法》中对于夫妻忠实义务和尊重只是作了原则性的规定,并没有具体内容要求,因此,夫妻忠实和尊重义务更多地是由婚姻双方当事人依靠自制力自觉履行。《婚姻法解释(一)》第 3 条规定:"当事人仅以婚姻法第四条为依据提起诉讼的,人民法院不予受理;已经受理的,裁定驳回起诉。"可见,如果夫妻之间只是因为一方未履行夫妻忠实义务而提出离婚的,法院将不予受理。

三、家庭成员间有敬老爱幼、互相帮助的责任

家庭成员间应当敬老爱幼,互相帮助,维护平等、和睦、文明的婚姻家庭关系,是家庭成员之间相互关系的基本准则。根据我国《婚姻法》的规定,具有法律意义的家庭成员包括:夫妻、父母、子女、祖父母、外祖父母、孙子女、外孙子女、兄弟姐妹,其具体情况因家庭的结构形式而不同。其中,夫妻之间,父母与子女之间有法定的相互扶养的义务,祖父母、外祖父母与孙子女、外孙子女之间、兄弟姐妹之间在一定条件下也有相互扶养的义务。《婚姻法》总则中所提倡的家庭成员有敬老爱幼、互相帮助的责任不仅仅是指法律上的扶养义务,其内容更为广泛。除了物质条件的提供、日常生活的照顾帮助以外,更应当包括相互间的关爱、慰藉、体贴、关怀等精神上的帮助。这一规定旨在进一步表明我国婚姻家庭立法的时代理念与制度定位,凸显中国特色社会主义初级阶段所倡导的婚姻家庭关系和建立平等、和睦、文明的现代家庭的内涵。

【思考题】

1. 分别论述婚姻家庭法的若干基本原则。

2. 包办婚姻与买卖婚姻有何联系与区别？

3. 事实上的重婚和法律上的重婚有何联系与区别？

4. 有配偶者与他人同居和重婚有何异同？

5. 为什么要禁止家庭暴力？立法上如何防止家庭暴力？

>>>

第四章　结婚制度

第一节　概　述

【引例】

张华(男)与李梅(女)于2008年10月经人介绍相识。相识不久,张华考虑到年龄问题,婚事不宜拖得太久,便向李梅提出结婚;李梅得知张华有20万元存款便满口答应。两人于2009年1月办理了结婚登记手续。此后,李梅多次向张华索要衣物、首饰等,张华都予以满足。两人商定于2009年的10月1日举行婚礼。9月份,李梅又多次索要财物,为了顺利举行婚礼,张华又给了李梅1万元钱。婚礼那天,在饭店订了酒席,并租车接女方,结果李梅又提出如不再给1万元,就不上车,双方闹得不欢而散,婚礼也未举行。

问:依照我国《婚姻法》的相关规定,没有举行婚礼仪式的张华和李梅是否存在婚姻关系? 如果存在的话,是属于什么性质的婚姻?

结婚是一种重要的民事法律行为,男女双方当事人都必须依法进行。只有在法律框架之内进行的婚姻,才会达到当事人预期的法律后果,才会产生夫妻之间的权利义务。否则的话,要么其进行的婚姻关系不成立,或为无效婚姻,或为可撤销婚姻。因此,古今中外绝大多数国家都通过法律手段来规范结婚问题,我国也不例外。

一、结婚的概念

结婚又称婚姻成立或婚姻缔结,是指男女双方依照法律规定的条件和程序,建立夫妻关系的民事法律行为。结婚的概念有广义与狭义之分。广义的结婚,包括婚约的订立和夫妻关系的建立两个方面。狭义的结婚,仅指夫妻关系的确立,不包括订婚。我国对结婚的概念,古代法采取广义说,近代和现代法采取狭义说。世界上绝大多数的国家采狭义说,订婚已不是结婚的必经程序。

二、结婚的要件

结婚既然是一种法律行为,就必须具备法定的要件,婚姻的成立才具有合法婚姻的法律效力。对结婚要件,可分为以下三类:

1. 根据法律规定结婚要件的不同,分为结婚的实质要件和形式要件

(1)结婚的实质要件。所谓结婚的实质要件,是指结婚当事人本身以及双方之间的关系必须符合的法定条件。结婚离不开男女双方当事人,作为当事人必须具备结婚的合意、

适宜的年龄、没有配偶、没有禁止结婚的疾病和相互之间没有禁止结婚的血缘关系等条件。

(2)结婚的形式要件。结婚的形式要件,是指婚姻成立的法定程序或方式。它是婚姻取得社会承认的方式。从立法原则上看,婚姻成立的方式有事实婚主义与要式婚主义之别。事实婚主义,是指当事人双方有结婚的意思,并有以夫妻名义共同生活的事实,无须履行任何手续,即有合法婚姻的效力。要式婚主义,是指当事人须履行法定的结婚程序或方式,才能成立合法的婚姻,否则当事人虽有以夫妻名义共同生活的事实,而未履行法定的结婚方式,仍不受法律的承认和保护。事实婚主义,重事实轻形式,虽有其合乎情理的一面,但婚姻为社会公认的正当的男女两性结合关系,为维护婚姻当事人及其子女、家庭的合法权益,并维护社会利益,必须采取一定的方式,公示夫妻关系的成立,故现代社会大多数国家立法均采要式婚主义,对婚姻的成立采国家监督主义,在不同时代,不同国家法律确认的结婚方式有所不同,大体可分为三种类型:

一是仪式制。即指结婚须举行一定的仪式,婚姻才能有效成立的制度。仪式制包括三种形式:其一,世俗仪式。即指结婚须在亲友面前举行婚礼,并有证人参加,婚姻才能有效成立。例如,我国古代实行聘娶仪式婚①。其二,宗教仪式。即指结婚须在神职人员面前举行仪式,婚姻才能有效成立。例如,在欧洲中世纪就是实行宗教仪式②。其三,法律仪式。即指结婚须在政府官员面前举行仪式,婚姻才能有效成立。例如,法国、意大利、瑞士等国就采取法律仪式制③。

二是登记制。即指结婚须履行法定的登记手续,婚姻才能有效成立的制度。凡未进行结婚登记,即使举行了一定的结婚仪式,婚姻也不能有效成立。按我国现行《婚姻法》规定,合法婚姻成立的唯一形式是结婚登记。日本、俄罗斯等国也采取登记制④。

三是登记与仪式结合制。即指结婚须履行法定的登记手续,又须履行法定的仪式,婚姻才能合法有效成立的制度。如只履行其中一种程序,婚姻不能有效成立,英国和美国大多数州通常采取登记与仪式结合制。例如,美国《统一结婚离婚法》第201条规定:"按照本法的规定获得批准、举行仪式并进行登记的男女之间的婚姻在本州有效。"⑤

结婚当事人双方符合结婚的实质要件,是其结合受国家法律承认和保护的前提,而且又具备结婚的形式要件即履行了法定的结婚方式,才能成立合法婚姻。在我国婚姻法学中,通常将婚姻成立的实质要件称为结婚条件,将婚姻成立的形式要件称为结婚程序。

2. 根据实质要件内容的不同,可以分为必备条件和禁止条件

(1)结婚的必备条件,又称积极要件,是指结婚双方当事人必须具备的不可缺少的条件。我国现行《婚姻法》规定的结婚必备条件有二:一是必须男女双方完全自愿;二是必须达到法定婚龄。

---

① 参见杨大文主编:《亲属法》,法律出版社2004年第4版,第69页。
② 参见胡平主编:《婚姻家庭继承法论》,重庆大学出版社2000年版,第117页。
③ 陈苇主编:《外国婚姻家庭法比较研究》,群众出版社2006年版,第98、111~113、117~119页。
④ 陈苇主编:《外国婚姻家庭法比较研究》,群众出版社2006年版,第123、126页。
⑤ 陈苇主编:《外国婚姻家庭法比较研究》,群众出版社2006年版,第142页。

（2）结婚的禁止条件，又称消极要件，或称婚姻成立的障碍，是指法律规定不允许结婚的事项。我国现行《婚姻法》规定的结婚禁止条件有三：一是禁止一定范围内的亲属结婚；二是禁止患一定疾病的人结婚；三是禁止有配偶者结婚。

必须指出的是，结婚的必备条件和禁止条件的区分并非绝对的，而是相对的。例如，可以将必须符合一夫一妻制作为必备条件，也可将重婚作为禁止条件。

3. 根据结婚条件所涉及利益的不同，将结婚要件分为公益要件与私益要件

（1）公益要件。所谓公益要件，是指法律规定的结婚必须符合社会公共利益的有关要件，如结婚双方必须达到法定婚龄、禁止近亲结婚、禁止重婚等。这些要件不仅与男女双方当事人的利益相关，而且与整个社会利益相关，因此叫作公益要件。

（2）私益要件。所谓私益要件，是指法律规定的结婚必须具备的与社会公共利益无关，仅涉及当事人及其亲属利益的有关要件，如结婚必须双方当事人有合意等，体现的是个人的意思自治，不受国家公权力干涉。

三、个体婚结婚方式的历史沿革

人类悠久的结婚历史，演变出了各种各样的结婚制度。结婚制度主要包括结婚条件和结婚形式等内容，它是婚姻制度的重要组成部分。它的性质、内容和特点都是由社会生产方式决定和制约的。有什么样的社会生产方式，就有与之相适应的结婚制度。人类个体婚制下的结婚形式，大体可分为古代社会的结婚方式与近现代的结婚方式。

（一）古代社会的结婚方式

1. 掠夺婚

掠夺婚亦称抢婚，是指男子以暴力手段劫夺女子为妻的婚姻形式。掠夺婚产生于个体婚形成初期，也是对偶婚向个体婚过渡的重要标志之一。摩尔根指出："正在对偶婚制家族开始出现……才有买妻和抢妻的现象。"[1]恩格斯进一步分析说："在以前的各种家庭[2]形式下，男子是从来不缺乏女子的……而现在女子却稀少起来，不得不去寻找了。因此，随着对偶婚的发生，开始出现抢劫和购买妇女的现象。"[3]掠夺婚是一种野蛮的、极不文明的求妻方式。在这种婚姻里，没有把女子当作婚姻的主体来对待，而是当作没有人格的客体来对待的，女子像物一样被他人抢去占为己有。随着社会的进步与发展，这种掠夺婚姻后来在一些地方演变为男方迎娶女方的一种仪式。

2. 有偿婚

有偿婚，是指男方以向女家给付一定代价为条件而成立的婚姻，其特点是把女子当作物品进行交易。根据给付代价的形式不同，有偿婚又分为买卖婚、交换婚和劳役婚。

（1）买卖婚，是指男方用金钱或实物购买女子为妻的婚姻。由于掠夺婚较为野蛮，且

---

① ［美］路易斯·亨利·摩尔根：《古代社会》（下册），杨东莼、马雍、马巨译，商务印书馆1983年版，第432页。

② 这里的"各种家庭"是指血缘家庭、亚血缘家庭。

③ 《马克思恩格斯选集》第4卷，人民出版社1972年版，第43页。

容易发生械斗和伤亡,损失较大,因而买卖婚逐渐成为主要的婚姻形式。这种婚姻把女子当成商品,可以一定的财物将之交换,支付的财物便是女子的身价。

(2)交换婚,是指婚姻当事人双方父母各以自己的女儿交换儿媳,或男子各以自己的姐妹换取妻子而成立的婚姻。交换婚表面上并没有金钱、财物的买卖特征,但它仍是将妇女作为交换物,妇女没有人格可言。我国一些地方现存的"换亲"、"转亲"就是交换婚的遗俗。

(3)劳役婚,是指男方以为女方家服一定时期的劳役或完成一定的劳务,作为娶妻的代价而成立的婚姻。这种求妻的方式是以力代财,仍然属于有偿婚的性质。

3. 无偿婚

无偿婚,是指男方家不需要向女方家支付任何代价而结成的婚姻。其形式分为赠与婚、收继婚和强制婚三种。

(1)赠与婚,是指权力者或父母将其可以支配的女子赠与他人为妻而结成的婚姻。赠与婚包括赠婚与赐婚,前者指父母将女儿或男子将侍妾赠与他人为妻或妾的婚姻;后者指帝王将姬妾或美女赐予子弟、功臣等为妻的婚姻。

(2)收继婚,分为逆缘婚和顺缘婚,前者指兄亡弟收继嫂或弟亡兄收弟媳为妻的婚姻;后者是指姐死续娶其妹或妹死续娶其姐为妻的婚姻。

(3)强制婚,是指官府将罪人之妻女断配给他人为妻妾而缔结的婚姻。

4. 聘娶婚

聘娶婚,是指男方以向女方家交付聘金或聘礼作为结婚条件,并依礼制程序嫁娶的婚姻形式。我国自西周开始,在礼制上奠定了聘娶婚的基础,汉唐以来在法律上规定聘娶是婚姻成立的唯一方式,聘娶婚便成为我国盛行几千年的主要结婚方式。"六礼"即是聘妻婚中的嫁娶程序。据《礼记》、《礼仪》所载,六礼是指纳采、问名、纳吉、纳征、请期和亲迎。"六礼备,谓之聘;六礼不备,谓之奔。"纳采指男方家遣媒人携带礼品赴女家提亲。问名指男方家遣媒人查明女子的生辰八字以及女子生母的姓名,以备占卜。纳吉即卜得吉兆后通知女方家。纳征又称纳币,俗称"下定",指男方向女方家送交聘礼,完成正式订婚程序,"婚姻之事于是定"。请期指男方家择定婚期,商请女方家同意。亲迎指男方亲自到女方家迎娶新娘,在履行一定的仪式后,婚礼即告成。此后再经"庙见",女方最终成为男方家族的正式成员。西周的六礼并非法定结婚程序,对于"士"以上的贵族才适用,一般的庶人并无强行要求。六礼也是不断变化的,最初较为严格,发展到后来仪式较为简化。

聘娶婚与买卖婚之间既有联系又有区别。两者的联系是,都是以金钱或财物作为婚姻成立的先决条件,且都是由父母做主包办强迫婚姻。两者的区别是,在婚姻缔结的形式上,买卖婚是公开把女子作为买卖的客体,直接进行讨价还价的交易。只要男方家长向女方家长交付价金,女方家长交付女子,婚姻即行成立;聘娶婚则是由公开的买卖变为男女两家私下协议,提高了女子及其家庭在婚姻成立中的地位,聘金、聘礼要求与男方的地位基本相当,一般不把女子作为买卖的客体,同时,还要求经"六礼"程序,婚姻才能成立。所以,聘娶婚是人类结婚形式发展的一个进步。

5. 宗教婚

宗教婚,是指在中世纪的欧洲,按照宗教教规而缔结的婚姻。宗教婚是当时占统治地位的结婚方式。教会不仅握有婚姻家庭的立法权,而且操纵婚姻家庭的司法权。结婚必须严格遵守教会法中的有关规定,教会法不仅为婚姻的成立规定了严格的条件,列明了众多的婚姻障碍,而且要求当事人结婚须履行一定的宗教仪式,婚姻才能合法成立。由于婚姻的缔结被认为是"神的旨意",准备结婚的当事人必须事先按照教规将有关事项在教会布告栏中公告,结婚应当举行仪式,婚礼由神职人员主持并得到其祝福,婚姻始为成立和有效。在现代社会有的宗教较盛行的国家,宗教仪式虽仍然是法定的结婚形式之一,但已不是结婚的法定必经程序。例如,《意大利民法典》第 82 条和第 83 条分别对宗教婚礼和世俗婚礼作出规定:"宗教婚礼受与罗马教廷缔结的协议以及有关的特别法的调整。""世俗婚礼由本章第三节调整,由特别法调整的婚姻除外。"但同时该法第 130 条明文规定:"任何不出具结婚证书的人,均不得要求取得配偶身份和婚姻效力。即使双方具有配偶身份,也不能免除出示结婚证书的义务。"[①]也就是说,只有进行民事结婚登记而取得的结婚证书,才是婚姻合法成立的唯一法定证明文件。

(二)近代、现代社会的共诺婚

共诺婚,又称自由婚,是指以男女双方合意为条件而成立的婚姻。共诺婚把婚姻缔结权从父母或其他人手中还给了婚姻当事人本人,使其能按自己的意愿自由缔结婚姻。它是人类社会结婚形式的又一个巨大进步。

共诺婚是资产阶级革命胜利的产物。在同封建主义进行斗争的过程中,资产阶级提出了"自由、平等"等政治口号,同时,以契约论为基础,认为婚姻是一种夫妻双方以相互占有、共同生活为目的而自愿订立的契约,必须以男女双方当事人的合意而成立。这种婚姻形式结束了婚姻的主体与权利相分离的时代,把婚姻缔结权交给当事人本人,这对于反对封建婚姻的不自由和中世纪欧洲的宗教神权婚姻观,无疑是一个历史的进步。但由于资本主义私有制的存在,资产阶级的共诺婚有其阶级的局限性。它只解决了"共诺"的形式,未解决"共诺"的基础和内容。恩格斯说:"在婚姻关系上,即使是最进步的法律,只要当事人在形式上证明是自愿的,也就十分满足了。至于法律幕后的现实生活是怎样的,这种自愿是怎样造成的。关于这些,法律和法学家都可以置之不问。"[②]在我国近代社会,民国时期依 1930 年《民法·亲属编》的规定,婚姻的成立须以当事人的合意为要件。但在半殖民地半封建的社会条件下,此共诺婚并未普遍通行,依"父母之命、媒妁之言"的聘娶婚仍占统治地位。

第二节 婚 约

【引例】

甲男和乙女经媒人介绍于 2011 年相识,见面后双方家长都觉得两人挺般配,并且由于双方都是农村户口且年龄都快接近 30 岁,于是在见面后的第三天就按农村习

---

① 《意大利民法典》,费安玲、丁玫、张宓译,中国政法大学出版社 2004 年版,第 31、43 页。

② 《马克思恩格斯全集》第 21 卷,人民出版社 1965 年版,第 86 页。

俗定了亲,男方家也支付了 3 万元聘礼,并约定次年的春节举行婚礼仪式。之后甲男去了广东打工,乙女去了北京打工,期间双方仅靠电话短信维系感情。2012 年春节,二人按照约定依照农村的习俗举行了婚礼仪式,在举行仪式的当晚,乙女才发现甲男有性功能障碍。于是乙女向甲男提出分手,甲男不同意,甲男认为他和乙女已经按照农村习俗订了婚,举行了婚礼仪式,他们就已经是夫妻了,不存在分手的说法。如果非得要分的话,乙女必须返还男方家的聘礼,否则不同意分手。

　　问:甲男的说法是否合法? 如果二人分手的话,甲男要求返还 3 万元聘礼是否有法律依据?

一、婚约概述

婚约是男女双方以将来结婚为目的所作的事先约定。订立婚约的行为,称为订婚或定婚。订立婚约的当事人俗称未婚夫妻。严格说来,这种称谓是不科学的,没有结婚哪来夫妻之说。但是习惯上,约定俗成对于订婚的男女称之为未婚夫妻。

对于婚约,不同国家不同历史时期,对待婚约的态度是不一样的。总体而言,在早期,绝大多数国家都将婚约作为订婚的必经的步骤,并且认可婚约的法律效力。婚约一旦成立,双方当事人都必须遵守,否则将承担相应的法律后果。到了近现代,订婚一般都不是结婚的必经程序,婚约也不具有法律效力,是否订婚完全由当事人自主决定,法律不加要求。

近现代婚约一般具有以下特征:一是婚约必须由将结婚的当事人双方亲自订立且意思表示真实;二是婚约当事人双方不得有法定的婚姻障碍;三是婚约不是结婚的必经程序;四是婚约为非要式行为。法律没有规定婚约的形式,当事人可以采取各种方式订婚,凡口头、书面、仪式、交换信物等当事人认可的任何形式,都可视为婚约成立。

二、我国现行法律、政策对婚约的态度

我国 1950 年《婚姻法》和 1980 年《婚姻法》对婚约均未作规定,现行《婚姻法》也未对婚约问题作出规定,没有设立婚约制度。在司法实践中是根据有关司法解释及政策、法律的精神,来处理有关婚约的问题。

(一)关于婚约的效力问题

1. 订婚不是结婚的必经程序

我国法律对婚约既不提倡,也不禁止。订婚不是结婚的必经程序。是否订婚,听由当事人自便[①]。我国法律不把订婚作为结婚的必经程序,是为了保障婚姻自由。

2. 婚约不能强制履行

婚约不能强制履行,只有双方完全自愿,婚约才能实际履行。如一方不愿履行婚约,

---

① 1950 年 6 月 26 日中央人民政府法制委员会《就有关婚姻法施行的若干问题的解答》、1953 年 3 月 19 日该委员会发布的《有关婚姻问题的若干解答》。

另一方不得请求强制履行。

(二)婚约的解除及其相关财产纠纷和子女的处理

虽然法律没有关于婚约的规定,但是,在现实生活中,由于受传统习惯的影响,民间的订婚现象还是屡见不鲜。婚约解除时,常常引发各种纠纷,因此,对婚约引发的有关问题要妥善解决,以保证社会的稳定。要根据有关政策法律的规定,从既有利于贯彻婚姻自由原则,又有利于促进社会安定团结出发,区分不同的情况加以认真处理。

1. 解除婚约无须经诉讼程序。婚约的解除无须经过诉讼程序。婚约经双方同意即可自行解除;一方要求解除的,只需向对方作出意思表示即可解除,无须征得对方的同意。

2. 对因解除婚约引起的财物纠纷,应区别情况,妥善处理:

(1)对属于包办买卖性质的订婚所收受的财物,属非法所得,应依法收缴国库。

(2)对订婚中自愿赠与的财物,按《民法通则》规定的赠与关系处理。但是,对于双方定情的信物,一方要求归还的,以归还为妥。对因举行订婚仪式花费的钱财,一般不得要求对方赔偿。

(3)对于借婚约关系索取的财物,1993年《财产分割意见》第19条规定:"借婚姻关系索取的财物,离婚时,如结婚时间不长,或者因索取财物造成对方生活困难的,可酌情返还。"

(4)对于当事人请求返还按照习俗给付的彩礼,根据《婚姻法解释(二)》第10条的规定,如果双方未办理结婚登记手续,或者双方办理结婚登记手续但确未共同生活,或者婚前给付并导致给付人生活困难的,人民法院应当予以支持。

(5)订婚男女如果在一起同居生活,属于非婚同居关系,对于共同生活期间的财产的处理,原则上各自所得归各自,财产归属不明的,推定为共同所有。

3. 解除婚约对子女的处理。在现实生活中,很多男女订婚以后,便在一起同居生活生下了子女。但是之后双方一直都未办理结婚证,共同生活了以后,因发现双方性格不合或喜新厌旧等原因解除婚约。对于订婚男女所生的子女,属于非婚生子女,按照我国《婚姻法》的规定,非婚生子女和婚生子女的法律地位是相同的。因此,男女解除婚姻后,双方对于未成年子女都要尽到抚养教育的义务。具体如何抚养,由双方协议,协议不成可起诉到法院由法院进行判决。

第三节　结婚条件

【引例】

何某在她5岁时其父便由于车祸意外死亡,在何某7岁时她随母亲陈某改嫁到谢某家,谢某性格温和,特别有爱心且非常喜欢小孩,因此谢某对继女何某视如己出。谢某不但生活上关心何某,在学习上也是积极地给予辅导,一有时间就带何某去旅游。一家三口其乐融融。可好景不长,在何某12岁时,其母陈某得乳腺癌去世,临终前把她托付给谢某。谢某也答应了将抚养何某到成年。其后,何某与谢某二人相依为命,共同生活,父女俩的感情非常好。从小失去父亲又失去母亲的何某对继父谢某有着一种特殊的感情,待何某 20 岁时,很多人都给她介绍对象,但她都看不上,在她眼里只有继父是个好男人,慢慢地她就产生了一种想法,就是想一辈子和继父生活在一起。于是,她去到当地的婚姻登记机关咨询,想知道她能否和她的继父谢某结婚。

问:假若你是婚姻登记机关的工作人员,依照我国《婚姻法》的规定,你会给何某怎样的建议?

基于婚姻关系的自然属性和社会属性,要求男女结婚必须具备一定的条件。如不符合法定的结婚条件,当事人的结婚就不具有婚姻的效力,不能受到法律的保护。我国《婚姻法》中所指的结婚条件,是指结婚当事人本人和双方关系必须具备或排除的条件。前者称之为必备条件(也称为积极要件),后者成为禁止条件(也称为消极条件)。

一、结婚的必备条件

结婚的必备条件,又称为结婚的积极要件,是当事人结婚时必须具备的不可缺少的条件。必须具备的条件没有具备,要么导致婚姻无效,要么是一种可撤销婚姻。《婚姻法》规定的结婚的必备条件有二,即必须男女双方完全自愿、必须达到法定婚龄。

(一)必须男女双方完全自愿

男女双方完全自愿,是指男女双方对于结婚之事,完全根据自己的意愿作出的真实的双方的意思表示一致的合意。这是婚姻自由原则在结婚制度中的具体体现,婚姻自由原则主要的内容就是结婚自由。我国《婚姻法》第 5 条规定:"结婚必须男女双方完全自愿,不许任何一方对他方加以强迫或任何第三者加以干涉。"这是结婚的首要条件,通过对这一必备条件的规定,国家把结婚的决定权完全交给了当事人本人。在法律范围内,是否结婚、和谁结婚都由当事人按照自己的意思来决定,这就是结婚必须是男女双方完全自愿的基本要求。

结婚必须男女双方完全自愿,包括以下三层含义:一是结婚是男女双方自愿而不是一厢情愿,这就排除了一方对他方的强迫。二是结婚必须男女双方本人自愿而不是父母或第三者的"自愿",这就排除了父母或其他第三人的强迫包办或者干涉。三是结婚是男女双方完全自愿而不是勉强同意,这就排除了外界各种因素的干涉。

在要求婚姻的成立必须是男女双方完全自愿时,要注意划清两个界限。首先,应当划清第三者的善意帮助和非法干涉的界限。法律把婚姻决定权完全交给当事人本人,并不排除第三人(包括父母)出于关心,对当事人的婚事提出参考意见,或当事人就其婚事征求父母、亲友等的意见。对第三者的意见是否采纳,由当事人本人决定。法律禁止的只是包办或非法干涉当事人婚姻的行为。其次,要注意划清一般干涉与暴力干涉的界限。暴力干涉,是指采用殴打、捆绑、拘禁、抢亲等暴力手段强迫干涉当事人的婚姻,是一种最严重的干涉他人婚姻自由的行为,要受到刑事法律的制裁。一般干涉,是指暴力干涉以外的干涉行为,如以自杀相威胁强迫自己的儿女结婚等行为,这种行为是属于干涉或者妨害当事人正确表达意愿的表现,属于违法行为,应当坚决予以制止。

(二)必须达到法定婚龄

1. 法定婚龄的概念

法定婚龄,是指法律规定的男女结婚必须达到的最低年龄。男女双方或一方未达法定婚龄的,不得结婚,只有双方达到或高于法定婚龄的,才允许结婚。

我国 1950 年《婚姻法》规定,男 20 周岁,女 18 周岁,始得结婚。1980 年《婚姻法》规定:"结婚年龄,男不得早于 22 周岁,女不得早于 20 周岁。"这一规定比 1950 年《婚姻法》规定的法定婚龄,男女各提高了两周岁。2001 年修正后的《婚姻法》未改变原《婚姻法》关于结婚年龄的规定。

2. 确定法定婚龄的依据

古今中外各国确定法定婚龄的依据,主要根据自然因素和社会因素。自然因素主要是指人们的生理和心理发育状况,以及地理、气候等条件。男女只有达到一定年龄,生理和心理才能发育成熟,才会具备适合结婚的生理条件和心理条件,才具有婚姻行为能力,才能履行夫妻义务,承担对家庭和社会的责任。热带地区的人们比寒带地区的人们身心发育成熟较早,故结婚年龄比寒带相对偏低。社会因素,是指一定的生产方式以及与之相适应的其他社会条件,如政治、经济、人口状况、道德、宗教及民族风俗习惯等。其中最主要的是社会生产力发展状况和人口状况,这是确定法定婚龄的主要依据。例如,我国古代在小农经济条件下,为适应征丁、服劳役及弥补战争对人口的消耗等需要,一直实行早婚政策,法定婚龄普遍较低。有的封建法律甚至强迫人们早婚。我国在 1950 年《婚姻法》中将法定婚龄规定为男 20 周岁,女 18 周岁。从新中国成立到 20 世纪 70 年代末期,由于人口的急剧增长和经济状况的变化,为使人口与经济、资源及环境协调发展,必须控制人口增长,故 1980 年《婚姻法》适当提高了法定婚龄,确定男 22 周岁,女 20 周岁为法定婚龄。实践证明,这一规定有利于计划生育工作的开展,有利于提高人民的物质文化生活水平,有利于优生优育和提高婚姻质量。2001 年修正后的《婚姻法》仍然维持了 1980 年《婚姻法》规定的法定婚龄。总之,我国确定法定婚龄的依据主要是我国所处的地理环境、气候条件;我国公民的生理发育成熟的客观条件和实际结婚年龄;我国社会生产力的状况;我国的人口状况等因素[1]。

3. 法定婚龄与晚婚年龄的区别与联系

我国现行《婚姻法》规定的法定婚龄,是结婚必须遵守的最低年龄,具有强制效力。同时《婚姻法》又规定"晚婚晚育应予鼓励"。法定婚龄,是指法律规定的最低结婚年龄线,也是划分合法婚姻与无效婚姻的界限。晚婚年龄,是指有关政策中对男女结婚年龄所作的导向性规定。必须明确,晚婚年龄与法定婚龄是既有区别又有联系的两个概念。两者的相同之处是目的一致,即都是控制人口的增长。两者的区别在于:第一,两者的年龄不同,法定婚龄是男 22 周岁,女 20 周岁;晚婚年龄是男 25 周岁,女 23 周岁。第二,两者的效力不同,法定婚龄是法律规定的最低结婚年龄线,是人们结婚的前提条件,具有强制性,当事人必须遵守,如果没有达到法定婚龄就结婚是违法的,要受到法律的惩罚;晚婚年龄是政

---

① 陈苇主编:《结婚与婚姻无效纠纷的处置》,法律出版社 2001 年版,第 71～72 页。

策规定的提倡性、鼓励性的措施,是通过宣传教育和采取一定的措施,来引导人们遵守,不具有强制效力,并不妨碍男女青年根据自己的实际情况,在达到法定婚龄就结婚或者自愿实行晚婚晚育。

我国现行《未成年人保护法》第 15 条规定:"父母或者其他监护人不得允许或者迫使未成年人结婚,不得为未成年人订立婚约。"这为预防和制止未成年人早婚,提供了法律保障。

■ 二、结婚的禁止条件

结婚的禁止条件又称为结婚的消极要件或婚姻的障碍,是指当事人结婚时不得有法律规定的禁止结婚的婚姻障碍。根据现行《婚姻法》第 7 条的规定,结婚的法定禁止条件有三:即禁止一定范围内的亲属结婚、禁止患一定疾病的人结婚、禁止有配偶者结婚。

(一)禁止一定范围内的亲属结婚

1. 我国《婚姻法》禁止结婚的血亲范围

禁止一定范围内的亲属结婚是世界各国立法的通例。任何国家都有禁止一定范围血亲结婚的法律规定,有些国家还禁止一定范围内的姻亲结婚。

我国在 1950 年《婚姻法》第 5 条第 1 款规定禁止结婚的亲属范围为:直系血亲,或为同胞的兄弟姐妹或同父异母或同母异父的兄弟姐妹者;其他五代以内的旁系血亲间禁止结婚的问题,从习惯。1980 年《婚姻法》将禁止结婚的血亲范围改为"直系血亲和三代以内的旁系血亲,禁止结婚"。2001 年修正后的《婚姻法》沿用此规定。具体而言,我国现行《婚姻法》禁止结婚的血亲范围,包括以下两类亲属:

(1)直系血亲。直系血亲,是指具有直接血缘联系的亲属,包括父母子女、祖父母和孙子女、外祖父母与外孙子女等。他们之间不问亲等和代数,凡直系血亲之间都禁止结婚。我国《婚姻法》第 26 条和第 27 条规定:"养父母和养子女间的权利和义务","继父或继母和受其抚养教育的继子女间的权利义务","适用本法对父母子女关系的有关规定"。因此,在我国,除了自然形成的直系血亲之外,法律拟制的直系血亲也在禁止结婚之列。

(2)三代以内的旁系血亲。旁系血亲,是指具有间接血缘联系的亲属。按照我国《婚姻法》的代数计算法,三代以内的旁系血亲,是指与己身出自同一父母或同一祖母、外祖父母的血亲,除直系血亲外的血亲。其范围包括:

第一,同源于父母的兄弟姐妹,包括同父同母的全血缘兄弟姐妹,以及同父异母或同母异父的半血缘兄弟姐妹。他们是同源于父母的两代旁系血亲。至于异父异母的兄弟姐妹虽然名义上以兄弟姐妹相称,但实际上他们之间并无血缘关系,故不属禁婚亲,可以结婚。

第二,同源于祖父母或外祖父母的辈分不同的伯、叔与侄女,姑与侄子,舅与外甥女,姨与外甥。他们属于三代旁系血亲。

第三,同源于祖父母的辈分相同的堂兄弟姐妹、姑表兄弟姐妹;同源于外祖父母的辈分相同的舅表兄弟姐妹、姨表兄弟姐妹。他们是属于三代的旁系血亲。

2. 禁止近血亲结婚的立法理由

禁止一定范围的血亲结婚,是古今中外婚姻家庭立法的通例。其理由主要有三:

(1)这是基于自然选择规律的作用。在古代社会,科学技术不发达,遗传学、优生学尚未产生。但是人们从长期实际生活中基于自然选择规律的作用,体会到近亲婚配的危害。例如,我国古籍载"男女同姓,其生不蕃"[1]。"同姓不婚,惧不殖也。"[2]但受宗法制度的影响,我国古代只禁止同姓同宗亲属和异姓不同辈分亲属结婚,对异姓近亲平辈亲属的中表婚则不禁止。

(2)这具有遗传学、优生学上的科学根据。到近、现代社会,遗传学、优生学的原理已经证明,近亲通婚有很大危害。人类有多种遗传病,其中有几百种是隐性遗传病,在正常人群中,几乎每个人都有五六种这类致病基因。每个个体带有的这种致病基因并不一定相同,由于有正常的显性基因存在,本身并不发病。但是如果血缘过近的人结婚,容易使双方从共同祖先那里获得较多相同的病态基因,在后代的体内相遇和集中(遗传学上叫作纯合),生出素质低劣的孩子。统计表明,一些隐性遗传病如先天性聋哑的发病率,表兄妹婚配是随机婚配的 7.8 倍;先天性鱼鳞病的发病率,表兄妹婚配是随机婚配的 63.5 倍。其他如高血压、精神分裂症、先天性心脏病、无脑儿、脊柱裂、癫痫等多基因遗传病或先天畸形,近亲婚配所生子女的发病率也明显高于非近亲结婚。[3]据各国发病情况调查资料统计,目前因遗传因素而致的遗传性、先天性疾病已占疾病的第三位,各种类型的人类遗传病有四千多种,而且发病率高,死亡率也很高,已成为当前婴儿死亡的主要原因[4]。为提高中华民族的人口质量,保证子孙后代的健康,必须依法保障优生优育,所以,我国现行《婚姻法》禁止近血亲结婚。

(3)这是人类伦理道德观念的要求。根据人类社会生活中长期形成的伦理道德观念,认为近亲结婚有碍风化,为社会道德所不容。例如,我国古代儒家伦理观念认为:"不娶同姓者,重人伦,防淫佚,耻与禽兽同也。"[5]"取于异姓,所以附远厚别也。"[6]在结婚问题上我国历来讲究尊卑有别,长幼有序,反对不同辈分的亲属通婚。虽然这些传统伦理观念不乏封建糟粕,但也有精华内容。从中外许多民族的风俗习惯看,也多有对近亲结婚的限制。我国《婚姻法》尊重人们长期形成的婚姻伦理道德,故禁止近血亲结婚。

必须指出的是,现行《婚姻法》禁止三代以内旁系血亲结婚,其实际意义在于禁止中表婚。所谓中表婚,是指表兄弟姐妹间缔结的婚姻。我国古代虽禁止近亲结婚的范围较广,但表兄弟姐妹除外,故中表婚较盛行。其盛行的主要原因有三:一是受小农经济和封闭型生活环境的制约;二是受宗法制度同宗同姓不婚的限制;三是受"亲上加亲"亲属观念的影响。虽我国古代明、清两朝曾立法禁止中表婚,但积习难改,只得改为规定"听从民便"。在近代社会,民国时期的 1930 年《民法·亲属编》也不禁止中表婚。1949 年中华人民共

---

① 《左传·僖公二十三(五)年》。
② 《国语·晋语》。
③ 王廷珍等主编:《优生优育学》,人民军医出版社 1989 年版,第 166～167 页。
④ 王镐主编:《中国卫生法学》,中国人民大学出版社 1988 年版,第 238 页。
⑤ 《白虎通·嫁娶》。
⑥ 《礼记·郊特牲》,载陈戌国点校:《周礼·仪礼·礼记》,岳麓书社 1989 年版,第 385 页。

和国成立后,鉴于当时的实际情况,1950 年《婚姻法》规定,其他五代内的旁系血亲间禁止结婚的问题,从习惯。1980 年《婚姻法》则对此修改规定为,禁止三代以内的旁系血亲结婚。按我国人民的习惯,三代以内的旁系血亲,除表兄弟姐妹通婚外,其余的亲属无论辈分是否相同,一般是不结婚的。故这一规定的实际意义,就在于禁止中表婚。这有利于保障下一代的健康,提高整个民族的人口质量。

(4)关于姻亲间的结婚问题。由于受伦理观念的影响,许多国家还禁止一定范围的姻亲结婚。特别是直系姻亲,一般都在禁婚的范围内,在夫妻离异或一方死亡他方表示终止姻亲后,也不得结婚。有少数国家将一定亲等的旁系姻亲也列入禁婚的范围,如英国、法国、瑞士等。我国法律没有明文禁止直系姻亲间结婚,但基于伦理上的要求,直系姻亲间不宜结婚。若直系姻亲当事人非结不可,一般是劝其搬离当地到一个陌生地方生活,以免在当地造成不良影响。旁系姻亲,包括异父异母的兄弟姐妹,只要他们相互之间没有禁止结婚的血缘关系,则应准予结婚。

(二)禁止患一定疾病的人结婚

男女结婚,双方须无禁止结婚的疾病,这是婚姻的性质和特点决定的。法律规定禁止患有一定疾病的人结婚,取决于婚姻关系的自然属性和特性,其目的是防止和避免疾病的传染和遗传,保护婚姻关系当事人的利益和社会的利益。从各国立法来看,禁止结婚的疾病可概括为两类:一是严重的精神方面的疾病;二是身体方面的疾病,主要是指足以危害对方和下一代健康的重大不治的且有传染性和遗传性的疾病。此外,有的国家还禁止有生理缺陷不能发生性行为者结婚。

我国 1950 年《婚姻法》第 5 条第 2 款、第 3 款规定,有生理缺陷不能发生性行为者;患花柳病、性病或精神失常未经治愈,患麻风或其他在医学上认为不应结婚之疾病者,均禁止结婚。1980 年《婚姻法》对此修改规定为,"患麻风病未经治愈或患其他医学上认为不应结婚的疾病者,禁止结婚"。2001 年修正后的《婚姻法》第 7 条规定:患有医学上认为不应当结婚的疾病禁止结婚。修正后的《婚姻法》将原来的例示性和概括性相结合的规定,改为纯粹的概括性规定,将禁止结婚的疾病统称为医学上认为不应当结婚的疾病。删除了 1980 年《婚姻法》禁止麻风病未治愈者结婚的规定,其主要理由是麻风病在现代是可以治愈的并且在我国已经基本消灭。

至于哪些疾病属于医学上认为不应当结婚的疾病,现行《婚姻法》没有作出明确的列举,实践中不能任意解释,在认定时须有充分的科学依据,必要时应当进行医学技术鉴定。我国实行多年的婚前健康检查制度就是为了诊断当事人是否患有禁止结婚的疾病,这一措施有利于减少出生缺陷,提高人口健康素质。所谓婚前健康检查,是指男女双方在结婚登记前进行的身体健康检查,按照 1994 年《婚姻登记管理条例》第 9 条的规定,在实行婚前健康检查的地方,申请结婚登记的当事人,必须到指定的医疗保健机构进行婚前健康检查,向婚姻登记管理体制机关提交婚前健康检查证明。由此可以看出,在确定开展婚前健康检查的地方,当事人进行婚前体检,是结婚登记的一项法定程序。现行《婚姻登记条例》对婚前健康检查未作规定,使原来的强制婚前健康检查改为由当事人选择。但我们认为,这不是对婚前健康检查的否定,现在不少地方政府免费为即将走进婚姻殿堂的人提供婚前健康检查。为了后代的健康,为了家庭的幸福,当事人应当进行婚前健康检查。我国《母婴保健法》有相关规定①,我们应当按照《母婴保健法》的规定大力推进婚前健康检查。

(三)禁止有配偶者结婚

我国现行《婚姻登记条例》第 6 条明文规定:一方或者双方已有配偶的,不予登记。这就是说,要求结婚的男女双方,必须是无配偶的人。无配偶包括三种情况:一是未婚,二是丧偶,三是离婚。只有双方都是无配偶的人,才能结婚,否则构成重婚。重婚是法律禁止的,构成重婚罪的,要按照现行《刑法》的有关规定,追究刑事责任。

第四节　结婚程序

【引例】

甲男和乙女是在 2011 年 1 月经朋友介绍认识的,交往一段时间后,二人对对方都比较满意。准备在同年的 10 月 1 日举行婚礼仪式,在国庆前夕,他们抽空去当地的婚姻登记机关准备登记结婚,他们把身份证和户口本都带好了,结婚申请书也填好了,民政机关工作人员也经过审查认为他们符合结婚的法定条件,准予结婚。可是结婚证书都填好了,才发现没有带照片。工作人员只好遗憾地告诉他们今天办不了,明天把照片带来贴上才可以领结婚证。因为筹备婚礼的事情,两人都忙不过来,又想反正已经去登记了,晚些去领结婚证也没什么,所以就迟迟没有去婚姻登记机关补交照片。再后来,补交照片的事就忘了。举行婚礼后,甲男去到深圳打工补贴家用,有一天周末,在逛街的路上遭遇车祸死亡,获得死亡赔偿金 20 万元。

问:甲男是乙女合法的配偶吗? 乙女能否获得全部的死亡赔偿金?

有效的婚姻关系的成立,不但需要具备结婚的实质要件,也须具备结婚的形式要件。然而,在当代,在不同的国家,结婚程序有不同的立法,有的采登记制、有的采仪式制、有的采登记与仪式结合制。新中国成立后,《婚姻法》一直采用登记形式作为我国公民结婚的法定形式要件,即婚姻成立的法定程序。《婚姻法》第 8 条规定:"要求结婚的男女双方必须亲自到婚姻登记机关进行结婚登记。符合本法规定的,予以登记,发给结婚证。取得结婚证,即确立夫妻关系。"为保证我国结婚登记制度的实施,我国先后于 1955 年、1980 年、1986 年颁布了三部《婚姻登记办法》;民政部于 1994 年颁行了《婚姻登记管理条例》;国务院于 2003 年颁行《婚姻登记条例》,废止了民政部 1994 年颁布的《婚姻登记管理条例》。

一、结婚程序概述

(一)结婚程序的概念

结婚的程序即结婚的形式要件,是法律规定的缔结婚姻关系必须履行的法定手续,是

---

① 《母婴保健法》第 9 条、第 10 条、第 38 条。

婚姻取得社会承认的一种方式。婚姻的成立,除要求当事人必须符合结婚的实质要件外,还要符合一定的形式要件,只有履行了法律规定的结婚程序后,婚姻才能合法成立,才能受到法律保护。我国法律规定结婚必须履行的程序是进行结婚登记。因此,合法婚姻成立的唯一形式要件是登记。当事人只要依法办理了结婚登记,夫妻关系即确立,而不管其是否举行了结婚仪式,或者是否同居生活。

(二)结婚登记的意义

我国现行《婚姻登记条例》第1条规定:"为了规范婚姻登记工作,保障婚姻自由、一夫一妻、男女平等的婚姻制度的实施,保护婚姻当事人的合法权益,根据《中华人民共和国婚姻法》,制定本条例。"结婚登记的意义如下:

1. 保障社会主义婚姻制度的实施

通过结婚登记,国家对婚姻的成立进行指导,可以保障婚姻自由,防止包办、买卖婚姻和其他干涉婚姻自由的行为,保证结婚条件的执行,防止早婚、近亲结婚和患有禁止结婚的疾病的人结婚等,以确保社会主义婚姻制度的实施。

2. 保护婚姻当事人的合法权益

结婚登记是我国婚姻成立的法定程序,是合法婚姻成立的唯一形式要件。只有履行了结婚登记,婚姻才能合法成立并具有法律效力。结婚登记简便易行,便于结婚当事人履行。对于符合结婚条件的,婚姻登记管理机关即时予以登记,发给结婚证,并建立结婚登记档案,当事人的夫妻身份记录在案,查考方便。依法履行婚姻登记的当事人的合法权益受法律保护。

3. 有利于提高当事人的法制观念,防止违反《婚姻法》的行为发生

实行结婚登记,婚姻登记机关可及时进行法制教育与社会主义道德教育,减少婚姻纠纷的发生,同时还可以及时发现结婚当事人违反《婚姻法》的行为,从而预防和制止违反《婚姻法》的行为的发生。

总之,结婚登记不是一种可有可无的手续,而是一项严肃的法律制度。我国民间盛行举行结婚仪式的习俗,但必须明确,婚礼不能代替结婚登记。如果只举行婚礼而不办理结婚登记,不能成立合法有效的婚姻关系。对于未办理结婚登记即以夫妻名义共同生活者,可以通过补办结婚登记手续,从而成立合法婚姻关系。

二、结婚登记的机关和程序

(一)结婚登记的机关

现行《婚姻登记条例》第2条第1款规定:"内地居民办理婚姻登记的机关是县级人民政府民政部门或者乡(镇)人民政府,省、自治区、直辖市人民政府可以按照便民原则确定农村居民办理婚姻登记的具体机关。"第4条第1款规定:"内地居民结婚,男女双方应当共同到一方当事人常住户口所在地的婚姻登记机关办理结婚登记。"

内地居民结婚,当事人双方的户口在同一地区的,到共同常住户口所在地婚姻登记机关办理结婚登记。结婚当事人的常住户口不在同一地区的,可以到任何一方常住户口所

在地的婚姻登记机关办理结婚登记。所谓"常住户口所在地",根据《户口登记条例》第 6 条①的规定,应为内地居民的户籍所在地。

(二)结婚登记的程序

现行《婚姻法》第 8 条规定:"要求结婚的男女双方必须亲自到婚姻登记机关进行结婚登记。"因此要求结婚登记的当事人双方必须亲自到场,不能由一方或任何第三方代理。

1. 结婚登记的程序

根据现行《婚姻登记条例》的规定,结婚登记分为申请、审查和登记三个环节。

(1)申请。要求结婚的男女双方向有管辖权的婚姻登记机关提出申请,办理结婚登记。办理结婚登记的内地居民应当出具的证件和证明材料是:本人的户口簿、身份证、本人无配偶以及与对方当事人没有直系血亲和三代以内旁系血亲关系的签字声明。

必须指出的是,申请结婚登记的当事人,应当如实向婚姻登记机关提供上述有关证件和证明,不得隐瞒真实情况。婚姻登记机关办理结婚登记,也不得要求当事人出具法律规定以外的其他证件和证明。

(2)审查。婚姻登记机关应当依法对当事人所出具的证件、证明材料进行审查并询问相关情况。婚姻登记员应对当事人讲明法律规定,并依法对其结婚申请从两个方面进行审查:一方面,看当事人所持证件与证明材料是否真实、完备,有无伪造、涂改或冒名顶替的行为,必要时可进行调查核实。另一方面,看当事人双方是否都符合法定的结婚条件。

(3)登记。婚姻登记机关对当事人的结婚申请进行审查后,对符合结婚条件的,应当当场予以登记,发给结婚证。取得结婚证,当事人即确立夫妻关系。

关于不予办理结婚登记的法定情形,根据现行《婚姻登记条例》第 6 条的规定,在审查中如果发现申请结婚登记的当事人有下列情形之一的,婚姻登记机关不予登记:未到法定结婚年龄的;非双方自愿的;一方或者双方已有配偶的;属于直系血亲或者三代以内旁系血亲的;患有医学上认为不应当结婚的疾病的。婚姻登记机关对当事人的结婚登记申请不予登记的,应当向当事人说明理由。

必须指出的是,结婚当事人认为符合婚姻登记条件而婚姻登记机关不予登记的,可以依照《行政复议法》的规定申请复议;对复议决定不服的,可以依照《行政诉讼法》的规定提起诉讼。

2. 结婚登记程序存在瑕疵的处理

《婚姻法解释(三)》第 1 条第 2 款规定:"当事人以结婚登记程序存在瑕疵为由提起民事诉讼,主张撤销结婚登记的,告知其可以依法申请行政复议或者提起行政诉讼。"

(三)补办结婚登记与复婚登记

所谓补办结婚登记,是指依现行《婚姻法》第 8 条的规定,未办理结婚登记以夫妻名义共同生活的男女,可以补办结婚登记。我国现行《婚姻登记条例》第 8 条规定:"男女双方

---

① 我国《户口登记条例》第 6 条规定:"公民应当在经常居住的地方登记为常住人口,一个公民只能在一个地方登记为常住人口。"

补办结婚登记的,适用本条例结婚登记的规定。"补办结婚登记的当事人双方必须共同到一方常住户口所在地的婚姻登记机关补办结婚登记。婚姻登记机关对当事人的补办结婚登记的申请进行审查,双方当事人符合结婚条件的,应当场(即时)予以登记,发给结婚证。依据《婚姻法解释(一)》第4条的规定,补办结婚登记后,婚姻关系的效力从双方均符合婚姻法所规定的结婚的实质要件时起算。

现行《婚姻登记条例》第14条规定:"离婚的男女双方自愿恢复夫妻关系的,应当到婚姻登记机关办理复婚登记。复婚登记适用本条例结婚登记的规定。"离婚的当事人双方要求恢复夫妻关系,必须双方亲自到一方常住户口所在地的婚姻登记机关申请复婚登记。婚姻登记机关对当事人的复婚申请,按照结婚登记的程序办理。婚姻登记机关对复婚申请进行审查,双方当事人符合结婚条件的,应当当场予以登记,发给结婚证,同时应当注销其离婚证。

■ 三、结婚登记的效力

现行《婚姻法》第8条规定,取得结婚证,即确立夫妻关系。结婚登记的效力主要是:第一,夫妻身份的确立。即只要男女双方履行了结婚登记手续,取得结婚证,当事人之间就形成合法的夫妻关系。无论是否举行结婚仪式,也无论是否同居生活,他们都是合法的夫妻关系。第二,当事人之间具有夫妻之间的法定权利义务关系,双方的合法权益受法律保护。第三,婚姻关系一经成立不得任意解除,如果一方反悔,要求解除夫妻关系,必须按离婚程序办理。

根据现行《婚姻登记条例》第17条的规定,结婚证是婚姻登记机关签发的证明婚姻关系成立的法律文书,如果当事人遗失或者损毁结婚证的,可以持户口簿、身份证向原办理婚姻登记的机关或者一方当事人常住户口所在地的婚姻登记机关申请补领。婚姻登记机关对当事人的婚姻登记档案进行查证,确认属实的,应当为当事人补发结婚证。

第五节　无效婚姻和可撤销婚姻

【引例】

甲男和乙女是姨表兄妹关系,两小无猜,青梅竹马,2009年二人隐瞒身份关系到婚姻登记机关登记结婚。婚后二人育有一子,经医院诊断其子有先天严重缺陷,且难于治愈,双方为此非常痛苦。后经多方求医,仍无法治愈,为此,甲男常找一些借口晚回家或以出差为由躲避现实。2010年甲男的父亲去世,留给甲男房屋6间。一次,甲男在出差过程中因嫖娼被染上性病,乙女发现后起诉至法院要求解除二人的婚姻关系并平分共同存款10万元及共同居住的6间房屋中的3间,其子由甲男抚养。甲男不同意离婚。

问:假若你是法院的法官,本案的婚姻关系、财产关系和子女抚养关系该如何处理?

为了制裁和处理违法婚姻,2001年修正后的《婚姻法》增加了有关无效婚姻和可撤销婚姻的规定,对无效婚姻和可撤销婚姻的范围作了基本的划分,这有利于规范公民结婚行为,预防和减少违法婚姻,保护善意当事人及子女利益。

一、概述

(一)无效婚姻与可撤销婚姻的概念

所谓无效婚姻,是指不符合结婚实质要件中的公益要件,因而在法律上不具有婚姻效力的男女两性的结合。可撤销婚姻,是指欠缺结婚实质要件中的私益要件,因而在法律上不具有婚姻效力的男女两性的结合。

在国外的立法中,因其欠缺而使婚姻为无效的法定条件,被称为无效要件;因其欠缺而使婚姻为可撤销的法定条件,被称为撤销要件。至于何为婚姻的无效要件和撤销要件,各国立法不尽相同。各国立法对于婚姻无效与撤销的理解不尽一致,以致欠缺同一结婚法定要件,在甲国为无效婚姻,在乙国则为可撤销婚姻。虽然各国立法对无效婚姻与可撤销婚姻分类不尽一致,但在效力上,无效的婚姻为自始无效,具有溯及既往的效力,这是无效婚姻与可撤销婚姻最主要的区别。因为,一般来说,无效婚姻与可撤销婚姻两者欠缺结婚法定要件的情形不同,其损害的利益有公益与私益之别,违法的程度有轻重之差异,故两者的法律后果也有所不同。有的国家是单采无效婚姻制度,如法国、意大利及俄罗斯等国;有的国家是单采可撤销婚姻制度,如德国;有的国家则采取双轨制,兼采无效婚姻与可撤销婚姻制度,如瑞士、日本和英国等。采双轨制的国家中,无效婚姻与可撤销婚姻的法律后果几乎相同。①

与国外立法相比,我国目前规定的无效婚姻和可撤销婚姻有自己的特色,如我国兼采无效婚姻与可撤销婚姻制度,两者都欠缺结婚的实质要件,两者在效力上没有区别,可撤销婚姻仅仅以当事人一方受胁迫为单一的原因等。

(二)我国无效婚姻与可撤销婚姻的立法沿革

男女结合只有符合法定的结婚条件和程序,才具有婚姻的效力。我国 1950 年和 1980 年两部《婚姻法》都仅笼统规定:违反本法者,得分别情况,依法予以行政处分或法律制裁。但对当事人违反结婚法定条件而缔结的婚姻的效力,未作规定。20 世纪 60 年代最高人民法院的司法解释首次提到婚姻无效问题,指出应"宣布重婚关系无效"。1986 年 3 月颁行的《婚姻登记办法》第 9 条明确规定了婚姻无效问题:"婚姻登记机关发现婚姻当事人有违反婚姻法行为,或在登记时弄虚作假、骗取《结婚证》的,应宣布该项婚姻无效,收回已骗取的《结婚证》,并对责任者给予批评教育。触犯刑律的,由司法机关依法追究刑事责任。"1994 年 2 月 1 日施行的《婚姻登记管理条例》第 5 章虽规定了婚姻无效的原因及其处理等问题,但仍未建立一套系统完备的无效婚姻制度,对违法婚姻的处理和制裁的力度不够。2001 年修正后的《婚姻法》新增设了无效婚姻制度,填补了这一法律的空白。依现行《婚姻法》和《婚姻登记条例》的规定,违反结婚条件的违法婚姻可以分为无效婚姻与

---

① 陈苇主编:《外国婚姻家庭法比较研究》,群众出版社 2006 年版,第 157~160 页。

可撤销婚姻两大类①。

（三）无效婚姻与可撤销婚姻的联系与区别

无效婚姻和可撤销婚姻是既有区别又有联系的两个概念。它们的联系是：第一，两者的性质相同。婚姻无效与撤销都是对违法婚姻的处理与制裁，不是对合法婚姻的解除。第二，两者被宣告无效或撤销后的法律后果相同。在我国，根据现行《婚姻法》第 12 条和《婚姻法解释（一）》第 13 条的规定，对婚姻无效与撤销，实行宣告制，婚姻被宣告无效或撤销后都是"自始无效"。

两者的区别在于：第一，形成的原因不同。无效婚姻，是指因为重婚、有禁止结婚的亲属关系、未达到法定婚龄、患有医学上认为不应当结婚的疾病婚后没有治愈等原因而形成的婚姻，可撤销婚姻仅仅是指当事人一方受到胁迫而形成的婚姻。第二，请求权行使的期限不同。无效婚姻的请求权人必须在导致婚姻无效的原因消失前提出。可撤销婚姻的请求权人必须在婚姻登记后一年内提出，如果当事人被限制人身自由，要在恢复人身自由之日起一年内提出。超过这一时间，当事人就不得再提出请求。第三，请求权行使的主体不同。可撤销婚姻的请求权由被胁迫结婚的当事人本人行使，无效婚姻的请求权由当事人及利害关系人行使。可撤销婚姻的撤销权仅由当事人行使，主要是为了尊重当事人的意愿。第四，程序不同。婚姻无效当事人只能向人民法院请求宣告无效，即只能依诉讼的程序请求宣告婚姻无效。可撤销婚姻可依行政程序，也可依诉讼的程序。即当事人既可以向婚姻登记机关提出请求，又可以向人民法院提出请求。

二、我国无效婚姻和可撤销婚姻制度

长期以来，由于在我国的立法中，没有关于无效婚姻制度的规定，司法实践中的许多本应当确定为无效婚姻的，都是按照离婚的程序来处理。这不仅有悖于法理，也有损于法律的严肃性与权威性。我国现行《婚姻法》以及《婚姻法解释（一）》新增了无效婚姻和可撤销婚姻制度。我国现行无效婚姻和可撤销婚姻制度的主要内容包括：婚姻无效或被撤销的法定原因、可撤销婚姻的请求权主体及请求权行使的时效期间、可撤销婚姻的宣告机关以及婚姻无效或被撤销的法律后果等。

（一）婚姻无效和婚姻可撤销的原因

现行法中的无效婚姻和可撤销婚姻都只是违反结婚的实质要件，但并不违反结婚的程序，均已办理结婚登记。不同的结婚实质要件，构成了婚姻无效和婚姻可撤销的不同原因。

---

① 关于建立我国无效婚姻制度的设想，在修改我国 1980 年《婚姻法》的讨论中，主要有两种观点：第一种观点主张采取单轨制，不必作婚姻无效与可撤销的区分，在立法上仅设立无效婚姻制度，不设立可撤销婚姻制度，此为 20 世纪 90 年代我国学术界的通说，参见杨大文主编：《亲属法》，法律出版社 1997 年版，第 104 页；李洪祥、吕大可：《婚姻法律制度研究》，长春出版社 2000 年版，第 94～111 页。第二种观点主张采取双轨制，同时设立无效婚姻制度和可撤销婚姻制度的二元结构，参见王洪：《婚姻家庭法热点问题研究》，重庆大学出版社 2000 年版，第 67～77 页。

1. 婚姻无效的原因

根据现行《婚姻法》第 10 条的规定,凡有下列情形之一的婚姻无效:(1)重婚的;(2)有禁止结婚的亲属关系的;(3)婚前患有医学上认为不应当结婚的疾病,婚后尚未治愈的;(4)未到法定婚龄的。

必须注意,《婚姻法解释(三)》第 1 条第 1 款规定:"当事人以婚姻法第十条规定以外的情形申请宣告婚姻无效的,人民法院应当判决驳回当事人的申请。"

2. 婚姻可撤销的原因

现行《婚姻法》第 11 条规定:"因胁迫结婚的,受胁迫的一方可以向婚姻登记机关或人民法院请求撤销该婚姻。受胁迫的一方撤销婚姻的请求,应当自结婚登记之日起一年内提出。被非法限制人身自由的当事人请求撤销婚姻的,应当自恢复人身自由之日起一年内提出。"按照这一规定,可撤销婚姻的原因是一方受到胁迫,所谓胁迫,"是指行为人以给另一方当事人或者其近亲属的生命、身体健康、名誉、财产等方面造成损害为要挟,迫使另一方当事人违背真实意愿结婚的情况"[①]。

(二)申请宣告婚姻无效或撤销婚姻的请求权人

1. 申请宣告婚姻无效的请求权人

有权申请宣告婚姻无效的权利主体是当事人本人和利害关系人。利害关系人包括:以重婚为由申请宣告婚姻无效的,为当事人的近亲属和基层组织;以未达法定婚龄为由申请宣告婚姻无效的,为未达法定婚龄者的近亲属;以有禁止结婚的亲属关系为由申请宣告婚姻无效的,为当事人的近亲属;以婚前患有医学上认为不能结婚的疾病婚后没有治愈为由申请宣告婚姻无效的,为与患病者共同生活的近亲属[②]。

2. 申请宣告撤销婚姻的请求权人

因受到胁迫而请求撤销婚姻的,请求权人只能是受胁迫一方的婚姻当事人本人[③]。将撤销婚姻的请求权赋予受胁迫的当事人一方,这主要是为了尊重当事人对婚姻关系的意愿。因为,受胁迫而结婚的当事人,因与对方共同生活一段时间后可能已经建立起一定的感情,或者已经生育子女,受胁迫的一方当事人本人已愿意继续与对方共同生活,而不愿意解除婚姻关系。在此情况下,如果法律硬性规定一律将该婚姻予以撤销,显然不利于保护当事人及其子女的利益。

---

① 《婚姻法解释(一)》第 10 条。

② 《婚姻法解释(一)》第 7 条。必须注意,关于可撤销婚姻的请求权人,有些国家立法规定的可撤销婚姻的法定原因与我国不同,撤销婚姻的请求权人亦与我国不同。例如,依《日本民法典》第 743 条至第 747 条的规定,可撤销婚姻分为公益撤销与私益撤销两种。前者基于公益的理由,对未达法定婚龄的早婚、重婚、近亲婚等,当事人、近亲属和检察官均可请求法院宣告撤销;后者基于私益的理由,对胁迫、欺诈成立的婚姻,仅限于受胁迫、欺诈的婚姻当事人本人有权请求法院宣告撤销。参见陈苇主编:《结婚与婚姻无效纠纷的处置》,法律出版社 2001 年版,第 46 页。

③ 《婚姻法解释(一)》第 10 条。

(三)宣告婚姻无效或撤销的机关

根据《婚姻法解释(一)》第9条的规定,婚姻无效只能由人民法院宣告。人民法院审理宣告婚姻无效案件,对婚姻效力的审理不适用调解,应当依法作出判决;有关婚姻效力的判决一经作出,即发生法律效力。涉及财产分割和子女抚养的,可以调解。调解达成协议的,另行制作调解书。对财产分割和子女抚养问题的判决不服的,当事人可以上诉。这样既能及时解除该违法婚姻关系,同时也能妥善处理子女抚养、财产分割和债务清偿等问题,有利于维护当事人及其子女的权益。

根据现行《婚姻登记条例》第9条和《婚姻法解释(一)》第11条的规定,有权撤销婚姻的机关包括婚姻登记机关和人民法院。婚姻登记机关只有在申请撤销婚姻的案件"不涉及子女抚养、财产及债务问题"时,才能依法撤销婚姻;如申请撤销婚姻的案件涉及子女抚养、财产及债务问题的,当事人应向人民法院请求撤销婚姻。

(四)申请宣告婚姻无效或撤销婚姻的请求权之行使

1. 申请宣告婚姻无效请求权的行使

《婚姻法解释(一)》第8条规定:"当事人依据婚姻法第十条规定向人民法院申请宣告婚姻无效的,申请时,法定的无效婚姻情形已经消失的,人民法院不予支持。"按此规定,当事人和利害关系人必须在引起婚姻无效的原因存在时,提出宣告婚姻无效的申请。如果引起婚姻无效的原因已经消失,人民法院对申请宣告婚姻无效的请求就不再支持。

2. 申请撤销婚姻请求权的行使

受胁迫方向婚姻登记机关和人民法院请求撤销婚姻,必须在结婚登记之日起一年内提出。如果当事人被非法限制人身自由的,应当自恢复人身自由之日起一年内提出。这里的"一年",不适用诉讼时效中止、中断或者延长的规定。法律规定受胁迫一方当事人行使撤销婚姻请求权须在法定的期限一年内行使,主要是为了促使当事人及时行使请求权,以避免其婚姻关系长期处于不稳定的状态。

根据2003年10月1日施行的《婚姻登记工作暂行规范》,当事人向婚姻登记机关申请撤销婚姻的,应持有本人的身份证、结婚证;要求撤销婚姻的书面申请;以及公安机关出具的当事人被拐卖、解救证明,或者人民法院作出的能够证明当事人被胁迫结婚的判决书。

(五)婚姻无效与撤销的法律后果

按照《婚姻法》及相关司法解释的规定,被宣告无效或被撤销的婚姻的法律后果是相同的,均自始无效。所谓自始无效,是指"无效或者可撤销婚姻在依法被宣告无效或者可撤销时,才确定该婚姻自始不受法律保护"。其法律后果表现在:

1. 当事人不具有夫妻之间的权利和义务关系

双方不具有夫妻之间的人身关系;没有相互的继承权,在同居期间,当事人一方死亡的,另一方不能以配偶身份继承对方遗产,如果符合《继承法》第14条的规定,可酌情分得适当的遗产;也没有相互的扶养义务。现行《婚姻法》第 12 条规定:"同居期间所得的财产,由当事人协议处理;协议不成时,由人民法院根据照顾无过错方的原则判决。"《婚姻法解释(一)》第 15 条规定:"……当事人同居期间所得的财产,按共同共有处理。但有证据证明为当事人一方所有的除外。"按照这个规定,男女双方在同居期间所得的财产,双方有平等的所有权,在处理时,首先由当事人协议处理;协议不成时,由人民法院根据照顾无过错方的原则判决。

2. 当事人所生的子女的抚养问题

按照现行《婚姻法》第 12 条的规定,当事人所生子女适用本法有关父母子女关系的规定。因此,婚姻被宣告无效或婚姻被撤销的当事人所生的子女,其父母子女之间的权利义务,不受父母没有合法婚姻关系的影响,有关子女的身份和抚养问题均适用《婚姻法》有关父母子女关系的规定。

3. 对重婚导致的婚姻无效的处理,要注意保护合法婚姻当事人的利益

对重婚导致的婚姻无效的处理,不得侵害合法婚姻当事人的财产权益。在确认后婚无效的同时,对后婚同居期间的财产进行处理时要保护前一合法婚姻关系当事人的应得财产利益,不得侵害合法婚姻当事人的财产权利。对在婚姻关系存续期间,重婚的一方用夫妻共同财产擅自为重婚的他方购置的财产,应当作为夫妻共同财产,重婚他方无权要求分割。《婚姻法解释(一)》第 16 条规定:"人民法院审理重婚导致的无效婚姻案件时,涉及财产处理的,应当准许合法婚姻当事人作为有独立请求权的第三人参加诉讼。"此项规定是为了保护合法婚姻当事人的财产权益。

第六节　事实婚姻

【引例】

1992 年 12 月,江西某地农村的王二(25 岁)与许涵(21 岁)未办理结婚登记,便以宴请宾客的方式举行婚礼,随即以夫妻名义同居生活。二人婚后与王二父母同住,由于许涵性格有点怪癖,与王二的父母存在诸多矛盾。婚后第二年,许涵生一女,婆媳矛盾更加剧烈。于是不久就分家了,王二与许涵到别处居住生活。为了生计,王二到广东打工,经老乡介绍,在一家酒店当保安。2006 年 8 月,王二在酒店值班时发现有小偷行窃,在与小偷的搏斗中,被小偷刺死。老乡带信给王二的家人,许涵带着女儿跟公婆一起到广东处理后事。酒店转交了王二的遗物和他的 2 万元工资存款,并给了 10 万元抚恤金,社会各界对忠于职守的王二近亲属捐款 10 万元。王二的父母将全部款项领走,许涵要求分割,遭到拒绝,无奈之下,许涵诉至法院,要求分割丈夫遗产中属于自己和女儿的份额。王二的父母则主张王二与许涵不存在婚姻关系,许涵不能继承王二的遗产。

问:假若你是法院的法官,本案的婚姻关系、财产关系和子女抚养关系该如何处理?

根据我国现行《婚姻法》和有关司法解释的规定,未办理结婚登记而以夫妻名义同居

生活的男女两性结合,可分为两种:一是事实婚姻关系;另一种是同居关系。

一、事实婚姻概述

(一)事实婚姻的概念和特征

事实婚姻是相对于法律婚姻而言的,其概念有广义与狭义之分。广义的事实婚姻,是指男女双方未办结婚登记,便以夫妻名义同居生活,群众也认为是夫妻关系的两性结合。狭义的事实婚姻,是指没有配偶的男女未办结婚登记,便以夫妻名义同居生活,群众也认为是夫妻关系,并且双方符合我国结婚法定条件的两性结合。前者包括仅欠缺结婚法定形式要件(单一违法)的事实婚姻,以及既欠缺结婚法定形式要件又欠缺结婚法定实质要件(双重违法)的事实包办买卖婚姻、事实早婚、事实近亲婚、事实重婚、事实疾病婚等违法婚姻。后者仅指欠缺结婚法定形式要件(单一违法)的事实婚姻[①]。由于我国立法是采取狭义的事实婚姻的概念,因此,本节仅就狭义的事实婚姻进行阐述。事实婚姻具有四个方面的特征:

第一,欠缺结婚法定形式要件,即当事人双方未办理结婚登记手续。这是其区别于法律婚的主要特征。

第二,男女双方均无配偶,即当事人双方均处于未婚、丧偶或离婚状态,均属于无配偶的人。这是其区别于事实重婚的主要特征。如果当事人一方有配偶,就是事实重婚。

第三,具有目的性和公开性,即当事人双方具有长期共同生活的目的,并以夫妻名义公开共同生活,被群众公认为是夫妻关系。这是其区别于其他非婚两性关系的特征之一。例如,通奸具有隐蔽性;有配偶者与他人同居不具有终生共同生活的目的,且虽公开同居但相互间不以夫妻名义。

第四,符合法定结婚条件和符合法定时间条件。这是事实婚姻区别于同居关系的主要特征。根据最高人民法院司法解释的规定,未办理结婚登记手续即以夫妻名义同居的,在1994年2月1日《婚姻登记管理条例》施行之前,双方已经符合结婚的实质要件的,可认定为事实婚姻关系,否则认定为同居关系[②]。据此,构成事实婚姻的条件是双方在1994年2月1日前同居并且双方符合法定的结婚实质要件。

综上所述,我国狭义的事实婚姻具有以上四个特征。只要同时具备以上特征,就可认定为事实婚姻。

(二)我国事实婚姻效力的立法沿革

新中国成立以后制定的1950年及1980年两部《婚姻法》对事实婚姻均未作明确规定,但在最高人民法院多次司法解释中,曾经在相当长的时间内采取有条件承认的态度,直到1994年才完全不承认事实婚姻的民事效力,将其视为非法同居。2001年《婚姻法》修正后,才又采有条件地承认事实婚姻的规定。根据最高人民法院的历次司法解释,对事

---

① 参见杨怀英主编:《中国婚姻法论》,重庆出版社1989年版,第215页。
② 《婚姻法解释(一)》第5条。

实婚姻的效力,从承认主义到相对承认主义,再从不承认主义到有条件地相对承认主义的轨迹大致经历了四个阶段。

第一个阶段,自新中国成立初期至 1989 年 11 月 21 日,在此期间司法实践中是承认符合结婚实质要件的事实婚姻的法律效力,并予以保护[①]。

第二个阶段,自 1989 年 11 月 21 日至 1994 年 2 月 1 日,在此期间是相对承认事实婚姻,只是采取了逐步从严的政策。最高人民法院 1989 年 1 月 21 日颁布《审理以夫妻名义同居生活案件的意见》,确立了逐步从严,最终取消承认事实婚姻民事效力的时间表。根据这一时间表,"1986 年 3 月 15 日《婚姻登记办法》施行之前,未办结婚登记手续即以夫妻名义同居生活,群众也认为是夫妻关系的,一方向人民法院起诉'离婚',如起诉时双方均符合结婚的法定条件,可认定为事实婚姻关系;如起诉时一方或双方不符合结婚的法定条件,应认定为非法同居关系。""1986 年 3 月 15 日《婚姻登记办法》施行之后,未办结婚登记即以夫妻名义同居生活,群众也认为是夫妻关系的,一方向人民法院起诉'离婚',如同居时双方均符合结婚的法定条件,可认定为事实婚姻关系;如同居时一方或双方不符合结婚的法定条件,应认定为非法同居关系。"

第三个阶段,自 1994 年 2 月 1 日至 2001 年 12 月 27 日,在此期间不承认事实婚姻。1994 年 2 月 1 日民政部的《婚姻登记管理条例》颁布实施,明确规定所有未办理结婚登记手续即以夫妻名义同居生活的均按非法同居对待,不再承认事实婚姻,即事实婚姻关系不再具有婚姻的效力,但事实重婚者仍须承担刑事责任。1994 年最高人民法院在给四川省高级人民法院的批复中明确规定:有配偶的人与他人以夫妻名义同居生活的,或者明知他人有配偶而与之以夫妻名义同居生活的,仍应按重婚罪处罚。

第四个阶段,自 2001 年 12 月 27 日至今,在此期间采取有条件地相对承认事实婚姻关系。根据《婚姻法解释(一)》的规定,未办理结婚登记手续即以夫妻名义同居的男女,在 1994 年 2 月 1 日《婚姻登记管理条例》施行之前,双方已经符合结婚的实质要件的,可认定为事实婚姻关系,否则认定为同居关系。但如果男女双方根据《婚姻法》第 8 条的规定补办结婚登记的,婚姻关系的效力从双方均符合婚姻法所规定的结婚的实质要件时起算,也即补办结婚登记将使事实婚姻从当事人符合结婚实质要件时起具有合法婚姻的法律效力。

二、事实婚姻的法律效力及处理

(一)事实婚姻的法律效力

由于婚姻的结合是身份关系的结合,具有"事实在先"的特点,无论法律承认与否,这种身份关系都已经存在,鉴于事实婚姻的这个特点,对既存的婚姻关系如何认定,是否保护,也就决定了各国对事实婚姻的立法主义[②]。从立法原则看,大致有三种:一是承认主

---

① 详见最高人民法院 1979 年 2 月 2 日《关于贯彻民事政策法律的意见》、1984 年《执行民事政策法律的意见》。

② 夏吟兰:《事实婚姻制度研究》,载夏吟兰、蒋月、薛宁兰:《21 世纪婚姻家庭关系新规制》,中国检察出版社 2001 年版,第 243 页。

义,即法律承认其具有与合法婚姻同等效力;二是不承认主义,即法律不承认其具有婚姻的效力;三是限制承认主义,即法律有条件地承认其效力。

(二)我国事实婚姻关系的处理

根据最高人民法院 1989 年《审理以夫妻名义同居生活案件的意见》的规定,事实婚姻的处理原则如下:

第一,事实婚姻具有违法性。在处理事实婚姻案件时,首先要向双方当事人严肃指出其行为的违法性和危害性,并视其违法情节给予批评教育或民事制裁。然后依法定条件认定其为事实婚姻关系。

第二,事实婚姻关系具有婚姻的效力。凡被认定为事实婚姻关系的,适用婚姻法关于夫妻权利义务的规定,如相互间有夫妻的身份、互有配偶继承权、互负扶养义务、同居期间一方或双方所得财产除另有约定或者法律另有规定的外属夫妻共同共有财产、双方所生的子女为婚生子女等。

第三,审理事实婚姻关系的离婚案件,应当先进行调解。经调解和好或撤诉的,确认婚姻关系有效,发给调解书或裁定书;经调解不能和好的,应调解或判决准予离婚。必须指出的是,处理事实婚姻离婚案件与登记结婚的合法婚姻的离婚是有所区别的,即对经调解无效的,只能判决准予离婚,而不能像合法婚姻那样以夫妻感情是否确已破裂为标准,还可以判决不准离婚。这种区别划清了合法与违法的界限,如果用判决不准离婚,是有悖于法律规定的。①

第四,事实婚姻关系离婚时,子女的抚养、财产的分割及对生活困难者一定的经济帮助等问题,适用现行《婚姻法》的有关规定,注意照顾妇女和儿童的利益。

【思考题】

1. 试述我国《婚姻法》规定的结婚条件。
2. 如何认定婚姻合意?非自愿结婚有哪些情形?其效力如何?
3. 为什么禁止一定范围内的亲属间结婚?我国《婚姻法》规定的禁婚亲有哪些?
4. 如何理解"医学上认为不应当结婚的疾病"?
5. 简述我国《婚姻法》规定的结婚程序。
6. 简述我国现行的法律政策对婚约的处理。
7. 婚约期间的赠与物可否请求返还?理由何在?
8. 论补办结婚登记的适用范围及其意义。
9. 试述婚姻无效的原因、请求权人及程序。
10. 试述婚姻撤销的原因、请求权人及程序。
11. 论婚姻无效和被撤销的法律后果。

---

① 《最高人民法院对审理婚姻案件作出新的解释》,载《人民司法》1989 年第 12 期。

12. 如何进一步完善我国《婚姻法》的婚姻无效和婚姻撤销制度？

13. 试述我国《婚姻法》和最高人民法院的司法解释对事实婚姻的具体规定。

【司法考试真题链接】

1. 甲（男，22周岁）为达到与乙（女，19周岁）结婚的目的，故意隐瞒乙的真实年龄办理了结婚登记。两年后，因双方经常吵架，乙以办理结婚登记时未达到法定婚龄为由向法院起诉，请求宣告婚姻无效。人民法院应如何处理？（2003年）

A. 以办理结婚登记时未达到法定婚龄为由宣告婚姻无效

B. 对乙的请求不予支持

C. 宣告婚姻无效，确认为非法同居关系，并予以解除

D. 认定为可撤销婚姻，乙可行使撤销权

2. 网名"我心飞飞"的21岁女子甲与网名"我行我素"的25岁男子乙在网上聊天后产生好感，乙秘密将甲裸聊的镜头复制保存。后乙要求与甲结婚，甲不同意。乙威胁要公布其裸聊镜头，甲只好同意结婚并办理了登记。下列哪些说法是错误的？（2006年）

A. 甲可以自婚姻登记之日起1年内请求撤销该婚姻

B. 甲可以在婚姻登记后以没有感情基础为由起诉要求离婚

C. 甲有权主张该婚姻无效

D. 乙侵犯了甲的隐私权

3. 甲男与乙女通过网聊恋爱，后乙提出分手遭甲威胁，乙无奈遂与甲办理了结婚登记。婚后乙得知，甲婚前就患有医学上不应当结婚的疾病且久治不愈，乙向法院起诉离婚。下列哪一说法是正确的？（2009年）

A. 法院应判决撤销该婚姻　　　　B. 法院应判决宣告该婚姻无效

C. 对该案的审理应当进行调解　　D. 当事人可以对法院的处理结果依法提起上诉

4. 甲与乙登记结婚3年后，乙向法院请求确认该婚姻无效。乙提出的下列哪一理由可以成立？（2011年）

A. 乙登记结婚的实际年龄离法定婚龄相差2年

B. 甲婚前谎称是海归博士且有车有房，乙婚后发现上当受骗

C. 甲与乙是表兄妹关系

D. 甲以揭发乙父受贿为由胁迫乙结婚

第五章 夫妻关系

第一节 夫妻关系概述

【引例】

吴某为了不让女友刘某跟自己分手,于 2001 年 10 月与刘某签订了一份协议,约定吴某应改掉殴打、谩骂女方的坏毛病,否则应将自 1993 年同居以来取得的共同财产近百万元全部归女方所有(1994 年 1 月 1 日双方符合结婚实质要件,但之后未办理结婚登记)。协议签订后,吴某仍我行我素,老毛病依旧。2002 年 2 月,女方诉至人民法院,要求"照单"收下近百万元财产,让男方净身出户。

问:(1)吴某与刘某是不是夫妻关系?

(2)吴某与刘某签订的"同居协议"效力如何? 本案该如何处理?

一、夫妻关系的概念和特征

夫妻又称夫妇或配偶,指婚姻关系存续期间的男女双方,是男女双方依合法婚姻产生的身份关系。夫的配偶为妻,妻的配偶为夫。在我国,男女依法进行结婚登记,取得结婚证即为夫妻。夫妻因一方死亡(包括宣告死亡)和依法离婚而消灭。

一般意义上的夫妻关系是指发生在配偶之间的具有特定的生理、心理、伦理、经济和法律等内容的社会关系。法律意义上的夫妻关系是婚姻在身份法上和财产法上的效力[①],即指夫妻双方在人身和财产方面享有的权利与承担的义务。夫妻人身关系决定夫妻财产关系,夫妻财产关系从属于夫妻人身关系。夫妻关系是一切亲属关系的本源,在我国《婚姻法》规定的各种家庭关系中,夫妻关系处于核心地位,在家庭中承担着承上启下、养老育幼的特殊作用。因此,法律对夫妻之间的权利和义务必然要加以具体规定。

夫妻关系不但是具有强烈感情色彩的伦理实体,而且是重要的法律关系。其决定了夫妻关系的本质特征:

第一,合法性。夫妻双方所具有的特定身份决定了夫妻关系与其他两性关系的本质区别,即夫妻关系必须是男女两性合法的结合。男女双方符合法律规定的结婚条件,并履行了法定的结婚手续,才能结为夫妻,形成夫妻关系。男女两性间其他形式的结合,如重婚、姘居、同居、同性结合等,都不是夫妻关系。

---

① 婚姻的效力,可分为婚姻的直接效力和间接效力。前者指因婚姻而产生的夫妻间的权利义务关系,包括婚姻在身份法上和财产法上的效力;后者指因婚姻引起的其他亲属间的权利义务关系。

第二，专属性。夫妻关系是基于配偶身份而产生的权利和义务关系，这种权利和义务具有专属性，即仅属于具有配偶身份的男女。这种权利义务是对等的，一方享有的权利即为对方应尽的义务。

第三，终身性。夫妻应当是男女两性以永久共同生活为目的的终身结合。这既是婚姻对双方当事人主观心理状态的要求，又是当代社会对婚姻的期望和理想价值。男女两性间的任何附有期限或条件的、不以永久共同生活为目的的结合（如同居协议等），都不具有夫妻关系的法律效力。

二、夫妻法律地位的变迁

夫妻双方在家庭中的地位，是与男女两性的社会地位相一致的。夫妻关系的性质和内容，归根结底取决于一定的社会经济基础。随着社会经济基础及与之相适应的婚姻家庭制度的变化，夫妻在家庭中的地位也随之变化。在一些西方法学家的法学著作中，通常用立法主义的不同来说明夫妻在家庭中法律地位的变迁。

（一）夫妻一体主义

夫妻一体主义又称夫妻同体主义，是指夫妻因婚姻成立而合为一体，双方的人格互相吸收。从表面看，夫妻的地位是平等的。但实际上，夫妻一体只是妻的人格被夫所吸收，妻处于夫权的支配之下，故夫妻一体主义不过是夫权主义的别名。在西方，一般认为早期罗马法和基督教教会法中的夫妻关系准则是夫妻一体主义的代表，如基督教《新约全书》规定："作妻子的应当顺从自己的丈夫，如同顺从主，因为丈夫是妻子的头，有如基督是教会的头。"在东方，古代印度和古代中国的制度具有典型意义，如古印度的《摩奴法典》中有"丈夫和妻子只形成一人"的规定；古代中国汉朝的《白虎通》中有"妻者，齐也，与夫齐体"的规定。上述规定都表明夫妻一体主义，实际上是妻的人格为夫所吸引。

（二）夫妻别体主义

夫妻别体主义又称夫妻分立主义，是指夫妻婚后仍各是独立的主体，各有独立的人格，夫妻双方虽受婚姻效力的约束，仍各有法律行为能力和财产权利。这种立法主义最早产生于后期罗马法，在"无夫权婚姻"中妻子不需绝对服从丈夫，双方财产分别归各自所有。第二次世界大战后，夫妻制度也趋于向平等的方向发展。比较典型的如1965年法国对其民法典的"夫妻相互的权利和义务"一章进行全面修改，规定"夫妻每一方均有完全的权利能力"[1]，"夫妻每一方均可自由从事职业"[2]。1982年美国《纽约州家庭法》也规定"已婚妇女现在所有的或其在婚姻存续期间取得的财产……不论是动产还是不动产，以及由这些产生的租金、利息、收入和利润，如同婚前一样，是她个人独有的财产，既不受丈夫支配或处分，也不对其债务承担责任"。但在西方国家早期的立法中，仍保留有一定的封建残余。例如，1804年施行的《法国民法典》规定"夫应保护其妻，妻应顺从其夫"，并规定

---

① 《法国民法典》第216条。
② 《法国民法典》第223条。

未经夫之许可,妻不得进行诉讼,不得赠与、转让、抵押财物。第二次世界大战以后,随着社会的发展,许多国家对有关夫妻地位的法律作了修改,使夫妻双方的法律地位在形式上逐渐趋于平等。

(三)夫妻共同体主义

目前一些国家法律规定,婚姻成立的法律效力为婚姻共同体的成立。其中,既有共同体的共同利益的保护,又有夫妻个体独立的人身利益的保护。夫妻双方既不是完全别体的,又不是完全合一的。

三、我国《婚姻法》对夫妻法律地位的规定

我国《婚姻法》第13条规定:"夫妻在家庭中地位平等。"这是男女平等原则的具体表现,是对夫妻法律地位的原则性规定。我国《婚姻法》对夫妻关系的其他规定,都体现了这一原则的精神。夫妻是家庭的基本成员,只有在家庭地位平等的基础之上,才能平等地行使权利,平等地履行义务。实现夫妻在家庭中的地位平等,有利于消除夫权统治和家长专制等封建残余的影响,建立新型的平等的夫妻关系。

夫妻在家庭中的地位平等的内容,体现为夫妻在人身关系和财产关系两个方面的权利和义务都是完全平等的。法律不允许夫妻任何一方只享受权利而不承担义务,或者只承担义务而不享有权利。

夫妻在家庭中地位平等,既是确定夫妻间权利和义务的总原则,也是处理夫妻间权利和义务纠纷的基本依据。对于夫妻间的权利和义务纠纷,《婚姻法》有具体规定的,应按具体规定处理;无具体规定的,则应按夫妻在家庭中地位平等原则的精神予以处理。

第二节 夫妻人身关系

【引例】

大龄女周某通过婚恋网站于2009年初认识了刘某,同年国庆两人结婚。婚后,周某与刘某签订一份协议:夫妻二人婚后互敬互爱,若一方出现婚外情,将给予对方精神损害赔偿金20万元。2012年8月,周某发现刘某与其他异性有不正当关系。危机四伏的婚姻终于破裂。2013年1月,周某向当地法院起诉请求判决离婚并要求丈夫刘某支付20万元的精神损害赔偿。

问:刘某违反了夫妻忠实义务,是否应按协议支付20万元的精神损害赔偿? 为什么?

一、我国法律对夫妻人身关系的规定

关于夫妻人身关系,我国《婚姻法》规定有夫妻姓名权、夫妻人身自由权、婚姻住所决定权、计划生育义务四个方面内容。

(一)夫妻姓名权

姓名权是人格权的重要组成部分,是一项重要的人身权利。所谓姓名,是姓与名的合称。姓(又称姓氏)是表示家族的字,名(又称名字)是代表一个人的语言符号。姓名虽然只是用来表示个人的特定符号,但有无姓名权却是有无独立人格的重要标志。

由于结婚可能使夫妻姓氏发生变化,所以夫妻的姓氏被法律规定为婚姻的效力之一。在我国封建社会,婚姻多实行男娶女嫁,女子婚后即加入夫宗,冠以夫姓而丧失姓名权(赘夫则冠以妻姓)。到民国时期,1930年《民法·亲属编》第1000条亦规定:"妻以其本姓冠以夫姓,赘夫以其本姓冠以妻姓,但当事人另有订定者不在此限。"这里虽有但书的规定,但仍带有明显的封建残余。直至1998年6月17日台湾地区当局修正"民法·亲属编",修正后的第1000条规定:"夫妻各保有其本姓。但得以书面约定以其本姓冠以配偶之姓,并向户政机关登记。冠姓之一方得随时回复其本姓。但于同一婚姻关系存续中以一次为限。"

中华人民共和国成立后,1950年《婚姻法》、1980年《婚姻法》及2001年修正后的《婚姻法》均规定:"夫妻双方都有各用自己姓名的权利。"这里虽然是夫妻并提,但其主要是保护已婚妇女的姓名权和男到女家落户的婚姻中的男方的姓名权。这体现了男女平等原则,有利于破除旧的习俗和法律。当然,此规定并不妨碍夫妻就姓名问题另作约定。只要夫妻双方自愿达成一致的协议,无论是夫妻别姓(各用自己的姓氏)、夫妻同姓(妻随夫姓或夫随妻姓),或相互冠姓,法律都是允许的。

夫妻享有平等的姓名权对子女姓氏的确定有重要意义。现行《婚姻法》第22条规定:"子女可以随父姓,可以随母姓。"子女的姓氏,应当由父母双方协调确定。在我国奴隶社会和封建社会,子女从来都是从父姓,这是宗法制度对姓氏问题的必然要求。1930年《民法·亲属编》也以子女从父姓,赘夫之子女从母姓为一般原则。现行《婚姻法》对子女姓氏的规定,体现了夫妻法律地位平等的精神,有利于改变子女只能从父姓的旧传统,有利于破除以男系为中心的宗法制度的残余影响。

(二)夫妻人身自由权

夫妻有人身自由权是夫妻家庭地位平等的重要标志。在旧中国,妇女受"男女有别"、"男外女内"、"三从四德"等封建礼教的束缚,只能从事家务,侍奉丈夫和公婆,没有参加工作和社会活动的权利,完全丧失了人身自由,成为家庭奴隶。这不仅摧残了妇女本身,也阻碍了社会经济的发展。

新中国成立后,1950年《婚姻法》第9条规定:"夫妻双方均有选择职业,参加工作和参加社会活动的自由。"1980《婚姻法》第11条进一步规定:"夫妻双方都有参加生产、工作、学习和社会活动的自由,一方不得对他方加以限制或干涉。"2001年修正后的《婚姻法》第15条继续沿用此规定。这些规定既是夫妻地位平等的标志,又为夫妻平等地行使权利和承担义务提供了法律保障。夫妻双方都有参加生产、工作、学习和社会活动的自由。它适用于夫妻双方,任何一方都有权参加生产、工作、学习和社会活动,另一方不得对他方行使该项人身自由权利进行限制或干涉。但就其针对性而言,主要是为了保障已婚妇女享有参加生产、工作、学习和社会活动的自由权利,禁止丈夫限制或干涉妻子的人身自由。新中国成立以来,我国妇女在政治、经济、文化和婚姻家庭等方面获得了与男子平等的地位,在社会生产劳动中发挥了重要作用。但在现实生活中,由于男女在经济、文化等方面仍存在事实上的差距,在一些家庭的夫妻关系中,封建夫权思想的残余影响还仍然存在,有的丈夫对妻子的人身自由常常加以限制。因此,进一步破除封建思想的影响,保障已婚妇女的人身自由具有积极意义。

在这里还需指出,夫妻双方都必须正当行使上述人身自由权,不得滥用权力损害他方和家庭的利益。任何一方在行使该项权利时,都必须同时履行法律规定的自己对婚姻家庭承担的义务。如果夫妻任何一方不当行使该项权利,对方有权提出意见,进行必要的劝阻。应当把善意的帮助、建议与非法的限制、干涉区别开来。

(三)夫妻婚姻住所决定权

所谓婚姻住所,是指夫妻婚后共同居住和生活的场所。婚姻住所决定权,是指选择、决定夫妻婚后共同生活住所的权利。对于夫妻婚后共同生活的居所由谁决定,古今中外立法有所不同。奴隶社会和封建社会,采夫妻一体的立法主义,婚后妻子的人格被丈夫吸收,婚姻住所的决定权专属于丈夫,实行"妻从夫居"的婚居方式。资本主义国家早期的一些立法仍将婚姻住所决定权片面授予丈夫。例如,1804 年《法国民法典》第 214 条规定:"妻负与夫同居的义务并应相随至夫认为适宜居住的地点。"随着社会发展,许多国家先后修改立法,一般规定婚姻住所由夫妻共同决定。例如,《法国民法典》1975 年修改后的第215 条第 2 款规定:"家庭居所在夫妻共同选定的处所。"《意大利民法典》第 144 条亦规定:"夫妻双方根据各自的需要和家庭的需要商定家庭的生活原则和居所。实现约定的家庭生活方式的权利,属于夫妻双方。"

在我国,1980 年《婚姻法》第 8 条明确规定:"登记结婚后,根据男女双方约定,女方可以成为男方家庭的成员,男方也可以成为女方的家庭成员。"2001 年修正后的《婚姻法》第9 条删除了 1980 年《婚姻法》第 8 条中的"也"字,进一步体现了夫妻双方平等地享有婚姻住所决定权。其立法精神是提倡男方成为女方家庭成员,是对我国传统的"妇从夫居"婚姻居住方式的一项重要改革。

这一规定的含义有二:(1)登记结婚后,对于婚姻住所由夫妻双方协议,一方不得对另一方强制,第三人也不得干涉,婚姻住所的决定权在夫妻双方。(2)夫妻双方享有互为对方家庭成员的约定权。登记结婚后,根据男女双方约定,女方可以成为男方家庭的成员,即"女到男家落户",妻从夫居。男方可以成为女方家庭的成员,即"男到女家落户",夫从妻居。对于结婚时的约定,婚后也可以通过协商加以变更。当然夫妻婚后也可另组新家庭,不加入任何一方原来的家庭,即从新居。这里必须明确,一方成为对方家庭成员后,他(她)与对方的亲属间只是姻亲关系,并不因此而产生法律上的权利和义务。

男到女家落户的婚姻与旧式的"入赘婚"有本质区别。所谓入赘婚,又称赘婿婚,是指婿入妻家所成的婚姻。由于赘婚为"家贫无聘财,不能娶妇,及身入妇家作质"[①],即所谓

---

① 陈鹏:《中国婚姻史稿》,中华书局 1994 年版,第 741~742 页。

"家贫子壮出为赘"①。在以男系为中心的封建宗法制度下,入赘违反了男娶女嫁、妇从夫居的通例,故赘婿在社会上和家庭中受到歧视,被称为"无能小子"。旧式"入赘婚"与男到女家落户的婚姻主要有如下区别:(1)两者的性质和目的不同。"入赘婚"是在以男系为中心的宗法制度下,女方家庭招赘婿以达到传宗接代的目的。男到女家落户的婚姻,是在社会主义男女平等原则的基础上,提倡男到女家落户,其目的主要是为树立新型的婚姻家庭观和生育观,解决有女无儿户的实际困难,促进计划生育。(2)两者产生的条件和法律地位也不同。"入赘婚"往往是男子被迫的行为,因而赘夫要改随妻姓,子女也只能随妻姓。而现代提倡的男到女家落户,婚后男方虽然成为女方家庭的成员,但并不改变其姓名,仍保留原来的姓氏,子女的姓氏也由夫妻双方协议确定。男到女家落户,仍应坚持男女平等的原则。

(四)夫妻的生育权与计划生育义务

计划生育是我国的一项基本国策,也是社会主义家庭职能的一项重要内容。婚姻家庭担负人口再生产的重要任务。因此,《婚姻法》既通过调整婚姻家庭关系而间接作用于生育关系,也直接调整生育关系。1980年《婚姻法》第12条规定:"夫妻双方都有实行计划生育的义务。"2001年修正后的《婚姻法》第16条仍沿用此规定。《人口与计划生育法》第17条规定:"公民有生育的权利,也有依法实行计划生育的义务,夫妻双方在实行计划生育中负有共同的责任。"此规定的基本精神有二:

1. 夫妻有生育的权利

生育权是《人口与计划生育法》赋予公民的一项法定权利。据此,夫妻享有依照法律的规定生育子女的权利,并受国家法律的保护,任何人不得侵犯。《人口与计划生育法》第21条第1款规定:"实行计划生育的育龄夫妻免费享受国家规定的基本项目的计划生育技术服务。"计划生育工作部门应当提供安全、有效的避孕药具和技术,保障实施节育手术的夫妻的健康和安全。该法第23条还规定:"国家对实行计划生育的夫妻,按照规定给予奖励。"同时,夫妻也有不生育的自由。对于生育问题,夫妻任何一方或其他任何人均不得强迫或干涉。我国现行《妇女权益保障法》第51条第1款规定:"妇女有按照国家有关规定生育子女的权利,也有不生育的自由。"依《婚姻法解释(三)》第9条的规定,夫以妻擅自中止妊娠侵犯其生育权为由请求损害赔偿的,人民法院不予支持②。

2. 夫妻有依法实行计划生育的义务

依法实行计划生育是《人口与计划生育法》赋予公民的一项法定义务。夫妻双方在实行计划生育中负有共同的责任。夫妻双方应自觉承担此法定职责,夫妻任何一方都不得拒绝履行该项义务,更不得将计划生育仅视为女方的义务。育龄夫妻应当按照国家有关计划生育的政策和法律规定生育子女,不得计划外生育。根据《人口与计划生育法》第41条至第43条的规定,如果夫妻的生育行为违反计划生育法规,应当承担相应的责任,即如

---

① 《汉书·贾谊传》。

② 《婚姻法解释(三)》第9条还规定:"……夫妻双方因是否生育发生纠纷,致使感情确已破裂,一方请求离婚的,人民法院经调解无效,应依照婚姻法第三十二条第三款第(五)项的规定处理。"

不依该法规定生育子女的,应依法缴纳社会抚养费;是国家工作人员的,还应当依法给予行政处分;其他人员还应当由其所在单位或者组织给予纪律处分。例如,拒绝、阻碍计划生育行政部门及其工作人员依法执行公务的,由计划生育行政部门给予批评教育并予以制止,构成违反治安管理行为的,依法给予治安管理处罚;构成犯罪的,依法追究刑事责任。

育龄夫妇应根据国家的计划生育政策,结合考虑对家庭未来的子女以及社会应负的责任,作出是否生育和何时生育的选择。为了实行计划生育,必须破除重男轻女和只有男子才能传宗接代的旧传统观念。从历史上看,剥削阶级从来就把妇女看作是生儿育女的工具,把生育的责任单方面地加在妇女身上。我国封建社会的礼制和法律甚至把无子作为出妻的理由之一。新中国成立以后,破除了旧的生育观,但其残余影响仍在一些人头脑中存在。妇女婚后如不生育或只生育了女孩,往往受公婆或丈夫的歧视或虐待,甚至成为一些男子要求离婚的原因。有些人认为,计划生育只是妇女的事,与男子无关。这不仅违背男女平等原则,也不符合生育的实际情况,以致妨碍计划生育工作的推行。因此,《人口与计划生育法》第22条明确规定:"禁止歧视、虐待生育女婴的妇女和不育的妇女。禁止歧视、虐待、遗弃女婴。"有关部门和人民法院应依法保护执行计划生育一方的合法权益,对违法行为一方应给予批评教育,或行政处分,或法律制裁。

二、有关夫妻人身关系的外国立法例

从外国立法例看,在夫妻人身权利义务的法律规定中,除"姓名权"、"人身自由权"、"婚姻住所决定权"外,还规定有"同居义务"、"忠实义务"、"日常家事代理权"等内容。

(一)夫妻同居义务

夫妻同居义务,指男女双方婚后以配偶身份共同生活的义务。夫妻同居除了以有共同的婚姻住所为外在的条件外,其内容包括了夫妻间的性生活,相互尊重、理解、安慰等共同的精神生活以及相互扶助、共负家庭生活责任等物质生活①。同居是夫妻之间的本质性义务,是婚姻关系存在并得以维持的基本条件和表现。男女双方一经决定结为夫妻,便意味着承诺与对方共同生活。双方不同居,婚姻便徒有其表。当然夫妻同居义务以一方正当、合理的要求为限。

外国民事立法关于夫妻同居义务经历了两个不同历史发展阶段。资本主义早期婚姻家庭立法受"夫妻一体主义"影响,关于夫妻同居义务的规定带有明显的歧视性,将同居视为妻子的单方义务。例如,日本旧《民法》规定,妻负有与夫同居之义务,夫须允许妻与之同居。从20世纪40年代开始,为顺应男女平等潮流,各国纷纷修订婚姻家庭立法,关于夫妻同居义务的规定渐趋平等。1947年修订后的《日本民法典》第752条规定:"夫妻须同居,互相协助和扶助。"1970年修订的《法国民法典》第215条规定:"夫妻相互负有在一起共同生活的义务。"《德国民法典》第1353条第1款规定:"配偶双方互相有义务进行婚

---

① 在我国,现行《婚姻法》并未规定夫妻同居义务,但该法第32条将"因感情不和分居满两年"且"调解无效"的情形作为判决离婚的法定情形之一。这表明间接承认了夫妻应当同居生活,互负同居的义务。

姻上的同居;配偶双方互相为对方负担责任。"《瑞士民法典》第 159 条第 1 款规定:"结婚使配偶双方结合以共度婚姻共同生活。"

婚姻是一种以双方当事人的感情为基础的特殊人身关系。夫妻一方行使同居请求权时,另一方享有抗辩权。许多国家法律规定了同居的抗辩事由,当法定抗辩事由出现,同居义务便中止履行。这主要有两种情形:

(1)因正常理由暂时中止同居。如一方因工作、学习等造成两地分居,或者因生理原因部分或全部不能履行同居义务。这种原因对夫妻关系不产生实质影响,中止原因消失,夫妻同居义务自动恢复。所以,法律通常对此不作规定。

(2)因法定事由而停止同居。法律对此常作专门规定,如夫妻一方违背互负的忠实义务;有不堪同居的事实导致婚姻关系破裂;离婚诉讼期间等。例如,《德国民法典》第 1353 条第 2 款规定:"配偶另一方所提出的建立同居关系的要求表明系滥用其权利,或婚姻已破裂的,配偶一方没有义务满足该要求。"《瑞士民法典》第 175 条也规定,配偶一方在其健康、名誉或者经济状况因夫妻共同生活而受到严重威胁时,在威胁存续期间有权停止共同生活;提起离婚或分居的诉讼后,配偶双方在诉讼期间均有停止共同生活的权利。

婚姻作为特殊的人身关系,配偶的任何一方不得通过强制行为实现其同居权;法律也不能采取强制手段迫使当事人履行同居义务。因此,同居义务不得强制,是各国立法的通例。尽管如此,一些国家法律还是对夫妻无故不履行同居义务的法律后果有相应规定。它将成为一方起诉离婚的法定理由,还会因此免除或部分免除一方对不履行义务方的扶助义务,违反义务方将承担损害赔偿责任。例如,《法国民事诉讼法》规定夫妻一方无正当理由不与对方同居时,对方可以拒绝支付其生活费用;也可以申请扣押其收入或赔偿精神损失。还有国家法律将不履行同居义务视为遗弃行为,构成"司法别居"的法定理由。例如,在英国,夫妻一方违反同居义务,他方可以提起恢复同居之诉。尽管法院判决不能强制执行,但被告不执行法院判决就构成对配偶的遗弃。

(二)夫妻忠实义务

夫妻忠实义务,从国外立法的规定看,大体有狭义的与广义的两种解释:狭义的夫妻忠实义务,主要指夫妻贞操义务,也就是夫妻婚后互负专一的性生活义务,不得为婚外性行为。广义的夫妻忠实义务,除指夫妻贞操义务外,还包括不得恶意遗弃配偶,以及不得为第三人的利益而损害或牺牲配偶他方的利益。

夫妻相互忠实是个体婚姻的本质要求,是一夫一妻的婚姻制度与其他婚姻形态的最大区别。一夫一妻制的实质在于通过法律、道德来规范男女的性关系,使人的性要求通过个体婚姻得到合理满足。夫妻相互忠实不仅是法定义务,也是社会伦理道德规范的要求[①],

---

① 在我国,虽然现行《婚姻法》第 4 条新增倡导性规定:"夫妻应当互相忠实,互相尊重",但不能由此认为《婚姻法》规定的夫妻忠实义务是法定义务,因为《婚姻法解释(一)》第 3 条已明确规定:"当事人仅以婚姻法第四条为依据提起诉讼的,人民法院不予受理;已经受理的,裁定驳回起诉。"需注意的是,现行《婚姻法》只是将严重违反夫妻忠实义务的重婚、有配偶者与他人同居这两种行为作为法院判决离婚的法定情形和离婚损害赔偿的法定事由。其他违反忠实义务的行为,如通奸,除与现役军人的配偶长期通奸造成军人婚姻破裂严重后果的构成破坏军婚罪外,一般属于不道德行为,应由道德谴责。

它有利于婚姻的稳定和家庭的和睦。

外国当代民事立法关于夫妻忠实义务的规定,已经排除了早期立法虽规定夫妻互负忠实义务,但严于妻而宽于夫的特征。许多国家立法关于夫妻的忠实义务的规定是平等地适用于夫妻双方的。例如,2006 年修订的《法国民法典》第 212 条规定:"夫妻应相互尊重、忠诚、救助与扶助。"《瑞士民法典》第 159 条第 3 项规定:"配偶双方互负诚实及扶助的义务。"《葡萄牙民法典》第 1672 条规定:"夫妻双方互负尊重、忠诚、同居、合作及扶持之义务。"

在外国法中,虽然法律上对夫妻履行忠实义务不能强制,但有违背忠实义务法律责任的规定。夫妻一方违反该项义务,无过错方可以此为由提请离婚,并可在离婚时,向过错方提出损害赔偿的请求。例如,2006 年修订的《法国民法典》第 266 条规定:"在唯一因其配偶有过错宣告离婚时,可给予损害赔偿。"然而,目前也有国家在立法中删除了夫妻一方违背忠实义务法律责任的规定。1970 年,《英国婚姻诉讼法》删除配偶一方因他方与第三人通奸而享有损害赔偿请求权的规定,仅将此作为证明婚姻关系破裂的法定情形之一。再如,《瑞士民法典》第 151 条关于离婚损害赔偿制度的规定,已于 2000 年被取消。修改后的《瑞士民法·亲属编》设离婚扶养制度,通过离婚后的扶养来保护和救济因离婚而在人身或财产方面遭受损失的原配偶一方。

(三)夫妻日常家事代理权

夫妻日常家事代理权,是指夫妻一方因家庭事务而与第三人为一定法律行为时互为代理的权利。该代理行为的后果由夫妻双方共同承受,被代理方对代理方从事家事行为所产生的债务承担连带责任。日常家事代理权基于夫妻身份而产生,不以夫妻一方明示为必要。家事代理的范围以日常家庭生活之必要为条件。所谓"日常家事",是指夫妻共同生活及家庭共同生活中,必须发生的各种事项,包括一般家庭日常所发生的事项,如购置食物、衣服、家具等生活用品、娱乐、保健、医疗以及子女教育、雇工、对亲友的馈赠、订购报纸杂志等事项。[①]

日常家事代理权起源于罗马法。古罗马时期,妇女婚后发生人格的减等,成为他权人。她们没有缔结契约自行承担债务的能力,必须接受丈夫的支配。后来,妻子取得了在丈夫委任之下为一定民事行为的能力。丈夫作为家长,为日常生活便利,给予从事家政的妻子一定的处理日常家事的权利。大陆法系各国民法基本上承认罗马法日常家事代理权这一概念。早期立法仅承认妻子就日常家事为丈夫的代理人。第二次世界大战之后,随着妇女地位的提高,大陆法系各国民法均规定夫妻具有同等的处理家庭事务的权利。家事代理权由妻子对丈夫单方面的代理,转变为夫妻双方在日常家事范围内的相互代理。例如,《德国民法典》第 1357 条第 1 款规定:"配偶任何一方有权在具有也有利于配偶另一

---

① 2001 年《婚姻法解释(一)》第 17 条第 1 款规定:"夫或妻在处理夫妻共同财产上的权利是平等的。因日常生活需要而处理夫妻共同财产的,任何一方均有权决定。"此虽直接规定的是夫妻日常家事决定权,但也间接地承认了夫妻互有日常家事代理权。但是,此规定还存在以下不足:一是在用语上未直接使用"夫妻日常家事代理权"一词;二是在内容上对日常家事代理权行使的限制、日常家事代理权对夫妻及第三人的效力等未作出具体规定。

方的效力的情况下,处理旨在适当满足家庭生活需要的事务。配偶双方因此种事务而享有权利和负有义务,但由情事另有结果的除外。"《韩国民法典》第 827 条规定:"夫妻,对于日常家事互有代理权。"其第 832 条规定:"夫妻一方就日常家事与第三人实施法律行为时,另一方对因此而产生的债务负连带责任。但已向第三人明示另一方不负责任的除外。"英美法系国家和地区也有家事代理的规定,表述为"不可否认的代理"、"必要的代理"以及"同居的代理"。"必要的代理"是指在丈夫不供给妻子必要扶养时,妻子在法律上享有以丈夫的信用购置必需品的代理权。例如,英国 1970 年《婚姻程序及财产法》规定"夫妻互有家事代理权"。苏联和东欧国家的婚姻家庭法,多数无夫妻相互代理权的规定,仅规定子女教育和其他家庭生活由夫妻共同解决,但东德家庭法曾对夫妻相互代理问题有专门条文规定。

夫妻日常家事代理权不同于一般的法定代理权。法律设立这一权利的目的在于满足夫妻共同生活之需,保护善意第三人利益,保障民事交易的安全。夫妻相互代理权的行使范围仅限于"日常家事",行为的性质多为民事实体活动。在权利行使的方式上,夫妻一方在日常家事范围内与第三人为民事行为时,不必向对方作出明示。夫妻一方可以他方名义、双方名义或仅以自己一方名义为之。婚姻被宣告无效、夫妻双方离婚、夫妻一方死亡等原因发生,将导致日常家事代理权消灭。日常家事代理权的法定性表明,此项代理权虽名为权利,实为夫妻相互得为代理人的资格,是一种法律上的地位。因此,唯基于法定原因,方可加以限制或部分、全部地剥夺。法国法对该项权利限制的理由是"明显过分的开支";瑞士法以"一方越权代理婚姻共同生活或被证明无法胜任代理权"为全部或部分剥夺代理权的原因。德国法、韩国法仅赋权婚姻一方可以限制或排除婚姻另一方行为的效力及于自身的事务。

第三节　夫妻财产关系

【引例】

荆某(女)与李某(男)于 2006 年 8 月登记结婚。2007 年 1 月,夫妻按揭购买一套二手经济适用房,总价款 60 万元。17 万元首付款全由李某的父母出资,但并未明确表示赠与夫妻任何一方。夫妻俩须共同还贷。按经济适用房买卖政策,外地户籍的人不得购买。于是,夫妻办理过户时只记载了拥有本地户籍的丈夫李某的名字。2011 年 1 月起,因婆媳关系恶化,荆某与李某的婚姻亮起了红灯。荆某为了给自己留条后路,于同年 10 月向当地法院提起确认之诉,请求法院确认房产为夫妻双方共同所有。

问:该经济适用房是夫妻的共同财产还是李某的个人财产? 为什么?

夫妻财产关系是指基于夫妻身份而在夫妻之间的具有财产内容的权利义务关系。夫妻财产关系兼备身份法和财产法双重性,有别于物权法、债权法所调整的一般财产关系。我国《婚姻法》规定的夫妻财产关系,包括夫妻财产制、夫妻间的扶养权利义务、夫妻间的遗产继承权等内容。

一、夫妻财产制概述

(一)夫妻财产制的概念

夫妻财产制又称婚姻财产制,是指规定夫妻财产所有权关系的法律制度。其内容包括各种夫妻财产制的设立、变更与废止,夫妻婚前财产和婚后所得财产的归属、管理、使用、收益、处分以及家庭生活费用的负担,夫妻债务的清偿,婚姻终止时夫妻财产的清算和分割等问题。

男女因结婚产生夫妻人身关系,并随之产生夫妻财产关系。法律为确保夫妻地位平等和婚姻生活的圆满,并保障夫妻与第三人交易安全,维护社会秩序,设立夫妻财产制,调整夫妻财产关系。

(二)夫妻财产制的种类

夫妻财产制的种类具有一定的地域性和时代性。在古代,各国立法对夫妻财产基于夫妻一体主义,多采"吸收财产制"。妻的财产因结婚而为夫家或夫所有,否认妻有独立的财产权。到近现代社会,夫妻财产制随社会的发展而变化,出现了多种形式。对其可从不同的角度进行不同的分类。

1. 按夫妻财产制的发生根据不同,可分法定财产制与约定财产制

(1)法定财产制。它是指在夫妻婚前或婚后均未就夫妻财产关系作出约定,或所作约定无效时,依法律规定而直接适用的夫妻财产制。由于各国政治、经济、文化及民族传统习惯不同,不同时代不同国家规定的直接适用的法定财产制形式也不尽相同。目前各国采用的法定财产制主要有分别财产制、共同财产制、剩余共同财产制等形式。

(2)约定财产制。它是指由婚姻当事人以约定的方式,选择决定夫妻财产制形式的法律制度。许多国家的立法都规定了约定财产制,它具有优先于法定财产制适用的效力。在允许约定财产制的国家,立法内容不尽相同,有详略之分和宽严之别。从立法限制的程度看,大体可分为两种情况:一种是立法限制较少的,即对婚姻当事人约定财产关系的范围和内容不予严格限制,立法既未设立几种财产制形式供当事人选择,也未在程序上作特别要求,如英国、日本等国立法即属此类。另一种是立法限制较多的,即在约定财产制的范围上,明定约定时可供选择的财产制种类;在约定的内容上明列不得相抵触的事由;在程序上,还要求夫妻订立要式契约,如法国、德国、瑞士等国立法即属此类。

2. 按夫妻财产制的适用情况,可分为普通财产制和非常财产制

普通财产制,是指在通常情况下,依婚姻当事人双方的约定或依法律的直接规定而适用的财产制,包括约定财产制和法定财产制。

非常财产制[①],是指在特殊情况下,当出现法定事由时,依据法律之规定或经夫妻一方(或夫妻之债权人)的申请由法院宣告,撤销原依法定或约定设立的共同财产制,改设为分别财产制。非常法定财产制有两种立法模式:一是当然的非常财产制,二是宣告的非常

---

① 包括瑞士法中的特别财产制,法国、德国法中的共同财产制之撤销制度。

财产制。所谓当然的非常财产制,是指夫妻一方受破产宣告或已有持清偿不足证书的债权人时,基于法律的规定,其夫妻财产制当然设定为分别财产制①。所谓宣告的非常财产制,是指依据法定事由,经夫妻一方或债权人申请,由法院裁决宣告撤销原共同财产制,改为分别财产制。从各国的规定看,法定事由一般有:夫妻分居;夫妻一方无能力管理共同财产或滥用管理共同财产的权利;夫妻不履行扶养家庭的义务;夫或妻的财产不足清偿其债务,或夫妻共同财产不足清偿其总债务;夫妻一方无正当理由,拒绝对共同财产的通常管理予以应有的协作或拒绝他方为夫妻财产上之处分等②。

3. 按夫妻财产制的内容,可分为统一财产制、联合财产制、共同财产制、分别财产制、剩余共同财产制

在各国有关夫妻财产制的立法中,这五种类型的财产制有的被作为法定财产制直接适用,有的被作为约定财产制供当事人选择适用。

(1)统一财产制。它是指婚后除特有财产外,将妻的婚前财产估定价额,转归丈夫所有,妻则保留在婚姻关系终止时,对此项财产原物或价金的返还请求权。此制为早期资本主义国家法律所采用。因其将对婚前财产的所有权转变为婚姻终止时对夫的债权,使妻处于不利地位,有悖于男女平等原则,故现代国家已少有采用。

(2)联合财产制。联合财产制又称管理共同制,是指婚后夫妻的婚前财产和婚后所得财产仍归各自所有,但除特有财产外,将夫妻财产联合在一起,由夫管理。夫对妻的原有财产有占有、使用、管理、收益权,必要时有处分权,而以负担婚姻生活费用为代偿;婚姻关系终止时,妻的财产由其本人收回或其继承人继承。此制源于中世纪日耳曼法,被近现代一些资本主义国家所沿用并发展。联合财产制具有分别财产制的某些色彩,较统一财产制有明显进步,但夫妻在财产关系上仍处于不平等地位,有悖于男女平等原则。故现代社会里原采此制的一些国家如德国、日本、瑞士等已废止此制而改行新制。

(3)共同财产制。共同财产制指除特有财产外,夫妻的全部财产或部分财产归双方共同所有。依共有的范围不同,又分为一般共同制、动产及所得共同制、婚后所得共同制、婚后劳动所得共同制等形式。

第一,一般共同制。它指除特有财产外,夫妻婚前、婚后所得的一切财产(包括动产和不动产)均为夫妻共同所有的财产制。例如,据我国 1950 年《婚姻法》第 10 条、第 23 条的规定及有关立法解释,所规定的夫妻财产制,就是除法定的或者约定的特有财产外,夫方婚前财产及夫妻婚后所得财产归双方共有的一般共同制。

第二,动产及所得共同制。它指除夫妻婚前的不动产及特有财产外,夫妻婚前的动产及婚后所得的财产归夫妻共同所有的财产制。

第三,婚后所得共同制。它指除特有财产外,夫妻在婚姻关系存续期间所得的财产(包括劳动所得财产与非劳动所得财产)归夫妻共同所有的财产制。

第四,婚后劳动所得共同制。它指夫妻婚后劳动所得的财产归夫妻共同所有,非劳动

---

①　例如,依《意大利民法典》第 191 条的规定,"配偶一方破产的,夫妻财产共同状态将解除",实行分别财产制。

②　可参见《德国民法典》第 1447 条、第 1448 条、第 1469 条之规定。

所得的财产如继承、受赠所得财产以及其他特有财产等,则归各方个人所有的财产制。

上述不同共有范围的共同财产制,为世界上一些国家分别采用。有的被采为法定财产制,如巴西、荷兰、法国等国;有的采为约定财产制形式之一,如德国、瑞士等国。共同财产制符合婚姻生活共同体的本质要求,且有利于保障夫妻中经济能力较弱一方(往往是妻方,尤其是专事家务劳动的妻方)的权益,有利于实现事实上的夫妻地位平等,但在尊重夫妻个人意愿上则稍嫌不足,夫妻一方不能未经对方同意单独行使共同财产权,有时不能满足夫妻个人的某些特殊需要。因此,在实行共同财产制的国家,大多对夫妻共有财产的范围设有限制性规定,如"法律另有规定者除外"或"夫妻另有约定者除外"。这些规定即属于夫妻特有财产的规定。其目的是保护夫妻个人财产所有权,并满足夫妻个人对财产关系的特殊要求。

(4)分别财产制。分别财产制指夫妻婚前、婚后所得的财产均归各自所有,各自独立行使管理、使用、收益和处分权;夫妻分别对各自债务负责。但不排斥妻以契约形式将其个人财产的管理权交付丈夫行使,也不排斥双方拥有一部分共同财产。英美法系的多数国家及大陆法系的个别国家(如日本、希腊)以此制为法定财产制,还有部分国家(如德国、瑞士、法国、意大利)以此制为供选择的约定财产制形式之一。

分别财产制使夫妻婚后仍独立行使财产权,各自保持经济上的独立,在双方经济收入差别不大的情形下,更有利于尊重夫妻个人的意愿,便于一方独立行使财产权。但由于夫妻双方事实上的经济地位存在差异,尤其当今社会,妇女的就业机会、收入状况大多低于男性,况且女性婚后承担家庭义务较多,也影响了其收入,在这种情形下再实行分别财产制,则难以实现实质上的公平。因此,一些实行分别财产制的国家已在分别财产制中引入共同财产制的因素,以补救其缺陷。

(5)剩余共同财产制(增益共同制、延迟共同制)。剩余共同财产制,是指夫妻对于自己的婚前财产及婚后所得财产,各自保留其所有权、管理权、使用收益权及有限制的处分权,夫妻财产制终止时,以夫妻双方增值财产(夫妻各自最终财产多于原有财产的增值部分)的差额为剩余财产,归夫妻双方分享。大陆法系的德国以剩余共同财产制作为法定财产制,法国则为约定财产制之一。剩余共同财产制虽名为共同制,而其实为分别财产制,即此制以分别财产制为基础,引进共同财产制的因素,是兼具两种财产制优点的一种复合形态的财产制。此制在保障夫妻地位平等、维护婚姻共同生活和谐的同时,亦有利于维护第三人利益和交易安全。

综上可见,夫妻财产制种类繁多、内容多样,但法定财产制与约定财产制是两种基本分类;共同财产制与分别财产制则是夫妻财产制的两种最基本形态。在现代社会,促进夫妻平等,维护婚姻共同生活之圆满,保护第三人的利益及交易安全,已成为夫妻财产法的立法原则和目的。当代夫妻财产制立法的发展趋势是:分别财产制走向增加夫妻共享权,共同财产制引进分别财产制的因素。可以相信,兼采分别财产制与共同财产制的合理因素,将成为越来越多国家夫妻财产制的改革方向。

■ 二、我国现行的法定夫妻财产制

我国实行法定财产制与约定财产制相结合的夫妻财产制。现行《婚姻法》的法定财产制又是夫妻共同财产制与夫妻个人特有财产制相结合的形式,这两种制度分别从不同的角度规定了夫妻共同财产和个人特有财产的范围。在夫妻对其财产没有约定或约定不明、约定无效时,当然适用法定财产制,即"有约定从约定,无约定从法定"。

(一)夫妻共同财产制

我国的法定夫妻共同财产制是婚后所得共同制,我国习惯上称为夫妻共同财产制。它指夫妻双方或一方在婚姻关系存续期间所得的财产,除另有约定或法定夫妻个人特有财产外,均归夫妻共同所有,夫妻对共同所有的财产享有平等地占有、使用、收益和处分的权利的财产制度。婚后所得共同制使得夫妻间的经济生活与身份生活趋同一致,符合中国人对婚姻普遍持有的"同财共居"的伦理观念,有利于鼓励夫妻共甘共苦,有利于承认家务劳动与社会劳动具有同等的价值,也有利于发挥家庭养老育幼的职能。

1. 夫妻共同财产的概念和特征

依现行《婚姻法》的规定,夫妻共同财产,是指夫妻双方或一方在婚姻关系存续期间所得的,除另有约定或法定夫妻个人特有财产以外的共有财产。夫妻共同财产同时具有以下特征:

(1)夫妻共同财产所有权的主体,只能是具有婚姻关系的夫妻。由此决定了夫妻任何一方不能单独成为夫妻共同财产的所有权人,没有合法婚姻关系的男女双方也不能作为夫妻共同财产的所有权人。

(2)夫妻共同财产所有权的取得时间,是婚姻关系存续期间。婚姻关系存续期间是指从领取结婚证之日起(1994年2月1日《婚姻登记管理条例》施行前,男女未办结婚登记即以夫妻名义同居,被认定为事实婚姻的,从双方符合结婚实质要件之日起),到配偶一方死亡或离婚生效时止。恋爱或订婚期间,不属婚姻关系存续期间。夫妻分居或离婚判决未生效的期间,仍为婚姻关系存续期间。

(3)夫妻共同财产的来源,包括夫妻双方或一方所得的财产,但法律另有规定或当事人另有约定的除外。这里的"所得",是指对财产所有权的取得,而非对财产必须实际占有。如果婚前已取得某财产所有权(如继承已开始),即使该财产在婚后才实际占有(如婚后遗产才分割),该财产仍不属于夫妻共同财产。相反,如婚后取得某财产权利,即使婚姻关系终止前未实际占有,该财产也属夫妻共同财产。

2. 夫妻共同财产的范围

依据现行《婚姻法》第17条及相关司法解释的规定,在婚姻关系存续期间所得的下列财产属于共同财产:

(1)工资、奖金。工资、奖金均为劳动所得报酬。夫妻一方或双方婚后从事劳动所获得的一切劳动报酬均是共同财产。无论各方收入多寡或者有无收入,都不影响他或她对该项财产的共有权。工资、奖金应作广义的理解,不但应包括基本工资,还应包括各种形式的奖金、福利补贴、分红及一些实物分配;不但包括从事固定工作获得的工资和奖金,也包括从事临时性劳作获得的报酬。

(2)生产、经营的收益。生产、经营包括办厂、设立公司、承包、租赁、投资、个体经济等多种经营形式,也包括在婚后从事其他生产和商业活动的财产性收入。

（3）知识产权的收益。这是指夫妻在婚后转让或许可他人使用自己的知识产权得到的经济收入，主要包括：作品在出版、上演、播映后取得的收入，或允许他人使用而获得的收入；专利权人转让或允许他人使用其专利权所获得的收入；商标权人转让或允许他人使用其注册商标所取得的收入；发明权人转让或允许他人使用其发明权所获得的收入等。依《婚姻法解释（二）》第 12 条的规定，知识产权的收益是指在婚姻关系存续期间，实际取得或者已经明确可以取得的财产性收益。但夫妻婚后一方所得的知识产权在离婚后可能带来的预期经济利益是否应属于夫妻共同财产？目前，我国法学界有"肯定说"和"否定说"两种不同意见①。

（4）继承或赠与所得的财产（除遗嘱或赠与合同中确定只归夫或妻一方的财产外）。因继承所得的财产是指依据《继承法》的规定所继承的积极财产，即以遗产清偿被继承人所欠的税款和债务后所剩余的财产和财产权益。因赠与所得的财产是指基于赠与合同而取得的财产。实践中，父母为夫妻双方出资购买房屋时"赠与"的真实意思表示究竟为何，是难以认定的。关于父母为夫妻双方购置房屋出资的性质认定，《婚姻法解释（二）》第 22 条第 2 款规定："当事人结婚后，父母为双方购置房屋出资的，该出资应当认定为对夫妻双方的赠与，但父母明确表示赠与一方的除外。"然而，《婚姻法解释（三）》第 7 条第 1 款却规定："婚后由一方父母出资为子女购买的不动产，产权登记在出资人子女名下的，可按照婚姻法第十八条第（三）项的规定，视为只对自己子女一方的赠与，该不动产应认定为夫妻一方的个人财产。"同时，该条第 2 款规定了双方父母"赠与"房屋的归属："由双方父母出资购买的不动产，产权登记在一方子女名下的，该不动产可认定为双方按照各自父母的出资份额按份共有，但当事人另有约定的除外。"此外，关于当事人在婚前或婚后约定的房产赠与，《婚姻法解释（三）》第 6 条规定："婚前或者婚姻关系存续期间，当事人约定将一方所有的房产赠与另一方，赠与方在赠与房产变更登记之前撤销赠与，另一方请求判令继续履行的，人民法院可以按照合同法第一百八十六条②的规定处理。"

（5）其他应当归共同所有的财产。这是一项概括性规定，因为随着我国社会经济发展，人们生活水平不断提高，夫妻财产的种类会不断增多，立法难以逐一列举，所以设此概括性的弹性条款。依司法解释的规定，"其他应当归共同所有的财产"包括：一方以个人财产投资取得的收益；男女双方实际取得或者应当取得的住房补贴、住房公积金；男女双方实际取得的养老保险金③、破产安置补偿费。

---

① 有关争议焦点及解决此问题的进路，参见曹贤信、姚建军：《离婚后知识产权期待利益归属的立法选择》，《知识产权》2012 年第 11 期。

② 我国《合同法》第 186 条规定："赠与人在赠与财产的权利转移之前可以撤销赠与。具有救灾、扶贫等社会公益、道德义务性质的赠与合同或者经过公证的赠与合同，不适用前款规定。"并且，该法第 187 条规定："赠与的财产依法需要办理登记等手续的，应当办理有关手续。"

③ 依据《婚姻法解释（二）》第 11 条第 3 款的规定，男女双方实际取得或者应当取得的养老保险金，一律都属于应当归夫妻共同所有的财产。然而，依《婚姻法解释（三）》第 13 条规定："离婚时夫妻一方尚未退休、不符合领取养老保险金条件，另一方请求按照夫妻共同财产分割养老保险金的，人民法院不予支持。"即现行最新司法解释已经不承认夫妻一方在婚姻期间积累的养老金期待利益为夫妻共同财产。故这里我们专门删除了《婚姻法解释（二）》第 11 条第 3 款中"应当取得"这一修饰词。

此外,司法解释还对一些财产的归属问题作了特别说明,将其划归于夫妻共同财产的范围,主要有:婚姻期间发放到军人名下的复员费、自主择业费等一次性费用,以夫妻婚姻关系存续年限乘以年平均值,所得数额为夫妻共同财产①;由一方婚前承租、婚后用共同财产购买的房屋,房屋权属证书登记在一方名下的,应当认定为夫妻共同财产②;夫妻一方个人财产在婚后产生的收益,除孳息和自然增值外,应认定为夫妻共同财产③;夫妻分居两地分别管理、使用的婚后所得财产,应认定为夫妻共同财产④;婚后夫妻双方对一方婚前财产上的“添附”,对婚前一方所有的房屋进行过修缮、装修、原拆原建的,其增值部分或扩建部分,应认定为夫妻共有财产⑤;对是个人财产还是夫妻共同财产难以确定的,主张权利的一方有责任举证,当事人举不出有力证据,人民法院又无法查实的,按夫妻共同财产处理⑥。值得注意的是,夫妻一方在婚姻期间获得的学历、文凭及职业资格证书等,是否应当属于夫妻共有的“无形财产”,并且在离婚时对它们予以估价分割? 对此,我国学术界目前有“肯定说”与“否定说”两种截然不同的观点⑦。

3. 夫妻对共同财产的权利和义务

夫妻对共同财产享有平等的所有权。夫妻对共同财产的性质是共同共有,而非按份共有。夫妻对全部共同财产不分份额地享有权利和承担义务,平等地享有占有、使用、收益和处分的权利。其中,处分权是所有权最重要的权能,直接关系到当事人的切身利益。为此,《婚姻法》第17条特别规定:“夫妻对共同财产有平等的处分权。”这一条应当理解为:第一,夫或妻在处理夫妻共同财产上的权利是平等的,因日常生活需要而处理夫妻共同财产的,任何一方均有权决定。第二,夫或妻非因日常生活需要对夫妻共同财产做重要处理决定,夫妻双方应当平等协商,取得一致意见。他人有理由相信其为夫妻双方共同意思表示的,另一方不得以不同意或不知道为由对抗善意第三人⑧。由此给配偶造成的损失,应由擅自处分财产的配偶一方予以赔偿。《婚姻法解释(三)》第11条第1款规定:“一方未经另一方同意出售夫妻共同共有的房屋,第三人善意购买、支付合理对价并办理产权登记手续,另一方主张追回该房屋的,人民法院不予支持。”如果夫妻一方未经对方同意,擅自处分了财产,导致财产无法追回,从而严重损害夫妻共同财产利益,另一方可以要求婚内析产⑨,或者在离婚时有权要求对方进行损害赔偿⑩。夫妻之间订立借款协议,以夫

---

① 《婚姻法解释(二)》第14条。

② 《婚姻法解释(二)》第19条。

③ 《婚姻法解释(三)》第5条。

④ 1993年《财产分割意见》第4条。

⑤ 1993年《财产分割意见》第12条。

⑥ 1993年《财产分割意见》第7条。

⑦ 有关争议焦点及解决此问题的进路,参见陈苇、曹贤信:《论婚内夫妻一方家务劳动价值及职业机会利益损失的补偿之道——与学历文凭及职业资格证书之“无形财产说”商榷》,载《甘肃社会科学》2010年第4期。

⑧ 《婚姻法解释(一)》第17条。

⑨ 《婚姻法解释(三)》第4条。

⑩ 按《婚姻法解释(三)》第11条第2款的规定,夫妻一方擅自处分共同共有的房屋造成另一方损失,离婚时另一方请求赔偿损失的,人民法院应予支持。

妻共同财产出借给一方从事个人经营活动或用于其他个人事务的,应视为双方约定处分夫妻共同财产的行为,离婚时可按照借款协议的约定处理①。

夫妻对共同财产也要承担一定的义务。家庭生活的费用由共同财产支付,若共同财产不足时,由夫或妻一方的个人财产负担。夫妻为共同生活或为履行抚养、扶养、赡养义务等所负债务,为夫妻共同债务,由共同财产清偿;共同财产不足清偿时,则由个人财产负连带责任。

4. 夫妻共同财产制的终止

夫妻共同财产制因一定原因而终止。夫妻共同财产制终止,意味着夫妻共同财产关系消灭,从而发生夫妻财产的清算,原属夫妻共同所有的财产依法应当分割。

(1)因夫妻约定而终止。婚姻关系存续期间,夫妻共同财产制因约定而改采其他财产制的,夫妻可以协商分割原共同财产,协商不成的,可就分割法定共同财产提起诉讼,请求司法分割。

(2)因法定事由而终止。婚姻关系存续期间变更夫妻共同财产制,必须经双方同意。但是如果因一方的行为严重影响或侵害另一方的共同财产利益时,经受害方申请,可以分割共同财产,但不得侵害债权人的利益。《婚姻法解释(三)》第4条将损害事由严格限定为两种情形:第一,一方有隐藏、转移、变卖、毁损、挥霍夫妻共同财产或者伪造夫妻共同债务等严重损害夫妻共同财产利益行为的;第二,一方负有法定扶养义务的人患重大疾病需要医治,另一方不同意支付相关医疗费用的。

(3)因夫妻一方死亡而终止。因一方死亡而终止夫妻共同财产制时,夫妻共同财产的分割,按我国《继承法》第26条第1款的规定处理,即"夫妻在婚姻关系存续期间所得的共同所有的财产,除有约定的以外,如果分割遗产,应当先将共同所有的财产的一半分出为配偶所有,其余的为被继承人的遗产"。

(4)因离婚而终止。离婚时,夫妻对共同财产进行协议或依法分割,从而成为各自的个人财产。关于夫妻共同财产的分割,详见本书第九章"离婚"的有关内容。

(二)夫妻个人特有财产制

夫妻一方财产叫夫妻特有财产,又称保留财产,是指夫妻婚后在实行共同财产制时,依法律规定或依夫妻约定,夫妻各自保有个人财产所有权的财产。② 夫妻特有财产分为法定的夫妻特有财产和约定的特有财产。后者属于约定财产制范畴(将在下文叙述)。《婚姻法》第18条的"夫妻一方的财产"是指法定的夫妻特有财产。法定的夫妻特有财产是指夫妻一方婚前个人享有所有权的财产和在婚姻关系存续期间取得的并依法应当归夫妻一方所有的财产。显而易见,夫妻特有财产制不同于分别财产制。夫妻个人特有财

---

① 《婚姻法解释(三)》第16条。

② 我国婚姻立法没有使用"夫妻特有财产"的概念,但明确规定婚后一部分财产为夫妻个人财产,并且允许夫妻以约定的方式确定一部分财产为个人财产(例如,夫妻一方的婚前财产,依现行《婚姻法》的规定,属于该方的个人财产,但夫妻可以将其约定为夫妻共同财产或夫妻他方的个人财产),这些财产独立于共同财产之外,实际上就是夫妻特有财产。

制以夫妻共同财产制为前提,是对夫妻共同财产制的限制与补充,没有共同财产制就没有特有财产制。

婚后所得共同制并不排斥夫妻一方对特有财产的个人所有权,确立夫妻个人财产和划定夫妻共有财产范围,是我国法定夫妻财产制两个相辅相成的方面。夫妻特有财产制作为共同财产制的辅助成分,可在实现婚姻本质特征的同时,充分尊重和保护夫妻个人的财产利益,实现个体利益和婚姻共同体利益的均衡。

1. 法定夫妻个人特有财产的范围

依据我国《婚姻法》第 18 条的规定,夫妻特有财产由以下财产构成:

(1)夫妻一方的婚前财产。这是指结婚以前夫妻一方就已经享有所有权的财产。既包括夫妻单独享有所有权的财产,也包括夫妻一方与他人共同享有所有权的财产;既包括婚前个人劳动所得的财产,也包括通过继承、受赠和其他合法渠道而获得的财产;既包括现金、有价证券,也包括购置的物品等。夫妻一方的婚前财产不因婚姻关系的延续而转化为夫妻共同财产①;婚前个人财产在婚后共同生活中自然毁损、消耗、灭失的,离婚时一方不得要求以夫妻共同财产抵偿。并且,依《婚姻法解释(三)》第 5 条的规定,夫妻一方婚前个人财产在婚后所得的孳息②和自然增值,属于夫妻一方的个人财产。

(2)夫妻一方因身体受到伤害获得的医疗费、残疾人生活补助费等费用。公民的身体健康权属于人格权的一种,与其个人的人身不可分离。因这些财产具有人身性,故只能归该方个人所有。因身体受到伤害获得的医疗费,是由加害人支付,专门用于供受害人治疗、恢复的费用,理应归受害人本人所有。残疾人生活补助费是国家或集体为了保障残疾人的基本生活需要所发放的费用,也应专属于残疾人。另外,这类费用还包含着在未来的时间里医疗和生活费的支出,如果将其作为夫妻共同财产,一旦婚姻因故解体,对方分走一半的医疗费、生活补助费,那么法律设立此类救济制度的意义就无法实现。因此,法律规定因身体受到伤害获得的医疗费、残疾人生活补助费作为个人特有财产,是使双方均能接受的规则。与此类费用相似,《婚姻法解释(二)》还明确规定:军人的伤亡保险金、伤残补助金、医药生活补助费属于个人财产。

(3)遗嘱或赠与合同中确定只归夫或妻一方的财产。这是基于意思自治原则,应尊重遗嘱人和赠与人的意愿,依法保护其处分个人财产的权利。如果被继承人在遗嘱中指明其遗产只归夫或妻一方继承或受遗赠,或者赠与人在赠与合同中指明其财产赠与给已婚的夫或妻一方,则这类财产就应当属于夫或妻一方的特有财产。《婚姻法解释(二)》第 22 条第 1 款强调:当事人结婚前,父母为双方购置房屋出资的,该出资应当认定为对自己子女的个人赠与,但父母明确表示赠与双方的除外。《婚姻法解释(三)》第 7 条第 1 款则特

---

① 《婚姻法解释(一)》第 19 条。

② 关于夫妻一方婚前个人财产在婚后所得孳息的归属,根据 1950 年、1980 年两部《婚姻法》规定的婚后所得共同制之精神,夫妻一方婚前财产在婚后所得的孳息一直是作为夫妻共同财产的。但自2001 年修正后的《婚姻法》施行之日起,夫妻一方婚前财产在婚后所得的孳息,属于夫妻一方的个人财产。应当指出,夫妻婚前个人财产在婚后所得的孳息应区别对待,除不需要夫妻投入劳力的、婚后一方个人财产中的银行存款利息以及不动产的自然增值归属于夫妻的个人财产外,其余的归属于夫妻共同财产,这是较为合理的。这样既有利于保障婚姻家庭生活的圆满幸福,也能兼顾保护夫妻个人财产所有权。

别强调：婚后由一方父母出资为子女购买的不动产，产权登记在出资人子女名下的，可按照婚姻法第18条第3项的规定，视为只对自己子女一方的赠与，该不动产应认定为夫妻一方的个人财产。

（4）夫妻一方专用的生活用品。这是指婚后以共同财产购买的供夫或妻个人使用的生活消费品。个人专用的生活用品主要是满足日常生活所需要的个人必要用品，具有个人专用性，如个人的衣物、日用品等。但有些看似具有个人专用性，然而价值较大的物品，如一方佩戴的贵重金银珠宝、价值较大的图书资料、名牌衣物、皮具、甚至摩托车、小汽车等，是否属于个人专用生活用品？法律对此并未规定，最高人民法院也未作出解释。从法学理论来分析，应持否定态度。因为这类物品价值较大，在家庭财产额中占较大比例，如果归持有人个人所有，势必引起夫妻双方的争执，对另一方也不公平。

（5）其他应当归夫妻一方的财产。这是一个概括性规定，包括难以逐一列举的其他个人财产，主要基于财产的性质、来源、用途等方面的因素进行考虑。例如：夫妻一方获得的代表着优胜者荣誉的奖章、奖牌、奖杯、带有明显纪念意义的奖品等，因具有一定的人身属性，应归获得该荣誉的夫妻方个人特有；但该荣誉获得者因此所获得的奖金或其他物质奖励，如当事人之间没有约定，应依法认定为夫妻共同财产。此外，根据婚姻当事人的财产约定，归夫妻一方所有的那部分财产为夫妻一方个人财产。

2. 夫妻对特有财产的权利和义务

夫妻对其特有财产可依自己的意愿独立行使占有、使用、收益和处分的权利，无须征得对方同意。对婚姻关系存续期间夫妻一方所负的个人债务及其个人特有财产所生债务等，均应由夫妻特有财产承担清偿责任。夫妻一方婚前的债务原则上属于个人债务，应由其个人负责清偿，但依《婚姻法解释（二）》第23条的规定，债权人就一方婚前所负个人债务向债务人的配偶主张权利的，债权人如果能够证明所负债务用于婚后家庭共同生活的，人民法院应予支持。

三、我国现行的约定夫妻财产制

（一）约定夫妻财产制的概念、特征和意义

约定夫妻财产制，是夫妻双方通过协议商定其婚前和婚后财产的占有、使用、管理、收益、处分及债务清偿、婚姻解除时财产的清算与分割等事项，并排除法定夫妻财产制适用的制度。

夫妻对财产关系的约定是双方自愿意思表示一致下形成的协议，与一般的合同或契约有相似之处，但与一般的债权、物权合同相比，有其自身的特点：（1）主体的特殊性。夫妻财产约定的缔约主体具有身份属性，限制在夫妻之间。（2）适用法律的特殊性。我国《合同法》第2条将婚姻等有关身份关系的协议，排除在其适用范围外，而明定"适用其他法律的规定"。虽然夫妻财产约定兼身份与财产双重属性，并非纯粹的财产合同，但由于以身份关系为前提，因而也不适用合同法的有关规定，如代理、合同的转让、违约责任、条件期限，仅可准用合同的订立的有关规定。（3）内容上的特殊性。夫妻财产约定的内容较为复杂，可涉及现有财产，也可对将来有可能取得的财产进行约定。不仅涉及财产所有权

的归属,还可涉及夫妻对财产的占有、使用、收益及处分,家庭生活费用的负担,债务的清偿,婚姻终止时财产的清算与分割等。而一般的债权或物权合同的内容则没有这么复杂。

关于约定财产制的意义,依 1980 年《婚姻法》的规定,夫妻可依双方的意愿,约定处理双方的财产关系,这可以满足新形势下夫妻因各种原因(如个人承包经营、再婚夫妻的财产、涉外婚姻及涉及港、澳、台同胞的婚姻等)以多种形式处理双方财产问题的需要,体现了夫妻享有平等的财产权利,有利于减少家庭纠纷,保护当事人的合法权益,促进家庭经济和社会经济的发展。但该法仅规定允许夫妻就财产关系进行约定,而对约定财产制的具体内容,如约定的条件和方式,约定的时间和范围,约定的效力、约定的变更或废止等均未规定,故约定财产制缺乏可操作性。针对此不足,2001 年修正后的《婚姻法》进一步补充、完善了约定财产制。该法第 19 条较详细地规定了约定的财产范围、约定的方式、约定的内容和约定的对内、对外效力,使约定财产制更便于广大人民接受和运用。

(二)约定夫妻财产制的内容

2001 年修正后的《婚姻法》第 19 条第 1 款规定:"夫妻可以约定婚姻关系存续期间所得的财产以及婚前财产归各自所有、共同所有或部分各自所有、部分共同所有。约定应当采用书面形式。"根据此规定和我国《民法通则》关于民事法律行为的一般性规定,对约定财产制应明确以下几点:

1. 约定的成立与生效

夫妻的财产约定是一种要式的双方民事法律行为,其一般成立要件包括当事人、标的、意思表示三项内容,其特别成立要件是须采用特别表意形式;其生效要件有三项:当事人须有相应的行为能力,须意思表示真实,标的须合法。由此,夫妻订立财产约定应当具备以下要件:

(1)约定的主体必须是具有完全民事行为能力的夫妻双方,不得由他人代理。

(2)约定必须双方自愿。夫妻双方对约定的意思表示必须真实、自愿,凡以欺诈、胁迫手段或乘人之危使对方违背真实意思作出的约定无效。

(3)约定的内容必须合法,不得规避法律、违背公序良俗,不得损害国家、集体和他人的利益。约定的财产不得超出夫妻财产的范围,如不得将其他家庭成员的财产或国家、集体及他人的财产列入约定财产的范围,不得规避扶养义务和规避对第三人债务的偿还义务等法律义务。

(4)约定应当采用书面形式。即约定是要式行为[①],旨在防止当事人在冲动情况下草率地作出约定。当事人的意思以书面的形式加以记载,也可以避免举证困难,还利于约定内容公开告知第三人,进而达到保护善意第三人、维护交易安全之目的。

2. 约定的时间和范围

现行《婚姻法》对夫妻财产约定的时间无限制,自应解释为不受限制,允许夫妻自行确

---

① 对于这种要式行为是否须经公示程序,各国立法存在较大差异。公示程序又有登记和公证两种形式。我国《婚姻法》对夫妻财产约定没有公示程序要求,但学术界对夫妻财产约定是否经公示程序及采用何种公示程序,争议较大。多数人主张登记制,部分人赞同公证方式,还有学者主张律师见证。

定,在结婚前、结婚时或婚姻关系存续期间进行约定均可。法律对约定的时间不作限制的理由主要在于:其一,在结婚前或结婚时,夫妻尚未经历婚姻生活,对于约定财产制的内容及其利害关系甚难了解,只有在经过一段时间的婚姻生活后,才能体会约定财产制对婚姻生活的重要性;其二,允许夫妻在婚姻关系存续期间订立、变更或撤销约定财产制,则夫妻更能根据其婚姻生活的实际状况,订立公平合理的约定财产制。

关于约定的范围,对夫妻婚前或婚后所得财产均可以进行约定;既可以是夫妻的全部财产,也可以是夫妻的部分财产,法律不加以限制。有关夫妻财产的所有权关系,夫妻财产的管理、使用、收益与处分关系,家庭生活费用的负担,夫妻债务关系,婚姻关系终止或约定财产制终止时夫妻财产的清算与分割等,均为约定财产制不可或缺的财产内容。

3. 约定的财产制类型

根据我国《婚姻法》第19条关于"夫妻可以约定婚姻关系存续期间所得的财产以及婚前财产归各自所有、共同所有或部分各自所有、部分共同所有"的规定,可见法律提供了三种可供选择的财产制类型:分别财产制、一般共同制和限定共同制。

(1)分别财产制。在分别财产制下,夫妻一方婚前和婚后所得财产均归本人所有。夫妻一方对其全部个人财产单独享有占有、管理、使用、收益、处分的权利,同时也单独承担相应的财产义务。夫妻双方对共同生活所需费用承担平等的财产责任。夫妻一方如果婚后没有收入或财产,但负担了料理家务、照顾子女或老人,协助对方从事工作,应当视为该方已履行对共同生活的负担。对作为婚姻家庭共同生活基本条件的个人财产,所有人不得擅自作出危及婚姻共同生活的处分。

(2)一般共同制。在一般共同制下,夫妻双方对全部的财产享有平等的所有权、管理权、使用权、收益权和处分权,而不论各方婚前财产的多少与有无,也不论婚后所得财产主要来源于何人。夫妻在财产上完全不分彼此,夫妻对共同财产平等地享有权利和承担义务。

(3)限定共同制。在限定共同制下,夫妻对共同财产的权利义务是平等的,但个人财产的权利由财产所有人本人独自享有,义务也由其独自承担。要注意的是,如果第三人不知道夫妻约定限定财产制的,由此产生的债务,夫妻依法仍应承担共同清偿责任。约定的限定共同制和法定婚后所得共同制的不同之处在于共同财产的范围不同。夫妻双方欲实行限定共同制,必须订立书面协议,明确哪些财产归各自所有,哪些财产归共同所有。这两种财产范围的约定方法具体有三种:一是同时明确约定共同财产和个人财产的范围;二是明确约定某些财产归夫妻个人所有,而概括地将其他财产全部约定为夫妻共同所有;三是明确约定夫妻共同财产的范围,而概括地将其他财产全部约定为夫妻个人所有。一般来说,采用第二种或第三种约定方法,财产约定会更明确、更完整。

4. 约定的变更和撤销

我国《婚姻法》对夫妻财产约定的无效和撤销未作规定,从法律对当事人财产权的尊重和保护的立法宗旨来看,应当允许夫妻对财产关系进行约定后,可依双方的意思表示,对约定进行变更或撤销。非经夫妻双方同意,任何一方不得擅自对约定作出变更或撤销。如果约定的变更或撤销可能会影响到债权人的合法权益时,则必须取得债权人的同意。同时,由于订立夫妻财产约定是采用形式的,变更或撤销也应当以书面形式作出。如果夫妻在财产约定时是经过公证的,对其变更或撤销也要经过公证程序,才具有法律效力。

(三)约定夫妻财产制的效力

约定的效力,是指夫妻就财产关系进行约定后,对双方当事人及第三人发生的法律约束力。2001年修正后的《婚姻法》第19条规定:"……没有约定或约定不明确的,适用本法第十七条、第十八条的规定。夫妻对婚姻关系存续期间所得的财产以及婚前财产的约定,对双方具有约束力。夫妻对婚姻关系存续期间所得的财产约定归各自所有的,夫或妻一方对外所负的债务,第三人知道该约定的,以夫或妻一方所有的财产清偿。"《婚姻法解释(一)》第18条规定:"婚姻法第十九条所称'第三人知道该约定的',夫妻一方对此负有举证责任。"根据这些规定,约定夫妻财产制的效力体现在:

1. 优先适用的效力

我国婚姻立法实行法定财产制与约定财产制两种形式,就其适用而言,约定财产制具有优先效力。对于夫妻间的财产关系,只有当夫妻未为约定或者其约定无效或被撤销时,始得适用法定财产制,因而法定财产制又被视为一种补充性与推定性的财产制,并非绝对强制实行的夫妻财产制。

2. 对内效力

这是指夫妻财产约定一经生效便对夫妻双方产生拘束力。《婚姻法》第19条第2款明确规定了这种最基本、最直接的效力。从对内效力看,依民法的意思自治原则,夫妻财产关系经双方约定成立后,无论口头约定[①],或书面约定或是公证约定,均可立即发生对内效力,对夫妻双方发生法律约束力。婚前订立的夫妻财产约定,自婚姻关系成立时起对双方具有约束力;婚后订立的夫妻财产约定,自约定依法成立时起对双方具有约束力。夫妻双方应当依照约定的内容享有权利和承担义务。在婚姻关系终止时,应当按照约定分割夫妻财产;约定因不符合法定条件而部分无效的,有效的部分适用约定;全部无效的,则依照法定共同财产制分割。

3. 对外效力

这是指夫妻财产约定对第三人的对抗效力。有的国家将登记或公告形式作为对抗要件,如德国民法采取登记主义。值得注意的是,如果以登记或公告为对抗要件,只要夫妻依法进行了登记或公告,其约定就可以对第三人发生对抗效力,这无异于将注意义务强加给第三人。当第三人与已婚者为交易行为时,第三人必须查明对方处分的财产是否为夫妻财产,对方与其配偶是否有约定,该约定是否已经登记,其登记的内容如何,否则第三人即将承担可能产生的不利后果,这反而不利于交易的快捷与安全。因此,不宜将登记形式规定为约定的对抗要件。为保护第三人的利益和维护交易安全,《婚姻法》第19条第3款仅以"第三人知道该约定"作为夫妻约定分别财产制时的对抗要件。如果第三人知道该约定,即对第三人发生效力;否则,该约定不对第三人发生效力。对此,《婚姻法解释(一)》第18条指出,与第三人有交易行为的夫妻一方对此负有举证责任。因此,夫妻一方在与第

---

① 依1993年《财产分割意见》第1条的规定,双方没有争议的口头约定为有效约定,规避法律的除外,但双方有争议的口头约定,不承认其效力。

三人进行财产交易时,应当告知第三人其夫妻财产制的状况,而第三人并无当然的注意义务。由于夫妻财产约定具有相当的私密性,不易为他人所知。因此,在我国法律还未确定夫妻财产约定公示方式的情形下,为保护善意第三人利益,夫妻财产约定不得对抗善意第三人。《婚姻法解释(二)》第24条进一步指出,夫妻一方如果不能证明第三人知道其约定实行分别财产制的,其在婚姻关系存续期间以个人名义所负债务,应当按夫妻共同债务处理。

四、夫妻扶养义务

(一)扶养概述

1. 扶养的概念和特征

(1)扶养的概念。扶养的概念有广义和狭义之分。广义的扶养,是指一定范围的亲属间相互在经济上供养和生活上扶助的法定权利义务。没有身份、辈分的区别,是赡养、扶养、抚养的统称,即包括长辈亲属对晚辈亲属的抚养、晚辈亲属对长辈亲属的赡养和平辈亲属间的扶养。狭义的扶养,仅指平辈亲属之间相互在经济上供养和生活上扶助的法定权利义务。

从国外立法看,大多数国家采取广义说。我国《婚姻法》将夫妻间和兄弟姐妹间相互供养和扶助的法定权利义务称为扶养,即亦采取狭义说,但我国《民法通则》、《继承法》、《刑法》采广义说。因此,在制定民法典亲属编时,有必要统一用语,采广义说比较合适。

《婚姻法》规定的一定范围亲属间的扶养关系,是一种民事权利义务法律关系,由主体、内容和客体三要素组成。扶养关系的主体,是指依法律规定在扶养法律关系中享受权利和承担义务的人;扶养关系的内容,是指扶养主体依法享有的权利和承担的义务,即扶养权利人享有的受扶养的权利及扶养请求权,扶养义务人承担的扶养义务;扶养关系的客体,是指扶养关系主体的权利义务所共同指向的对象,包括扶养权利人接受扶养和行使扶养请求权的行为,以及扶养义务人履行扶养义务的行为。

(2)扶养的特征。亲属法上的一定范围亲属间的扶养关系不同于一般的民事法律关系,也不同于国家扶助或社会扶助,它具有以下特征:

第一,扶养关系具有身份属性。扶养关系是基于一定亲属身份而发生的,规范行为是法律的重要功能之一,具体表现为当人们实施某些行为后,法律就确定产生相应的后果,发生权利义务关系。扶养关系是婚姻、生育行为的法律后果之一。亲属身份的存在意味着婚姻、生育行为已经发生。因而,亲属身份是扶养义务产生的前提。

第二,扶养关系只能发生在法定的近亲属之间。虽然亲属身份是发生扶养义务的前提,但基于婚姻、血缘而产生的亲属关系范围广泛,如确定凡亲属之间均存在扶养的权利义务关系,未免负担过重。为此,法律一般仅确定一定范围的亲属存在扶养义务。如我国《婚姻法》规定具有扶养义务的为:夫妻、父母子女、兄弟姐妹、祖孙等近亲属。如非法定范围的近亲属,虽也可能发生扶养义务,如基于遗赠扶养协议,或者基于友谊、同情而发生扶养,但都不属婚姻法上的扶养,只是一般的民事扶养或道义上的扶养。

第三,扶养关系具有人身专属性。扶养义务的履行,虽有财产给付的内容,但须以身份关系为前提,且具有人身专属性。在扶养关系存续期间,其为义务人和权利人的专属权利义务,不得继承、转让或抵销,因受扶养人的死亡而消灭。

2. 扶养的分类

扶养可从不同的角度进行分类。较为主要的分类主要有:

(1)以扶养主体间的辈分为标准,可分为长辈亲对晚辈亲的抚养、平辈亲之间的扶养及晚辈亲对长辈亲的赡养。

(2)以扶养的方式为标准,可分为同居共同生活(经济供养与生活扶助)的扶养与不同居共同生活而给付扶养费的扶养。

(3)依扶养行为的内容为标准,可分为经济上的供养和生活上的扶助(照料)。例如,我国继父母与继子女形成抚养教育关系的认定标准之一,就是继父母对继子女有经济上供养或生活上照料的扶养事实。此外,依现行《老年人权益保障法》第14条的规定:"赡养人应当履行对老年人经济上供养、生活上照料和精神上慰藉的义务……"即我国立法在此对扶养的内容作了扩张解释,对老年人的赡养包括:经济上供养、生活上照料和精神上慰藉三个方面的义务。

(4)以扶养的程度为标准,可分为生活保持义务与生活扶助义务。此种分类旨在明确不同种类的亲属之间在扶养程度上存在区别,以便于义务人履行义务。所谓生活保持义务,是指夫妻间的扶养和父母对未成年子女的扶养,是义务人必须履行的无条件性义务。这种无条件的在扶养人与被扶养人之间必须保持同一生活水平的扶养,又称为"共生义务"。所谓生活扶助义务,是指除夫妻间的扶养和父母对未成年子女的扶养外,其他法定的亲属间(如我国兄弟姐妹间、祖孙间)的扶养,是有条件的,只有在一方无力独立生活,他方有扶养负担能力时,才履行的义务。即扶养义务人仅在不降低自己地位相当的生活水平限度内给予扶养,这是一种相对的、有条件的扶养。扶养人与被扶养人之间无须保持同一生活水平,故称为生活扶助义务。

总之,生活保持义务与生活扶助义务两者的性质有所不同,两者的发生要件和内容也有不同。立法根据亲属关系的不同情况,规定不同的扶养条件,确定不同的扶养程度,便于义务人更好地履行扶养义务。并且在理论上承认两者的区别,有助于解释婚姻家庭法有关不同主体间扶养义务的发生要件有所不同的规定。

(二)我国婚姻法对夫妻扶养义务的规定

我国现行《婚姻法》第20条规定:"夫妻有互相扶养的义务。一方不履行扶养义务时,需要扶养的一方,有要求对方付给扶养费的权利。"理解夫妻间的扶养义务,应明确以下几点:

1. 夫妻间扶养义务是婚姻的效力之一

夫妻间的扶养义务从合法婚姻成立之时起产生,至婚姻关系终止时消灭。在婚姻关系存续期间,一直持续存在法律效力。夫妻在经济上相互供养、生活上相互扶助的义务,属于生活保持义务。其目的在于保障夫妻共同生活,是婚姻关系的必然要求。在一般情况下,这种扶养义务是在夫妻共同生活中实现的。①

2. 夫妻间扶养的内容

(1)经济上的相互供养。这是指提供经济上的帮助,体现为生活费用的负担。由于我国实行的是婚后所得共同制,婚姻共同生活费用理应由共同财产支付。夫妻如婚后共同生活,经济上的帮助在共同生活中得以实现,一般不会发生问题。若双方分居生活,支付生活费的必要性才显现出来。当分居生活时,一方不履行扶养义务,需要经济帮助的一方欲请求对方给付扶养费,义务人没有个人财产,是否判决以共同财产支付? 显然现行立法存在矛盾和不足。为此,我们认为应在立法中设立非常财产制,在夫妻分居时可请求终止共同财产制而改用分别财产制,以解决这一难题。

(2)生活上的相互扶助。这是指日常生活上的照料、精神上的慰藉,这是扶养义务的重要内容。《老年人权益保障法》第14条规定:"赡养人应当履行对老年人经济上供养、生活上照料和精神上慰藉的义务……"据此,我国立法对扶养义务的内容已作了具体、扩张的解释。这一规定对夫妻之间的扶养也适用。

3. 夫妻扶养义务是法定义务而具有强制性

夫妻扶养义务是法律基于其身份而明确规定的义务,具有法律强制性。当夫妻一方没有固定收入或缺乏生活来源,或无独立生活能力或生活困难,或因患病、年老等原因需要扶养,另一方不自觉履行扶养义务时,需要扶养的一方有权请求对方承担扶养义务。如果夫妻双方因扶养问题发生纠纷,可以经有关部门进行调解或直接向人民法院提起诉讼。人民法院在审理扶养纠纷案件时,可首先进行调解,如调解无效,人民法院应当及时依法判决。如其仍拒绝履行给付扶养费义务的,可依法强制执行。如义务人拒不履行扶养义务,情节恶劣构成犯罪的,应按现行《刑法》有关规定追究其刑事责任。另外,配偶存在虐待、遗弃等严重损害无民事行为能力一方的人身权利或者财产权益行为的,其他有监护资格的人可以依照特别程序要求变更监护关系,变更后的监护人可以代理无民事行为能力一方提起离婚诉讼②。

■ 五、夫妻继承权

夫妻继承权,又称配偶继承权,指夫妻结婚后基于配偶身份而依法享有的相互继承遗产的权利。夫妻关系是家庭关系的基础和核心,夫妻间具有密切的人身关系和财产关系。夫妻继承权亦为婚姻的效力之一,随夫妻人身关系的发生而产生,属财产关系的内容。我国《婚姻法》第24条第1款规定:夫妻有相互继承遗产的权利。这种规定与《继承法》的规定是一致的。有关夫妻继承权的具体实现,如继承顺序、份额与内容则由《继承法》进行规定。理解夫妻继承权时,应注意以下问题:

1. 夫妻互为对方遗产的继承人。夫妻继承权基于配偶身份而依法产生,无论经济收

---

① 关于离婚后夫妻一方给付夫妻他方的经济帮助费(在国外称为离婚扶养费),其性质是否属于"夫妻扶养义务"的延伸,我国学者们有不同的看法。参见陈苇:《中国婚姻家庭法立法研究》,群众出版社2010年第2版,第562~565页。

② 《婚姻法解释(三)》第8条。

入状况如何,无论谁先死亡,生存一方享有对另一方遗产的继承权。1950 年《婚姻法》施行前的妻和妾,与夫仍均保留夫妻关系的,享有同等的继承权。另外,在离婚诉讼中,夫妻一方死亡,他方仍享有配偶继承权。

2. 确定死亡配偶的遗产范围时,应注意区分其个人财产与夫妻共同财产的不同。死亡配偶遗留的个人财产,才是遗产。首先应分别对夫妻共同财产和家庭共同财产进行分割,将应属死亡配偶的个人财产从共同财产中分离出来,作为其遗产的组成部分。防止将夫妻共同财产或家庭共同财产作为死亡配偶的遗产继承。

3. 确定生存配偶遗产继承份额时,对夫妻登记结婚后尚未同居且一方死亡的,或同居时间很短且一方死亡的,生存配偶的继承权虽应依法予以承认,但应根据同居时间的长短、尽义务的多少,以及财产的来源情况,酌情确定其继承份额。

4. 依司法解释,1994 年 2 月 1 日《婚姻登记管理条例》施行前,未办理结婚登记即以夫妻名义同居的男女双方当事人,在同居期间一方死亡,另一方要求继承死者遗产的,如认定为事实婚姻关系,享有继承权;如认定为同居关系的,没有继承权;如符合《继承法》第14 条规定的,可根据相互扶助的具体情况处理。

【思考题】

1. 我国《婚姻法》规定婚姻在身份上的效力有哪些?
2. 论我国《婚姻法》规定的法定财产制的内容。
3. 论我国《婚姻法》规定的约定财产制的内容。
4. 论日常家事代理权的性质及其财产责任。
5. 非常法定财产制有何制度价值?
6. 如何正确划分夫妻共同财产与个人财产的范围?
7. 夫妻财产约定与财产法的合同有何不同?
8. 论约定财产制的效力。

【司法考试真题链接】

1. 陈某 1988 年从部队转业,半年后与李某结婚,结婚时李某购置了一套家具。1994年陈某创作长篇小说《军人》。1999 年李某得知 1986 年陈某的姑妈去世遗留陈某一套私房,一直由陈某的父母居住。根据以上情况,陈、李二人的夫妻共同财产包括哪些?(2002年)

A. 陈某的转业费   B. 李某所购置的家具
C. 出版小说《军人》所得的稿费   D. 陈某姑妈遗留的房屋

2. 王某与赵某 2000 年 5 月结婚。2001 年 7 月,王某出版了一本小说,获得 20 万元的收入。2002 年 1 月,王某继承了其母亲的一处房产。2002 年 2 月,赵某在一次车祸中,造成重伤,获得 6 万元赔偿金。在赵某受伤后,有许多亲朋好友来探望,共收礼 1 万多元。对此,下列哪些表述是正确的?(2003 年)

A. 王某出版小说所得的收入归夫妻共有　　B. 王某继承的房产归夫妻共有

C. 赵某获得的 6 万元赔偿金归赵某个人所有　D. 赵某接受的礼品归赵某个人所有

3. 甲乙是夫妻,甲在婚前发表小说《昨天》,婚后获得稿费。乙在婚姻存续期间发表了小说《今天》,离婚后第二天获得稿费。甲在婚姻存续期间创作小说《明天》,离婚后发表并获得稿费。下列哪一选项是正确的?(2007 年)

A.《昨天》的稿费属于甲婚前个人财产

B.《今天》的稿费属于夫妻共同财产

C.《明天》的稿费属于夫妻共同财产

D.《昨天》、《今天》和《明天》的稿费都属于夫妻共同财产

4. 甲、乙结婚后购得房屋一套,仅以甲的名义进行了登记。后甲、乙感情不和,甲擅自将房屋以时价出售给不知情的丙,并办理了房屋所有权变更登记手续。对此,下列哪一选项是正确的?(2008 年)

A. 买卖合同有效,房屋所有权未转移

B. 买卖合同无效,房屋所有权已转移

C. 买卖合同有效,房屋所有权已转移

D. 买卖合同无效,房屋所有权未转移

5. 张某和王某系夫妻,张某想借钱炒股,王某不同意,张某说:"我自己借钱自己还!"二人书面约定此后各自收入归各自所有。张某以自己名义向不知有此约定的同事孙某借钱,双方未约定利息。下列哪些选项是正确的?(2008 年)

A. 孙某只能要求张某以个人财产还款

B. 孙某有权要求张某以张某和王某所有的财产还款

C. 王某如主张此系张某的个人债务,必须举证证明孙某知道她与张某之间的约定

D. 张某还款时应参照同期银行贷款利息向孙某支付利息

6. 甲、乙结婚的第 10 年,甲父去世留下遗嘱,将其拥有的一套房子留给甲,并声明该房屋只归甲一人所有。下列哪一表述是正确的?(2009 年)

A. 该房屋经过八年婚后生活即变成夫妻共有财产

B. 如甲将该房屋出租,租金为夫妻共同财产

C. 该房屋及租金均属共同财产

D. 甲、乙即使约定将该房屋变为共同财产,其协议也无效

第六章 亲子关系

第一节 亲子关系概述

【引例】

2004 年,9 岁的张某与几个小朋友在门前耍闹,看到不远处有一红色轿车,他对其他人说这是他的同学小明的父亲的车,小明在考试时不让他抄袭,他决定报复小明,于是用随身携带的玩具刀将车身划的乱七八糟。随后他与几个小朋友在马路上捉迷藏,张某过马路时被一辆正常行驶的货车撞伤。肇事司机停下车,急忙将张某送进医院。张某被诊断为大腿骨折,前后共支付治疗费 20000 元。交警队经过对事故进行调查后认为:事故主要是张某违反交通规则、横穿马路造成的,张某应承担主要责任,但肇事司机吴某(刚满 18 周岁)是技校刚毕业的学生,其驾驶货车采取减速措施不及时,应承担次要责任。就在张某的父母与交警队解决事故时,小明父亲老明将张某及其父母告上法庭,要求张某赔偿汽车修理费 5000 元。

问:(1)未成年人的行为造成他人财产损害,损失是否应由其监护人承担?

(2)刚满 18 周岁的成年人造成他人损害的,是由父母承担责任还是自己承担责任? 如果自己无力承担,该如何处理?

一、亲子关系的概念和种类

(一)亲子关系的概念

亲子关系,又称为父母子女关系,在法律上是指父母和子女之间的权利和义务关系。亲子关系是血亲关系中最近的直系血亲,为家庭法律关系的核心。亲子关系基于生育、法律拟制而形成。父母包括生父母、继父母以及养父母,子女包括生子女、继子女以及养子女。

(二)亲子关系的种类

根据亲子关系形成的原因,我国现行《婚姻法》将其分为两类:

1. 自然血亲的亲子关系

自然血亲的亲子关系是基于子女出生这一自然事实而产生的。因父母是否具有婚姻关系,分为生父母和婚生子女的关系、生父母和非婚生子女的关系。自然血亲的父母子女关系是以血缘为纽带,是客观存在的,不能人为地解除,不因父母或子女任何一方关于"断绝父母子女关系"的登报声明或公证或协议而断绝,只能因送养或死亡而终止。

2. 拟制血亲的亲子关系

拟制血亲的亲子关系是指原不存在父母子女关系,但基于收养或事实抚养并由法律加以确认而形成的父母子女关系。根据其形成的原因,分为养父母和养子女关系、有抚养关系的继父母子女关系。拟制血亲的父母子女关系因法律行为或法定的抚养事实而成立,可因特定的法律行为或法律事实的发生如收养的解除等而终止。

上述两种类型的父母子女关系,虽然发生的原因不尽相同,但在法律地位上完全平等,其权益均受法律保护。

上述分类随着现代医学科学的发达,尤其是现代生物工程在医学领域的广泛应用正面临着挑战。人工生育技术使得人类可以用人工方法代替自然生殖过程中的某一或某些步骤进行生殖,非由男女两性性行为受孕生育子女的人工生育方式的出现,大大冲击了传统上的以自然生育方式而形成的社会观念和法律制度。对于人工生育子女的法律问题,本章设专节探讨。

二、亲子关系立法本位的演变

调整亲子关系的法律规范,被称为"亲子法"。它在婚姻家庭法中占有重要地位,通常由父母子女关系的发生、变更、消灭以及父母子女间的权利义务构成。

父母子女的法律地位随着社会形态的更替不断地发展变化。亲子法的立法原则也经历了从"家族本位"到"亲本位",再到"子本位"变化的过程。在以私有制为基础的社会,可分为以家族为本位和以个人为本位的父母子女关系两个阶段。古罗马法在父母子女关系上以家父权为本位,家父行使养育子女的权利和责任,对子女有绝对的支配权。欧洲中世纪时,家父权逐渐被父权所取代,此时的父母子女关系已演变为以父母的利益为中心。近现代立法以个人为本位,并设置了亲权(父母照顾权)制度,规定了父母子女间的权利义务,涉及出生、姓名、扶养、收养、继承等各个方面,其内容已呈现由父母的支配权向保护权发展的趋势。亲权从单独由父方行使而演变为由父母双亲共同行使,并且由单纯的权利演变为权利义务的统一体,更重视子女权利的保护及对子女的教育,故有所谓"子本位的亲子法"的趋势[①]。

亲子法立法本位的这一演化,突出体现在有关父母子女间的权利义务规范上。近代各国立法例都把重点放在父母权利而非父母责任上。现代亲子法则从过去把重点放在父母权利改为父母责任。这一转变,从英格兰《1989 年儿童法》、苏格兰《1995 年儿童法》、澳大利亚《1995 年家庭法改革法》、1995 年《俄罗斯联邦家庭法典》等都可见一斑。随着这种思维模式转变而起变化的,是把重点转放在儿童权利方面,并将之与父母权利或父母责任区分开来[②]。

---

① 史尚宽:《亲属法论》,中国政法大学出版社 2000 年版,第 532～533 页;陈棋炎等:《民法亲属新论》,台北三民书局 1987 年版,第 247～248 页。

② 然而,近年我国有学者赞同采取"既不应为亲本位,也不应为子本位,而应为社会本位的亲子法"。参见林晶:《论儿童最大利益原则适用的误区》,载《甘肃社会科学》2011 年第 3 期。

虽然近现代各国亲子法有不同程度的发展,但一般系从父权主义进展至父母权利平等原则,再发展至子女最大利益原则。子女最大利益原则的确立,成为国家介入亲子关系时的最高指导原则及具体审酌标准。许多国家相继修改有关亲子关系的法律规范,以确保未成年子女的最大利益。

在我国,1949 年中华人民共和国成立后,废除了旧中国的一切法律制度,包括 1930 年《民法·亲属编》①。1950 年《婚姻法》设专章规定了"父母子女间的关系",确立了以保护子女合法权益为原则和父母子女间平等的相互扶养的权利和义务关系。1980 年《婚姻法》继承了前述规定,并增加了关于子女姓氏及父母对子女的管教、保护权利义务的内容,确定了以保护未成年子女合法权益为原则、父母子女间法律地位平等、相互扶养和相互继承的新型亲子法律关系。

1991 年颁行、2006 年修正、2012 年再次修正后的《未成年人保护法》确立了"保障未成年人的合法权益"、"尊重未成年人的人格尊严"的原则。1991 年 12 月 29 日,全国人大常委会批准我国加入联合国 1989 年《儿童权利公约》,正式承诺"关于儿童的一切行动,不论是由公私社会福利机构、法院、行政当局或立法机构执行,均应以儿童的最大利益为一种首要考虑","确保儿童享有其幸福所必需的保护和照料,考虑到其父母、法定监护人或任何对其负有法律责任的个人的权利和义务,并为此采取一切适当的立法和行政措施"。② 以此为契机,我国婚姻家庭法也开始从一般的保护儿童权益向"儿童最大利益"原则发展。

三、亲子之间的权利义务

(一)亲子之间权利义务的概念表达

关于父母对子女的权利义务,不同国家或地区在概念和表达上存在一定差异,我国《民法通则》及其实施意见、《婚姻法》及其司法解释所使用的概念亦存在不同。传统意义上使用"亲权"或"监护"的概念,表达父母对子女的权利义务。但自现代以来,世界上大多数国家响应亲子法之"子女最大利益"理念的转变,在婚姻家庭法领域采取变革措施,首先表现在各国关于父母对子女的权利义务之概述语词的变化上。

《德国民法典》放弃"父母亲权"之表述,改采"父母照顾权",这一概念的转变被学界普遍认为,是德国在父母子女关系立法上传达了"强调父母义务和责任"的讯号③。改革后的"父母照顾权",是指父母有照顾未成年子女的义务和权利,包括对子女的照顾(人的照顾)和对子女的财产的照顾(财产照顾)。英国、澳大利亚等国放弃传统的"监护"概念,改采"父母责任"来概括父母对子女及其财产依法享有的权利、义务、权力、责任与权威④。

---

① 关于中国亲子法的演变,参见陈苇主编:《婚姻家庭继承法学》,法律出版社 2002 年版,第 220 页。
② 联合国 1989 年《儿童权利公约》第 3 条。
③ 陈卫佐先生提出,父母照顾首先是父母的义务,其次才是父母的权利,而亲权则强调的是父亲和母亲对子女的一种"权力"。参见《德国民法典》,陈卫佐译注,法律出版社 2010 年第 3 版,第 487 页。
④ 英格兰《1989 年儿童法》第 3 条。

法国法仍保留"亲权"的概念,概括父母子女之间的权利义务关系。在英国、澳大利亚以及德国等纷纷进行立法用词改革的背景下,法国并未像上述国家一样,将"亲权"改为"父母责任"或其他类似用词,而是保留了"亲权"用语,源于法国立法者认为,"亲权"更能传达出父母的权利与义务不可分割性的意涵。对父母的授权,仅强调其责任和义务是不够的,坚持他们拥有完成其父母义务的权力(powers/empower)也是有必要的。父母对子女有责任,是因为他们有父母权力(powers/empower)。[①] 该法典第 371-1 条规定:"亲权是以子女的利益为最终目的的各项权利与义务之整体。"[②]由其概念来看,尽管《法国民法典》仍使用亲权概念,但其在性质和内涵上也如同前述国家所使用的父母责任或父母照顾权一样,兼具父母权利和义务的综合性。与法国相同的是,美国法坚持沿用"监护权"概括父母对子女及其财产的权利义务关系,多年来美国家庭法在"监护权"概念上并无重大改变,不过在其内涵上也更强调其义务和责任性。尽管各国都借由其概念变革传递出其在亲子关系立法上的理念转变,但实际上变革后的概念与变革前的概念在实质和内涵上仍是基本一致的,即父母对子女既有权利又有义务,上述语词表达的都是权利义务的综合体,只是更倾向于将义务置前,而不是权利置前。

我国《民法通则》第 16 条第 1 款规定:"父母是未成年人的第一顺序监护人。"监护人应当履行监护职责,保护被监护人的人身、财产及其他合法权益,监护人依法履行监护的权利受法律保护。最高人民法院的《民法通则意见》第 10 条对监护人的监护职责作了具体列举,包括保护被监护人的身体健康、照顾被监护人的生活、管理和保护被监护人的财产、代理被监护人进行民事活动、对被监护人进行管理和教育、在被监护人合法权益受到侵害或者与人发生争议时,代理其进行诉讼。由此看来,我国《民法通则》所采用的"监护"概念,在性质上与美国的"监护"、英国和澳大利亚的"父母责任"、德国的"父母照顾权"以及法国"亲权"基本相同,均指父母对子女的权利义务。在内容上也基本类似,都包括对子女的人身监护和财产监护。我国《婚姻法》第 21 条规定:"父母对子女有抚养教育的义务。"该法第 23 条规定:"父母有保护和教育未成年子女的权利和义务。在未成年子女对国家、集体或他人造成损害时,父母有承担民事责任的义务。"可见,我国《婚姻法》未使用"监护"概念,而只采用"抚养教育"、"保护和教育"等概念,且对于"抚养和教育"以及"保护和教育"的内涵没有确定,其仅涉及子女监护中人身监护的部分内容,对于财产监护未有涉及。上述概念用词之差异,反映出我国《民法通则》及《婚姻法》所采用的概念各自为阵,存在内部的不衔接性,在未来《民法典·婚姻家庭编》之起草或制定过程中应该予以关注,

---

[①]　Hugues Fulchiron, *Custody and Separated Families: the Example of French Law*, Family Law Quarterly, Vol. 39, 2005, p. 301.

[②]　《法国民法典》, 罗结珍译, 北京大学出版社 2010 年版, 第 114 页。

趋向统一的概念表达①。

（二）父母对子女有抚养教育的义务

没有哪个子女是自己要求来到这个世界的，他们被自己的父母基于其自身的特别目的考虑带到这个世界。因此，每个子女都有权利被照料和抚养，直到其成年独立，而将子女带到现实世界的父母，自然地承担起相应的照料和抚养的义务，无论其婚姻状况如何，其子女该享有与他们自身相同的生活水平。现行《婚姻法》第21条规定："父母对子女有抚养教育的义务……父母不履行抚养义务时，未成年的或不能独立生活的子女，有要求父母付给抚养费的权利。"父母对子女的抚养教育义务包括：

1. 抚养义务

抚养，是指父母从物质上、生活上对子女的养育和照料。父母对未成年子女的抚养义务是无条件的。即使父母离婚，对未成年子女仍应履行抚养义务。父母对成年子女的抚养义务则是有条件的。在一般情况下，父母对子女的抚养至18周岁为止，对成年子女不再负担抚养义务。但是，对于不能独立生活的成年子女，父母又有给付能力的，仍应负担必要的抚育费。所谓"不能独立生活的子女"，依据《婚姻法解释（一）》第20条的规定，是指尚在校接受高中及其以下学历教育，或者丧失或未完全丧失劳动能力等非因主观原因而无法维持正常生活的成年子女②。值得特别注意的是，抚养不仅是父母的义务，也是父母的权利。父母一方或双方有权抚养自己的孩子，有权为孩子的成长支付抚养费。尤其

---

① 对于《民法通则》与《婚姻法》规范父母对子女人身和财产上的权利义务的概念统一，学界早前已有诸多探讨，主要的争论表现在是以亲权、监护权还是父母照顾权实现统一。第一种观点认为，应在我国设立父母子女之间的亲权，在亲权人没有能力行使亲权或丧失亲权的情况下，以监护作为亲权的延伸和补充。第二种观点认为，无须另外设立亲权，应继续沿用《民法通则》的监护制度。第三种观点认为，可借鉴德国立法模式，改采父母照顾权，在父母死亡或被剥夺照顾权时，应为未成年人确定监护人。笔者认为，传统的亲权与监护二元概念模式已被打破，对于父母子女之间的权利义务的概括用词已经多元化。尽管德国改亲权为父母照顾权，英国和澳大利亚改监护为父母责任，但美国仍继续采用监护概念，法国也仍采用亲权概念，说明只要该国立法所采用的概念能够准确定性父母对子女的权利义务关系，其尽可以保留其原有概念。再者，德国、英国和澳大利亚的改革，其目标是强调父母对子女的义务和责任，但其都不否认父母对子女关系上权利性的一面。事实上，无论是父母照顾权、父母责任、亲权还是监护，其实质上都是兼具有权利与义务。而美国、法国和日本尽管未进行改革，但其监护与亲权在内涵上也更多强调父母责任和义务的一面。说明强调父母责任和义务，并不一定非得通过原有概念的抛弃来实现，也可以通过对既有概念的内涵赋予新意来实现，殊途可以同归。我国《民法通则》所采用的监护概念，其本身也更强调父母的职责性，同时也规定监护是父母的权利，在性质上与前述国家的亲权、父母责任或父母照顾权是一致的。所以，亲权与监护实质相同，只是用词上的不同，所以在父母对子女权利义务关系上，取一即可，由于我国立法已有监护的规定，则沿用既有的监护制度既保留了传统，又可以节约改革成本，而且也易为民众所接受，没有必要抛弃既有监护制度而创建新的亲权制度。参见陈思琴：《离婚后亲子关系法律制度研究》，中国社会科学出版社2011年版，第1~38页。

② 该司法解释将18周岁以后还在接受高等教育的成年子女排除在父母法定抚养义务之外。该解释出台的动因是基于鼓励年满18周岁的成年子女独立，不再依赖父母。但其忽视了当前中国社会的实况，多数在校大学生难以通过国家助学贷款、通过自助自立获取大学全部费用。事实上多数成年大学生都是在父母的资助下完成学业的。

表现在父母离婚时,未与子女共同生活的父母一方有权向与子女共同生活的父母一方支付抚养费,另一方不得拒绝接受抚养费。

当未成年子女和不能独立生活的成年子女的受抚养权利被侵犯时,他们有权向父母请求给付抚养费。根据《婚姻法解释(一)》第 21 条的规定,抚养费包括子女生活费、教育费、医疗费等费用。其追索抚养费的要求可以经抚养义务人所在单位或有关部门调解,或通过诉讼程序向人民法院提起给付抚养费之诉。人民法院应根据子女的需要和父母的抚养能力,通过调解或判决方式,确定抚养费的数额、给付期限和方法。对拒不履行抚养义务、恶意遗弃未成年子女,情节恶劣、构成犯罪的,应依法追究其刑事责任。

2. 教育义务

教育是指父母在思想品德、学业上对子女的关怀与培养。家庭教育与学校教育相比,有其特殊的作用。父母与子女之间存在血缘联系,共同生活中联系紧密,使父母对子女的影响和感染十分强烈。尤其对未成年子女,父母的一言一行直接影响着他们,父母的言行常常成为子女仿效的榜样。家庭生活中,父母应对子女在思想上、品质上、生活技能上加以正确引导和教诲。作为子女的第一任教师,承担对子女的教育义务,是父母应尽的责任,也是法律赋予父母的义务。我国现行《未成年人保护法》第 11 条规定:"父母或者其他监护人应当关注未成年人的生理、心理状况和行为习惯,以健康的思想、良好的品行和适当的方法教育和影响未成年人,引导未成年人进行有益身心健康的活动,预防和制止未成年人吸烟、酗酒、流浪、沉迷网络以及赌博、吸毒、卖淫等行为。"

不仅如此,父母还应积极为子女提供接受学校教育的条件与机会。适龄儿童,都享有受教育的权利。《义务教育法》第 11 条第 1 款规定:"凡年满六周岁的儿童,其父母或者其他法定监护人应当送其入学接受并完成义务教育;条件不具备的地区的儿童,可以推迟到七周岁。"因此,父母应按时送子女到学校接受教育,并为其提供所需的费用,这也是父母对子女教育义务的组成部分。父母不得以任何借口侵害子女接受法定教育义务的权利。该法第 58 条还规定:"适龄儿童、少年的父母或者其他法定监护人无正当理由未依照该法规定送适龄儿童、少年入学接受义务教育的,由当地乡镇人民政府或者县级人民政府教育行政部门给予批评教育,责令限期改正。"

(三)父母对子女有保护和管教的义务

现行《婚姻法》第 23 条规定:"父母有保护和教育未成年子女的权利和义务。在未成年子女对国家、集体或他人造成损害时,父母有承担民事责任的义务。"未成年子女是无民事行为能力人或限制民事行为能力人,他们缺乏对事物的理解能力、判断能力和处理能力,法律要求父母对未成年子女进行保护和教育,一方面是为了保障子女的健康安全,另一方面,是为了防止未成年子女损害他人和社会利益。同时,父母对未成年子女的保护和教育既是权利又是义务,父母不得抛弃,也不得滥用。

1. 保护义务

保护,是指父母应防范和排除来自自然界或他人对未成年子女的人身或财产权益的非法侵害,保护未成年子女的人身安全与合法权益。首先,父母本身不得危害子女人身安全,侵害未成年子女的财产权益。我国《婚姻法》第 21 条第 4 款规定:"禁止溺婴、弃婴和其他残害婴儿的行为。"其次,父母有义务防止和排除来自外界的对于未成年人的侵害,当未成年子女的人身和财产权益受到他人不法侵害时,父母为其法定代理人,有义务保护子女,使其免受伤害,保障子女的安全和健康;并有权以法定代理人的身份提起诉讼,请求加害人停止侵害、赔偿损失。在未成年子女被拐骗等脱离家庭或监护人的情形下,父母有权要求归还子女,并要求司法机关追究行为人相应的法律责任。

2. 管教义务

此处的管教义务,更侧重于对未成年子女的管理和教育,对其言行进行必要的约束。2012 年 10 月 26 日修正、2013 年 1 月 1 日施行的《中华人民共和国预防未成年人犯罪法》第 14 条至第 20 条对父母的教育义务作了一系列具体的规定,主要包括:"未成年人的父母或者其他监护人和学校应当教育未成年人不得有下列不良行为:(一)旷课、夜不归宿;(二)携带管制刀具;(三)打架斗殴、辱骂他人;(四)强行向他人索要财物;(五)偷窃、故意毁坏财物;(六)参与赌博或者变相赌博;(七)观看、收听色情、淫秽的音像制品、读物等;(八)进入法律、法规规定未成年人不适宜进入的营业性歌舞厅等场所;(九)其他严重违背社会公德的不良行为。""未成年人的父母或者其他监护人和学校应当教育未成年人不得吸烟、酗酒。""未成年人的父母或者其他监护人和学校发现未成年人组织或者参加实施不良行为的团伙的,应当及时予以制止。发现该团伙有违法犯罪行为的,应当向公安机关报告。""未成年人的父母或者其他监护人和学校发现有人教唆、胁迫、引诱未成年人违法犯罪的,应当向公安机关报告。""未成年人的父母或者其他监护人,不得让不满十六周岁的未成年人脱离监护单独居住。""未成年人的父母或者其他监护人对未成年人不得放任不管,不得迫使其离家出走,放弃监护职责。"

3. 承担民事责任的义务

在未成年子女对国家、集体或他人造成损害时,父母作为法定监护人有承担民事责任的义务。至于确定损害赔偿的条件、赔偿的数额和方法等,适用《民法通则》的有关规定。《民法通则》第 133 条规定:"无民事行为能力人、限制民事行为能力人造成他人损害的,由监护人承担民事责任。监护人尽了监护责任的,可以适当减轻他的民事责任。有财产的无民事行为能力人、限制民事行为能力人造成他人损害的,从本人财产中支付赔偿费用。不足部分,由监护人适当赔偿,但单位担任监护人的除外。"《民法通则意见》第 158 条规定:"夫妻离婚后,未成年子女侵害他人权益的,同该子女共同生活的一方应当承担民事责任;如果独立承担民事责任确有困难的,可以责令未与该子女共同生活的一方共同承担民事责任。"第 161 条规定:"侵权行为发生时行为人不满十八周岁,在诉讼时已满十八周岁,并有经济能力的,应当承担民事责任;行为人没有经济能力的,应当由原监护人承担民事责任。行为人致人损害时年满十八周岁的,应当由本人承担民事责任;没有经济收入的,由扶养人垫付,垫付有困难的,也可以判决或者调解延期给付。"

(四)子女对父母有赡养扶助的义务

我国《宪法》第 49 条第 3 款规定:"成年子女有赡养扶助父母的义务。"《婚姻法》第 21 条规定:"子女对父母有赡养扶助的义务……子女不履行赡养义务时,无劳动能力的或生活困难的父母,有要求子女付给赡养费的权利……"

赡养,是指子女对父母的供养,即在物质上和经济上为父母提供必要的生活条件。扶助,指子女给予父母精神上的安慰和生活上的照料。赡养扶助父母的义务承担者是有独立生活能力的成年子女,未成年子女或没有独立生活能力的成年子女本身还需要父母的抚养,不可能对父母承担赡养义务。子女对于丧失劳动能力、生活确有困难的父母,应该自觉地履行赡养扶助义务,使老人能够安度晚年。

赡养扶助的具体内容,依据现行《老年人权益保障法》第 14 条至第 19 条的规定,主要包括:第一,老年人的子女以及其他依法负有赡养义务的人,应当履行对老年人经济上供养、生活上照料和精神上慰藉的义务,照顾老年人的特殊需要。第二,赡养人应当使患病的老年人及时得到治疗和护理;对经济困难的老年人,应当提供医疗费用;对生活不能自理的老年人,赡养人应当承担照料责任;不能亲自照料的,可以按照老年人的意愿委托他人或者养老机构等照料。第三,赡养人应当妥善安排老年人的住房,不得强迫老年人居住或者迁居条件低劣的房屋。第四,赡养人有义务耕种或者委托他人耕种老年人承包的田地,照管或者委托他人照管老年人的林木和牲畜等,收益归老年人所有。第五,家庭成员应当关心老年人的精神需求,不得忽视、冷落老年人;与老年人分开居住的家庭成员,应当经常看望或者问候老年人。第六,赡养人不得以放弃继承权或者其他理由,拒绝履行赡养义务;赡养人不履行赡养义务,老年人有要求赡养人付给赡养费等权利。

子女赡养扶助父母是无期限的,也不得附加任何条件。无论子女是否与父母居住在一起,都应根据父母的实际需要履行赡养义务。赡养的方式既可以是与父母共同生活直接履行赡养义务,也可采用提供生活费用的方式承担经济责任。如有多个子女,则应根据每个子女的经济状况,共同承担起对父母的经济责任。赡养费的数额,既要根据赡养人的经济负担能力,又要照顾父母的实际生活需要。一般而言,应不低于子女本人或当地的平均生活水平,以确保老人的生活需要。赡养费的支付方式,可以根据不同的情况,采取按期或定期给付现金;无固定收入的,可以按收益季节支付现金或实物。

关于子女对父母的赡养义务能否因为父母的不法或不当行为而减免的问题,由于现行立法没有规定,所以司法判决一般不支持减免。理论界已有学者关注该问题,并提出父母请求子女赡养的权利丧失的两种情形,包括:第一,父母对未成年子女实施了犯罪行为,如虐待、遗弃、出卖、故意伤害或强奸未成年子女的。第二,父母有不良行为,会影响危害未成年子女健康成长的。[①] 我国台湾地区 2010 年通过"民法"修正案,对该问题予以规范。根据台湾地区现行"民法"第 1118-1 条的规定,如父母有下列情形之一,由子女负担扶养义务显失公平,子女得请求法院减轻其扶养义务:(一)父母对子女、子女的配偶或子女的直系血亲故意为虐待、重大侮辱或其他身体、精神上之不法侵害行为;(二)对子女无正当理由未尽扶养义务。父母对子女有上述行为之一,且情节严重者,法院得免除其扶养义务。我们认为,台湾地区的新规增强了对父母恰当履行自己为人父母的职责的约束,适当考虑到父母不法或不当行为对未成年子女造成的伤害,体现了父母子女权利义务负担的一致性和公平性,值得大陆参考和借鉴。

---

① 何俊萍:《我国婚姻法应规定父母权利的丧失》,中国法学会婚姻家庭法学研究会 2009 年年会论文集,第 231 页。

现行《婚姻法》第 21 条第 3 款规定:"子女不履行赡养义务时,无劳动能力的或生活困难的父母,有要求子女付给赡养费的权利。"父母可以直接要求子女给付赡养费,也可以请求居民委员会、村民委员会以及所在单位调解,说服子女给付。如果子女不履行赡养义务时,无劳动能力的或生活困难的父母可以通过诉讼程序提出请求,人民法院应当根据父母的实际需要和子女的经济负担能力,通过调解或判决方式,确定赡养费的数额和给付办法。对于被赡养人有生活来源,但因丧失劳动能力、生活不能自理而需要劳务扶助,起诉至人民法院的,法院也应当受理,从而促使义务人全面履行义务。义务人有能力赡养而拒绝赡养,构成遗弃,情节恶劣的,应依法追究其刑事责任。

(五)子女应当尊重父母的婚姻权利

实行婚姻自由是我国《婚姻法》的基本原则之一,公民有权依照法律规定自主决定自己的婚姻问题,不受任何人的非法干涉或强迫。婚姻自由权并非青年人的"专利",中老年人同样享有。鉴于现实生活中子女干涉父母离婚或者再婚的现象较为突出,损害了父母尤其是老年父母的婚姻自由权,2001 年修正后的《婚姻法》增设专条以保护父母的婚姻自由权,该法第 30 条规定:"子女应当尊重父母的婚姻权利,不得干涉父母再婚以及婚后的生活。子女对父母的赡养义务,不因父母的婚姻关系变化而终止。"

(六)父母子女有相互继承遗产的权利

现行《婚姻法》第 24 条第 2 款规定:"父母和子女有相互继承遗产的权利。"这一权利是基于双方的特定身份而产生的。依照我国《继承法》的规定,子女和父母互为第一顺序的法定继承人。父母死亡时,子女有继承他们遗产的权利;子女死亡时,父母有继承他们遗产的权利。父母子女均为独立的继承主体。子女,包括婚生子女、非婚生子女、养子女和有抚养关系的继子女;父母,包括生父母、养父母和有抚养关系的继父母。养子女只能继承养父母的遗产,因收养关系的成立,与生父母不再有权利义务关系,所以不得再继承生父母的遗产。形成抚养关系的继子女和继父母,为拟制直系血亲,继子女继承了继父母遗产的,仍可以继承生父母的遗产。但是,继子女如果已依《收养法》被继父或继母收养,则不得继承不与其共同生活的生父或生母的遗产了。

第二节　生子女①

【引例】

王某(男)与李某(女)于 2001 年登记结婚,2006 年 2 月李某生一男孩。2007 年 7 月双方协议离婚,签订离婚协议书一份,约定孩子由李某抚养,王某支付抚养费 2500 元/年,医疗费和教育费双方共同承担,各支付 50%,至孩子独立为止。同日双方到民政部门办理了离婚手续。2008 年 1 月,王某因听说孩子非自己亲生,遂私自带领孩子到某司法鉴定中心做亲子鉴定。鉴定意见:孩子不是原告王某亲生。原告鉴定花费 3000 元。原告由此向法院起诉,请求法院判决被告返还为生育孩子所支付的营养费、生产费及抚养费,并要求被告赔偿其精神损失。

问:(1)婚生子女的否认权该如何行使?

(2)原告的上述主张能否得到支持?

一、有婚姻关系的父母与子女的关系

(一)婚生子女的概念

婚生子女,是指在合法婚姻关系存续期间受胎或出生的子女。严格意义上的婚生子女应具备下列要件:(1)其父母间须有合法的婚姻关系;(2)其为生父之妻所分娩;(3)其在父母的婚姻关系存续期间受胎;(4)其为生母之夫的血缘。

上述第 1 个、第 2 个要件的证明并无困难,但要证明第 3 个、第 4 个要件,虽非绝对不可能,但却很困难。因为子女是否确凿无疑地出自生母的丈夫,难以直接以子女出生的事实加以确认。为了解决这一难题,大多数国家婚姻家庭法基于尊重结婚道德和婚姻制度,维护和巩固因合法婚姻关系建立的家庭、保护子女利益的需要,根据医学上的生育经验,设立了婚生子女的推定制度。婚生子女的推定不仅是对子女的婚生身份的推定,同时也是对父亲身份的推定。即受婚生推定的子女既取得婚生子女的法律地位,又推定其母亲的丈夫为该婚生子女法律上的父亲。

---

① 传统家庭法将生子女分为"婚生子女"与"非婚生子女",其理由不但是因为父母是否有婚姻关系对于确定子女法律上的父母身份至关重要,由此确立有婚生子女的推定与否认、非婚生子女的认领与准正等法律制度。更为重要的是,传统父权社会要求已婚妇女对于丈夫的绝对忠贞,婚外性关系被视为罪恶,只有在社会认可的婚姻制度之下所生的子女才视为正统与合法,非婚生子女备受歧视,二者的法律地位及其权利义务差异甚大。自 20 世纪 60 年代以来,由于人权保障思想的普及,宪法平等原则的日益落实,各国开始检讨原有立法中对于非婚生子女的歧视性规定,通过修正法律或制定新法赋予非婚生子女与婚生子女平等的法律地位,无论婚生子女与非婚生子女,其与父母间的权利义务平等。一些国家甚至在立法上完全取消了婚生子女与非婚生子女的区分,将其统称为"自然子女"、"亲生子女",非婚生子女之观念被彻底抛弃,可谓现代父母子女关系立法的最新发展趋势。鉴于我国现行法仍然将亲生子女区分为婚生子女与非婚生子女,本章仍然依据现行法律的规定进行阐述。

(二)婚生子女的推定

婚生子女的推定,是指对子女婚生性、合法性的法律认定。在婚生子女推定中,由于母亲基于分娩的事实,使得母子关系容易确定,而父亲与子女关系的确定就较为复杂。所以婚生推定,实际上是指妻在合法婚姻关系存续期间受胎或出生的子女推定为夫的婚生子女。设立婚生子女推定制度,不仅有利于保护子女的合法权益,也有利于保护善意当事人的合法权益,维护家庭的和睦与稳定。

各国家庭法对子女的婚生推定主要有三种立法例:

第一,受胎说。即以子女是否在婚姻关系存续期间受胎所生为标准,只要子女系在婚姻关系存续期间受胎,即推定为婚生子女。该推定系认定生父与子女之关系,母之夫即为该婚生子女的父亲,如有反证,可提起否认之诉。为便于确认是否在婚姻期间受胎,依医学上的经验,在法律上规定受胎期间,只要子女的受胎期间在婚姻存续中,即受婚生子女的推定。

第二,出生说。即以子女在婚姻关系存续期间出生为标准,而不论是否在婚姻关系中受胎。依照这一推定方法,在母亲已结婚的一切案件中,在婚姻关系存续期间所生的子女,被推定为其母亲的丈夫的子女。如果子女在婚前受胎,婚后出生,该子女也被推定为婚生子女。但是,如能证明丈夫无性行为能力,或在子女可能受胎的时期不在,或通过亲子鉴定等,证实该丈夫不可能是子女的父亲,则可对婚生子女的推定提出否认。

第三,混合说。又可分为两种:第一种以出生说为原则,以受胎说为补充。即凡是在婚姻关系存续期间出生或在婚姻关系中受胎而在婚姻关系终止或被撤销后出生的子女,皆为婚生子女。例如,《瑞士民法典》第 255 条第 1 款规定:"在婚姻存续期间或婚姻解除后 300 天之内所生之子女,推定夫为父。"第二种是以受胎说为原则,以出生说为补充。即凡是在婚姻关系中受胎,不问在婚姻中出生或在婚姻终止后出生,皆为婚生子女;婚前受胎而在婚后所生的子女,也可推定为婚生子女。例如,《意大利民法典》第 231 条、第 232 条之规定即以受胎说为原则,但在第 233 条补充规定:"配偶一方或子女本人不否认生父身份的,则认为自婚礼举行之日起未满 180 日出生的子女为婚生子女。"

我国《婚姻法》中虽然有婚生子女这一法律概念,但对于其含义及婚生父母子女关系依据何种法律事实产生并未作规定。但司法实践中存在婚生子女推定的做法。早在 1956 年最高人民法院《关于徐秀梅所生的小孩应如何断定生父问题的复函》中就指出:"小孩是在双方婚姻关系继续存在中所生的,男方现主张非其所生,应提出证据证明。男方既提不出任何证据而法院亦无法另找证明方法,在这种情况下,法院只能认为男方的主张不能证明,在这认定下对小孩问题予以判决。"这一司法解释明确提出了确认父母与婚生子女关系的法律原则,即在婚姻关系存续期间所生子女,应认定为夫妻双方的子女,丈夫否认子女非其所生,应负证明责任。这一法律原则实际上就是婚生子女推定原则,至今仍为人民法院所遵循。

我们认为,婚生推定制度的目的主要有二:一是为子女确认生父,确定抚养义务承担人,保障未成年子女在父母抚育下成长;二是为父亲确认生子女,确保子女与其有血缘关系。对上述两个目的进行比较和权衡,为保障处于弱势的未成年子女幼有所养,婚生推定的第一个目的优先于第二个目的。所以婚生推定应采取更为宽松的态度,以在婚姻关系存续期间受胎或出生为婚生推定的基本原则,包括婚前受胎后在婚姻存续期间出生、婚姻存续期间受胎且出生、婚姻存续期间受胎婚姻关系终止后 10 个月内出生都可首先推定为婚生。对婚生推定持有异议的当事人,可基于相反的事实提出否认。

(三)婚生推定的否认

婚生子女的父亲身份既然只是一种法律上的推定,就有可能被相反的事实所推翻。在现代社会的婚姻关系中,婚外性行为在任何国家或地区都不可能因法律或道德的否定而完全杜绝。因此,受婚生子女的推定的子女有可能不是丈夫的子女。为了维护婚生父母子女关系的血缘真实性,保障当事人的合法权益,防止应尽义务的生父不致逃脱法律责任,世界上大多数国家庭法在设立婚生子女推定的同时,也都规定了婚生子女的否认制度。但这种否认权须以诉讼方式行使,并经法院裁决确认之后,才能撤销婚生子女的推定,否认权人自行否认不生法律效力。

第一,否认的原因。各国现代家庭法通说主张采取概括性规定,只要能提出证据证明受婚生子女的推定的子女不是丈夫的亲生子女即可。对于夫之父亲身份,现在可以通过适当方法,尤其是医学鉴定予以证明,只要真正事实与法律上的推定相反,即可提出婚生推定的否认之诉。由于婚生否认之诉的性质属确认之诉,即对无血缘关系的事实给予确认,因而我国婚姻家庭法也应采此通说。从而,丈夫无生育能力、在子女受胎期间与妻子无同居的事实、亲子鉴定结论等都可以作为提出否认的证据。

第二,否认权人。关于婚生推定的否认权人,各国的立法例主要有四类:一是只有丈夫及其继承人享有否认权;二是丈夫、子女享有否认权;三是夫、妻、子女或检察官均享有否认权;四是推定父母、生父母、成年子女均有否认权[①]。各国否认权人范围的设置有宽有窄,主要是考虑到被推定的父亲、母亲、子女以及亲生父亲的权益,在血缘的真实性和家庭的安定性之间的权衡和取舍。以追求自然血缘的真实性为目的,则对否认权人范围较少限制,被推定的父亲及其继承人、母亲、子女以及亲生父亲都有权提出异议。以维持家庭关系的稳定为目的,则对否认权人范围更多限制,尽量避免家庭外之第三人提出否认,对原有的婚姻家庭关系造成破坏。我们认为,由于婚生否认直接影响到子女未来的养育安排,关系"儿童最大利益"的实现,对婚生的否认应以真实的血缘关系为基础,兼顾身份关系的安定性。如果当事人之间已发生共同生活的事实,产生了亲生父母子女般的感情,

---

① 《日本民法典》第 774 条规定,对于因妻子于婚姻中怀胎的子女,或者自婚姻成立之日起经过 200 天之后或自婚姻解除或撤销之日起 300 天内出生的子女,虽被推定为丈夫的子女,但丈夫可以否认子女为婚生子女。《德国民法典》第 1600 条规定有权请求撤销父亲身份的是:与生母有婚姻关系或已承认父亲身份的男子、母亲、子女以及有撤销权的机关。《法国民法典》第 333 条规定:"在占有身份与证书相一致时,唯有子女本人、父与母之一或者自认是真正父、母的人"可以提出亲子关系异议之诉;其第 334 条规定:"在没有按照证书占有身份的情况下,任何利益关系人"均可在 10 年期限内提出异议之诉;其第 336 条、第 336-1 条还规定了特定情形下检察官可提出亲子关系异议之诉和冲突之诉。我国台湾地区"民法"第 1063 条第 2 款规定:"夫妻之一方自知悉该子女非为婚生子女,或子女自知悉其非为婚生子女之时起两年内为之。但子女于未成年时知悉者,仍得于成年后两年内为之。"

在被推定的父亲、母亲以及子女都不提出异议的情况下,如果允许任何第三人否认这一亲子关系,恢复血缘真实的亲子关系,恐怕既伤害当事人之间的感情,不利于子女的健康成长,也无益于婚姻家庭和社会秩序的稳定,故应将否认权人的范围限制在被推定的父亲、母亲以及成年子女。

第三,否认权的行使期限。为了促使否认权人及时行使权利,尽早确定子女的法律身份,大多数国家和地区规定了否认权的行使期限。例如,《日本民法典》第777条规定:"婚生否认之诉,自丈夫知道子女出生时起,须在一年以内提起。"我国台湾地区"民法"第1063条规定:"否认之诉,夫妻之一方自知悉子女非为婚生子女,或子女自知悉其非为婚生子女之时起两年内为之。但子女于未成年时知悉者,仍得于成年后两年内为之。"《德国民法典》第1600b条规定撤销期间为自权利人知悉不利于父亲身份的情事起2年之内。我们认为,台湾地区和德国关于时效的起算点的规定较日本更为科学合理,保障当事人在知悉非婚生的情事时有权利作出选择,而不是还不知道非婚生,仅因为子女出生后法定期间的经过而失去作出决定的机会。至于时效的期间,以规定一年为妥。因为身份关系的确定,在知悉非婚生的情事后,越早确认生父母子女关系,越有利于保障婚生否认诉讼中各方当事人的合法利益。

第四,婚生否认之诉。婚生子女的推定只能经婚生否认之诉予以推翻,故否认权的行使,须以诉讼方式为之。否认之诉一经判决确定,子女的婚生性被否认,即成为非婚生子女。但在法院作出判决之前,任何人不得主张该子女为非婚生子女。

必须注意,目前我国《婚姻法》没有明确规定婚生子女否认制度。在司法实践中,丈夫对于婚生子女提出异议的,一般由丈夫向人民法院提出确认之诉,并由其举证证明在该子女受胎期间没有与妻同居或本人没有生育能力等。人民法院在必要时可根据当事人的请求进行亲子鉴定。但对于丈夫行使否认权的诉讼时效和法律后果等都没有规定。《婚姻法解释(三)》第2条就婚生否认作了规定,夫妻一方向人民法院起诉请求确认亲子关系不存在,并已提供必要证据予以证明,另一方没有相反证据又拒绝做亲子鉴定的,人民法院可以推定请求确认亲子关系不存在一方的主张成立。

■ 二、无婚姻关系的父母与子女的关系

(一)非婚生子女的概念

非婚生子女,是指没有婚姻关系的男女所生的子女。无婚姻关系的妇女所生的子女,已婚妇女所生但被法院判决否认婚生推定的子女,已婚妇女所生的不受婚生推定的子女,以及女方被人强奸、诱奸所生子女,均属于非婚生子女。对于无效婚姻或被撤销婚姻的当事人所生的子女,有的国家将其视为非婚生子女,而多数国家却基于保护子女利益的需要,仍然规定其为婚生子女。

非婚生子女与其生母的法律关系,除少数立法例外(如日本民法),各国大多基于母卵与子宫一体的原则,遵循罗马法"谁分娩,谁为母亲"之原则,依生理的出生分娩事实发生法律上的母子(女)关系。几乎在所有国家,母亲身份都是基于子女出生的事实或者在出生证上登记母亲的姓名而自动取得。此外,母亲身份还可以通过认领或诉讼程序或者因

民事身份占有的事实而确定。非婚生子女的父亲身份的确定必须取决于母亲身份本身是否确定。因为如果没有指明母亲的姓名，实际上不可能确定孩子的父亲。但非婚生子女与生父之关系，无法以分娩之事实而直接确定，因而确定父亲身份要比证明母亲身份产生更为复杂的法律问题。非婚生子女的父亲身份难以通过推定的方法来确定，常见的方法是自愿认领和强制认领（司法裁决）。

根据我国《婚姻法》第 25 条的规定，非婚生子女享有与婚生子女同等的权利，任何人不得加以危害和歧视。不直接抚养非婚生子女的生父或生母，应当负担子女的生活费和教育费，直至子女能独立生活为止。《继承法》第 10 条规定："遗产按照下列顺序继承：第一顺序：配偶、子女、父母……本法所说的子女，包括婚生子女、非婚生子女……"可见，我国的非婚生子女具有与婚生子女完全相同的法律地位。

（二）非婚生子女的认领

非婚生子女的认领，是指通过法定程序使非婚生子女实现婚生化的法律行为。各国法律确立非婚生子女的认领主要有两种方式：自愿认领与强制认领。

1. 自愿认领

自愿认领，是指生父母自愿承认该子女为自己所生，并领为自己子女的行为。又分为两种：

（1）单独行为的自愿认领。认为生父的认领系生父单独的法律行为，生父享有决定权，不依赖于其他人的同意，也不论母亲或子女是否反对。这种认领单以父亲的意思来决定非婚生子女的法律地位，父亲身份的确定根本上取决于父亲的意愿，含有浓厚的父权主义思想，与保护非婚生子女利益的世界潮流相背离，因而为大多数立法例所不采。

（2）以同意为条件的自愿认领。目前大陆法系国家普遍实行的认领模式是取决于一定条件的认领，其条件之一就是母亲或子女的同意。例如，根据《德国民法典》第 1595 条的规定，生父的自愿认领必须经母亲同意，如果母亲在此范围内不享有父母照顾权，认领还必须经子女同意；在生父认领被拒绝时，如果该认领不会危害子女和母亲的利益，父亲有得到法律救济的权利，法官可授权父亲认领。

自愿认领具有以下特征：第一，认领的对象是非婚生子女。第二，认领是身份法律行为。只有非婚生子女的父亲才可认领，父亲可委托他人代办认领手续，但受托人所表示的是委托人的意思而非自己的意思。第三，认领是不可废除的法律行为。若认领是在遗嘱中为之，则遗嘱的废除、无效或撤销均不影响认领条款的效力。第四，认领是无条件的法律行为。认领行为中不得附带任何变更或限定法律效果的条款，不得附条件或期限；任何条件、期限或为法律所禁止的条款并不导致认领的无效，法律对条件、期限或受禁止条款"视为无记载"。第五，认领是有追溯力的行为。认领是宣告行为而非形成行为，只是承认事实上存在的状况而不是创设事实上不存在的法律状态，因而具有追溯力。第六，认领是无时效限制的法律行为。认领可在子女出生前、出生后或死亡后的任何时间作出。但在认领胎儿时，必须是在受孕后作出，尚未受孕时不得认领；对已死者的认领只对被认领人的直系卑亲属产生效力。

2. 强制认领

非婚生子女的生父不为自愿认领,经非婚生子女或其生母或其法定代理人向法院请求强制生父认领,此即所谓强制认领。强制认领是请求法院以判决代替生父的自愿认领,以确认父母子女关系存在。

自21世纪初始,北欧各国的立法就基于保护母亲和子女免受生父不负责任之害以及减轻国家负担之观念,即使违背母亲的意愿,也允许搜索非婚生子女的生父。因此,当未婚妇女生育子女后,必须尽可能早地通过认领或者司法裁决确定父亲身份。如果生父不自愿认领,非婚生子女出生地的福利委员会将对其提起确定父亲身份的诉讼,并可以采取包括亲子鉴定(血型鉴定或其他鉴定)在内的所有证明方法。有关当事人有义务接受此类鉴定,必要时,可涉及可能是该非婚生子女之生父的所有男子。强制认领之诉一般在子女出生后一年内提出。因此,无论母亲是否愿意,非婚生子女的父亲身份必须确定。各国最近的立法广泛地许可对确认父子关系提起诉讼及通过适当方法予以证明,扩大了非婚生父子关系的确认范围。如果母亲愿意,总是可以(至少为请求子女的抚养费)对非婚生子女的父亲提起诉讼,而不再单纯取决于父亲的自愿认领。

强制认领的原因对保护非婚生子女之利益颇为重要。多数国家采取概括的规定,只要能证明被指控的男子是该非婚生子女的真实生父即可,没有具体法定事由的限制。"保护子女之利益,复限定请求认领之原因,以防冒滥。"[①]现代各国家庭法学者通说认为,强制认领制度旨在保护非婚生子女的利益,保障其知悉自己出身之权利,且现代科学之发展,已能断定生物学上、血缘上父子关系之存在,故限制请求生父认领的事由,似无必要。

无论是自愿认领还是强制认领,一旦亲子关系得到确认,非婚生子女与生父母在法律上也就确认了父母子女关系,非婚生子女取得了婚生子女的法律地位,享有与婚生子女同等的权利。认领具有溯及力,溯及至其出生时起取得婚生子女资格。

尽管我国《婚姻法》没有规定非婚生子女的认领制度,但司法实践已有此类问题的处理。非婚生子女与生父母的关系,可以因生父母主动承认,或者由其生母、生父或其他监护人提出证据,必要时法院可以要求当事人做亲子鉴定,经人民法院查证属实,能证明非婚生子女与生父母的关系的,即可判决确认非婚生子女与生父母的关系。根据《婚姻法解释(三)》第2条第2款的规定,当事人一方起诉请求确认亲子关系,并提供必要证据予以证明,另一方没有相反证据又拒绝做亲子鉴定的,人民法院可以推定请求确认亲子关系一方的主张成立。这一司法解释为非婚生子女及其生父母或监护人请求确认亲子关系提供了具体的法律依据。

(三)非婚生子女的准正

非婚生子女的准正,是指已出生的非婚生子女因生父母结婚或司法宣告而取得婚生子女资格的制度。即非婚生子女因其生父与生母在其出生后结婚,而被婚生化,使非婚生子女取得婚生子女的身份,被赋予与婚生子女相同的地位。准正乃自罗马法以来大陆法

---

①　史尚宽:《亲属法论》,台湾三民书局1974年版,第511页;陈棋炎、郭振恭、黄宗乐:《民法亲属新论》,台湾三民书局1987年版,第271页。

系各国法律所承认的保护非婚生子女的制度。此制度巧妙地将鼓励正式婚姻与保护非婚生子女这两个理念相联结,而具有奖励、促进非婚生子女之生父生母正式结婚之功能。我国《婚姻法》对非婚生子女的准正未作规定,但是在司法实践中,生父母在子女出生后补办结婚登记的,该子女视为婚生子女。目前各国法律就准正的要件而言,至少就结婚之外,生父或生母是否尚须有认领的意思表示,各国法律的规定仍未尽一致。

1. 准正的形式

非婚生子女的准正,依准正原因不同可分为两种形式:(1)因生父和生母结婚而准正。它本身又可分为两种情况:一是仅以生父母结婚为准正的要件。例如,《德国民法典》第1719条、《比利时民法典》第331条等,均采此制。二是以生父母结婚和认领为准正的双重要件。例如,《日本民法典》第789条第1项规定:"已经父亲认领的子女,因其父母结婚而取得婚生子女的身份。"依此规定,准正必须具备生父与生母结婚及生父认领两个要件。从而准正分为婚姻准正和认领准正。婚姻准正即生父与生母结婚在前,生父认领在后;认领准正即生父认领在前,生父与生母结婚在后。但两者在法律上地位完全一样。(2)因司法宣告而准正[①]。男女订立婚约后,因一方死亡或有婚姻障碍存在,使非婚生子女准正不能实现时,可依婚约一方当事人或子女的请求,由法官宣告子女为婚生子女。

2. 准正的要件

根据外国立法例,非婚生子女的准正须具备以下要件:(1)须有血缘上的非婚生父母子女关系;(2)须有生父母的婚姻或司法宣告;(3)准正为法律事件,非法律行为,它为结婚的附随效力,其发生无须生父母有何能力,亦不以任何人批准为要件,也无须经其他任何程序。

准正在理论上为有血缘关系的非婚生子女始能受准正,应兼顾结婚事实与血缘真实。在尚未判明非婚生子女的生父之前,如何受准正,在实务上确有障碍难行之处。而且,单以结婚之事实即可准正,生母的非婚生子女若与夫并无血缘关系,也可能一并被准正为夫的婚生子女。正因如此,大多数立法例均采取准正除生父与生母结婚外,尚须生父的认领。

3. 准正的效力

根据世界大多数国家民法典的规定,两种准正均使非婚生子女取得婚生子女资格。但效力发生的时间则有所不同。有的规定从父母结婚或法院宣告为婚生之日起算,如《法国民法典》第332条。有的则规定有溯及力,自子女出生之日起发生婚生效力,如《瑞士民法典》第259条、《日本民法典》第784条、第789条。

第三节　继子女

【引例】

1994年,未婚女教师张某经人介绍与离异军官陈某结婚,陈某有一个两岁女儿

---

① 《意大利民法典》第280条第2款规定:"非婚生子女可以其生父母于其出生后结婚的事实,或者法官的宣告而取得婚生子女资格。"

陈晓某与其一同生活,其生母朱某在刚生下陈晓某时便与陈某离婚,远嫁外地,自此再也没有回来看过陈晓某,也不支付抚养费,孩子由陈某看管。陈某与张某共同生活了12年。2006年5月,陈某在一次军事演习过程中为掩护士兵不幸牺牲,陈某的父母因意外打击也相继去世。陈晓某一直与张某共同生活,一年后,张某再婚,张某认为自己与陈晓某没有血缘关系,现孩子的父亲已死亡,其子女应与其生母一起生活,孩子大了后也会基于血缘关系找自己的母亲,还不如早点解除继母女关系。随后张某与陈晓某的母亲朱某联系,要求其抚养自己的女儿,朱某则以自己早有家庭和孩子,不便再认领陈晓某为由不同意抚养,也不同意支付抚养费。为此张某将朱某告上法庭,案由是变更抚养关系,要求朱某承担抚养义务,支付抚养费。原告张某诉称:其与陈晓某之间无血缘关系,孩子的生父死亡后其母应为法定抚养人,故要求变更抚养关系。被告朱某答辩称:原告与陈某结婚后,与陈晓某形成了事实抚养关系,属继母女关系,该抚养关系不能因陈某的死亡而消灭。被告已成家并另有子女,家庭生活困难,故不同意原告的诉讼请求。

问:(1)继女陈晓某在生父死后可否要求与继母继续生活?

(2)如原告张某主张解除继母女关系,能否得到法院支持?

一、继父母子女的概念和类型

(一)继父母子女的概念

所谓继子女,通常指配偶一方对另一方与前配偶所生的子女,称为继子女。相对应,继父母则是指子女对母亲或父亲的后婚配偶的称谓。继父母和继子女关系,是由于生父母一方死亡,或者生父母离婚后,另行再婚而形成的。继父母子女关系以生父或生母再婚而发生,属姻亲关系。但如果继父母与继子女形成了事实抚养关系,或继父母依法收养了继子女,则该姻亲关系转化为法律拟制的直系血亲关系。

(二)继父母子女关系的类型

在实践中,继父母子女关系主要有以下类型:

(1)生父母再婚时,继子女未成年或未独立生活,不与继父母共同生活,继父母未提供生活上的照料或经济上的资助;

(2)生父母再婚时,继子女未成年或未独立生活,不与继父母共同生活,继父母未提供生活上的照料,但提供了经济上的资助;

(3)生父母再婚时,继子女未成年或未独立生活,与继父母共同生活,继父母提供了生活上的照料或经济上的资助;

(4)生父母再婚时,继子女已成年并独立生活,继父母无须为继子女提供生活上的照料或经济上的资助,但在继父母年老时,继子女自愿承担了赡养义务,支付赡养费或提供生活上的照顾;

(5)生父母再婚时,继子女已成年并独立生活,继父母无须为继子女提供生活上的照料或经济上的资助,在继父母年老时继子女也未承担赡养义务。

根据我国《婚姻法》第 27 条第 2 款的规定,继父或继母和受其抚养教育的继子女间的权利和义务,适用本法对父母子女关系的有关规定。按该款的规定,继父母与继子女之间是否形成抚养教育关系,是区分继父母子女之间有无权利义务的依据,但对于如何界定"受其抚养教育",既有立法及其司法解释都没有规定。司法实践中一般认为,继父母负担了继子女全部或部分生活费和教育费,或者继父母与未成年继子女共同生活,对继子女进行了教育和生活上的照料,应认为形成了抚养教育关系。

上述五种类型中的前 3 种类型都在该款的范围内,按司法实务的处理,第 1 种类型不形成抚养教育关系,继父母与继子女之间为姻亲关系,相互不发生父母子女的权利义务关系;第 2 种和第 3 种则形成抚养教育关系,相互间形成父母子女的权利义务关系。实践中易起争议的是关于继父母对继子女进行抚养教育的期限长短。如果抚养的时间很短,或是仅为临时性的,或时断时续的,是否可以认为已形成抚养关系呢? 这些问题不能解决,会直接影响继父母子女关系的认定。《婚姻法解释(三)》正式颁布前的征求意见稿,曾试图为界定继父母子女之间的抚养教育关系提供标准,不过最终在正式对外公布前被删除。该征求意见稿第 10 条规定,《婚姻法》第 27 条所称的"继父或继母和受其抚养教育的继子女"应符合下列情形之一:(1)继父(或继母)和享有直接抚养权的生母(或生父)与未成年继子女共同生活三年以上,承担了全部或部分抚育费,付出了必要的劳务,并且履行了教育义务;(2)继父或继母因工作等非主观原因,无法与未成年继子女共同生活,但承担了全部或部分抚育费五年以上;(3)未成年继子女的生父母一方死亡,继父或继母与未成年继子女共同生活两年以上,并承担了本条第 1 款的相关义务;上述各款情形涉及的未成年子女为残疾或智障的,继父(或继母)与继子女共同生活时间的认定标准可适当缩短。

对于第 4 种和第 5 种类型的继父母子女关系,根据《婚姻法》第 27 条第 2 款的规定判断,继父母和继子女属姻亲关系。但对于第 4 种类型中的继子女,有人把这种情况作为道德上的扶助对待,如继父母死亡,尽过赡养义务的继子女,可以作为继承人以外的人,适当分得遗产。如继子女不愿尽扶养义务,法律上不能强制扶养①。不过,值得探讨的是,既然尽过抚养教育义务的继父母,可以与继子女间发生法律上的父母子女关系,相互有抚养赡养的义务,相互有遗产继承的权利。那么与之相对应的,对于"未受过继父母抚养教育的继子女,在继父母年老后却尽过赡养义务"的情形,是否也可作类同的处理,考虑到权利义务的一致性,适用法律关于父母子女关系的规定,谨于此提出该问题,供学界同仁研究。

■ 二、继父母子女的法律地位

我国《婚姻法》第 27 条规定:"继父母与继子女间,不得虐待或歧视。继父或继母和受其抚养教育的继子女间的权利和义务,适用本法对父母子女关系的有关规定。"

---

① 陈苇主编:《婚姻家庭家庭法学》,群众出版社 2012 年版,第 177～178 页。

（一）继子女与继父母之间的关系

根据上述规定,首先,不管继父母子女之间是否形成抚养教育关系,相互都不得虐待或歧视。其次,未形成抚养教育关系的继子女与继父母只属姻亲关系,相互之间无法定的权利义务。最后,已形成抚养教育关系的继父母子女,双方互有父母子女间的权利义务。继父母对继子女有抚养教育的义务;继子女对继父母有赡养扶助的义务;相互有遗产继承的权利。

（二）继子女与生父母以及继父母与生子女之间的关系

与继父母形成抚养教育关系的继子女,其与生父母的权利义务关系仍然存在。因此,该继子女既与其生父母继续保持父母子女间的权利义务关系,同时又与继父母发生父母子女间的权利义务关系。继子女有权受生父母抚养教育,有权继承生父母遗产,仍有权继承继父母遗产;同时负有赡养扶助生父母及继父母的义务。与此对应的是,继父母既有受继子女及生子女赡养扶助权利;也有继承生子女及继子女遗产的权利[①]。

（三）继子女与继父母近亲属之间的关系

现行《婚姻法》第27条只规定形成抚养关系的继父母子女之间产生父母子女间的权利义务,并未明确这种继子女与继父母的近亲属之间、继父母与继子女的近亲属之间是否也要产生近亲属间的权利义务。学理上对此有不同的意见。我们认为,由于这种拟制血亲的继父母子女关系产生的原因在于继父母子女之间业已形成的抚养教育关系,现行《婚姻法》第27条规定的实质正是以继父母子女间是否形成抚养关系作为区分继父母子女间有无权利义务的依据,其形成原理与收养有着本质的区别,仅以继父母子女形成抚养关系的事实为根据即认定双方形成拟制血亲关系,而完全不尊重当事人的意愿及其身份行为的同意权,也无须履行任何法律手续,因此其效力就不应与收养的效力相等同。最高人民法院在《继承法意见》第26条对代位继承人的解释中明示:"继承人的养子女、已形成扶养关系的继子女的生子女可代位继承;被继承人亲生子女的养子女可代位继承;被继承人养子女的养子女可代位继承;与被继承人已形成扶养关系的继子女的养子女也可以代位继承。"其中,被代位继承人包括与被继承人形成扶养关系的继子女,而代位继承人却并未包括与被代位继承人(无论是被继承人的生子女、养子女还是形成抚养关系的继子女)已形成抚养关系的继子女。《继承法意见》第24条规定:"继兄弟姐妹之间的继承权,因继兄弟姐妹之间的抚养关系而发生。没有抚养关系的,不能互为第二顺序继承人。"由此可知,该司法解释不承认拟制血亲的继父母子女关系的效力可及于其他近亲属。

三、继父母子女关系的终止

关于已形成抚养关系的继父母子女之间的权利义务能否解除的问题,现行《婚姻法》

---

① 《继承法意见》第21条规定:"继子女继承了继父母遗产的,不影响其继承生父母的遗产。继父母继承了继子女遗产的,不影响其继承生子女的遗产。"

未作明文规定。根据有关司法解释及学理通说,继父母子女关系的终止可分为以下几种情况处理:

1. 因继父母子女一方死亡而自动终止。

2. 未成年的继子女,因生父与继母或生母与继父离婚,而终止其与继父母间的权利义务关系。根据 1993 年《子女抚养意见》第 13 条的规定,生父与继母或生母与继父离婚时,对曾受其抚养教育的继子女,继父或继母不同意继续抚养的,仍应由生父母抚养。如果继父母愿意继续抚养该继子女,生父母又同意的,可以允许。继子女已被继父母抚养成人,已形成的抚养关系不能因生父与继母或生母与继父离婚而自然解除。继子女对曾经长期抚养教育过他们的年老体弱、生活困难的继父母,应尽赡养扶助的义务。

3. 协议解除。已形成抚养关系的继父母子女关系,既然是一种拟制血亲,可以因协议而解除。在继子女未成年时,经生父母、继父母协商一致,并经有识别能力的继子女同意,可以协议解除继父母子女间的权利义务关系。在继子女成年后,成年继子女与继父母关系恶化,双方协商一致同意的也可解除。由继父母抚养长大的继子女,对年老体弱、生活困难的继父母,应给予其必要的晚年生活费。

4. 诉讼解除。当事人要求解除已形成抚养关系的继父母子女关系,不能达成协议的,可以向人民法院起诉,由法院裁决是否准予解除。审判实践中,当事人因以下原因请求解除继父母子女关系的,人民法院可判决予以解除:(1)生父母一方要求将子女领回抚养,生父母另一方或继父母不同意的,如果继父母不尽抚养义务或有虐待、遗弃继子女的行为。(2)继父或继母不愿意对未成年继子女继续抚养教育,要求其生父母领回抚养,其生父母不同意的。(3)成年继子女与继父母关系恶化,无法继续共同生活的。

5. 生父母死亡时,继父母与继子女形成抚养教育关系的,不能自行解除。继父母不得因未成年继子女的生父母死亡而停止对未成年继子女的抚养教育。如继子女的生父母有一个还健在,要求将子女领回抚养的,要经继父母同意。双方协商不成的,由人民法院根据子女的利益判决。如未成年继子女被生父母生存一方领回抚养,则继父母子女关系解除。如果在生父母死亡时,继子女已经由继父母抚养成人,无论继父母子女关系是否解除,继子女都应对继父母尽赡养扶助义务。

第四节　人工生育子女

【引例】

赵某(夫)与黄某(妻)婚后长期未生育,2005 年 11 月,黄某在赵某在不知情的情况下接受了人工授精手术并怀孕,赵某知道后急切要求黄某堕胎,但黄某不同意。2006 年 12 月,黄某生下一女婴,赵某的母亲李氏得知后非常生气,便同黄某争吵起来,在争吵过程中,赵某因心脏病发作死亡,李氏坚持黄某所生小孩不是赵某的亲生骨肉,无权继承赵某的遗产。黄某认为其与赵某系夫妻关系,赵某是孩子的父亲,孩子有权继承赵某的遗产。

问:黄某接受人工授精生下的女婴对于赵某的遗产有无继承权?

一、人工生育子女的概念

人工生育子女,是指利用人工生殖技术受胎出生的子女。有别于人类传统的自然生育方式,人工生育根据生物遗传工程理论,将卵子或精子通过人工方式取出,再经人工技术将精子或卵子注入女性子宫受孕并生育,或直接在女性子宫外通过试管完成受孕后再注入女性子宫完成孕育过程。

几千年来,人类一直是按照传统的自然生殖方式生育子女的,形成的是以直接的血缘关系为纽带的父母子女关系。但20世纪以来,人工生殖技术的问世和应用,大大冲击了传统的自然生殖方式和围绕这种自然生殖方式而形成的伦理观念和法律制度。采用人工生育方式生育下来的子女,面临怀胎与分娩之母、捐精或捐卵的基因学上的父母、代孕母亲、不提供精子或卵子或子宫的养育者等多个父母的困惑。为确保人工生殖技术的正确使用,避免造成社会与法律秩序的混乱,多数国家都立法对人工生殖技术加以规范。通常可分为两个层次:其一为管制层面,即规范人工生殖技术的实施范围、条件、程序、管理机构、法律责任等;其二为人工生殖技术对传统父母子女关系认定方法的挑战,即如何确定人工生殖子女的法律地位,这是各国亲子法所面临的新问题[①]。

我国卫生部于2001年发布《人类辅助生殖技术管理办法》(自2001年8月1日起施行),2003年该部颁布《人类辅助生殖技术规范》及《人类辅助生殖技术和人类精子库伦理原则》,对人工生育技术进行管理和规范。根据《人类辅助生殖技术管理办法》第3条的规定,人类辅助生殖技术的应用应当在医疗机构中进行,以医疗为目的,并符合国家计划生育政策、伦理原则和有关法律规定。禁止以任何形式买卖配子、合子、胚胎。医疗机构和医务人员不得实施任何形式的代孕技术。

二、人工生育子女的类型

(一)人工体内授精所生子女

人工体内授精(artificial insemination,AI)是采用人工方法,将精液输入女性的子宫内,以协助受孕的方法,其主要适用于男性不育症。人工授精可以包括同质人工体内授精(artificial insemination by husband,AIH)和异质人工体内授精(artificial insemination by donor,AID)。前者是指在进行人工授精时,精液来源于丈夫的受精方式;后者则是指在进行人工授精时,精液来自于供体的受精方式。

(二)人工体外授精所生子女

人工体外受精(in vitro fertilization,IVF),是指用人工方法将卵子自体内取出,与精子在培养皿中受精,再将受精卵或胚胎植入母体内,使其继续发育至分娩。用这种人工生殖技术生育出来的婴儿被称为"试管婴儿"。体外受精主要是为解决女性不育问题。体外

---

① 关于人工生殖技术的法律问题及对我国生殖技术的立法构想,参见冯建妹:《生殖技术的法律问题研究》,载梁慧星主编:《民商法论丛》(第8卷),法律出版社1997年版,第89页。

受精又包括采用妻卵夫精、妻卵捐精、捐卵夫精、捐卵捐精进行的人工授精。

(三)代孕生育的子女

代孕母亲,是指提供子宫代替他人怀孕和生育的女性。代孕生育的子女,是指代孕母亲接受委托代孕生下的子女。代孕可分为:妻卵和夫精、妻卵和供精、供卵和夫精、供卵和供精在体外受精,然后将胚胎植入代孕者子宫妊娠生育。在代孕生育中,谁是孩子的法律父母? 代孕合同是否有效? 可否被强制执行? 如果代孕母亲和委托代孕的父母争夺或推诿孩子的抚养权,哪方有权利且有义务抚养代孕生育的子女? 如果代理母亲有丈夫,其夫与所生子女之间的关系如何? 代理母亲如需施行人工流产手术,谁有决定权? 代孕母亲因生育受到的伤害,在医院、委托代孕的父母、代孕中介机构或代孕母亲之中,应该由谁赔偿? 在胎儿出生前,如果委托代孕的父或母、代孕女性或其丈夫、或其他捐精者、捐卵者死亡,是否可作为其胎儿而有继承权? 等等。这一系列的疑问均由代孕而生,向立法和司法提出了诸多争议性话题,亲子的身份认定及生命的伦理基础受到挑战。

根据我国《人类辅助生殖技术管理办法》第 3 条的规定,医疗机构和医务人员不得实施任何形式的代孕技术。由此可以看出,我国立法是明令禁止代孕的。司法实务对代孕纠纷也以违反公序良俗认定协议无效。[①] 理论界对该问题有两种观点。一种观点认为,可以有条件地允许代孕,保障不育者实现生育权,维护法律公正。主要理由包括:第一,有限代孕保障了不育者的生育权。第二,允许代孕并不损及女性尊严,也不违背公序良俗。[②] 另一种观点认为,无论出于商业还是非商业的动机,代孕都应禁止。主要理由包括:第一,代孕生育不利于家庭稳定。第二,代孕生育不利于子女利益。第三,代孕生育会破坏家庭结构。第四,代孕生育不利于人口控制。第五,代孕生育使人类生育动机发生根本变化。第六,代孕生育导致亲属关系和伦理观念的混乱。[③]

外国及其他地区对代孕的规制主要体现为以下三种模式:第一,私法自治型,国家对代孕行为只是制定规则,而任由私人之间依据私法途径完成,政府不予监管。在美国,多数州允许自愿的无偿代孕。此外,美国也有少数州认为代孕是犯罪,部分州认为代孕协议无效。第二,政府管制型,政府对于代孕问题进行管理,如无政府许可,不得实施代孕,代孕行为也要受到政府的监督。如英国《人类授精与胚胎法》要求代孕须获得人类授精与胚

---

① 王斯等:《是"借腹生子"还是非婚生子?》,载《当代生活报》2008 年 9 月 13 日第 4 版。该案的基本案情如下:2008 年 9 月 11 日,南宁市江南区法院审结了一起离奇的抚养权纠纷案,小孩是一对夫妻(妻子不孕)用 15 万元委托一女子所生。法院认为原、被告签订的代孕协议明显违反公序良俗,当属无效。

② 参见周平:《有限开放代孕之法理分析与制度构建》,载《甘肃社会科学》2011 年第 3 期。该学者提出,我国应有条件地开放医学性代孕,禁止非医学需要的社会性代孕,建立一个政府监管与私人自治相结合的代孕模式:代孕委托方应限定为女性不育的情形,代孕母应是已生育过的成年妇女,代孕是否支付报酬由当事人协商,代孕协议应经主管部门批准。持应允许有限度地允许代孕观点的,还有王贵松:《中国代孕规制的模式选择》,载《法制与社会发展》2009 年第 4 期。

③ 冯建妹:《生殖技术的法律问题研究》,载梁慧星主编:《民商法论丛》(第 8 卷),法律出版社 1997年版,第 89 页。持同样观点的还有胡宝珍:《人工生殖的父母子女关系问题研究》,载《云南大学学报》(法学版)2004 年第 5 期。

胎研究管理局的许可,而且代孕协议不具有执行力,代孕的分娩者为生母,委托代孕方依据《收养法》获得亲权。《代孕协议法》禁止商业性的代孕。第三,完全禁止型,国家禁止各种形式的代孕,甚至以刑罚加以惩罚。例如,在瑞典,代孕被认为违反基本法律原则,代孕协议无效。德国 1990 年颁布实施的《胚胎保护法》及相关判例也表达了禁止代孕母亲的立场。[①]

三、人工生育子女的法律地位

根据 1991 年《最高人民法院关于夫妻离婚后人工授精所生子女的法律地位如何确定的复函》指出,在夫妻关系存续期间,双方一致同意进行人工授精,所生子女应视为夫妻双方的婚生子女,父母子女间的权利义务关系适用《婚姻法》的有关规定。该复函只针对夫妻关系存续期间双方一致同意进行人工授精所生子女的法律地位作了规定,但对于不在夫妻关系存续期间或夫妻一方未征得对方同意擅自进行人工授精所生子女的法律地位没有进一步作出规定,引发理论及实务对该问题处理的争议。

我们认为,在人工生育子女法律地位的认定上,问题的关键在于采取这种方式是否是夫妻双方一致同意,同时考虑到无辜出生的未成年子女的最大利益以及父母子女之间血缘的真实性,主要根据这几个因素综合进行判断。人工体内授精与体外授精,只是表现在受精过程的完成方式不同,但受精卵最终在妻子的子宫内着床、发育并分娩,所以采用这两种方式所生的子女之间并无法律地位的差别。

1. 夫妻一致同意实施人工授精,无论精子是否来源于丈夫,无论卵子是否来源于妻子,均为夫妻双方的婚生子女,不适用婚生否认。如 1973 年美国《统一亲子法》规定,如果已婚妇女使用第三人的精子通过人工授精怀孕,且经过其丈夫同意,由有资格的医生实施手术,该子女即被视为其丈夫的婚生子女,捐精者在法律上不视为该子女的自然父亲。即使是在原本夫妻同意实施人工授精的条件是采用妻卵夫精,但在医院手术的过程中误用供体的卵子或精子,仍应认定是夫妻双方的婚生子女,不能因为医院的误用而排除婚生,夫妻只能向医院寻求民法上的救济来赔偿其受到的损失。

2. 妻子欺骗丈夫或未得丈夫同意实施人工授精所生子女的地位。史尚宽先生从保障子女利益出发,认为婚姻生活系以子女的出生及对子女负抚养责任为基础,不应容许夫单方可任意回避子女之出生,故不问已得夫之承诺或在其协力之下施行手术,抑或夫不知之中,甚至违反夫之意思而施行手术,只要在婚姻关系存续中以夫之精子受胎者,均应认系婚生子女[②]。我们赞同此说法,而且认为在这种情形下丈夫不得行使否认权,因为丈夫与婚生子女确系真实血缘的父母子女关系。对于在婚姻关系存续期间妻子未征得丈夫同意,擅自以供体的精子接受人工授精所生育的子女,首先推定其为婚生子,丈夫在知悉此等情形时可行使否认权。也有学者认为,未经丈夫同意出生,通过同质人工体内授精生育

---

① 王贵松:《中国代孕规制的模式选择》,载《法制与社会发展》2009 年第 4 期。

② 史尚宽:《人工授精在民刑法上之问题》,载史尚宽:《史尚宽法学论文选集之一》,台湾荣泰印书馆 1973 年版,第 525～526 页。

的子女,丈夫有否认权①。

3. 在婚姻关系终止后可否使用前夫冷冻保存的精液实施人工授精？大多数立法例偏向禁止使用已死亡之夫所保存的精液,以维护子女的权益以及避免争议。根据我国《人类辅助生殖技术和人类精子库伦理原则》的规定,人类辅助生殖技术必须在夫妇双方自愿同意并签署书面知情同意书后方可实施。据此,婚姻关系终止后,妻已不可能再和丈夫共同签署书面的知情同意书,故不能使用前夫冷冻保存的精液实施人工授精②。

4. 人工生育子女与捐精捐卵者的关系

现代学说倾向于认为,人工授精子女与捐精者之间应不发生任何法律上的亲子关系。其理由主要在于:(1)捐精或捐卵者提供精液或卵子的目的乃在于帮助他人生育,自始并无为人工授精子女法律上父亲或母亲的意思。(2)捐精或捐卵者提供精液或卵子与自愿为他人献血、捐献器官相似,在捐赠后即不得再主张任何权利。(3)捐精或捐卵者提供的精液或卵子如被多次为多人使用,要求他或她成为众多人工授精子女的父亲或母亲,显然不合理。(4)事实上捐赠者多为匿名,且捐赠记录应予保密,医疗机构非有法律上的正当理由(如法院命令)不得提供,而且决定使用何人的捐赠为医师的职权,捐赠者并无决定权,所以其根本无从知晓接受其捐赠后的夫妻实施人工授精所生的子女,不应使其成为此子女法律上的父亲或母亲。

【思考题】

1. 我国《婚姻法》规定父母子女有哪些权利和义务？
2. 简述婚生子女推定的原则与方法。
3. 简述外国法上非婚生子女的认领与准正制度。
4. 试论继父母子女关系。
5. 论人工生育子女的法律地位及立法完善。
6. 我国婚姻家庭法应如何建构以子女最大利益为中心的亲子法律制度。

---

① 吕国强:《生与死:法律探索》,上海社会科学院出版社 1991 年版,第 70 页。

② 在实践中曾有个案有所突破,参见《卫生部特批丧夫女育试管婴》,http://news. sina. com. cn/o/2004-10-29/09514077146s. shtml,访问日期:2012 年 10 月 12 日。该案基本情况如下:广东 30 岁女子王某婚后多年不孕。2004 年 2 月底,她和丈夫在医院做试管婴儿,有 16 个胚胎可供植入。第一次植入失败,王霞准备休息四个月再进行第二次植入。2005 年 5 月,丈夫却因车祸身亡。2005 年 6 月,王霞要求植入胚胎,却遭医院拒绝。理由是,卫生部规定,每次做辅助生殖前,需要夫妻双方和医院三方共同签字,按照上述规范,任何单位禁止给单身妇女实施人类辅助生育技术。但王某坚持认为胚胎形成时她还不是单身,要求一定要将孩子生下来。为此医院通过省卫生厅上报卫生部请求批准,2005 年 10 月卫生部特批了她的请求。

第七章　收养关系

第一节　概　述

【引例】

吴云(女,12岁)的母亲于2003年8月13日因病去世,父亲在2003年11月7日的一场交通事故中死亡。吴云暂时和70多岁的爷爷奶奶生活。由于爷爷奶奶年纪大,没有能力照顾吴云,吴云的伯父吴强提出将吴云过继过来抚养。吴强夫妇已有一个19岁的儿子。吴云的爷爷奶奶也同意将吴云过继给吴强抚养。

问:吴云的伯父吴强已经有一个孩子,过继吴云是否合法? 是否会违反计划生育原则?

一、收养的概念与特征

收养是指公民依照法律的规定,领养他人的子女作为自己的子女进行抚养,使本无亲生父母子女关系的人之间产生法律确认的父母子女关系的法律行为。依法将他人的子女或孤儿领回,作为自己的子女抚养的人称为收养人或养父母。被他人收养的人称为被收养人或养子女。将子女送给别人抚养的人称为送养人。儿童福利机构、医院、民政部门、监护人等也可以作为送养人。收养行为具备以下几个特征:

1. 收养是一种要式法律行为

从程序上看,收养属于要式法律行为。收养关系的确立不仅与收养人、送养人及被收养人个人切身利益密切相关,而且还涉及社会整体利益。因此各国现代立法无不把收养纳入法律调整的范畴,且从收养条件和收养程序上加以严格限制,以避免不法收养行为侵害当事人合法权益乃至影响社会秩序。我国现行《收养法》也明确规定收养为要式行为,收养关系的确立与解除都必须在指定机关进行登记,欠缺法定形式要件的收养行为不能成立。

2. 收养是一种身份法律行为

收养关系一经合法确立即可在收养人与被收养人之间确立法律拟制的父母子女身份,且被收养人与收养人的近亲属间也相应形成亲属关系,彼此基于这种法律拟制身份发生法律上的权利和义务。

3. 收养是一种变更亲属关系及其权利义务的行为

收养既是养父母、养子女权利义务借以发生的法律事实,又是生父母、生子女权利义务借以终止的法律事实。不仅如此,收养变更亲属关系及其权利义务的效力还依法及于父母子女以外的其他亲属。因此,收养与公养行为、寄养行为和认"干亲"行为有所不同。国家对孤儿、弃婴和儿童的收容、养育等公养行为不变更亲属身份,不能在公养人和被养育人之间产生亲属关系。生父母委托他人照管自己子女的寄养行为同样不会对既有的生父母子女关系产生实质影响,被寄养的子女与受托抚养人之间也不会如收养一样产生拟制亲属关系。而认"干亲"行为是一种法律调整范围以外的民间活动,不具有任何权利义务的内容,且毫无法律意义可言。

4. 收养是一种具有法律拟制效力和解消效力的行为

收养是一种变更亲属关系及其权利义务的行为,具有法定的拟制效力和解消效力。一方面,通过收养人和被收养人之间发生法律拟制的亲子关系,双方具有与自然血亲的父母子女相同的权利和义务。另一方面,养子女和生父母之间的权利和义务,则因收养的成立而消除。

■ 二、收养的类型

现代社会中收养依据不同的划分标准,可区分为不同的类型。主要类型如下:

(一)完全收养与不完全收养

现代收养以收养的效力为标准,可分为完全收养与不完全收养。凡收养成立后在确立收养人与被收养人父母子女关系的同时完全解除被收养人与其生父母间一切权利义务关系的收养即为完全收养。凡收养成立后在确立收养人与被收养人父母子女关系的同时仍保留被收养人与其生父母间一定权利义务关系的收养即为不完全收养(又称简单收养)。从世界范围内看,单纯采取完全收养的国家并不多,我国现行《收养法》却正是此类立法之典型,日本、苏联、阿尔巴尼亚及美国纽约州也实行完全收养制。而单独规定不完全收养的国家极为少见,大部分国家都同时设有完全收养和不完全收养两种制度,如法国、阿根廷、保加利亚、罗马尼亚等。完全收养有利于充分保护未成年被收养人的合法权益而不完全收养则为收养成年人提供了一条可行途径,因此,这两种制度的一并采行可能会最大限度地发挥收养制度的社会功能,不过随着保护未成年被收养人利益原则在现代收养制度中重要性的加强,有不少国家开始选择单采完全收养的立法模式。

(二)对未成年人的收养与对成年人的收养

现代收养以收养的对象为标准,可分为对未成年人的收养与对成年人的收养。凡以未成年人为对象的收养即为对未成年人的收养;凡以成年人为对象的收养即为对成年人的收养。这两种收养分别体现了收养制度的"育幼"和"养老"的功能,尽管现代世界各国收养立法的重心偏向于发挥收养制度的育幼功能,但面对社会人口老龄化的挑战,收养制度在"养老"方面的独有功能也是不可忽略的。我国现行《收养法》第 4 条规定"不满十四周岁的未成年人可以被收养",该条款明确了收养未成年人是现行《收养法》确立的主要对象。同时,根据现行《收养法》第 7 条第 1 款以及第 14 条的规定,在收养三代以内同辈旁系血亲子女和收养继子女的特殊情况下也允许收养成年人。

(三)单独收养和共同收养

现代收养以收养人的人数为标准,可分为单独收养和共同收养。凡收养人为单独一人的即为单独收养,包括单身收养和已婚夫妇单方收养两种情况。无配偶者收养子女基本上为各国收养立法所允许,如《德国民法典》第1741条、《法国民法典》第343-1条及英国《收养法》第15条都明确规定了单身收养,我国现行《收养法》第9条也有类似规定。对已婚夫妇单方收养则各国分歧较大,德国、法国和英国等国家允许非婚生子女由生父或生母的配偶单独收养,我国现行《收养法》对继父或继母收养继子女的允许也带有单方收养的特征。凡已婚夫妇共同收养的即为共同收养,共同收养是为世界各国立法所普遍规定的基本类型也为众多国际公约所倡导。需要说明的是,共同收养只能由具有配偶身份的夫妻双方来完成,非夫妻者一律不能为共同收养。

(四)法定收养和事实收养

现代收养以收养的形式为标准,可分为法定收养和事实收养。凡严格依照法律规定的实质要件和形式要件成立的收养即为法定收养。凡仅于事实上形成父母子女关系而欠缺法定要件的收养即为事实收养。前者为世界各国立法所普遍确认,而后者尽管在一定历史时期在不少国家都得以存在,但随着现代收养立法国家监督主义色彩的日趋浓厚,事实收养一般都被认定为无效。我国现行《收养法》施行后一律不承认事实收养的法律效力,但对在此以前已经形成的事实收养关系,如符合收养的实质要件的,原则上则承认其效力。

三、收养制度的历史沿革

(一)古代法中的收养制度

收养制度由来已久,早在父亲氏族社会就为当时的习惯所确认。进入阶级社会以后,收养制度具有一定的法律形式,成为不同时代、不同国家的亲属制度、家庭制度的重要组成部分。古巴比伦王国的《汉谟拉比法典》规定,自由民得收养被遗弃的幼儿为子。罗马法中的亲属制度将收养分为自权人收养和他权人收养、完全收养和不完全收养,并对其规定了相应的收养条件、程序和效力。同时罗马法率先创设了收养制度只有家长有收养权,但在罗马的父权家族制度逐渐走向衰微后,欧洲中世纪的日耳曼习惯法又将被收养作为加入另一个血族团体的重要途径。当时在许多基督教占统治地位的国家里,收养关系主要是由教会法(寺院法)加以调整的。

在我国,收养制度也有着悠久的发展历史。在我国古代宗法等级制度下实行的是以男子为中心的宗祧继承制度。当时的收养制度被分为"立嗣"和"乞养"两种。

立嗣,又称为"过继"或"过房",即立后,是指男子无子,立同宗同姓的侄子为嗣子,以传宗接代,承继祖业。立嗣可以兼祧,可以"继绝"。按照《清律》规定,所谓兼祧,是指如果被立为嗣子的人是独子又排在立嗣顺序的最前面,只要经两家同意,且经族人证明认可,可以同时作为两家的继承人。所谓"继绝",是指无子的男子生前未立嗣,死后可由其妻或其父母代其立嗣。嗣子与立嗣父母之间发生亲子关系,也允许解除,称为"退继"。

乞养,是指非亲属间的收养。乞养主要基于怜悯之心,与立嗣不同。无论同姓异姓,不分男女,均可收养。乞养的对象,法律规定为 3 岁以下的弃儿,实际不受此限。收养人称为义父母,被收养人称为义子女。义子与义父之间不得发生宗祧和财产继承关系,也不得以无子为由将义子立为嗣子,但允许酌情分给一定的财产。可见,立嗣的效力高于乞养,嗣子的地位高于义子女。

(二)近现代的收养制度

近现代许多国家的亲属立法中,对收养的成立、效力和解除等问题,都作了比较详细的规定。20 世纪发生了的两次世界大战造成了许多孤儿和流浪儿问题,这在一定程度上促进了有关国家的收养制度的改革。某些国家在法律上对收养所持的态度有所改变。如法国、英国、德国等相继修改了收养法,其宗旨从儿童的福利观点出发。英国原来不承认收养,1926 年颁行《养子法》后,已由不承认转为承认。十月革命后,1918 年的《俄罗斯联邦户籍登记、婚姻、家庭和监护法典》中废除了收养制度,1926 年新法典颁行后又加以恢复。随着社会的发展,现阶段有很多收养行为是"为亲子双方利益之收养"。

中国自清朝末年以来,历次民律草案中虽有收养制度之设,但均未公布施行。国民党政府时期是收养制度从古代向近现代的一个过渡时期,其法律已不再有宗祧继承和立嗣的条款,但仍保留了某些歧视养子女的内容。如 1930 年国民党政府《民法·亲属编》虽然在法律形式上实现了收养法的近代化,但同时该法的继承编中还设有讥为"足以救嗣子之穷"的指定继承人制度。直到 1985 年我国台湾地区立法机构进行修正,这些规定才被删除。

(三)新中国的收养制度建设

新中国成立后,收养制度也随着我国政治、经济制度的变革,经历了以下几个阶段:

1. 收养制度的萌芽阶段

新中国收养制度的萌芽阶段主要指新中国成立初期至 20 世纪 70 年代。1950 年《婚姻法》明确规定,承认和保护合法的收养关系,但对于收养成立的条件、程序、效力、解除等问题均未作具体规定。在实践中基本是按照最高人民法院的有关批复,在承认事实收养的基础上处理收养纠纷。

2. 收养法规政策的建立、完善阶段

新中国收养法规政策的建立、完善阶段主要指 20 世纪 70 年代末至 80 年代末。1979年 2 月,在最高人民法院《关于贯彻执行民事政策法律的意见》中对收养的条件程序及收养的解除等问题分别进行了规定。1984 年最高人民法院《关于贯彻执行民事政策法律若干问题的意见》进一步补充完善了对事实收养、养祖孙关系、解除收养的条件以及解除后果等问题的法律规定。

3. 收养制度的健全、完备阶段

新中国收养制度的健全、完备阶段主要是指 20 世纪 90 年代以后,《收养法》的公布实施及完备阶段。1991 年 12 月 29 日,第七届全国人大常委会第二十三次会议通过了《中华人民共和国收养法》。这部自 1992 年 4 月 1 日起开始施行的《收养法》标志着我国的收养制度终于以法律的形式固定下来。1998 年 11 月 4 日,第九届全国人大常委会第五次会议通过了《关于修改〈中华人民共和国收养法〉的决定》,于 1999 年 4 月 1 日起施行。修正后的《收养法》共 6 章计 34 条,分别规定了总则、收养关系的成立、收养的效力、收养关系的解除、法律责任和附则。

国务院和所属有关部门针对收养问题所制定的规范性文件,如民政部发布的《中国公民收养子女登记办法》《外国人在中华人民共和国收养子女登记办法》《华侨以及居住在香港、澳门、台湾地区的中国公民办理收养登记的管辖以及所需要出具的证件和证明材料的规定》等,以及关于适用《收养法》的民族自治地方的变通的或补充的规定,最高人民法院关于适用收养法的司法解释和中国缔结或参加的有关解决收养关系法律冲突的国际条约等,这一系列规范性文件构成我国收养法律制度的重要内容。

四、我国收养法的基本原则

收养法的基本原则,不仅是国家设立收养制度、制定收养法的目的和指导思想,也是公民履行收养行为必须遵循的准则,也是收养法运行、操作的依据。它贯穿于收养法的始终,具有对一切收养关系都普遍适用的效力。学习研究收养法的基本原则,有利于把握收养法的实质。我国《收养法》在第一章"总则"第 1 条至第 3 条中确立了以下几项基本原则。

(一)保障被收养人和收养人的合法权益

该原则为修正后的《收养法》增加的一项基本原则。被收养人与收养人是收养关系的双方当事人,他们的合法权益理应得到法律的保护,并且这一原则应贯穿于《收养法》的始终。立法以这种概括、抽象的形式,为错综复杂的收养问题的处理提供了法律依据。收养关系合法成立后,当事人的正当、合法权益应得到保障。任何危害收养双方当事人的行为,都是与《收养法》相抵触的。如其中第 16 条明确规定:"收养关系成立后,公安部门应当依照国家有关规定为被收养人办理户口登记。"有关收养关系解除原因的规定,既体现了对被收养人的保护,亦体现了对收养人利益的维护,除有法律规定的原因外,送养人等不能随意要求解除收养关系。同时,在解除收养关系时,养父母有要求送养人经济补偿的权利,除非养父母对养子女有虐待、遗弃等过错行为。经养父母抚养成年的养子女,对养父母的赡养义务,并不因收养关系的解除而消灭。如养子女成年后,对养父母有虐待、遗弃等过错行为的,养父母还可要求养子女经济补偿。

为切实保障收养人等的利益,维护合法收养关系的稳固,《收养法》第 22 条规定:"收养人、送养人要求保守收养秘密的,其他人应当尊重其意愿,不得泄露。"这一规定不仅是对收养关系当事人,更重要的是对第三人的约束。如其他人不尊重当事人的意愿,泄露收养秘密,引起收养人、被收养人之间关系恶化等后果,泄密者的行为属侵犯公民隐私,应承担相应的民事责任。

(二)利于被收养人抚养、成长的原则

养父母子女关系是法律创设的父母子女关系,以确保子女健康成长为目的。这已成

为当今世界各国收养立法的共识,并取得 1989 年 11 月 20 日联合国大会通过的《儿童权利公约》的承认。该公约第 21 条规定:凡承认和(或)许可收养制度的国家应确保以儿童的最大利益为首要考虑。我国已于 1991 年 12 月 29 日经第七届人大第二十三次会议批准加入此项公约。因此,收养立法以利于被收养人抚养、成长为原则,是我国应该履行的国际条约义务。

基于收养的特征,现实生活中,被收养人绝大多数为未成年人,他们没有自我保护能力,生活不能自理,需要社会尤其是家庭的特别照顾。设立收养不能为了满足收养人的需要而忽视了儿童的利益;更不可借收养之名,达到获取廉价劳力,甚至买卖儿童,获取暴利的目的。为此,《收养法》根据《宪法》关于"儿童受国家的保护"的规定,为维护未成年人的利益,确立了这一基本原则,并将此贯穿于收养运行的全过程。它在收养关系的成立、解除、法律效力等诸方面都有所体现。

(三)平等自愿原则

平等是指收养行为中当事人法律地位平等。当事人只有在平等的基础之上才能作出真实的意思表示。平等原则主要体现在:收养人、送养人和被收养人的法律地位一律平等,不允许任何一方享有超越法律的特权;收养当事人应平等协商有关收养之事宜,不得强加己方意志于他方;收养关系当事人合法权益受法律平等保护。同时,收养的平等原则,还体现在平等地寻求法律救济、保护方面。任何一方当事人的合法权益受到侵犯时,都有权请求法律的保护。人民法院在审理因收养发生的纠纷时,应本着以事实为根据,以法律为准绳的原则进行处理,切不可偏袒一方。

自愿原则是指收养活动运作过程中,当事人意思自由,不受国家权力和其他任何人的干预,是意思自治原则在收养法上的具体表现。无论是将自己的亲生子女送给他人收养的送养行为,还是领养他人子女的收养行为,及子女到养父母家生活,或解除收养等,都带有浓厚的感情因素,是非常重大的决策。因此,所有有关收养的活动必须在当事人自愿的基础上达成协议,遵循自愿原则。自愿原则主要体现在:他人无权干涉收养人与送养人依法从事或不从事收养活动的自由;当事人在收养行为相对人与收养行为方式的选择上享有自由,但须以不与法律相抵触为基本前提;收养关系的成立及协议解除须是收养人、送养人双方自愿之结果,被收养人年满 10 周岁以上的,应征得其本人同意。

(四)不违背社会公德的原则

社会公德是指全体社会成员在社会公共生活中形成的基本道德规范和行为准则,约束着社会成员的行为。收养关系的成立与解除,涉及亲属关系的变更,具有浓烈的伦理性。因此,当事人在进行收养活动时,不仅要遵守法律规范,还应受社会公德的约束,应尊重社会公德。如成立收养的目的应正当,不可借收养之名买卖儿童、招雇童工等。收养子女以产生养父母子女关系为目的,因此应符合亲属中辈分的要求,年幼者不可收养年长者,晚辈亲属不可收养长辈亲属等。收养行为不得违背社会公德的原则主要体现在:无配偶的男性收养女性的,收养人与被收养人年龄应相差 40 周岁以上;收养人不履行收养义务,有虐待、遗弃等侵害未成年养子女合法权益行为的,送养人有权要求解除养父母与养子女的收养关系;因养子女成年后虐待、遗弃养父母而解除收养关系的,养父母可以要求养子女补偿收养期间支出的生活费和教育费。

(五)不得违背计划生育的法律、法规的原则

实行计划生育是我国的基本国策,也是我国婚姻立法的基本原则。收养子女是变更父母子女关系,客观上可以解决无子女家庭的困难,是生育制度的补充手段。但必须注意的是收养行为与计划生育的协调关系,收养行为不得违背计划生育的法律、法规,切不可借收养之名,违背计划生育政策。因此,我国现行《收养法》第3条明确规定:"收养不得违背计划生育的法律、法规。"其主要体现在:除法律另有规定外,有子女的人不得再收养子女;无子女的人在一般情况下只能收养一名子女,法律另有规定的除外;生父母只有在确有特殊困难无力扶养子女时方可将子女送给他人收养,而送养后不得又以已送养子女为由再生育子女。

第二节 收养关系的成立

【引例】

赵萍与蔡峰于2002年登记结婚,2004年12月婚生一女,取名蔡嘉。双方于2006年9月13日登记离婚,但因双方都不想抚养婚生女蔡嘉,于是在登记离婚的同时与蔡伟、马红夫妇签订了收养协议。该协议经公证机关公证后,赵萍与蔡峰随即将蔡嘉送给蔡伟、马红夫妇收养,此时蔡氏夫妇均不满30岁。2006年12月初,赵萍与蔡峰双方复婚,在征得收养人同意后,将蔡嘉领回抚养。但不久双方又发生新矛盾,均感到难以共同生活,又将蔡嘉送给蔡氏夫妇抚养。此后,赵萍经常去蔡氏夫妇住处看望蔡嘉,引起蔡氏夫妇反感。2007年5月,赵萍向法院起诉,要求对蔡嘉行使监护权。

问:(1)我国现行《收养法》规定收养应具备哪些条件?

(2)法院应如何认定该案中收养行为的效力?又如何认定赵萍的监护权?

收养是变更亲属关系的重要民事法律行为,涉及当事人的人身、财产关系,关系到社会公德和国家计划生育政策的实施。因此,《收养法》在收养关系成立须具备当事人合意的基本条件之外,还就收养行为成立的条件作了明确规定,符合这些实质要件和形式要件的收养关系始能合法成立。我国《收养法》第二章明确规定,收养关系成立应具备以下条件。

一、收养成立的实质要件

(一)收养人应具备的条件

基于收养应有利于被收养人抚养成长的原则,收养人必须具备抚养未成年人的资格、能力。《收养法》第6条至第10条就收养人应当同时具备的条件规范如下:

1. 收养人须具有抚养被收养人的能力

对养子女的抚养教育,是收养的基本内容,直接关系到养子女的利益。具备抚养子女能力的,必须是具备完全行为能力的成年人。未成年人或精神病患者,本身为无行为能力人或限制行为能力人,需要他人监护,不具备收养的能力。同时,收养人具备抚养被收养人的能力,还包括收养人应有抚养被收养人的经济能力,如有可靠的经济来源等。此外,从主观上看,收养人还应具备良好的道德品质,才能更好地履行对子女的抚养、教育义务。

2. 收养人无子女

无子女是收养子女的一项重要条件。收养的目的之一是为满足无子女夫妻的心愿,使其以收养子女的形式享受天伦之乐。夫妻婚后如果有子女的,不可再收养。无子女主要指收养人由于生理等原因不能生育,及虽有生育能力但不愿生育或所生子女死亡者,可以收养子女。

3. 收养人年满 30 周岁

这是对收养人年龄上的最低要求。由于收养是以产生父母子女关系为目的,收养人的年龄应高于结婚年龄。为保持与晚婚晚育的计划生育政策的协调性,收养人的年龄不宜太低,应同于晚育年龄。规定 30 周岁,较为适宜。

4. 收养人只能收养 1 名子女

由于现阶段我国实行的是一对夫妻只生一个孩子的计划生育政策,与之相适应,收养人只能收养 1 名子女。

5. 收养人须未患有在医学上认为不应当收养子女的疾病

为保障养子女的身体健康和正常生活,《收养法》以概括的形式,规定养父母患有在医学上认为不宜收养子女的疾病的,不能收养子女。如养父母患有传染病,收养子女时,易将疾病传给养子女,危及养子女的身体健康;或是养父母患有严重疾病,生活难以自理,直接影响到养子女的生活。

6. 收养人夫妻双方同意

收养以产生拟制的父母子女关系为目的。因此,收养人最好为已婚,这有利于培养、教育子女,让子女生活在一个完整、和睦的家庭里,使他们身心得到健康成长。收养子女应夫妻双方同意,有利于收养关系的维持、稳固。一方不同意或未作同意的意思表示,另一方不得单独收养子女。若一方下落不明,夫妻可单方收养,但效力不及于对方。

7. 关于收养人的特殊规定

《收养法》中就一般情况下收养人的条件作了明确规定,但针对被收养人的特殊情况,收养人的条件亦有一些特殊规范。如:

(1)收养三代以内同辈旁系血亲的子女。如果收养人与送养人是三代以内同辈旁系血亲,即双方为兄弟姐妹、堂兄弟姐妹、表兄弟姐妹,被收养人为他们的子女,收养可以不受被收养人不满 14 周岁及生父母有特殊困难无力抚养子女的限制;不受无配偶的男性收养女性应相差 40 周岁的限制。华侨收养三代以内同辈旁系血亲的子女,还可以不受收养人须无子女的限制。由于这类收养是在自然血亲之间发生,基于传统伦理的制约,条件可以适当放宽。

(2)收养孤儿或残疾儿童及弃婴、弃儿。收养孤儿或残疾儿童及社会福利机构抚养的查找不到生父母的弃婴和儿童的行为,具有救济、帮助弱者的人道主义性质,可减轻国家负担,分担社会的责任,理应得到提倡与鼓励。此种情况下,《收养法》对收养人的条件予以放宽,即不受收养人无子女以及仅能收养1名子女的限制。

(3)收养继子女。我国《婚姻法》确认,继父母事实上如对继子女尽了抚养教育义务,他们之间产生拟制血亲关系。因此,这可能使继子女与生父母、继父母形成双重的权利义务关系。但立法中并未就他们之间产生拟制血亲的具体标准加以规定,确认继父母子女间由姻亲转变为拟制血亲的标志模糊,实际中易发生纠纷。因此,《收养法》规定,继父母经生父母同意,可以收养继子女,并且可以不受生父母有特殊困难无力抚养子女,收养人无子女,年满30年周岁,有抚养教育被收养人的能力,须没有医学上认为不应当收养子女的疾病,被收养人不满14周岁和收养1名子女等限制。立法中规定继父母可以收养继子女,可以使继父母子女间的法律地位明确,有利于确认他们之间的权利义务关系,能避免因法律地位不明确而出现的相互推诿,减少纠纷。

(4)隔代收养,即收养孙子女。在现实生活中,有的收养人与被收养人年龄相差悬殊,或辈分不当,依伦理习惯,不适宜成为养父母子女,而以收养孙子女的名义发生收养关系。对此,《收养法》没有明文规定。最高人民法院1984年《关于贯彻执行民事政策法律若干问题的意见》第29条规定:收养人收养他人为孙子女,确已形成养祖父母与养孙子女关系的,应予承认;解决收养纠纷或有关权益纠纷时,可依照《婚姻法》关于养父母与养子女的有关规定,合情合理地处理。显然这一规定与现行《收养法》并未抵触,可以适用。

(5)无配偶者收养异性子女。我国收养法允许无配偶者收养子女,但特别对无配偶的男性收养女性的,作了较为严格的限制。我国现行《收养法》第9条规定:"无配偶的男性收养女性子女,收养人与被收养人的年龄应当相差40周岁以上。"这样规定的目的在于维护收养关系的伦理性,保护被收养女性的合法权益,避免有人借收养名义而违背社会公德的不良行为。在现实生活中可以作为收养人的无配偶者是指因未婚、离婚或丧偶等原因而单身的、有抚养能力的成年人。

(二)被收养人应具备的条件

1. 被收养人应为不满14周岁的未成年人

这是对被收养人年龄上的要求,即以不满14周岁为宜。收养的目的在于抚养、教育那些生父母因故不能抚养的孩子。如果子女已经成年,具备了独立生活的能力,已不需要他人的抚养。同时,子女如已成年,其生活习惯、性情已经形成,与生父母的亲情也很难解除;也不易与养父母建立起真挚、深厚的感情,不利于收养关系的稳固。

2. 丧失父母的孤儿

未成年人父母双亡而成为孤儿时,渴望得到他人的抚养和保护。被人收养,重新得到父母之爱,享受家庭的温暖,正是收养的目的所在。为了充分保护未成年人的利益,《收养法》对父母双亡的未成年人的收养问题,作了限制性规定。《收养法》第13条规定:监护人送养未成年孤儿的,须征得有抚养义务的人同意;有抚养义务的人不同意送养、监护人不愿意继续履行监护职责的,应变更监护人。

3. 查找不到生父母的弃婴和儿童

现实生活中有的父母因为种种原因,将自己的亲生子女遗弃。与弃婴现象作斗争,保护弃婴和被遗弃的儿童,是全社会的责任。虽然弃婴原则上归社会福利机构养育,但单靠社会福利机构包揽下来是有困难的,应发挥社会的力量。查找不到生父母的弃婴和儿童被公民收养,可以使他们得到家庭的温暖,身心得以健康成长,也可以减轻国家的负担,一举两得。

(三)送养人应具备的条件

我国现行《收养法》第 5 条规定:"下列公民、组织可以作送养人:(一)孤儿的监护人;(二)社会福利机构;(三)有特殊困难无力抚养子女的生父母。"由此可见,为我国法律所认可的送养人包括:

1. 孤儿的监护人

监护是为我国《民法通则》所确认的一项旨在保护无民事行为能力人和限制民事行为能力人合法权益的专门制度。根据《民法通则》第 16 条的规定,在未成年人父母死亡的情况下,有资格担任其监护人的包括其祖父母、外祖父母,兄姐,经未成年人的父、母的所在单位或者未成年人住所地的居民委员会、村民委员会同意并愿意承担监护责任的关系密切之其他亲属或朋友,当然,都须以上述主体有抚养能力为前提。如果对担任监护人有争议的,由未成年人的父、母的所在单位或者未成年人住所地的居民委员会、村民委员会在近亲属中指定。对指定不服提起诉讼的,由人民法院裁决。如果没有上述规定的监护人的,由未成年人的父、母的所在单位或者未成年人住所地的居民委员会、村民委员会或者民政部门担任监护人。

为保护孤儿合法权益,我国现行《收养法》第 13 条规定:"监护人送养未成年孤儿的,须征得有抚养义务的人同意。有抚养义务的人不同意送养、监护人不愿意继续履行监护职责的,应当依照《中华人民共和国民法通则》的规定变更监护人。"该条文中所称的"有抚养义务的人"是指除已被确定为孤儿监护人以外的有充当监护人资格的其他人,如孤儿的有抚养能力的祖父母、外祖父母、成年兄姐等。

2. 社会福利机构

社会福利机构一般由各级人民政府的民政部门所举办,以向特定的社会公众提供必要救助为其工作重心。父母死亡且其他亲属均无力抚养的孤儿、查找不到生父母的弃婴和被遗弃的儿童都属于这类机构的救助对象,一般由相关民政部门负责将之接收入社会福利机构,并由接收机构承担养育和监护职责。根据我国收养制度的规定,经符合收养条件的收养人申请,社会福利机构可送养经其养育监护的孤儿、弃婴和被遗弃儿童。社会福利机构送养儿童时,应公示弃儿的情况,以查找其父母的下落。确实查找不到其生父母下落的,可由公民收养。

3. 有特殊困难无力抚养子女的生父母

所谓有特殊困难而无力抚养子女,是指父母因疾病、经济条件恶劣等原因丧失抚养子女能力,难以保证子女的基本生活需求。同时,根据我国现行《收养法》的规定,在有特殊困难无力抚养子女的生父母为送养人时必须双方共同送养,即使父母双方已经离婚,直接抚养子女一方也须征得他方同意方可送养。生父母的单方送养仅在一方死亡或下落不明、查找不到的情况下才可得到法律承认。

为避免送养行为影响未成年人的合法权益,我国现行《收养法》第 12 条和第 18 条还对下列情况下的送养行为进行了严格限制:未成年人的父母均不具备完全民事行为能力的,该未成年人的监护人不得将其送养,但父母对该未成年人有严重危害可能的除外;配偶一方死亡,如死亡一方的父母行使优先抚养权要求抚养孙子女或外孙子女的,生存一方不得送养该子女。为有利于计划生育政策的实施,《收养法》第 19 条还规定,送养人不得以送养子女为理由违反计划生育的规定再生子女。

二、收养成立的形式要件

收养成立的形式要件,是送养人、收养人将成立收养的意思表示出来的法定方式,旨在确立并保护合法的收养关系,维护收养关系的稳定,防止不法收养。我国现行《收养法》第 15 条明确规定:"收养应当向县级以上人民政府民政部门登记。收养关系自登记之日起成立。收养查找不到生父母的弃婴和儿童的,办理登记的民政部门应当在登记前予以公告。收养关系当事人愿意订立收养协议的,可以订立收养协议。收养关系当事人各方或者一方要求办理收养公证的,应当办理收养公证。"由此可见,收养登记是在我国建立收养关系的唯一法定程序,而收养协议与收养公证则只是一种补充性程序,不直接对收养的成立产生直接影响。民政部于 1999 年 5 月又下发了《中国公民收养子女登记办法》,就办理收养登记的具体程序作了规定。

(一)办理收养登记的机关

我国现行《收养法》尽管已规定县级以上人民政府民政部门是收养的登记机关,而《中国公民收养子女登记办法》第 3 条则进一步规定:(1)收养社会福利机构抚养的查找不到生父母的弃婴、儿童和孤儿的,在社会福利机构所在地的收养登记机关办理登记。(2)收养非社会福利机构抚养的查找不到生父母的弃婴和儿童的,在弃婴和儿童发现地的收养登记机关办理登记。(3)收养生父母有特殊困难无力抚养的子女或者由监护人监护的孤儿的,在被收养人生父母或者监护人常住户口所在地(组织作监护人的,在该组织所在地)的收养登记机关办理登记。(4)收养三代以内同辈旁系血亲的子女,以及继父或者继母收养继子女的,在被收养人生父或者生母常住户口所在地的收养登记机关办理登记。

(二)办理收养登记的程序

收养登记一般包括申请、审查及公告、登记三个具体步骤。

1. 申请

为保证收养当事人的意思表示的真实性,办理收养登记时,当事人必须亲自到场。《中国公民收养子女登记办法》第 4 条规定:"收养关系当事人应当亲自到收养登记机关办理成立收养关系的登记手续……一方因故不能亲自前往的,应当书面委托另一方办理登记手续,委托书应当经过村民委员会或者居民委员会证明或者经过公证。"

根据《中国公民收养子女登记办法》第 5 条的规定,在申请收养登记时收养人应当向收养登记机关提交收养申请书和下列证件、证明材料：(1)收养人的居民户口簿和居民身份证；(2)收养人所在单位或者村民委员会、居民委员会出具的本人婚姻状况、有无子女和抚养教育被收养人的能力等情况的证明；(3)县级以上医疗机构出具的未患有在医学上认为不应当收养子女的疾病的身体健康检查证明。收养查找不到生父母的弃婴、儿童的，应当提交收养人经常居住地计划生育部门出具的收养人生育情况证明，其中，收养社会福利机构抚养的查找不到生父母的弃婴、儿童的，收养人还应当提交下列证明材料：(1)收养人经常居住地计划生育部门出具的收养人无子女的证明；(2)公安机关出具的捡拾弃婴、儿童报案的证明。收养继子女的，可以只提供居民户口簿、居民身份证和收养人与被收养人生父或者生母结婚的证明。

根据《中国公民收养子女登记办法》第 6 条的规定，在申请收养登记时送养人应当向收养登记机关提交下列证件和证明材料：(1)送养人的居民户口簿和居民身份证；(2)收养法规定送养时应当征得其他有抚养义务的人同意的，提交其他有抚养义务的人同意送养的书面意见。社会福利机构为送养人的，应当提交弃婴、儿童进入社会福利机构的原始记录、公安机关出具的捡拾弃婴、儿童报案的证明，或者孤儿的生父母死亡或者宣告死亡的证明。监护人为送养人的，还应当提交实际承担监护责任的证明，孤儿的父母死亡或者被宣告死亡的证明，或者被收养人生父母无完全民事行为能力并对被收养人有严重危害的证明。生父母为送养人的，还应当提交与当地计划生育部门签订的不违反计划生育规定的协议；有特殊困难无力抚养子女的，还应当提交其所在单位或者村民委员会、居民委员会出具的送养人有特殊困难的证明。其中，因丧偶或者一方下落不明由单方送养的，还应当提交公安机关出具的或者经过公证的与收养人有亲属关系的证明。被收养人是残疾儿童的，还应当提交县级以上医疗机构出具的该儿童的残疾证明。

2. 审查及公告

根据《中国公民收养子女登记办法》第 7 条的规定，收养登记机关收到收养登记申请书及有关材料后，应当自次日起 30 日内进行审查。这里的审查包括对当事人提供的证明材料是否真实、齐备所进行的形式审查，也包括对该收养关系的成立是否符合我国《收养法》规定的条件所进行的实质审查。

另外，根据我国现行《收养法》第 15 条第 2 款的规定，收养查找不到生父母的弃婴和儿童的，办理登记的民政部门应当在登记前予以公告。《中国公民收养子女登记办法》进一步明确了公告查找时间为 60 日，如自公告之日起满 60 日，弃婴、儿童的生父母或者其他监护人未予认领就视其为查找不到生父母的弃婴、儿童。

3. 登记

在收养机关完成了上述的审查及公告之后，对证明材料齐备、符合收养条件的，应准予登记并发给收养登记证，收养关系即从登记完成之日起正式确立。对不符合《收养法》规定条件的，不予登记，并对当事人说明理由。

（三）收养协议公证

收养公证，是根据收养关系当事人各方或者一方的要求由公证机关对其订立的收养协议依法作出的公证证明。《收养法》第 15 条第 3 款、第 4 款规定："收养关系当事人愿意订立收养协议的，可以订立收养协议。收养关系当事人各方或一方要求办理收养公证的，应当办理收养公证。"办理收养公证并不是成立收养关系的必经法律程序。只有在收养关系当事人要求办理收养公证的情况下，才依法予以办理。

收养经登记合法成立后，如送养人、收养人及年满10周岁的被收养人之间，为慎重起见或保守秘密，预防日后纠纷的发生，愿意订立收养协议的，可以订立收养协议。同时为了强化收养行为的证明力，收养关系的各方当事人或仅一方当事人，要求办理收养公证的，公证机关应予办理。公证一般由当事人向户籍所在地或居住地的公证机关提出申请。公证机关根据民政机关的登记证明，为当事人办理公证手续。

第三节　收养的效力

【引例】

2005年5月，王帅与同村李春二人按当地乡村风俗举行了结婚仪式，但未到民政局办理结婚登记手续。2006年8月李春生下一女，取名王小可。但王帅重男轻女的思想严重，对李春生下一个女儿很不高兴。一个月后，王帅便外出打工一直不回家，也不寄回家一分钱。因王帅不在家，也对家不负责任，李春一人在家带着孩子，生活很是艰难。2008年12月经一个亲戚介绍得知张庆夫妇因婚后无子女一直想领养一个孩子，看到王小可天真可爱，提出愿意收养。随后李春同张庆夫妇一起办理了收养孩子的相关手续。2009年春节，王帅又突然回到家，没看到孩子的王帅随即向李春要孩子。李春向王帅说明送养情况后，王帅坚决反对，并起诉到法院，要求认定李春的单方送养行为无效。

问：如何认定本案中李春单方送养行为的效力？这种效力认定会在收养当事人之间产生哪些法律后果？

收养关系成立以后，将在当事人之间产生一系列的法律后果。法律赋予收养行为强制性作用力，即法律效力。

一、收养的法律效力

收养的法律效力就是收养关系依法成立后在当事人间引起的法律后果。我国现行《收养法》第23条、第24条就收养关系依法成立后在当事人间引起的法律后果进行了详细规定。根据其内容的不同，可以分为拟制效力和解消效力两大类。

（一）收养的拟制效力

收养关系本就以在无血缘关系的当事人间创设父母子女关系为直接目的。收养关系一经成立便确立了养父母子女的身份关系并相应产生抚养、教育、赡养、继承等具体的权利义务内容，同时，收养的拟制效力还及于养父母之近亲属和养子女之后代。根据我国现行《收养法》的规定，收养的拟制效力表现在以下三个方面：

1. 收养人与被收养人之间产生法律拟制的父母子女关系

收养关系建立的最直接效力即在收养人与被收养人间确立父母子女关系，该关系确

立后,养父母子女间的权利义务关系主要包括:

(1)养父母对养子女有抚养教育和保护管教的权利和义务。养父母在收养成立后即成为养子女的监护人和法定代理人,不仅不能虐待、遗弃养子女,还必须履行自己各项义务保证养子女人身财产权利不受侵害并对未成年养子女致国家、集体或他人损害的行为承担赔偿责任。如养父母无正当理由而不履行抚养义务,未成年或无独立生活能力的养子女有权通过诉讼方式向养父母追索抚养费。

(2)养子女对养父母有赡养扶助的义务。养子女经养父母抚养成年后,在养父母丧失劳动能力或有生活困难时应该履行赡养扶助之义务,如无正当理由而拒绝履行该义务,则养父母有权通过诉讼方式向养子女追索赡养费。

(3)养父母与养子女间有相互继承遗产的权利。我国现行《收养法》第23条第1款明确规定自收养关系成立之日起,养父母与养子女间的权利义务关系,适用法律关于父母子女关系的规定,而根据我国《继承法》第10条的规定,父母子女互为第一顺序的法定继承人,故养父母子女关系也应适用这一规定。

(4)养子女姓名可依法变更。我国现行《收养法》第24条规定:"养子女可以随养父或者养母的姓,经当事人协商一致,也可以保留原姓。"

2. 被收养人与收养人的近亲属间产生拟制血亲关系

收养关系的确立不仅仅在养子女与养父母间建立起拟制血亲关系,根据我国现行《收养法》第23条第1款的规定,养子女与养父母的近亲属间的权利义务关系,适用法律关于子女与父母的近亲属关系的规定,也就是说,养子女与收养人的父母形成养祖孙关系,适用我国婚姻家庭法就祖孙间权利义务的所有规定;养子女与收养人的其他子女(包括婚生子女、非婚生子女、养子女、形成事实上抚养关系的继子女)间形成养兄弟姐妹关系,适用我国婚姻家庭法就兄弟姐妹间权利义务的所有规定。

3. 被收养人的后代与收养人及其近亲属间产生拟制血亲关系

被收养人经收养人抚养成年后如果生育子女且与收养人间始终保持收养关系,根据《继承法意见》第26条的规定,被继承人的养子女的生子女或养子女均可代位继承。由此可见,尽管我国现行《收养法》未直接规定被收养人的后代与收养人及其近亲属间产生拟制血亲关系,但这一效力却为司法实践所确认。

(二)收养的解消效力

收养的解消效力,是指收养依法终止原有的亲属关系及其权利义务的效力。在当代各国的收养法中,关于收养的解消效力的规定因完全收养和不完全收养而异。在完全收养的情形下,养子女与生父母及其他近亲属间的权利义务关系基于收养的效力而消除。在不完全收养的情形下,养子女与生父母及其他近亲属间仍保有法定的权利义务关系。按照我国现行《收养法》的规定,收养均属于完全收养的性质,收养的解消效力不仅及于养子女与生父母,也及于养子女与生父母以外的其他近亲属。

1. 被收养人与其生父母的解消效力

我国现行《收养法》第23条第2款指出,养子女与生父母间的权利义务关系,因收养关系的成立而消除。据此规定,收养的解消效力所消除的,仅为法律意义上的父母子女关系,而非自然意义上的父母子女关系。养子女与生父母间基于出生而具有的直接血缘联系,是客观存在的,不能通过法律手段加以改变。因此,我国《婚姻法》中禁止直系血亲和三代以内旁系血亲结婚的禁婚条款依然对彼此具有约束力。

2. 被收养人与其生父母方其他近亲属的解消效力

我国现行《收养法》第23条第2款还指出,养子女与生父母以外的其他近亲属间的权利义务关系,亦因收养关系的成立而消除。按此规定,子女被他人收养后,与生父母的父母不再具有祖孙间的权利义务关系;与生父母的其他子女间,也不再具有兄弟姐妹间的权利义务关系。

■ 二、收养行为的无效

无效收养行为是欠缺收养成立的法定要件的收养行为。有的国家对欠缺法定要件的收养行为兼采无效和撤销两种制度。我国现行《收养法》对欠缺法定要件的收养行为采用单一的无效制,不作无效和撤销的区分。

(一)收养无效的原因

根据我国现行《收养法》第25条的规定,收养无效的原因包括:

1. 违反《民法通则》第55条规定的收养行为无效。其具体包括以下情况:(1)收养人或送养人不具有相应的民事行为能力。行为人应具有相应行为能力是为我国民事基本法要求的成立民事法律行为的一项基本条件,收养作为一种民事身份法律行为自须遵循这一要求。(2)收养人、送养人或年满10周岁以上的被收养人意思表示不真实。收养关系必须建立在自愿和平等协商的基础上,如一方以欺诈、胁迫等手段使对方有违自己的真实意思而成立的收养无法律效力。(3)违反法律或社会公共利益。这里的"违反法律"是指违反除收养法以外的其他法律,如以收养为名行买卖儿童之实的收养即为无效。而所谓的违反社会公共利益则一般是指某种收养行为不符合社会公共秩序或违背善良风俗的基本要求,如收养长辈亲属为养子女的行为即属此类无效收养行为。

2. 违反《收养法》规定的收养行为无效。具体而言就是指不具备成立收养关系所必需的实质要件或欠缺形式要件的收养行为。

(二)收养无效的确认程序及其法律后果

根据我国现行《收养法》和《中国公民收养子女登记办法》,我国对无效收养行为采取的是"双轨制"的确认方法:一是由人民法院通过诉讼程序来加以确认。在司法实践中人民法院可依收养关系当事人请求而经确认后判决收养无效,也可在审理有关案件过程中依职权对发现的无效收养加以确认。二是由收养登记机关通过行政程序确认。我国《中国公民收养子女登记办法》第12条规定:"收养关系当事人弄虚作假骗取收养登记的,收养关系无效。"由此可见,收养登记机关有权确认收养无效,但此确认程序是由收养机关主动依职权审查还是必须由收养关系当事人或利害关系人申请后再依法确认,现行法律法规尚无明文规定。

根据我国现行《收养法》第25条第2款的规定,收养行为被人民法院确认无效的,从行为开始时起就没有法律效力。经收养登记机关确认的无效收养行为同样是自始无效，收养登记机关还应撤销登记、收缴收养登记证并可根据实际情况对以弄虚作假骗取收养登记的行为人给予必要的行政处罚。另外，以收养为名行买卖儿童之实的行为人还须依法追究其刑事责任。

■ 三、收养法施行前形成的收养关系之效力的确认

在我国婚姻家庭立法进程中，《收养法》是一部颁行较晚的法律，直到 1992 年 4 月 1 日起才正式实施，而在此以前我国民间早已存在许多实际的收养行为，由于当时没有相应的法律法规对此类民间收养行为加以调整，因此往往在形式上甚至实质条件方面与《收养法》的规定存在许多差异。为维持此类养亲家庭的稳定、和睦，也为维护此类收养中各方当事人的实际利益，对《收养法》施行前形成的此类收养也必须根据一定的标准来确定其效力。1992 年最高人民法院《关于学习、宣传、贯彻执行〈中华人民共和国收养法〉的通知》第 2 条规定："……收养法施行前受理，施行时尚未审结的收养案件，或者收养法施行前发生的收养关系，收养法施行后当事人诉请确认收养关系的，审理时应适用当时的有关规定；当时没有规定的，可比照收养法处理。"关于《收养法》施行前形成的收养关系之效力的确认，从相关司法解释和司法实践中可以总结出以下主要标准：

第一，对依照当时有关规定办理了收养公证或户籍登记手续的收养一律承认其效力。

第二，对于《收养法》实施前已经形成的事实收养关系应予以承认。在 1984 年《执行民事政策法律的意见》中第 28 条就规定："亲友、群众公认，或有关组织证明确以养父母与养子女关系长期共同生活的，虽未办理合法手续，也应按收养关系对待。"由此可见，在《收养法》实施前形成的事实收养关系只要符合《收养法》规定的实质要件，即使欠缺登记这一为现行《收养法》确定的形式要件仍可承认其效力。但在《收养法》实施后，欠缺形式要件的民间收养行为，即使完全符合《收养法》规定的实质要件，依然是无效的收养。

第四节　收养关系的解除

【引例】

2005 年年初，俞娜的丈夫因意外事故而丧生，自己又被查出得了白血病需住院治疗，加上所在单位效益不好，感到实在无力抚养自己 6 岁的女儿何苗。于是经人介绍与一对因丧失生育能力而希望收养子女的孟杰、张晓夫妇订立了收养协议。办理收养登记手续后，何苗由孟杰夫妇抚养。由于俞、孟两家相距不远，俞娜经常去看望苗，孟杰夫妇一直欢迎，甚至允许俞娜偶尔将何苗带回家住一两天。2009 年 3 月以来，俞娜的病情好转，身体也逐渐恢复健康，所在单位效益也好起来了。此时，孟杰夫妇却在较远的地方另置了房屋居住。俞娜认为，孟杰夫妇是有意割断自己与女儿的联系，于是，经常上门与孟杰夫妇争吵，还在何苗面前说了孟杰夫妇很多坏话，使何苗不听从养父母的教育，严重地影响了孟杰夫妇与何苗的关系。孟杰夫妇见俞娜生活状况有了改变，便要求解除收养。俞娜则认为自己尚需进一步治病，加上工作较忙，暂时不愿直接抚养何苗，故予以拒绝。孟杰夫妇认为，现在的局面完全是俞娜造成

的,于是起诉到法院请求判决解除收养,并要求俞娜支付何苗被收养期间的生活费、学费等各项费用共计 10 万元。

　　问:孟杰夫妇的请求是否有法律依据? 本案应如何处理?

　　收养是变更亲属关系的法律行为,因此而产生的拟制血亲是人为设置的。那么在一定情况下,收养关系无法继续维持时,可以人为地被解除。我国《收养法》第四章在收养关系的解除中,就收养关系解除的原因、形式、法律效力等问题作了规定。

一、收养关系解除的原因

(一)收养人与送养人协议解除

　　为切实保障未成年人的利益,《收养法》第 26 条明确规定,收养人在被收养人成年以前,不得解除收养关系,但收养人、送养人双方协议解除的除外,养子女年满 10 周岁以上的,应当征得本人同意。此条规定明确表明,收养关系成立后,收养人不可反悔,在被收养人成年以前,除收养人、送养人双方协议外,不能解除收养关系。养子女年满 10 周岁以上的,协议解除收养关系,应征得其本人同意。

(二)养父母与成年养子女协议解除

　　《收养法》第 27 条规定:"养父母与成年养子女关系恶化,无法共同生活的,可以协议解除收养关系。"可见,成年养子女因为种种原因,与养父母关系恶化,无法再共同生活的,可由双方协议解除收养关系。

(三)因收养人的过错行为而解除

　　《收养法》第 26 条第 2 款明确规定:"收养人不履行抚养义务,有虐待、遗弃等侵害未成年养子女合法权益行为的,送养人有权要求解除养父母与养子女间的收养关系。"为维护合法收养关系的稳定,送养人不可随意要求解除收养关系,仅限于养父母有虐待、遗弃等侵害未成年养子女合法权益的过错行为时,送养人才有权要求解除收养关系。

(四)因收养无效而解除

　　凡欠缺收养成立法定条件而成立了收养,当事人要求解除的,应予准许。尤其是未经当事人同意而产生的收养。如幼儿被人拐卖,非生父母同意而成立的收养;有的仅经生父母一方同意的收养;有的未经 10 周岁以上的未成年人本人同意的收养;等等。当事人要求解除收养关系的,应准许。

二、收养关系解除的形式

(一)登记解除

　　《收养法》第 28 条规定:"当事人协议解除收养关系的,应当到民政部门办理解除收养关系的登记。"同时,依《中国公民办理收养登记的若干规定》第 11 条至第 13 条的规定,凡当事人协议解除收养关系的,应当到收养人户籍所在地收养登记机关办理登记手续。

申请办理解除收养关系的当事人,须向登记机关提交收养人、被收养人的居民身份证和户籍证明、"收养证"、解除收养关系协议书等。登记机关经审查,对符合《收养法》规定的解除收养关系条件的,准予解除,收回"收养证",发给"解除收养证",其收养关系依法解除。

(二)诉讼解除

凡当事人间就解除收养不能达成协议的,可以向人民法院起诉。人民法院在接到当事人的要求后,可进行调解。如经调解,当事人能达成协议的,人民法院应制作调解书。调解生效之日,收养关系合法解除。经调解仍不能达成协议的,可由法院判决。对于收养纠纷的处理,人民法院应遵循保护合法收养关系,保障被收养人和收养人合法权益的原则,根据具体情况予以判决。在运作过程中,应注意以下几个问题:

1. 不符合收养成立条件的,应判决予以解除。

2. 收养成立后,生父母中途反悔而要求解除收养关系的,如无正当理由,一般不予支持。如收养人不履行抚养义务,有虐待、遗弃等侵害未成年养子女合法权益行为,送养人有权要求解除收养关系。即使养父母不同意,其过错行为被人民法院查证属实的,也要以判决解除收养关系。

3. 养父母与成年养子女就解除收养不能达成协议的,人民法院在审理中,应首先进行调解,尽量改善他们的关系,维持已形成的收养关系。如双方的确关系恶化,对养父母、养子女的正常工作、生活等有不利影响时,可判决解除。

4. 养父母因养子女患病等原因要求解除收养关系的,一般不予支持。

三、收养关系解除的法律后果

收养关系一经解除,会在当事人之间产生一系列的法律后果。对此,《收养法》第 29 条、第 30 条作了明确规定。具体包括:

(一)身份上的效力

1. 收养关系解除后,养子女与养父母及其近亲属间的权利义务关系即行消灭。

2. 收养关系解除后,养子女与生父母及其近亲属的关系是否恢复,应视具体情况而定。如解除收养关系时,养子女为未成年人,与生父母及其近亲属的权利义务关系自行恢复,应由生父母领回抚养。

如果养子女已经成年并已独立生活,与其生父母及其近亲属间的权利义务关系是否恢复,应由双方协商。双方自愿恢复的,可以恢复。虽然养子女与生父母有自然血亲关系,但由于他们一直随养父母生活,成年后解除收养关系时,硬性要求其与生父母恢复关系,会使有的生父母或养子女觉得别扭,不习惯。况且养子女成年且有独立生活能力的,不需要抚养、教育,规定与生父母的关系协商是否恢复合乎实际。

(二)财产上的效力

1. 收养关系解除后,经养父母抚养成年的养子女,对缺乏劳动能力又缺乏生活来源的养父母,负有给付生活费的义务。

2. 因养子女成年后虐待、遗弃养父母,导致收养关系解除的,养父母可以要求养子女补偿收养期间支出的生活费与教育费。

3. 生父母要求解除收养关系的,养父母可以要求生父母适当补偿收养期间支出的生活费与教育费。但如系养父母虐待、遗弃养子女而由生父母要求解除收养关系的,养父母则丧失要求生父母经济补偿的权利。养父母如要求解除收养关系,则没有要求经济补偿的权利。

解除收养关系时生活费、教育费补偿的具体数额,可由当事人双方协议;协议不成的,由人民法院根据养子女在收养存续期间的实际花费、生父母的经济能力,并结合当地生活水平等情况酌情确定。

【思考题】

1. 收养的概念是什么? 收养有什么特征?

2. 收养成立的实质要件和形式要件是什么?

3. 收养产生什么样的法律效力?

4. 收养行为无效的原因是什么?

5. 收养关系解除在身份上和财产上产生什么样的法律后果?

6. 我国《收养法》还存在哪些不足? 应当如何完善?

【司法考试真题链接】

1. 吴某(女)16 岁,父母去世后无其他近亲,吴某的舅舅孙某(50 岁,离异,有一个 19 岁的儿子)提出愿将吴某收养。孙某咨询律师收养是否合法,律师的下列哪一项答复是正确的? (2008 年)

A. 吴某已满 16 岁,不能再被收养

B. 孙某与吴某年龄相差未超过 40 岁,不能收养吴某

C. 孙某已有子女,不能收养吴某

D. 孙某可以收养吴某

2. 王某(女)与李某婚后一直未育,李某想收养一个女童。在律师提供的咨询意见中,下列哪一选项是错误的? (2008 年)

A. 收养必须经王某同意

B. 王某与李某必须年满 30 周岁

C. 收养人不能患有医学上认为不应当收养子女的疾病

D. 李某与被收养女童的年龄应当相差 40 岁以上

第八章　其他家庭关系

第一节　祖孙关系

【引例】

　　张某大学毕业后在教育局工作,为人圆滑,深得领导赏识,很快晋升为教育局局长。2000 年张某与市政府办公室秘书王某结婚,婚后育有一子张小某。张某因抑制不住自己不断膨胀的物欲,多次利用工作上的便利索贿,2005 年 10 月被告发,法院以张某犯有受贿罪判处有期徒刑 12 年。王某受不了打击而精神失常住进精神病医院。因张某父母家在偏僻农村,王某父母已经去世,张小某暂时由王某表妹李某(26岁)代管。1 个月后,李某因工作原因要调往外地,在没有征得王某同意,又未通知张某的情况下,将 5 岁的张小某送给了非常喜爱孩子且无子女的刘某夫妇(均已超过40 周岁)收养。在老家的张某父母得知孙子被送养后,找到刘某夫妇,要求将张小某领回。刘某坚决不同意,并出示了收养协议书(但未办理收养登记)。张某父母无奈起诉至法院,要求解除刘某夫妇与张小某的收养关系,自己履行对张小某的抚养义务。

　　问:(1)法院应如何处理本案?

　　(2)对于父母无力抚养的未成年孙子女,祖父母是否可以抚养?

　　在我国,1980 年《婚姻法》将 1950 年《婚姻法》所调整的家庭关系之范围进行了扩大,除夫妻关系和父母子女关系外,增加了对祖孙关系(祖父母、外祖父母与孙子女、外孙子女间的关系)和兄弟姐妹关系的内容。2001 年修正后的《婚姻法》又进一步对祖孙关系和兄弟姐妹关系的规定进行了补充,以更好地实现家庭养老育幼、相互扶助的功能,同时也有利于弘扬我国家庭成员间敬老爱幼、守望相助的民族传统。

一、祖孙关系概述

　　祖孙关系包括祖父母与孙子女间权利义务关系和外祖父母与外孙子女间权利义务关系;从产生原因看,还可分为属于自然血亲的祖孙关系、属于拟制血亲的养祖孙关系以及属于姻亲关系的继祖孙关系。

　　祖父母、外祖父母与孙子女、外孙子女之间虽存在较近的亲属关系,但在一般情况下彼此间无直接的抚养或赡养义务,我国扶养制度中对祖孙关系权利义务内容的确定在我国现阶段却有其重要意义。一方面,尽管三代同居家庭的数量在逐步减少,但由于我国人口基数比较大,所以三代同居的家庭模式在短时间内不会消亡且依然占据较大比例,换言之,祖孙关系仍是一种常见的亲属关系类型且在生活中往往还有较为密切的联系;另一方面,随着经济的发展和医学水平的进步,人的平均寿命都得以普遍延长,因此而产生的人口老龄化问题可以说不可避免,并将在今后相当长的一段历史时期内困扰我国。再加上我国正在完善中的社会保障体系还存在管理分散、监督缺乏、保障力度薄弱、城乡差距明显等诸多问题,在短时间内要想完全依靠社会的力量来完成对老年人的扶养几无可能。同样,对于父母已经死亡或者无力抚养的孙子女、外孙子女,社会福利院等机构也没有能力完全承担起抚养的义务。因此,确立隔代亲属在法律上的扶养关系是现阶段的最优选择。

二、祖孙间的抚养、赡养义务

我国现行《婚姻法》第 28 条规定:"有负担能力的祖父母、外祖父母,对于父母已经死亡或父母无力抚养的未成年的孙子女、外孙子女,有抚养的义务。有负担能力的孙子女、外孙子女,对于子女已经死亡或子女无力赡养的祖父母、外祖父母,有赡养的义务。"该条文中的祖父母、外祖父母与孙子女、外孙子女一般是指具有自然血亲的祖孙关系,隔代收养的养祖孙关系亦适用该条文规定的权利义务。但对在继祖孙之间可否适用本条文来确认其权利义务关系,理论上尚存有争议。我国有学者认为,继父母如对继子女尽了抚养义务,他们之间就产生父母子女间的权利义务关系。相应的,与继父母其他亲属也产生一定的法律关系。因此,在继父母死亡后,继祖父母、继外祖父母与继孙子女、继外孙子女间的权利义务问题也适用于法律关于祖孙之间在一定条件下经济责任的规定①。但我们认为,继祖孙间在我国法律中属于姻亲关系,不适用《婚姻法》关于祖孙间权利义务的相关规定,其理由主要在于《继承法意见》第 26 条明文规定:"被继承人的养子女、已形成扶养关系的继子女的生子女可代位继承;被继承人亲生子女的养子女可代位继承;被继承人养子女的养子女可代位继承;与被继承人已形成扶养关系的继子女的养子女也可以代位继承。"换言之,与被代位继承人已形成事实上抚养关系的继子女不属于代位继承人。另外,该司法解释第 24 条第 1 款还规定:"继兄弟姐妹之间的继承权,因继兄弟姐妹之间的扶养关系而发生。没有扶养关系的,不能互为第二顺序继承人。"这表明,继父母子女间尽管可在形成事实上抚养关系后产生血亲拟制的效果,但这一法律拟制的范围却仅局限于继父母子女相互之间并不能扩及其他近亲属,就这一点而言,因事实抚养关系形成而在继父母子女间产生的拟制与收养制度是存在区别的,这也是我国现行《收养法》同样允许继父母收养继子女并予以特别规定的原因,否则,我们就无法理解为何在功能上完全相同的两项制度要在不同的法律中分别加以规定。因此,无抚养关系的继祖孙之间,其相互的权利义务不适用现行《婚姻法》第 28 条的规定。

(一)祖父母、外祖父母对孙子女、外孙子女承担抚养义务的条件

根据我国现行《婚姻法》的规定,祖父母、外祖父母对孙子女、外孙子女承担抚养义务的条件包括:

---

①　参见曹诗权主编:《婚姻家庭继承法学》,中国法制出版社 1999 年版,第 206～207 页。

1. 孙子女、外孙子女须未成年,即孙子女、外孙子女必须是不满18周岁且无独立生活能力的未成年人。对于已经成年的孙子女、外孙子女,无论其是否具有独立生活能力,其祖父母、外祖父母均无法定抚养义务。对于已满16周岁不满18周岁,能以自己的劳动收入作为主要生活来源的孙子女、外孙子女,视为完全行为能力人,即已成年,其祖父母、外祖父母也无法定抚养义务。

2. 孙子女、外孙子女的父母已经死亡或无力抚养。父母已经死亡或无力抚养,包括父母均已死亡或无抚养能力以及一方死亡而另一方无抚养能力三种具体情况。这里所称的"死亡"除自然死亡外,还应包括宣告死亡的情况在内。这里所称的"无力抚养"是指不能以自己的劳动收入和其他收入全部或部分满足未成年的子女(包括生子女、养子女和有抚养关系的继子女)和没有独立生活能力的成年子女的生活需要①。

3. 祖父母、外祖父母有抚养能力,即祖父母、外祖父母在确保自身生活条件的同时还有能力负担抚养孙子女、外孙子女的各项必要费用。《婚姻法》第28条规定使用"有负担能力的祖父母、外祖父母",其"有负担能力"明显是指"经济能力",而不包括是否具有"完全民事行为能力"或"监护能力"。

上述三项条件必须同时具备才产生祖父母、外祖父母对孙子女、外孙子女的法定抚养义务,且适用该条款不以同居一家、共同生活与实际实施监护为限。

(二)孙子女、外孙子女对祖父母、外祖父母承担赡养义务的条件

根据我国现行《婚姻法》的规定,孙子女、外孙子女对祖父母、外祖父母承担赡养义务的条件包括:

1. 孙子女、外孙子女具有负担赡养的经济能力。《婚姻法》第28条规定的"有负担能力",是指能以自己的劳动收入或其他收入满足自己、配偶和未成年子女的生活和教育等必要的经济负担,另外还有承担赡养的必要经济能力。通常情况下,孙子女、外孙子女已经成年且有独立的经济收入来源而有负担能力时,对祖父母、外祖父母才依法产生法定赡养义务。但对于已满16周岁不满18周岁,能以自己的劳动收入作为主要生活来源的孙子女、外孙子女,视为完全行为能力人,即已成年,如较富裕具备负担能力,也可以依法赋予其法定赡养义务。如从已故父母处继承巨额财产的未成年孙子女、外孙子女,明显具有经济负担能力,也完全可以依法赋予其法定赡养义务。

2. 祖父母、外祖父母的子女已经死亡或无力赡养。祖父母、外祖父母的子女已经"死亡",除自然死亡外,还应包括宣告死亡情形在内,均实际上无法尽赡养义务。这里所称的"无力赡养"是指祖父母、外祖父母的子女虽仍生存,但没有负担赡养义务的经济能力。

3. 祖父母、外祖父母有要求赡养的实际需要。即祖父母、外祖父母实际上需要赡养,而其子女已经死亡或无力赡养时,法律才赋予具有负担赡养经济能力的孙子女、外孙子女法定赡养义务。如果其子女已经死亡或无力赡养,而其本身不需要他人承担经济上的赡养负担,法律则没有必要赋予其孙子女、外孙子女以法定赡养义务。

---

① 参见蒋月主编:《婚姻家庭与继承法》(第2版),厦门大学出版社2011年版,第196页。

以上条件必须同时具备才产生孙子女、外孙子女对祖父母、外祖父母的赡养义务①。该项条款的适用同样不以同居一家、共同生活为限。

根据《婚姻法》第 28 条的规定,确立的法定隔代扶养关系在实际操作中往往还需要扶养关系双方当事人就抚养或赡养的程序、抚养或赡养的具体方式等内容进行协商,并在意见一致的情况下,当事人可达成具有约束力的抚养或赡养协议。如果当事人对扶养义务发生争执达不成协议的,可以请求人民法院判决确定。

此外,在抚养或赡养协议达成后或者人民法院的判决生效后,如果因当事人的经济和生活状况出现变化,当事人可变更抚养或赡养协议。当事人首先可以在自愿、平等的基础上进行协商,协商不成的,可以向人民法院提起诉讼,请求依法变更抚养或赡养协议。

三、祖孙间的继承权

根据我国《继承法》第 10 条的规定,祖父母、外祖父母是孙子女、外孙子女第二顺序的法定继承人。依《继承法》第 11 条的规定,当其父母先于其祖父母、外祖父母死亡时,该孙子女、外孙子女可以法定代位继承人的身份继承其祖父母、外祖父母遗产,取得父亲或者母亲有权继承的遗产份额。另据《继承法意见》第 27 条之规定,代位继承人缺乏劳动能力又没有生活来源或对被继承人尽过主要赡养义务的,可以多分遗产。

此外,依我国《继承法》第 14 条的规定,在被继承人有第一顺序法定继承人且被继承人生前未留有合法有效的遗嘱的情况下,祖父母、外祖父母以及孙子女、外孙子女即使不能以法定继承人身份参与继承,但如其属于依靠被继承人扶养的缺乏劳动能力又无生活来源的人或对被继承人扶养较多的人,仍可依法酌情分得部分遗产。

第二节　兄弟姐妹关系

【引例】

李男与赵女婚后生育两男(李大、李二)和一女(李三),三子女成年后,李大和李二分别参加工作并娶妻生子,生活比较富裕,李三大学毕业后找工作屡屡受挫,精神上受到了很大的刺激,患上了严重的精神分裂症,生活不能自理,其日常生活由父母料理。几年后,李男因病去世,赵女因无法接受李男去世的事实,不久也因忧郁成疾去世。父母去世后,李大和李二对李三不闻不问,并且占据了父母的财产,使得李三流离失所。当地村委会多次找到李大和李二,要求二人对李三履行扶养义务,二人均拒绝。村委会为李三申请了法律援助,以李三的名义向人民法院提起诉讼,要求李大和李二履行对李三的扶养义务。

问:李三的诉求能否得到法院的支持?

---

① 关于需要扶养(包括赡养、扶养、抚养)应当如何认定,我国有学者认为,所谓扶养权利人有受扶养的必要,通常是指扶养权利人不能维持生活且无谋生能力。所谓不能维持生活,是指其财产不足以维持其生活;无谋生能力则指其无工作能力。参见余延满:《亲属法原论》,法律出版社 2007 年版,第 524 页。

一、兄弟姐妹关系概述

兄弟姐妹属旁系血亲,无论从血缘远近还是感情亲疏方面来说,它是所有旁系血亲中最为亲近的一种。在一般情况下,根据我国现行《婚姻法》关于父母子女关系的相关规定,兄弟姐妹均应由其父母一并抚养,但在某种特殊情况导致父母无力承担抚养义务之时,兄弟姐妹间因为彼此的亲密关系即会在一定条件下产生扶养义务。

尽管我国1950年《婚姻法》未规定兄弟姐妹间的扶养关系,但由于实际生活中兄、姐扶养教育弟、妹现象在我国实际存在,1980年的《婚姻法》结合我国家庭成员间关系较为密切的实际将兄、姐在特定条件下扶养弟、妹的内容纳入了法律的调整范围,在该法的第23条中规定,有负担能力的兄、姐,对于父母已经死亡或父母无力抚养的未成年的弟、妹,有抚养的义务。此后,1984年《执行民事政策法律的意见》第26条作出进一步解释:由兄、姐扶养长大的有负担能力的弟、妹,对丧失劳动能力、孤独无依的兄、姐,有扶养的义务。根据这一司法解释,由兄、姐扶养长大的有负担能力的弟、妹,与丧失劳动能力、孤独无依的兄、姐间也产生了有条件的扶养关系。由于这一系列规定符合我国的实际国情且在实践中取得了较好的社会效果,2001年修正后的《婚姻法》规定了兄弟姐妹间的扶养关系。

二、兄弟姐妹间的扶养义务

我国现行《婚姻法》第29条规定:"有负担能力的兄、姐,对于父母已经死亡或父母无力抚养的未成年的弟、妹,有扶养的义务。由兄、姐扶养长大的有负担能力的弟、妹,对于缺乏劳动能力或缺乏生活来源的兄、姐,有扶养的义务。"该条文当中的"兄弟姐妹",包括同父同母的兄弟姐妹、同父异母的兄弟姐妹、同母异父的兄弟姐妹、养兄弟姐妹以及有扶养关系的继兄弟姐妹。值得注意的是,所谓"有扶养关系的继兄弟姐妹"是指在继兄弟姐妹之间因发生事实上扶养关系而形成的一种拟制血亲关系。换言之,在一个再婚家庭中,如果夫妻均属再婚且各自带有子女,则该子女为继兄弟姐妹关系,但如果在该继兄弟姐妹之间未形成事实上的扶养关系,则他们之间只是一种无法律上权利义务的姻亲关系。《继承法意见》第24条第1款规定:"继兄弟姐妹之间的继承权,因继兄弟姐妹之间的扶养关系而发生。没有扶养关系的,不能互为第二顺序继承人。"

(一)兄、姐对弟、妹承担扶养义务的条件

根据现行《婚姻法》的规定,兄、姐对弟、妹承担扶养义务的条件包括:

1. 弟、妹须未成年,即不满18周岁且无独立生活能力。如果弟、妹已经成年,即使仍无独立生活能力,兄、姐无法定扶养义务。另外,如果弟妹已满16周岁不满18周岁,但能以自己的劳动收入作为主要生活来源,即视为成年,且具有完全民事行为能力,兄、姐也无法定扶养义务。

2. 父母已经死亡或者父母无力抚养。这里所称的"无力抚养"是指父母一方或双方虽仍生存,但没有负担抚养义务的经济能力。例如父母仍健在,但是靠领取政府低保度日,对未成年弟妹,有负担能力的兄姐,也应依法承担法定扶养义务。

3. 兄、姐有扶养能力,即兄姐在保障自己家庭生活的基础上可负担扶养弟、妹的各项必要费用。

上述条件必须同时具备,才产生兄、姐对弟、妹的扶养义务,且适用该条款不以同居一家、共同生活为限。

值得注意的是,就某个需要扶养的未成年人而言,如果其兄、姐以及祖父母、外祖父母均有负担能力而其父母已死亡或无力抚养时应确定谁为扶养人? 对于这一问题现行《婚姻法》未作出明确规定,但根据现行《婚姻法》第28条、第29条的规定来看,只要符合该两项条款规定的条件,即可产生相应的法定扶养义务,并无顺序上的先后之别。尽管根据我国《民法通则》第16条之规定,未成年人的父母已经死亡或者没有监护能力时,祖父母、外祖父母是第一顺序的法定监护人;兄、姐则排在第二位。但我们不应据此认为祖父母、外祖父母应排在兄、姐之前履行法定抚养义务。因为监护与扶养是两项立法目的与功能存在相当差异的制度,扶养制度更注重在经济上为被扶养人提供基本的生活保障。多个共同扶养人的存在,不但可以更好地保障这一生活经济保障目的的实现,而且就每个法定扶养义务人自身而言,也可以相对减轻经济负担。

(二)弟、妹对兄、姐承担扶养义务的条件

根据我国现行《婚姻法》的规定,弟、妹对兄、姐承担扶养义务的条件包括:

1. 兄、姐缺乏劳动能力又缺乏生活来源。如果兄、姐缺乏劳动能力,但能够凭借个人财产生活,由其子女赡养生活等,或虽缺乏生活来源但具备劳动能力者,均无权请求扶养。在此所谓的"缺乏生活来源",是指缺少维持生活所需的基本物质资料,包括没有第一顺序的法定扶养义务人,或第一顺序的法定扶养义务人没有扶养能力。

2. 弟、妹由兄、姐扶养长大。这是权利义务相一致原则的体现。如果弟、妹不是由兄、姐扶养长大,即使符合其他两个条件,也不产生弟、妹对兄、姐的法定扶养义务。

3. 弟、妹具有扶养能力。这里的扶养能力,是能以自己的劳动收入或其他收入满足自己、配偶和未成年子女的生活和教育等自己家庭生活必要的经济负担外,还有承担扶养兄、姐的必要经济能力。

以上条件也必须同时具备才产生弟、妹对兄、姐的扶养义务。该项条款的适用同样不以同居一家、共同生活为限。

总的来说,兄弟姐妹间的同代扶养义务与祖孙间的隔代扶养义务相同,都是第二顺位的扶养义务且都属于生活扶助义务,是在不过分降低扶养义务人自己生活水平的限度内给予的必要扶养,但是,如果符合法定条件的扶养义务人不自觉履行自身义务,扶养权利人可诉请法院追索相应的扶养费用。

三、兄弟姐妹间的继承权

根据我国《继承法》第10条的规定,兄弟姐妹互为第二顺序的法定继承人,即在被继承人死亡时未留有合法有效的遗嘱,且其没有第一顺序法定继承人或其第一顺序法定继承人均放弃或丧失继承权的情况下,该被继承人的兄弟姐妹得依法继承其遗产。

另外,根据我国《继承法》第14条的规定,即使有被继承人第一顺序法定继承人且被

继承人生前未留有合法有效的遗嘱的情况下,如果该被继承人的兄弟姐妹对其扶养较多或者该被继承人的兄弟姐妹由于自身缺乏劳动能力又无生活来源一直受其扶养,则也可酌情分给他们适当遗产。

【思考题】

1. 简述兄、姐对弟、妹承担扶养义务的条件。
2. 简述弟、妹对兄、姐承担扶养义务的条件。
3. 简述祖父母、外祖父母抚养孙子女、外孙子女的条件。
5. 试述亲属间扶养义务的性质。
6. 谈谈你对完善我国亲属扶养制度的思考。

第九章　离婚制度

第一节　概　述

【引例】

李某(女)2005年到外地做家政服务员,赵某(男)在家务农,李某每个季度往家寄钱。2007年之后,李某不再寄钱也不与家里联系,赵某多方联系无法找到李某。2010年赵某向法院申请宣告失踪,在法院作出宣告失踪判决后,赵某与外地流落到该村的女子齐某举行了结婚仪式并同居生活。2012年,李某从外地回到家乡后告之赵某,她被人欺骗后卖到一个偏僻山村,无法与家人联系,现终于历经艰难逃回家里。但赵某提出,他已经与李某解除了婚姻关系,与他人结婚。为此,李某诉诸法院,申请撤销原宣告失踪判决,并要求认定赵某与齐某的婚姻无效。

问:(1)赵某与李某的婚姻关系是否已终止? 赵某与齐某之间是婚姻关系还是同居关系?

(2)如果赵某在法院作出宣告失踪判决后,又向法院提起离婚诉讼的,法院应如何处理?

离婚是解除夫妻关系的法律行为,这不仅涉及当事人婚姻关系的终止和家庭的解体,而且与社会利益息息相关。因此,自阶级社会以来,许多国家制定了离婚法,将离婚行为纳入了法律调整。

一、婚姻终止的概念和事由

(一)婚姻终止的概念

婚姻终止,又称为婚姻关系的消灭,是指合法有效的婚姻关系由于一定法律事实的发生而归于消灭。它包含以下几层含义:

1. 被消灭的婚姻关系应当是合法有效的。只有合法有效的婚姻关系才能发生婚姻终止的法律效果。也就是说,那些违法的、无效的婚姻关系只能通过法定的程序予以宣告无效或者被撤销,而并非合法婚姻的终止。

2. 婚姻关系的消灭必须有特定的法律事实。婚姻关系是一种法律上的权利义务关系,它的消灭也必须是由特定的法律事实所引起的,这种法律事实包括两种:一是婚姻关系当事人一方死亡;二是离婚。

3. 婚姻关系的消灭必然引起一系列的法律后果。婚姻关系的终止必然导致一系列原有的权利义务关系的破裂和一系列新的权利义务关系的产生。它会引起夫妻间人身关系、财产关系的变更,还会对父母子女关系产生影响。它还产生一系列的法律救济措施,对家庭和社会都产生重大的影响。

(二)婚姻终止的事由

婚姻终止的事由,在世界历史发展的不同时期各有不同。在古罗马时代,婚姻终止的事由包括:配偶一方死亡,离婚,配偶一方"人格大减等"。在欧洲中世纪,由于基督教的盛行,以教会法为代表,实行严格的禁止离婚主义,婚姻终止的事由只能是配偶死亡。自近代以来,随着禁止离婚主义被逐渐废除,离婚又成为婚姻终止的重要理由。离婚和配偶一方死亡作为婚姻终止的事由被各国立法所采纳。

1. 婚姻因配偶死亡而终止

婚姻的存续必须以配偶双方的生存为前提,如果配偶一方死亡,婚姻关系就丧失了存在的基础。我国《民法通则》第9条规定:"自然人的权利能力始于出生,终止于死亡。"根据这条规定,如果配偶一方死亡,他所有的权利能力都自然丧失,其中必然包括婚姻法上的资格的丧失,婚姻关系因此也随之终止。配偶的死亡包括两种情形:一是自然死亡;二是被宣告死亡。死亡方式不同,其产生的法律后果也不同。

(1)婚姻因配偶一方自然死亡终止

配偶一方自然死亡后,夫妻间不再有共同生活的可能,夫妻双方之间的权利义务也当然地不再存在了。这是婚姻关系的绝对解除,无须经过任何法定程序。一些国家的婚姻家庭法明文规定,婚姻关系因配偶一方死亡而终止。

(2)婚姻因配偶一方被宣告死亡终止

宣告死亡,是指经利害关系人申请,由人民法院经过审判程序,对下落不明达到法定期间的自然人宣告其死亡的法律制度。宣告死亡是在法律上推定失踪人已死亡,它与自然死亡产生相同的法律效力。但是宣告死亡仅仅是一种法律上的推定,并不意味着被宣告死亡人已经真正地在生理上死亡了,被宣告死亡人可能还活着。当被宣告死亡人"生还"后,就其婚姻问题,大多数国家法律规定,撤销死亡宣告后,如果生存配偶已经再婚的,原有的婚姻关系不再恢复,再婚有效。但也有部分国家认为应保护原有的婚姻关系,对于生存配偶的再婚应有限度地予以承认。如意大利的法律规定,如果被宣告死亡人重新出现或者有被宣告死亡人尚生存的证明,则再婚无效。如果生存配偶尚未再婚,大多数国家规定,其婚姻关系自动恢复,也有一些国家规定,应当履行一定手续,其婚姻关系才能恢复。我国法律也有相关的规定,最高人民法院《民法通则意见》第37条明确规定:"被宣告死亡的人与配偶的婚姻关系,自死亡宣告之日起消灭。死亡宣告被人民法院撤销,如果其配偶尚未再婚的,夫妻关系从撤销死亡宣告之日起自行恢复,如果其配偶再婚后又离婚或再婚后配偶又死亡的,则不得认定夫妻关系自行恢复。"由此可知,我国立法顺应了世界上多数国家的通例,即若配偶再婚,保护再婚,若配偶尚未再婚,婚姻关系自动恢复。

我国《民法通则》中除了规定宣告死亡制度,还规定了宣告失踪制度。少数国家把宣告一方失踪也视为终止婚姻的理由,如《法国民法典》第128条第1款和第3款分别规定:"宣告失踪判决自其登录之日起,即具有确认失踪人已经死亡的全部效力。""失踪人的配偶可以重新缔结婚姻。"①但是我国并没有这样的规定,也就是说在我国宣告失踪并不是婚姻终止的原因。我国立法仅将一方被宣告失踪作为准予离婚的理由,依照我国有关法律规定,失踪人的配偶要求解除与失踪人的婚姻的,可向人民法院提出离婚诉讼,人民法院受理后,应当进行公告,限失踪人3个月内应诉,公告3个月期满,逾期不应诉的,人民法院可作缺席判决离婚。判决书以公告方式送达,公告之日起3个月为送达生效期间,3个月后有15日的上诉期,失踪人未提出上诉的,离婚判决生效,婚姻关系终止。

2. 婚姻因离婚而终止

(1)离婚的概念和特征

离婚又称"离异",是指夫妻双方在生存期间,按照法定的条件和程序解除婚姻关系的法律行为。它具有以下特征:

其一,离婚的主体只能是夫妻双方。离婚是夫妻双方享有的民事权利,具有专属性,不可转让和继承,婚姻关系以外的人,无权请求他人离婚。

其二,离婚的时间必须是夫妻双方生存期间。配偶一方死亡或被宣告死亡,婚姻关系自然终止,不需要通过离婚来终止婚姻关系。

其三,离婚的前提必须是存在合法的婚姻关系。在我国,婚姻包括办理结婚登记而成立的合法婚姻,也包括1994年2月1日《婚姻登记管理条例》施行前,符合结婚条件未办结婚登记,男女双方以夫妻名义同居形成的事实婚姻。

其四,离婚必须符合法定的条件,并经过必经的程序。离婚是要式法律行为,当事人私下协议或由群众、村(居)委会干部参与达成的离婚协议,甚至单方面宣布解除婚姻关系,都是不产生离婚法律效力的行为。

其五,离婚的后果是导致婚姻关系的解除,并引起一系列的法律后果。如当事人的人身关系和财产关系终止,子女抚养方式的变更,以及债务的清偿等。所以离婚不仅关系到双方当事人的利益,同时也会影响到子女的利益和社会的利益。

(2)离婚的种类

离婚按不同的标准,可以分为不同的种类:

其一,单意离婚与合意离婚。这是根据夫妻双方对离婚的意思表示不同所作的分类。单意离婚,是指在夫妻中一方要求维持婚姻关系的情况下,而另一方却有明确的离婚意愿。合意离婚,是指夫妻双方就离婚达成了共识,一致要求解除婚姻关系。这种分类的意义在于合意离婚较单意离婚而言,法律程序更加简洁,法定条件更为宽松。

其二,非讼离婚与诉讼离婚。这是根据法定程序的不同所作的分类。非讼离婚,通过司法程序以外的法定程序解除婚姻关系,如我国古代的民间离婚,我国台湾地区的协议离婚以及我国大陆现行的登记离婚。诉讼离婚,是指夫妻一方向法院提出离婚诉讼,法院通过诉讼程序进行调解离婚或者判决准予离婚。我国现在实行的是行政登记离婚和诉讼离婚双轨制。

其三,协议离婚与判决离婚。这是根据解除婚姻关系具体方法的不同所作的分类。协议离婚,是指夫妻双方自愿达成离婚协议,从而解除婚姻关系。在我国司法实践中包括

---

① 《法国民法典》,罗结珍译,北京大学出版社2010年版,第50页。

登记离婚和在诉讼程序中法官主持调解,达成离婚协议而离婚。判决离婚,是指夫妻一方向法院提起离婚诉讼,法院调解无效,经审查符合离婚的法定条件而判决予以强制解除婚姻关系。

（3）离婚与别居的区别

别居,又称为分居或分床分食制,是外国婚姻家庭法中的一项制度。即依法解除夫妻同居的义务,但仍保持其婚姻关系的法律制度。别居制度源于中世纪欧洲,按照基督教教会法的宗旨,婚姻乃神作之合,不得违背神的意志而离异。禁止离婚主义在中世纪欧洲几乎成为各国所公认的规则,但是在一些家庭中婚姻关系的破裂又是不可避免的事实,为了解决夫妻关系恶化到不堪共处的实际问题,教会不得不确立"别居制度"作为不准离婚的补救。随着近代的宗教改革运动和个人主义思潮的日益发达,各国都相继设立了离婚制度,并赋予别居制度以新的内容。有的国家规定别居作为离婚的先置程序。如果夫妻感情不和,先令其别居;如果仍不能和好,再准其离婚。有的国家则将别居和离婚并置,规定由夫妻双方自行选择。近代的别居制度已不再是中世纪别居制度的延续,而是演变为离婚制度的一种过渡和补充形式。可见离婚和别居既有联系又有区别,其主要区别如下:

其一,婚姻关系是否存续不同。别居只是解除了夫妻间的同居义务,但并没有解除婚姻关系。因此别居期间双方都不得再婚。如果一方或双方再婚就构成了重婚。而离婚则是解除了婚姻关系,消灭了双方的夫妻身份,双方都获得了再婚的权利和自由。此外,别居双方如果愿意恢复夫妻生活的,只须恢复同居生活即可,无须履行什么法律上的手续。而离婚后,双方如要恢复夫妻关系,必须经过复婚登记。

其二,夫妻权利义务是否继续存在不同。别居期间夫妻间的权利义务并不消失,比如夫妻双方仍负有互相忠实的义务和扶养义务,夫妻间仍有相互继承财产的权利。但是离婚后夫妻间在人身和财产方面的权利义务完全解除了。

（4）离婚与婚姻无效、可撤销婚姻的区别

其一,性质不同。离婚是对合法有效婚姻的解除。而无效婚姻是对违法结合、不具有法律效力的婚姻的否认,可撤销婚姻则是对不完全符合法律规定、有瑕疵的婚姻予以纠正和补救。

其二,事由不同。离婚事由是夫妻感情破裂或具有法定离婚原因。婚姻无效的事由是男女双方或一方违反了结婚的实质要件中的公益要件,不具有婚姻效力。可撤销婚姻的事由是欠缺结婚私益要件的非婚姻当事人的自愿而形成的婚姻。

其三,发生事由的时间不同。引起离婚的事由往往发生在婚姻存续期间内,而导致婚姻无效或可撤销的事由必须是在婚姻成立时就已存在。

其四,请求权人不同。离婚只能由夫妻双方或一方请求。婚姻无效的当事人、利害关系人均有权请求。可撤销婚姻只能由受胁迫方当事人本人提出请求。

其五,请求的期限不同。离婚只能在双方生存期间请求。婚姻无效,既可以在双方生存期间,也可以在一方或双方死亡之后法律规定的期限内请求。可撤销婚姻必须在婚姻登记后一年内提出请求撤销。如果当事人被限制人身自由,须在恢复人身自由之日起一年内提出。

其六,适用程序不同。离婚既适用行政登记程序,又适用诉讼程序,在诉讼中法院必须调解,对一审判决不服的,可以上诉,实行两审终审制。婚姻无效只适用诉讼程序,不适用行政程序。诉讼程序在我国不适用调解,实行一审终审制。可撤销婚姻既可适用行政登记程序,亦可适用诉讼程序。

其七,法律效力不同。离婚,自离婚法律文书生效之日起,婚姻关系终止,无溯及力。婚姻无效与可撤销婚姻为自始无效,有溯及力。

二、离婚立法主义的演变

离婚立法受到社会各种因素的影响,因此各国立法对离婚的态度也不尽相同。纵观古今中外多数国家关于离婚的态度都是从限制离婚到自由离婚,其发展时期可大致概括为从禁止离婚主义到自由离婚主义,从专权离婚主义到平权离婚主义,从限制离婚主义到自由离婚主义,从过错离婚主义到无过错离婚主义,从有责离婚主义到无责离婚主义。这几大立法主义的演变常常是扭结在一起,往往在同一历史时期发生,体现了人类对于离婚自由的渴望和追求。

(一)禁止离婚主义

禁止离婚主义是指在配偶生存期间,禁止一切情形下的离婚可能。禁止离婚主义只是在有些国家和地区实行过,如中世纪欧洲的一些国家,它并不是古代多数国家经历过的阶段。

禁止离婚主义源于基督教的教会法,根据基督教的教义,"婚姻乃神作之合,人不可离之",夫妻一旦缔结婚姻关系,就应当终生维持,除非一方死亡,婚姻关系不得终止。中世纪的欧洲受到教会的控制,婚姻家庭关系也当然纳入了教会法的管辖范围。由公元10世纪开始,禁止离婚原则在数百年里成为整个欧洲遵行不渝的神圣信条。但是禁止离婚制度严重违背人性,在一些家庭中夫妻关系已经恶化到不可共同生活的地步,却无法离婚。为了缓和这种制度的缺陷,教会法创设了婚姻无效制度和别居制度作为双方无法共同生活的救济。随着15、16世纪欧洲大陆掀起了宗教改革运动、文艺复兴运动和婚姻还俗运动,禁止离婚主义逐步被淘汰,许可离婚主义成为了必然的趋势。在当今社会,大多数国家都抛弃了禁止离婚主义,但仍有少数国家实行禁止离婚主义。

(二)许可离婚主义

许可离婚主义是禁止离婚主义的对称,它是指法律允许夫妻在一定条件下,按法定方式解除婚姻关系的立法主张。按其条件和法定方式,又可分为专权离婚主义、限制离婚主义和自由离婚主义。除了中世纪欧洲,古代社会许多国家都是实行许可离婚主义;在当今社会,大多数国家也都是实行许可离婚主义。但是许可离婚主义的内涵在不同的历史时期有其不同的特点,经历了一个由严格走向宽松的发展过程,其具体表现为从男子专权离婚主义发展为男女平等地享有离婚权的离婚主义,从限制离婚主义转变为自由离婚主义。

1. 从男子专权离婚主义到男女平等地享有离婚权的离婚主义

男子专权离婚主义是指男方单方面享有离婚权,只要男方有离婚的意愿且符合法定的条件与程序就可以离婚,而女方则没有离婚权,或受到极为严格的限制。这种立法态度在奴隶社会、封建社会的成文法典中多有体现,如汉谟拉比法典、古兰经。我国封建社会的"七出"制度也是其典型代表。随着男女平等思想的发展,在当今世界,除了少数伊斯兰国家外,大多数国家都将男女平等地享有离婚权(即男方和女方都有提出离婚的权利)作为婚姻法上一项的重要的制度加以确立。

2. 从限制离婚主义到自由离婚主义

限制离婚主义是对婚姻当事人的离婚权利和离婚行为,通过在法律上设定一定的条件而加以控制。限制离婚主义与专权离婚主义相比,夫妻双方都享有平等的离婚权。法律对离婚设定的限制主要体现在两方面:一是对离婚主体的限制,如上文所提及的男子专权离婚;二是对离婚理由的限制。对离婚理由的限制,是指只有符合法律规定的理由,才允许夫妻一方或双方请求离婚,故又称为"有因离婚"。通常法律上规定的离婚有两类:一类是有责理由,即对方有过错,有责任。有责理由通常有:一方通奸;一方对另一方严重施暴、侮辱、恐吓、虐待或遗弃;一方重婚;一方诬告对方犯罪被处徒刑;一方赌博、嗜酒成性或服用残害健康的毒品;丈夫强迫妻子卖淫、故意允许他人与妻子通奸而接受财物;一方犯不名誉罪被处徒刑或其他罪被处长期徒刑;一方侵犯对方财产等。这类离婚立法主义通常被称为"过错离婚主义"。另一类是无责理由,即不是一方过错,但足以使对方无法与之共同生活的理由。无责理由通常有:一方患有不治之精神病达一定期限;一方患不治之恶疾,包括性病、麻风病或其他严重传染病;一方患严重生理疾病、无性行为能力;一方失踪达一定期限;经法定程序判决别居达一定期限仍不能和好等。这种立法主义被称为"无过错离婚主义"。

自由离婚主义是指法律规定要求离婚无须具有法定理由,在诉权上也不受过错限制,只要婚姻破裂,无法共同生活,夫妻双方或一方都可请求离婚的立法主张。自由离婚主义始于苏联十月革命时期,其特点是尊重夫妻双方的自由意志,对离婚主体和离婚理由在法律上不加限制。"二战"以后,特别是始自 20 世纪 60 年代末美国的离婚革命,将"婚姻无可挽回的破裂"作为离婚的唯一理由,真正实现了自由离婚主义的理念,即便在一方当事人有过错的情况下,仍然赋予有过错的一方离婚自由权,不将限制离婚作为对过错一方的惩罚手段。当然,对于严重违反夫妻义务的一方仍依法让其承担相应的法律责任,但并不限制其离婚请求权。自由离婚主义符合婚姻的本质,是现代婚姻立法的发展趋势。

三、我国离婚制度的历史沿革

(一)我国古代的离婚制度

我国古代的婚姻立法是以维护封建伦理道德和宗法家族制度为核心的,维护夫权,强调男尊女卑,要求妇女"从一而终"。反映到离婚制度上表现为夫权统治,限制与剥夺妇女离婚权的专权离婚主义,夫妻关系要绝对服从家族利益等基本特征。反映到制度层面,我国古代离婚主要有四种形式:七出、和离、义绝、呈诉离婚。

1. 七出

"七出"又称"七弃",是指丈夫"出妻"、夫家"出妇"的七种理由,是我国古代最常见的离婚方式。它起源于我国奴隶社会,最初为礼制上的要求,后由封建统治阶级以律令的形式加以固定。"七出"的具体内容是：

(1)"不顺父母，为其逆德也。"古代社会要求妇女恪守"三从四德"[①]准则。妇德以顺为首，不顺公婆为"逆德"，妇女会被丈夫休弃。

(2)"无子，为其绝世也。"在宗法制度下，"无孝有三，无后为大"，妻子不生儿子为大不孝，理当休弃。

(3)"淫，为其乱族也。"妻子与他人通奸，影响夫家后代血统以至于乱族，这是宗法绝不允许的。犯此条的妇女不适用"三不去"的休妻限制。

(4)"妒，为其乱家也。"按古代礼法，男子纳妾是合法的。如果妻子有妒忌心理，影响家庭和睦的，丈夫可以休妻。

(5)"有恶疾，为其不可粢盛也。"妻子如果患有严重疾病，影响夫妻正常生活，对家庭兴旺不利的，可以休妻。

(6)"口多言，为其离亲也。"妻子不安分守己，爱搬弄是非，违背了"三从四德"中"妇言"的要求，离间家庭关系，理应休妻。

(7)"窃盗，为其反义也。"古代社会，妇女无财产权，也不能擅自动用处分家庭财产，如果违反则被视为窃盗，丈夫家人可以将其休弃。

唐律和以后的封建律法都明确地规定，"七出"是男子休妻的合法理由，妇女因触犯"七出"中任何一条，不需要经官府，由丈夫写成休书，邀请男女双方近亲、近邻和见证人一同署名，就可弃去，这是我国古代法定的弃妻方式。

古代礼法还设立了"三不去"制度对"七出"进行限制。"三不去"乃男子不得休妻的三种法定情形。根据《公羊传·庄公二十七年》注，"三不去"是指"尝更三年丧不去"(曾为公婆守孝三年，不得休妻)；"贱娶贵不去"(娶妻时夫家贫贱，后来富贵的，不得休妻)；"有所受而无所归不去"(妇女无娘家可回的，不得休妻)。唐律规定："虽犯七出，有三不去而出之者，杖一百，追还合"，但是犯恶疾及通奸者不适用此条规定。元、明、清的法律仅规定，妻子犯奸不受"三不去"的保障。由此可见，"七出"和"三不去"都是基于宗法和伦理的要求。

2. 和离

和离即协议休妻。唐、宋律规定"若夫妇不相安谐而和离者不坐"。元、明、清法律均有"和离"的规定："夫妇两愿离者，不坐。"但需注意，"和离"与现代的双方协议离婚有本质的不同。在古代封建社会，妇女社会地位低下，没有独立的人格，是否离婚主要取决于丈夫，"和离"实际成为了"出妻"、"弃妻"的别名，是"七出"的一块遮羞布。

3. 义绝

"义绝"反映了封建统治阶级对婚姻家庭的直接干涉，是我国古代所特有的强制离婚制度。它是指夫妻之间、夫妻一方与他方亲属间或双方亲属之间出现一定事件而使夫妻情义断绝，由官司处断后强制其解除婚姻关系。根据《唐律疏义》，"义绝"有如下五种情形：(1)夫殴妻之祖父母、父母，杀妻之外祖父母、伯叔父母、兄弟、姑、姐妹；(2)夫妻祖父母、父母、外祖父母、伯叔父母、兄弟、姑、姐妹自相杀；(3)妻殴夫之祖父母、父母，杀夫之外

---

① "三从"是指未嫁从父、既嫁从夫、夫死从子，"四德"是指妇德、妇言、妇容、妇功。

祖父母、伯叔父母、兄弟、姑、姐妹；(4)妻与夫之缌麻以上亲奸或夫与妻母奸；(5)妻欲害夫。

"义绝"与"七出"不同，"七出"是于礼应出，于法可出，而非必出，合当义绝而不绝者，须依律科刑。唐律规定："诸犯义绝者离之，违者徒一年。"元、明、清律均规定，若犯义绝应离而不离者，杖八十。这种强制离婚制度到民国初年仍为北洋军阀政府大理院的判例所沿用。

4. 呈诉离婚

呈诉离婚又称官府判离。即夫妻一方基于法定的理由，向官府提起离婚之诉，由官府判离的离婚方式。丈夫据以诉请离婚的理由有："妻背夫在逃"、"妻殴夫"、"妻杀妾子"。妻子据以诉请离婚的理由有："夫逃亡三年不还"、"夫典雇妻妾"等。

(二)国民党政府《民法·亲属编》的离婚制度

至近现代，国民党政府 1930 年 12 月 26 日公布《民法·亲属编》，该编规定的离婚制度反映了旧中国半殖民地、半封建的要求，一方面在立法体例上模仿日本、德国等大陆法系的亲属法体例，另一方面在内容上仍保留了不少封建婚姻家庭制度的残余。该法对离婚规定了两种方式：一是两愿离婚，二是判决离婚。

1. 两愿离婚。该法第 1049 条、第 1050 条分别规定："夫妻两愿离婚者，得自行离婚。但未成年人应得法定代理人之同意。""两愿离婚应以书面为之，有二人以上证人之签名。"1985 年我国台湾地区"民法·亲属编"进行了修改后，增加了两愿离婚须在户籍机关进行登记，以登记作为两愿离婚成立的形式要件的规定。

2. 判决离婚。判决离婚的法定理由采取列举主义，即无法定原因之一方得向有法定原因之他方提出离婚。后经 1985 年 6 月的修正条款改为例示主义的立法模式，除具体列举离婚的十个法定原因外，另行增加了概括性条款，以弥补列举之不足。

(三)新中国离婚制度的发展

1950 年颁布的《婚姻法》全面奠定了新中国离婚制度的法律基础。它吸收了解放前革命根据地离婚立法的经验，全面废除了封建主义婚姻制度，确立了男女平等和婚姻自由的基本原则，设立了协议离婚和诉讼离婚双轨制，特别注重保障妇女和未成年子女的合法权益。1980 年的《婚姻法》则进一步规定了准予离婚的法定条件并完善了离婚的程序。2001 年 4 月修正后的《婚姻法》对原《婚姻法》中关于离婚条件、程序和法律后果中的不足进行了进一步的完善。

■ 四、我国现行离婚法的基本特点

根据我国《婚姻法》及其他涉及离婚问题的法律、法规和司法解释，我国现行离婚法可以概括为如下几个方面的基本特点。

(一)离婚立法的基本原则：保障离婚自由、反对轻率离婚

在我国离婚制度发展史上，无论是新民主主义革命时期根据地的离婚立法，还是新中

国的离婚立法,都贯穿着一个中心思想,即"保障离婚自由,防止轻率离婚"。它是我国司法实践中处理离婚问题的总的指导思想,也是离婚立法的基本原则。

1. 保障离婚自由。离婚自由是指婚姻当事人双方或一方基于夫妻感情破裂,在无法共同生活时,有依法提出解除婚姻关系的权利。离婚自由是婚姻自由的一个重要方面,它与结婚自由共同组成婚姻自由的完整内容。马克思主义婚姻家庭观就离婚问题有三个基本观点:一是承认离婚自由;二是要求离婚问题上男女平等;三是坚持以爱情为基础。因此离婚自由,反映了马克思主义婚姻家庭观和社会主义道德的要求。保障离婚自由,是婚姻关系的本质要求,是保障公民基本权利的要求,也是促进社会安宁的要求。对于那些无可挽回的婚姻关系,那些已经死亡的家庭,实行离婚自由对双方都是一种解脱,避免双方矛盾进一步激化而产生更加严重的后果。若勉强维持这种名存实亡的婚姻,对当事人来说是一种痛苦,对子女和家庭也是一种更大的伤害。提倡离婚自由在法律上具体表现为对当事人协议离婚自由权的保障,对诉讼离婚的起诉权、抗辩权、胜诉权的保障。当然这里的胜诉权仅是一种期待权,只有符合法定离婚事由时,胜诉权才能实现。但需注意,保障离婚自由不是鼓励离婚,而是我们在维持婚姻关系稳定性的同时,通过自由的离婚,解除那些名存实亡的婚姻。

2. 防止轻率离婚。保障离婚自由,绝不意味着可以轻率对待自己的离婚问题或者将离婚作为改善和巩固婚姻关系的唯一手段。列宁说:"承认妇女有离婚自由,并不等于号召所有的妻子都来闹离婚。"[①]轻率离婚是指婚姻关系并未破裂,随意提出的离婚请求。轻率离婚是对离婚自由的曲解,将离婚自由当成一种随心所欲的绝对自由,这是极其错误的。马克思指出:"婚姻不能听从已婚者的任性,相反地,已婚者的任性应该服从婚姻的本质。"[②]离婚自由是一种有限制、有条件的自由,它必须严格按照法定条件与程序,不能损害社会的利益。费孝通先生曾说过:"婚姻是用社会力量造成的,世界上从来没有一个地方把婚姻视作当事人间个人的私事。"[③]因此离婚不能由当事人任性、轻率地对待。婚姻关系是极为严肃的道德关系和法律关系,双方当事人相互承担着极为重要的法律责任和道德责任,绝对不能随意地抛弃,绝对不允许当事人随心所欲。婚姻家庭的稳定对当事人、对社会都非常重要,轻率离婚会损害子女、配偶对方和社会的利益。因此反对轻率离婚是正确对待离婚问题的基本要求,保障离婚自由与反对轻率离婚两者相辅相成,是离婚立法和司法实践的基本原则和要求。

(二)离婚程序:实行登记离婚与诉讼离婚双轨制

我国现行《婚姻法》规定有两种形式的离婚程序,即登记离婚程序和诉讼离婚程序。如果婚姻当事人自愿离婚,并就离婚的有关事宜达成协议,可以依行政程序向婚姻登记机关申请,婚姻登记机关批准认可后即可解除婚姻关系。登记离婚具有简便、灵活、快捷等优点。如夫妻一方要求离婚或者双方虽同意离婚,但对子女和财产问题有争议的,可向人

---

① 《列宁全集》第23卷,人民出版社1958年版,第67页。
② 《马克思恩格斯全集》第1卷,人民出版社1956年版,第184页。
③ 费孝通:《乡土中国·生育制度》,北京大学出版社1998年版,第129页。

民法院提出离婚诉讼,经法院依诉讼程序调解离婚或判决准予离婚。

(三)判决离婚的标准:采感情破裂主义

"感情确已破裂、调解无效"是人民法院审理离婚案件确定准予离婚的原则标准。在离婚理由中居于核心地位。如果夫妻感情确已破裂,不论导致夫妻感情破裂的具体原因,以及当事人是否有过错责任,双方当事人均可提出离婚请求,法院经过审理、调解,确认夫妻感情破裂事实存在,即可判决离婚;如果夫妻感情没有破裂或没有完全破裂,即使调解无效也不准离婚。因此,夫妻感情确已破裂是法律所确认的独立的离婚理由,根据司法实践经验,在审理离婚案件时,判断夫妻感情是否确已破裂,应当从婚姻基础、婚后感情、离婚原因、夫妻关系的现状和有无和好的可能等方面综合分析。

(四)离婚理由的立法模式:采例示主义

从离婚标准的立法形式分析,我国《婚姻法》将抽象概括主义与具体列举主义相结合,形成了例示主义的模式。例示主义的模式中相对抽象的概括性规定兼顾了现实中复杂多样的状况,有效地克服了具体列举性规定的弊端;而将常见性的几类具体离婚原因列举规定,并使之作为认定夫妻感情确已破裂的依据,从而为当事人和法官提供了一个明确、清楚和可操作的离婚标准,这是我国离婚标准立法的一大进步。

(五)离婚后果:保护妇女和子女的合法权益

在婚姻家庭法中,保护妇女合法权益是指在男女平等原则的基础上,对妇女的某些婚姻家庭权益加以特殊的确认和保护。如保护妇女的婚姻自主权,禁止干涉妇女的结婚和离婚自由;在女方怀孕期间和分娩后 1 年内或中止妊娠后 6 个月内,男方不得提出离婚;离婚时夫妻共同财产的分割、债务的清偿由双方协议,协议不成的,由人民法院根据双方的具体情况及照顾女方和子女的权益判决;离婚救济制度,如家务补偿、经济帮助、离婚损害赔偿均为保护婚姻家庭中的弱势一方(主要是女方)合法权益的制度。保护儿童的合法权益是我国婚姻法的基本原则。《婚姻法》明确规定了禁止溺婴、弃婴和其他残害婴儿的行为;规定父母对子女的抚养教育义务,这种义务不以父母离婚而解除;离婚时在子女抚养的归属、抚养费的给付、抚养关系的变更以及父母的探望权方面,明确以子女的最佳利益为优先考虑。

第二节　登记离婚

【引例】

朱男与李女于 2010 年 8 月登记离婚。其时,朱男称若李女接受登记离婚可得 20 万元的财产,反之若诉讼离婚李女将分文不得。李女由于不掌握丈夫的财产状况,无奈答应。登记离婚后不久,李女便发现朱男有商品房两处,价值过百万。

问:(1)朱男与李女是否符合办理登记离婚的条件?

(2)李女若欲撤销离婚登记,能否得到支持? 你对本案有什么看法?

一、登记离婚的概念

登记离婚,是指双方当事人就解除婚姻关系达成合意,经过特定的法定程序即生效的离婚方式。在我国,又习惯称之为协议离婚、两愿离婚、合意离婚。但严格而言,协议离婚①是以夫妻的离婚合意为本质特征的,它包括诉讼外的登记离婚和诉讼内的调解离婚。前者是独立于诉讼程序、与诉讼离婚并列的离婚方式,后者则是在诉讼程序中当事人经法官调解而达成离婚协议的离婚方式。由于本章以离婚程序为标准,分别阐述行政登记程序和诉讼程序的离婚,因此在此采狭义的登记离婚概念。

登记离婚以双方当事人完全自愿并达成协议为前提,反映了婚姻家庭法尊重婚姻当事人的婚姻意思自治的现代法治精神。这种离婚方式,不仅手续简便、节省时间和费用,而且为无因离婚,无须陈述离婚的具体原因,有利于保护婚姻当事人的隐私。同时,这一离婚方式使当事人双方能够友好地分手,避免了当事人在法庭上相互指责、造成更深的敌对情绪,从而使当事人在没有外来压力的情况下,平心静气地达成比较符合双方意愿的协议,有利于离婚协议的自愿履行。

但是,这一离婚方式也易造成轻率离婚。事实上有很多婚姻,客观上并未完全破裂,只因当事人意气用事即行离异。此种欲和欲离,任由当事人决定,与婚姻之永久共同生活本质不合,其离婚后果任由当事人以协议决定,易为恶意配偶滥用,而很可能变成强者欺负弱者的工具,甚至危害未成年子女的利益。正是因为如此,欧美国家大多不承认登记离婚,离婚必须经过诉讼程序。即使承认登记离婚的国家,也在登记离婚的条件及程序上予以必要的限制,主要有:(1)登记离婚必须在结婚满一定期间后才能提出。各国规定的期限从 6 个月至 3 年不等。(2)登记离婚的当事人必须没有未成年子女。(3)当事人提出离婚申请后须经过一定时间的考虑期(或称考验期),才能正式办理登记手续。有的还规定考虑期满后重新提出一次申请。关于考虑期,各国规定也不尽一致,短的 3 个月,长的达 1 年。这些限制对于防止登记离婚过于简便所滋生的弊端,是有实益的。我国《婚姻法》既然承认登记离婚,在运用上也应谨慎,以杜绝其弊。

二、我国现行登记离婚制度

我国《婚姻法》第 31 条规定:"男女双方自愿离婚的,准予离婚。双方必须到婚姻登记机关申请离婚。婚姻登记机关查明双方确实是自愿并对子女和财产问题已有适当处理时,发给离婚证。"可见,在我国,当事人协议离婚须向专门的主管机关即婚姻登记机关申请,并履行登记程序,取得离婚证方具有法律效力,是典型的登记离婚制度。

---

① 协议离婚在各国有不同的规定,根据接受和办理协议离婚的机关不同,分为下列三种立法例:一是户籍登记程序,即由户籍机关按照户籍法的规定,对协议离婚进行登记。如根据《日本民法典》第765 条的规定,夫妻双方协议离婚的,须依户籍法的规定,向户籍机关申报登记。二是行政登记程序,即协议离婚须通过民事登记官员批准,才能生效。《墨西哥民法典》婚姻篇第 272 条即作此规定。三是司法裁决程序,即当事人的离婚协议须经法院裁决或批准,才生法律效力。如奥地利的法律规定,夫妻双方自愿离婚,须由法院对其离婚协议进行判决。

（一）登记离婚的条件

1. 双方当事人须经过登记结婚

没有登记结婚的当事人，不能通过达成协议继而进行行政登记的方式离婚，其处理办法为：如果其为事实婚姻，则须按照诉讼离婚的方式解除婚姻关系；如果其为同居关系，则面临的问题即为解除同居关系。此外还应注意，根据我国《婚姻登记条例》的规定，当事人的结婚登记不是在中国内地办理的，对其离婚登记，婚姻登记机关不予受理。

2. 双方当事人具有完全民事行为能力

离婚是重要的民事法律行为，只有当双方当事人都具有完全民事行为能力时，所作出的离婚的意思表示才具有法律上的效力。《婚姻登记条例》第 12 条第 3 款规定："办理离婚登记的当事人有下列情形之一的，婚姻登记机关不予受理：……（二）属于无民事行为能力人或者限制民事行为能力人的。"因此不具有完全民事行为能力的当事人，依法不能申请登记离婚，如果登记机关因不明了情况而受理了该申请，一经查实，就应不予登记。无民事行为能力人或者限制行为能力人离婚，只能通过诉讼程序，并由法定代理人代理诉讼。

3. 双方当事人须自愿离婚

即要求双方都有离婚的意愿，并达成了一致，而且该意思表示必须是真实的，不能是一方欺诈另一方而达成协议，也不能是由于对方或者第三方的胁迫而同意离婚，或是双方为了某种不可告人的目的恶意串通的假离婚。凡属于上述情况都不属于真实意愿的协议离婚，不符合登记离婚的要求。

4. 双方当事人须对离婚后子女及财产问题作出适当处理

《婚姻登记条例》第 13 条规定："对当事人确属自愿离婚，并已对子女抚养、财产、债务等问题达成一致处理意见的，应当当场予以登记，发给离婚证。"离婚不仅是解除夫妻间的人身关系，还对夫妻财产关系也产生相应的后果，而且涉及子女抚养教育的问题，因此登记离婚时，双方应就子女由哪方抚养，抚养费、教育费如何负担以及给付的方式、期限达成协议。双方还应对夫妻共同财产如何分割，债务如何清偿以及离婚后一方对另一方的帮助、经济补偿、离婚损害赔偿达成一致意见。只有就上述问题达成一致意见，婚姻登记机关才能受理离婚登记申请。

上述四个方面是我国《婚姻法》就登记离婚所规定的必备要件，既是对婚姻当事人双方的要求，也是对婚姻登记机关的要求。

（二）登记离婚的程序

在我国登记离婚必须到婚姻登记机关办理离婚登记手续。办理内地居民的婚姻登记机关是县级（含市辖区、县级市）人民政府民政部门或乡、镇人民政府。男女双方应当共同到一方当事人常住户口所在地的婚姻登记机关办理离婚登记。办理现役军人的婚姻登记的机关可以是现役军人部队驻地所在地或户口注销前常住户口所在地的婚姻登记机关，也可以是非现役军人一方常住户口所在地的婚姻登记机关。办理服刑人员婚姻登记的机关可以是一方当事人户口所在地或服刑监狱所在地的婚姻登记机关。根据《婚姻登记条例》的规定,办理登记离婚的程序须经过申请、审查、登记三个步骤。

1. 申请

要求离婚登记的婚姻当事人,必须双方亲自到婚姻登记机关提出离婚登记申请。自愿离婚的男女双方,如果是内地居民应当到一方当事人常住户口所在地的婚姻登记机关办理离婚登记。《婚姻登记条例》第11条明确规定:"办理离婚登记的内地居民应当出具下列证件和证明材料:(一)本人的户口簿、身份证;(二)本人的结婚证;(三)双方当事人共同签署的离婚协议书。"离婚协议应当载明双方当事人自愿离婚的意思表示,以及对子女抚养,财产及债务处理等事项协商一致的书面协议,双方应签名,一式三份。

2. 审查

婚姻登记机关对于当事人的离婚申请应该根据我国《婚姻法》及《婚姻登记条例》的规定,对当事人出具的证件和证明材料进行严格的审查。审查的过程也就是对当事人进行引导和说服的过程。要教育当事人双方慎重对待和考虑离婚问题,尽可能地挽救那些感情尚未完全破裂的婚姻,促成双方和好。在审查过程中,如果双方同意离婚但对子女及财产安排不够合理,应帮助他们遵循《婚姻法》的精神作必要的调整;同时,还必须对协议的内容作全面的了解,如当事人是否具有夫妻身份,离婚是否真实自愿,有无欺诈、胁迫、弄虚作假等违法现象,对子女安排和财产分割是否合理,等等。申请离婚登记的当事人对婚姻登记机关应如实提供必须了解的有关情况,不得隐瞒或欺骗。登记机关在必要时还应向当事人所在单位居民委员会或村民委员会做必要的了解。婚姻登记机关应该履行好自己的职责,如果婚姻登记机关为不符合婚姻登记条件的当事人办理婚姻登记的,根据《婚姻登记条例》第18条的规定,应对直接负责的主管人员和其他直接责任人员依法给予行政处分。

3. 登记

婚姻登记机关经过审查后,对符合我国《婚姻法》和《婚姻登记条例》的离婚申请予以登记并发给离婚证。《婚姻登记条例》第13条规定:"对当事人确属自愿离婚,并已对子女抚养、财产、债务等问题达成一致处理意见的,应当当场予以登记,发给离婚证。"登记离婚的双方领得离婚证,婚姻关系即告解除,离婚证和人民法院的离婚判决书、离婚调解书具有同等的法律效力。离婚证是证明婚姻关系已经解除的具有法律效力的证件,只能由民政部门规定样式并监制。对不符合我国《婚姻法》和《婚姻登记条例》规定的,婚姻登记机关不予登记。对于离婚证遗失或者损毁的当事人可以持户口簿、身份证向原办理婚姻登记的机关或者一方当事人常住户口所在地的婚姻登记机关申请补领。婚姻登记机关对当事人的婚姻登记档案进行查证,确认属实的应当为当事人补发离婚证。

(三)关于登记离婚常见问题的处理

1. 登记离婚是否审查夫妻感情

我国《婚姻法》第31条规定:"……婚姻登记机关查明双方确实是自愿并对子女和财产问题已有适当处理时,发给离婚证。"可见,婚姻登记机关受理离婚登记主要应查明协议的合法性、真实性及完整性,而无须追究当事人双方离婚的具体理由,也不要求审查夫妻感情是否破裂,婚姻登记机关甚至也没有做调解工作的义务。

2. 对离婚登记反悔的处理

在离婚登记后,一方又反悔要求人民法院给予重新处理,对于这种请求,最高人民法院(民)复(1985年)35号《关于男女登记离婚后一方翻悔,向人民法院提起诉讼,人民法院是否应当受理的批复》指出:"男女双方自愿离婚,并对子女和财产问题已有适当处理,在婚姻登记机关办理了离婚登记,领取了离婚证的,其婚姻关系即正式解除。一方对这种已发生法律效力的离婚,及对子女和财产问题的处理翻悔,在原婚姻登记机关未撤销离婚登记的情况下,向人民法院提起诉讼的,人民法院不应受理……告知当事人向原婚姻登记机关申请解决。"但1986年的有关司法解释又规定:"男女双方经婚姻登记机关办理离婚登记后,因对财产、子女抚养引起纠纷,当事人向法院起诉的,可直接由有关法院依法受理。"由此可见,当事人可就财产分割、子女抚养纠纷向法院提起诉讼,但不可就离婚登记反悔向法院提起诉讼。这主要是因为人民法院属于司法机关,而婚姻登记机关属于行政机关,法院应当对婚姻登记机关所作的离婚登记予以尊重,法院并没有权力直接否定离婚登记的效力。双方当事人就离婚登记反悔的,应当向原婚姻登记机关申请解决。婚姻登记机关对一方反悔离婚登记的要求,应根据反悔的具体情况,作出处理。婚姻登记机关原则上也不予受理,除非能够证明对方有胁迫或欺诈行为。

3. 对财产分割反悔的处理

但是就财产分割问题,当事人反悔的,最高人民法院于2003年颁布的《婚姻法解释(二)》作了新的规定,并规定"本解释施行后,此前最高人民法院作出的相关司法解释与本解释相抵触的,以本解释为准。"因此,当事人登记离婚后因财产分割问题反悔的,应适用《婚姻法解释(二)》;而对离婚登记反悔的,仍适用原1985年的司法解释。《婚姻法解释(二)》第9条对此作了专门规定:"男女双方协议离婚后一年内就财产分割问题反悔,请求变更或者撤销财产分割协议的,人民法院应当受理。人民法院审理后,未发现订立财产分割协议时存在欺诈、胁迫等情形的,应当依法驳回当事人的诉讼请求。"由此可知,其一,当事人就财产分割问题反悔的,必须在办理离婚登记手续后一年内提出,且一年为不变期间,不存在中止、中断和延长的情形。其二,订立财产分割协议时存在欺诈、胁迫等情形,是当事人胜诉的法定事由。如果订立财产分割协议时是出于自愿,此后反悔,虽有诉权,但不能胜诉。

4. 对不履行离婚协议的处理

男女双方在登记离婚时所达成的离婚协议具有法律效力,如果一方不按协议履行义务,对财产给付、子女抚养等履行问题发生纠纷的,按1986年的司法解释,当事人可以向人民法院起诉,人民法院应当受理。《婚姻法解释(二)》第8条也规定:"离婚协议中关于财产分割的条款或者当事人因离婚就财产分割达成的协议,对男女双方具有法律约束力。当事人因履行上述财产分割协议发生纠纷提起诉讼的,人民法院应当受理。"因为当事人不履行离婚协议中的财产给付、子女抚养等有关义务而发生纠纷,属于民事诉讼的范畴,不能由婚姻登记机关处理,也不能要求人民法院强制执行。需要解决的,只能依法向人民法院提起诉讼。人民法院受理后,根据离婚登记时对子女和财产问题的处理情况以及发生纠纷的原因,给予审查处理。

5. 对离婚登记后离婚损害赔偿权的处理

根据《婚姻法解释(二)》第 27 条的规定,当事人在婚姻登记机关办理离婚登记手续后,以《婚姻法》第 46 条规定为由向人民法院提出损害赔偿请求的,人民法院应当受理。但当事人在协议离婚时已经明确表示放弃该项请求,或者在办理离婚登记手续一年后提出的,不予支持。

第三节　诉讼离婚

【引例】

周某(男)和郑某(女)于 2003 年自由恋爱,2004 年 3 月两人办理了结婚登记手续。结婚之初,双方感情不错。2006 年 4 月起,周某受朋友影响沉迷于麻将牌桌,渐渐疏于关心家庭。为此,双方争执不断,并且开始互相猜忌。2008 年 5 月,郑某诉至法院要求离婚。法院在调解无效后,经审理认为,双方当事人存在较好的感情基础,夫妻不和主要由周某沉迷麻将所致,如周某改正不良习性,尚有挽救婚姻之余地,因此判决不准离婚。此后,郑某搬回娘家居住,周某仍照旧厮混于牌桌,偶尔寻至郑某居处大声吵闹辱骂。2008 年 8 月,周某与郑某家人发生打斗,当地警察出面才得以阻止。2008 年 9 月,郑某不堪忍受骚扰,再次诉至法院请求离婚。

问:(1)诉讼离婚中的调解是必经程序吗?为什么?

(2)郑某能否在双方被判决不准离婚后 6 个月内再次起诉离婚?

(3)周某和郑某的感情是否确已破裂?如何认定?有何法律依据?

一、诉讼离婚的概念

诉讼离婚,又称裁判离婚,是指夫妻一方基于法定离婚理由,向人民法院提起诉讼,人民法院依法通过调解或判决解除当事人之间的婚姻关系的一种离婚方式。

我国的诉讼离婚适用于以下三类离婚纠纷:(1)夫妻一方要求离婚,另一方不同意离婚的;(2)夫妻双方都愿意离婚,但在子女抚养、财产分割等问题上不能达成协议的;(3)未依法办理结婚登记而以夫妻名义共同生活且为法律承认的事实婚姻。对于符合登记离婚条件的合意离婚,如果当事人基于某种原因不愿意进行离婚登记的,也可以适用诉讼离婚。

相对于登记离婚而言,诉讼离婚可以说是"对真正有争议的离婚事件进行裁判"。它要求当事人须提出离婚的原因及请求,法院通过行使审判权来解决离婚争端。诉讼离婚程序虽属民事诉讼程序,但与一般民事诉讼相比,也有不同之处。离婚之诉为本质的合并之诉,不但要解决是否准予离婚,而且在准予离婚时必须一并解决离婚的诸多法律后果问题,如共同财产分割、债务清偿、经济帮助、离婚损害赔偿、子女抚养、探望权的行使等。在审理程序上,法院对离婚诉讼更多地采取职权主义,依职权主持调解。欧美国家大多对离婚诉讼专门规定了特别程序,设立家庭(家事)法院(庭),实行调解(和解)前置主义,以适应离婚诉讼的特殊性。

二、诉讼外的调解

我国《婚姻法》第 32 条第 1 款规定："男女一方要求离婚的,可由有关部门进行调解或直接向人民法院提出离婚诉讼。"据此,对于离婚纠纷,既可在诉讼前由有关部门进行调解,又可以不经有关部门调解直接向人民法院提出诉讼,通过诉讼离婚方式解决。

诉讼外调解,是指由婚姻当事人所在单位、群众团体、居民或村民委员会、人民调解委员会等部门主持,在自愿合法的基础上,当事人就是否离婚以及离婚后子女抚养、财产分割、债务负担等问题上达成协议的纠纷解决方式。我国《婚姻法》之所以规定诉讼外调解,是因为:(1)我国民间习惯自古就有调解处理婚姻纠纷的传统,以这种方式处理婚姻纠纷可以不伤或少伤和气,这符合人们的心理,便于当事人接受;(2)当地有关部门对纠纷情况比较了解,容易抓住矛盾重点进行说服教育和疏导,使纠纷得到及时、妥善的解决,防止矛盾激化,增进团结和稳定;(3)这种解决离婚纠纷的方式经济、方便、快捷,不耽误当事人的生产、工作和生活,同时减少了法院的诉讼案件,减轻了人民法院的工作负担。

诉讼外调解并不是离婚诉讼的必经前置程序,是否进行这种调解,应当坚持当事人自愿原则,由双方当事人自己决定。当事人可以不经过这一阶段而直接向人民法院起诉,人民法院也不得以未经有关部门调解而拒绝受理。有关部门不得强迫或变相强迫当事人接受调解,也不得阻止或妨碍当事人向人民法院提出离婚诉讼。在调解过程中,应坚持自愿合法原则,不得强迫或变相强迫当事人达成或不达成某种协议。达不成协议的,当事人有权提起离婚诉讼,有关部门不得限制、阻碍;达成离婚协议的,当事人仍然要到婚姻登记机关办理离婚登记。

诉讼外调解可能出现三种不同的结果:(1)夫妻和好,继续保持婚姻关系;(2)夫妻双方同意离婚,并就财产分割、债务负担、子女抚养等问题达成一致意见,双方应按《婚姻法》和《婚姻登记条例》的有关规定,到婚姻登记机关办理离婚登记;(3)调解无效,夫妻一方坚持离婚而另一方不愿离婚,或者双方都同意离婚但对财产分割、子女抚养等问题仍存在争议的,则婚姻当事人一方可向人民法院提起离婚诉讼,由人民法院审理。

三、诉讼离婚的法定程序

根据我国《婚姻法》和《民事诉讼法》的规定,我国离婚的诉讼程序包括起诉与受理、诉讼中的调解和判决三个阶段。

(一)起诉与受理

离婚诉讼应由夫妻一方作为原告向人民法院提起,而不能由他人代理。如果夫妻一方是无民事行为能力人时,他人是否可以代理其作为原告起诉离婚?在以往的审判实践中,无民事行为能力人一般在离婚诉讼中都是被告。现在有时会遇到无民事行为能力人的配偶一方出于继承或占用财产的目的,既不提出离婚也不履行法定的夫妻扶养义务,甚至擅自变卖夫妻共同财产,对无民事行为能力一方实施家庭暴力或虐待、遗弃等行为,严重侵害了无民事行为能力人的合法权益。如果一概不允许其作为原告提起离婚之诉,可能会出现在合法婚姻的幌子下肆意侵害无民事行为能力人权益的情况。而根据《婚姻登记条例》第 12 条的规定,办理离婚登记的当事人属于无民事行为能力人或限制民事行为能力人的,婚姻登记机关不予受理。也就是说,无民事行为能力人的离婚,不能登记离婚,只能通过诉讼程序解决。为了保护无民事行为能力人的利益,《婚姻法解释(三)》第 8 条规定:"无民事行为能力人的配偶有虐待、遗弃等严重损害无民事行为能力一方的人身权利或者财产权益行为,其他有监护资格的人可以依照特别程序要求变更监护关系;变更后的监护人代理无民事行为能力一方提起离婚诉讼的,人民法院应予受理。"

离婚诉讼一般由被告住所地人民法院管辖,当被告住所地与经常居住地不一致时,由被告经常居住地人民法院管辖,但也有例外情况。根据现行《民事诉讼法》第 22 条的规定,下列民事诉讼,由原告住所地人民法院管辖,原告住所地与经常居住地不一致的,由原告经常居住地人民法院管辖:对不在中华人民共和国领域内居住的人提起的有关身份关系的诉讼;对下落不明或者宣告失踪的人提起的有关身份关系的诉讼;对被采取强制性教育措施的人提起的诉讼;对被监禁的人提起的诉讼。此外,1992 年最高人民法院《关于适用〈中华人民共和国民事诉讼法〉若干问题的意见》第 11 条至第 16 条还就军人与非军人、军人与军人、夫妻一方或双方离开住所地超过 1 年、华侨在国内结婚并定居国外、华侨在国外结婚并定居国外、一方居住在国外而一方居住在国内、双方在国外但未定居等情形下提起的离婚诉讼规定了管辖法院。

(二)诉讼中的调解

我国《婚姻法》第 32 条第 2 款规定:"人民法院审理离婚案件,应当进行调解……"这表明调解是人民法院审理离婚案件的必经程序,不经过调解程序,不能直接作出判决。这里的调解是指诉讼中的调解,又称诉讼内调解或司法调解,是指在法官全面审查案件事实的基础上,对当事人进行说服教育和劝解,由当事人自愿协商从而解决纠纷的方式。诉讼中的调解应该发挥人民法院的主导作用,必要时审判人员可以主动提出解决方案,也可配合有关部门一起做工作,促使当事人达成谅解或协议。当事人经调解所达成的离婚协议,在经过人民法院的批准和认可,并发给离婚调解书后始生效力。诉讼中的调解是人民法院行使审判职能的重要方面,也是我国审判工作的优良传统和经验。人民法院在审理离婚案件过程中,一直要贯彻以调解为主的原则,一般做法是:在查清事实的基础上对当事人进行和好的调解,如果夫妻感情确已破裂,调解和好无效,转而就双方离婚所涉及的财产分割、子女抚养等问题进行调解。

诉讼中的调解工作有三种结果:(1)调解和好,原告撤诉或将和好协议记录在案。(2)双方当事人达成离婚协议,由人民法院根据协议内容制作离婚调解书,调解书与判决书具有同样的法律效力,非经法定程序不得随意变更。离婚调解书送达后即生法律效力,双方婚姻关系解除。(3)调解无效,双方无法达成协议,人民法院不能久调不决,应依法作出判决。

(三)判决

经调解无效的离婚案件,人民法院应按诉讼程序进行开庭审理。人民法院应在查明事实、分清是非的基础上,按照《婚姻法》的有关规定,作出判决。人民法院的离婚判决有两种可能,包括判决不准离婚和判决离婚。凡是夫妻感情尚未破裂或者尚未完全破裂,尚有和解的可能,可以判决不准离婚。如果夫妻感情确已破裂,可判决准予离婚。当事人不服一审判决的,可在收到判决书次日起,15日内向二审人民法院提出上诉。过期不上诉的,离婚判决生效,双方的婚姻关系终止。如果对一审判决不服,提出上诉的,经二审法院调解仍达不成和好或离婚协议的,由二审法院判决。二审法院的判决,属于终审判决,一经送达双方,立即发生法律效力。

现行《民事诉讼法》第202条规定:"当事人对已经发生法律效力的解除婚姻关系的判决、调解书,不得申请再审。"这是因为离婚判决与一般民事判决不同,离婚涉及当事人双方的人身关系解除,判决生效后,可能一方当事人已经再婚,与他人建立了合法婚姻关系。即使没有再婚,因离婚造成的感情伤害很难愈合。因此,即使判决认定的事实有误,也不允许申请再审。如果双方自愿恢复婚姻关系的,应办理复婚手续。但当事人对于离婚判决中财产分割问题不服的,就离婚案件中的财产分割问题申请再审的,如涉及判决中已分割的财产,人民法院应进行审查,符合再审条件的,应立案审理;如涉及判决中未作处理的夫妻共同财产,应告知当事人另行起诉。

四、离婚诉权的限制

(一)对男方离婚起诉权的特别限制

《婚姻法》第34条规定:"女方在怀孕期间、分娩后一年内或中止妊娠后六个月内,男方不得提出离婚。女方提出离婚的,或人民法院认为确有必要受理男方离婚请求的,不在此限。"这一规定主要是基于保障妇女和子女的合法权益而在特定时间内对男方离婚请求权作出的一种限制。妇女在怀孕期间生理上和精神上都有重大的负担,如果这个时候男方向女方提出离婚,将会对女方的身心健康造成重大的影响,对于胎儿、婴儿的发育、成长也不利,因此有必要禁止男方在这一期间提出离婚。禁止男方在这一特殊时期提出离婚,并不是对夫妻之间婚姻自由的干涉,或是对男方离婚请求权的剥夺。这一规定仅是暂时限制男方的提出离婚的权利。上述期间届满后,男方仍可依法向人民法院请求离婚。在适用此条规定时,需要注意两方面的问题:

1. 限制男方离婚请求权的特定时间有三种。一是女方在怀孕期间。如果原审人民法院判决离婚时,未发现女方怀孕的事实,女方自己发现并提出上诉的,应撤销原判决,驳回男方的离婚请求。二是女方在分娩后一年内。即使婴儿死亡,男方的离婚请求权仍然受到限制。三是女方中止妊娠后六个月内,包括女方早产、人工流产或因计划生育而中止妊娠等情况。

2. 这一规定的适用有例外情况。一是女方提出离婚的。女方主动提出离婚,说明本人对离婚以及离婚后的生活已做好了思想准备,不会像面临男方提出离婚时那样备受打击和不安。如果继续维持婚姻关系反而对女方、孩子或者胎儿更加不利,基于保护妇女、儿童的立法精神,故不受此条规定的限制。当然,如果男女双方在此期间自愿离婚的,法律也不禁止。二是人民法院认为确有必要受理男方离婚诉讼请求的。所谓"确有必要",根据司法实践,主要是指两种情况:双方确实存在不能继续共同生活的重大紧迫的事由,一方对他方有危及生命、人身安全的可能；女方怀孕系因与他人通奸所致，女方也不否认。

(二)对现役军人配偶离婚胜诉权的限制

《婚姻法》第33条规定："现役军人的配偶要求离婚，须得军人同意，但军人一方有重大过错的除外。"这一规定通过在诉讼过程中对现役军人配偶的离婚胜诉权的限制，来实现对军人婚姻的特殊保护。保护军婚，有利于稳定军心，符合国家和人民的根本利益。在适用此条规定时，需要注意以下问题：

1. 本条规定只适用于配偶中非军人方向军人一方提出的离婚诉讼。如果是军人方向非军人一方提出离婚诉讼或者双方都是现役军人的，不适用本条规定，而应按《婚姻法》中的一般规定处理。所谓现役军人，是指正在人民解放军和人民武装警察部队服役，具有军籍的干部和战士(包括军队中的文职人员)，但退伍、复员、转业的军人和军事单位中不具有军籍的职工不包括在内。

2. 非军人方向军人一方提出离婚时，军人一方不同意，且军人一方无重大过错的，人民法院应当教育原告珍惜与军人的夫妻关系，尽力调解和好或判决不准离婚。对夫妻感情确实已经破裂，经过对原告做和好的工作无效的，确实不能继续维持夫妻关系的，应当通过军人所在部队团以上政治机关做好军人的思想工作，取得军人对离婚的同意。人民法院在处理这类案件时，应将灵活性和原则性相结合，协调好保护军婚与保护婚姻自由两者的关系。

3. 这一限制性规定也有例外，即"军人一方有重大过错"的除外。根据《婚姻法解释(一)》第23条的规定，军人一方的"重大过错"是指：重婚或有配偶者与他人同居的；实施家庭暴力或虐待、遗弃家庭成员的；有赌博、吸毒等恶习屡教不改的；其他违背法律或公序良俗导致夫妻感情破裂的重大过错行为，如通奸、卖淫、嫖娼、犯罪等严重影响夫妻感情的行为。

4. 对于破坏军婚的违法犯罪行为应给予坚决打击。第三者与军人配偶(非军人一方)同居、重婚，破坏军人婚姻家庭的，应按照刑法相关规定，按破坏军婚罪追究第三者的刑事责任。

(三)对原告再次离婚起诉权的限制

根据现行《民事诉讼法》第124条第7项的规定，对于人民法院判决不准离婚和调解和好的离婚案件，如没有新情况、新理由，原告在6个月内又起诉的，不予受理。这是为了给原告一个冷静考虑的机会，以挽救感情尚未完全破裂的婚姻，同时也是为了避免当事人"缠讼"，增加法院的负担。在适用此条规定时，需要注意两方面的问题：

1. 此项限制仅针对原离婚诉讼的原告。对于原离婚诉讼的被告，则不受此限。因此，其在6个月内作为原告提起离婚诉讼的，即使没有新情况、新理由，人民法院亦应受理。

2. 原告在判决不准离婚或者调解和好后6个月内不得提出离婚诉讼，其限制条件是没有新情况、新理由，即与原离婚诉讼所支持离婚请求的事实、理由没有变化或者没有本质变化的情况下才加限制。如果出现诸如说明感情确已破裂的新情况、新理由，也可在6

个月内提起诉讼，经人民法院审查后确属新情况、新理由的，应当依法受理。

必须明确，上述有关限制当事人离婚起诉权或胜诉权的规定，并未涉及准予离婚或不准离婚的实质性问题。审判实践中要注意区分受到限制的是离婚胜诉权还是离婚起诉权。对离婚胜诉权的限制是对获准离婚的实体限制，而对离婚起诉权的限制只是对起诉离婚的时间限制。因此，凡属于限制离婚胜诉权的情形，法院应当受理当事人的起诉，处理结果是驳回当事人离婚的诉讼请求；凡属于限制离婚起诉权情形的，法院经审查后应作出不予受理的决定，并告诉当事人再行起诉的时间。

五、判决离婚的法定理由

(一)判决离婚法定理由概述

判决离婚法定理由，也叫判决离婚法定原因、法定条件或法定标准，是指法院判决是否准予离婚的标准和依据。它直接体现了离婚法的指导思想，是离婚制度中的根本性制度。综合世界各国离婚理由的立法及其学说，离婚理由可以从以下两个方面分析界定：

1. 根据离婚理由的立法原则及其规范内容，可以概括为三种类型：过错主义、目的主义和破裂主义

所谓过错主义，又称有责主义或过错原则，是指夫妻一方得以夫妻关系存续中他方有违背婚姻义务的特定过错行为，作为诉请离婚的依据。过错的理由由法律规定，一般包括重婚、姘居、通奸、遗弃、谋害、酗酒、嗜毒、犯罪等。由于这些过错行为致使对方无法与之共同生活而提出离婚的，造成婚姻关系解除的责任由过错一方承担，故又称为"有责主义的离婚立法原则"。按这一原则的要求，法律只赋予无过错一方有离婚请求权，有过错一方无权提出离婚诉讼。从实质上说，过错原则是用剥夺离婚权的方式对过错方给予的法律制裁和惩罚，对无过错一方用获准离婚的方法给予支持。但同时也要作出某些限制，即纵然一方有法定过错，基于特定事由，他方也不得提请判决离婚。

所谓目的主义，又称无过错主义或干扰原则，是指在婚姻关系存续期间发生了不可归责于当事人自身的客观原因，致使夫妻双方无法共同生活，婚姻目的难以达到的，当事人双方或者另一方可以诉请离婚。这些理由在法学理论上称为无责理由，通常是夫妻一方患不治之精神病、不治之恶疾(包括性病、严重传染病)、精神耗竭、不能人道(即无性行为能力)、法定别居期满仍不能和好、下落不明达一定期限等。

所谓破裂主义，又称无责主义、破绽主义或破裂原则，是指以婚姻关系无可挽回的破裂(我国现行法律称为夫妻感情破裂)为离婚的法定理由，夫妻一方或双方得以此为由诉请离婚。随着社会的发展，自由离婚的逐步实现，自第二次世界大战结束以来，不少国家改变了离婚立法原则，逐步由过错主义、目的主义向破裂主义发展。破裂主义总的精神在于只注重婚姻破裂的事实而不注重造成破裂的原因，尤其是不问当事人有无过错，只要婚姻关系实际上已经破裂了，就应当准许离婚。但是如何认定婚姻关系是否破裂，各国法律规定不一。有的国家将确认权赋予法院；有的国家则规定一些事由推断婚姻已经破裂，如以一定年限的别居作为婚姻破裂的证据；也有的国家把一定年限的别居和一方的过错行为都作为婚姻破裂的事实证明。

需要指出的是，目前各国离婚立法在离婚理由的规定上虽然从过错主义向破裂主义发展，但是由于经济社会条件、历史文化传统、价值判断标准等方面的差异，有关离婚理由的规定既有普遍采纳破裂离婚理由的共同趋势，又呈现出多样性。除英国、澳大利亚、美国的一些州等一部分国家或地区纯粹单采破裂离婚主义，仅规定婚姻关系无可挽回的破裂为离婚的唯一理由之外，大多数国家以不同的方式兼采以上离婚理由，即体现为一种"混合主义"，如日本、法国兼采用过错主义、目的主义和破裂主义的"混合主义"。

2. 根据离婚理由的立法方式，可以概括为列举主义、概括主义、例示主义

所谓列举主义，是指将离婚的法定情形逐一列出，只有符合法律规定的情形之一的，才能被判决离婚，法律未规定的原因不能作为离婚的法定理由。所谓概括主义，是指法律不列出可以判决离婚的具体情形，而只原则性地规定准予离婚的法定标准。所谓例示主义，是指法律既有相对抽象的概括性规定，又列举某些具体的离婚理由，是一种混合型的立法方式。比较来看，例示主义的立法方式较为科学。一方面，列举性的规定向当事人和法官提供了一个明确的、清楚的和可操作的离婚标准；另一方面，抽象概括性规定又具有极大的包容性和涵盖力，有利于保障离婚自由。从现行各国离婚法看，与混合主义的立法原则相适应，离婚条件的立法方式各国大多采混合型的例示主义。

（二）我国判决离婚法定理由的原则性规定

现行《婚姻法》第 32 条第 2 款规定："人民法院审理离婚案件，应当进行调解；如感情确已破裂，调解无效，应准予离婚。"这一规定说明我国判决离婚的法定理由的基本构成要件有两方面：一是实质性要件，感情确已破裂；二是程序性要件，经调解无效。感情确已破裂，在离婚的法定理由中占主导地位，而调解无效仅仅处于辅助地位。因此，现行《婚姻法》坚持判决离婚的唯一的法定理由，即破裂主义原则，但该原则在我国采纳的是"感情破裂主义"，而非"婚姻关系破裂主义"①。

1. "夫妻感情确已破裂"的理解

所谓"夫妻感情确已破裂"就是夫妻感情已不复存在，已不能期待夫妻双方有和好的可能。"夫妻感情确已破裂"有四个方面的特性和要求：

（1）夫妻矛盾在程度上、时间上及现实表现上，均是由来已久且无可挽回，其标志就是具有"夫妻的共同生活已不复存在"的客观状况以及"不能期待双方恢复其共同生活"的当

---

① 在对 1980 年《婚姻法》的修改过程中，对应采"感情破裂"还是"婚姻关系破裂"，我国学者有争论。持"感情破裂说"者认为，以感情破裂作为离婚的法定理由是我国离婚立法的重要成果；它符合马克思主义离婚的基本理论，是我们制定离婚立法的指导思想；完全符合具有中国特色社会主义法律体系的内容要求，符合立法的科学性、客观性和可操作性的要求。持"婚姻关系破裂说"者认为，离婚立法的对象是夫妻之间的婚姻关系，而不只是感情关系，婚姻的破裂不只是感情出了问题；感情破裂标准不符合我国婚姻关系的现状，不能包括所有的离婚原因，感情破裂的理论根据是婚姻必须以爱情为基础，而此类婚姻，我国现阶段还远远没有普及；采"感情破裂说"是对马克思主义婚姻观的误解，其理论均是在伦理学范畴内对未来公有制社会婚姻观的论述，并不能直接移植到法学领域。2001 年《婚姻法》修订后仍坚持采用感情确已破裂原则。参见夏吟兰、蒋月、薛宁兰：《21 世纪婚姻家庭关系新规制》，中国检察出版社 2001 年版，第 289～290 页。

事人意思的主观状况。因而现行《婚姻法》在这两点上进行了努力。第一,作为感情破裂的客观类型标志,确定了以夫妻一方或者双方严重妨碍婚姻共同生活的过错行为、两年以上的分居事实以及其他情形,就可以推断夫妻感情在客观上已经破裂。第二,作为感情破裂的主观类型标志,确定了以调解无效就可以推断夫妻感情在主观上已经破裂。当然,法律意义上的感情破裂必须是客观上的破裂与主观的破裂二者的统一,缺一不可。离婚当事人双方如果并没有夫妻共同生活已经不复存在的客观状况,即使一方坚持要求离婚并调解无效,不能认为夫妻感情确已破裂;反之,离婚当事人双方如果虽具有夫妻共同生活废止的客观状况,但因其他原因(比如为了未成年子女的利益)经调解愿意而继续维持婚姻关系,亦不属于感情破裂,法院不得经行判决离婚。

(2)感情破裂是一种彻底的无因破裂。即不论导致夫妻感情破裂的具体原因,不论当事人是否有过错,只要当事人根据自己的把握,认为夫妻感情确已破裂,就可以提出离婚请求,法院经过审理,确认夫妻感情破裂事实存在,且调解无效的,即可判决离婚。

(3)感情破裂作为唯一的离婚法定原则,具有独立的普遍适用的法律效力。在立法上,夫妻感情确已破裂是法律所确认的唯一、独立的离婚理由,除法定特别条款限制外,不受任何前置条件或相关因素的排斥或制约。感情破裂原则是适用所有离婚诉讼活动的出发点和最后的归宿。

(4)感情破裂是积极破裂原则,即当事人双方都有离婚请求权。无论有过错的当事人一方是否要求离婚,只要认定感情确实已经破裂,没有挽回的可能,就应根据任何一方当事人的请求予以解除婚姻关系,从而达到对婚姻、当事人和社会的补救目的和功能,而不作道德判断。

2. 判断"夫妻感情确已破裂"的方法

判断夫妻感情是否确已破裂,要对每一个案件作出历史、全面、发展的分析和研究,透过现象看本质,司法实践归纳为"四看":

(1)看婚姻基础。婚姻基础是指双方缔结婚姻关系时的感情状况和相互了解的情况。在司法实践中,一般将婚姻基础分为好和不好两类。婚姻基础好是指那些结婚自主自愿,并经过较长时间恋爱,彼此互相了解,志同道合,情投意合而结婚的,没有包办、强迫。一般说来,婚姻基础好的,婚后感情比较融洽,对一方要求离婚的,法院容易做调解和好工作。婚姻基础不好是指双方婚姻属包办、买卖、强迫结婚,婚后又未建立起一定的夫妻感情;或虽属自主婚姻,但婚前互不了解,一见钟情,匆忙草率成婚或结婚动机是贪图对方金钱、地位、权势及容貌等而结婚的。婚姻基础不好,必然影响婚后夫妻感情,甚至直接成为离婚原因。夫妻感情是夫妻之间的理性感受,属于意识形态范畴,具有可变性,可以由坏变好,也可以由好变坏。婚姻基础好,婚后感情可能会不好。婚姻基础不好,婚后双方在共同生活中,可能会建立一定感情,甚至感情真挚、深厚。因此,在判断夫妻感情是否破裂时,要辩证地看婚姻基础。

(2)看婚后感情。婚后感情是指夫妻在结婚后共同生活期间的感情状况。在司法实践中,将婚后感情分为夫妻感情好、一般和不好三类。婚后感情好的夫妻,在婚后生活中能互敬互爱、互相尊重,关心体贴,共同承担抚养子女、赡养老人的责任。这类夫妻一方要求离婚的,应多做调解和好工作。如果调解无效,以判决不准离婚为宜。婚后感情一般的夫妻,在婚后生活中,感情时好时坏,有矛盾,也有和谐;有纠纷,也有恩爱。发生纠纷后,经过双方自我反思或批评与自我批评,或经过亲友、领导劝解,往往会摈弃前嫌,和好如初。这类感情状况的夫妻一方要求离婚的,如果没有难以排除的特别重大原因,如果调解无效,一般不宜急于判决离婚。以便给当事人充分留有余地,吸取教训。婚后感情不好的夫妻,在婚后生活中,夫妻感情一直呈下降趋势。从感情好,逐渐变为淡漠、冷漠。到一方起诉离婚时,通常是矛盾尖锐、势不两立,导致离婚的原因无法排除,确无和好可能。如果不立即解除双方的婚姻,将会导致矛盾进一步激化,发生意外事件,法院往往难以调解和好。

(3)看离婚原因。离婚原因是引起夫妻纠纷的主要矛盾,是诉讼离婚中原告要求离婚的主要依据,也是夫妻双方争执的核心和焦点。引起离婚的原因多种多样,有自身原因和外来原因,有直接原因和间接原因,有远因和近因,有主要原因和次要原因,有真实原因和虚假原因。在离婚诉讼的过程中,原告往往为了达到离婚目的,夸大或隐瞒真相,而被告为了不离婚也往往掩盖事实真相。因此我们要从客观事实入手,去伪存真,找出离婚的真实原因、主要原因,才能据此揭开双方感情的真实面目。这是判断夫妻感情是否破裂的关键性因素。

(4)看有无和好的可能。这是在上述"三看"的基础上,去伪存真,判断夫妻感情真实的现状以及将来发展的前途问题,从而估计出有无和好的可能。如果夫妻之间的矛盾是长期性的,甚至是根本性的,则和好的可能就不大了。我们还应当考虑是否有子女,是否分居,当事人是否有和好的意愿。对于有和好可能的婚姻,法院应当尽可能调解,使其和好。

以上四个方面相互联系、相互影响。可以从这四个方面全面地分析研究,判断夫妻感情是否确已破裂、有无和好的可能。在这个问题上不但要看到夫妻感情的过去和现在,而且要对夫妻关系的前途有所分析、有所预见。只要双方还有和好的可能,就应当努力帮助他们改善夫妻关系,把和好的可能变成现实。如果没有和好的可能,夫妻感情确已破裂,就应依法准予离婚。

(三)我国判决离婚法定理由的例示性规定

虽然司法解释总结出了认定夫妻感情破裂的方法,但是要准确认定某一婚姻的夫妻感情是否破裂,仍然具有一定的难度。审判实践中需要具体的认定标准,以便统一执法。根据最高人民法院多年行之有效的司法解释和各级人民法院的审判实践经验,现行《婚姻法》第32条在离婚的法定理由上继承了原有法律"夫妻感情确已破裂"的规定,在概括性规定的同时,另外列举了离婚的五项法定理由,以便于司法实践掌握操作。符合五项法定理由之一的,经人民法院调解无效,均应判决准予离婚。

1. 重婚或者有配偶者与他人同居的

重婚是指有配偶的人与他人公开以夫妻名义共同生活或者有配偶者又与他人登记结婚的行为。根据《婚姻法解释(一)》第2条的规定,"有配偶者与他人同居"是指有配偶者与婚外异性,不以夫妻名义,持续、稳定地共同居住。这两种行为都是损害夫妻感情、违反一夫一妻制原则、破坏婚姻秩序的严重过错行为。这不仅是对夫妻感情的践踏,也是对另一方尊严的侮辱,严重违背了夫妻间相互忠实的义务。无过错方认为维持这种婚姻关系毫无意义,要求离婚,法院应准予离婚。如果是有过错方提出离婚请求,人民法院应当仔细考察其夫妻感情是否已经完全破裂,如果感情确已破裂,应当准予离婚,不能将不准离婚作为对有过错一方的惩罚。

2. 实施家庭暴力或者虐待、遗弃家庭成员的

根据《婚姻法解释(一)》第1条的规定:"家庭暴力,是指行为人以殴打、捆绑、残害、强行限制人身自由或者其他手段,给其家庭成员的身体、精神等方面造成一定伤害后果的行为。"如果家庭暴力具有持续性、经常性的特点时,即构成虐待。偶尔冲动而发生的打骂不构成虐待。遗弃是对年老、年幼、患病或者其他的因没有独立生活能力的家庭成员,负有法定的扶养义务,而拒绝扶养的行为。实施家庭暴力或者虐待、遗弃家庭成员的行为不仅违反《婚姻法》,其情节恶劣的,还将触犯刑律,受到刑事制裁。我国《婚姻法》将实施家庭暴力纳入准予离婚的法定条件,反映了我国增强了家庭领域人权的保障力度。在司法实践中我们须注意到,一些夫妻平时感情良好,只是偶尔由于一时冲动,发生家庭暴力行为,而且情节也不严重的,应在批评教育过错一方的基础上,注重调解和好。

3. 有赌博、吸毒等恶习屡教不改的

恶习是指严重影响正常生活的不良嗜好和习惯。赌博、吸毒等恶习不同于一般的缺点、错误,它不但给家庭的经济生活带来极大的负担,而且还会对配偶以及其他的家庭成员精神上带来重大的伤害。这些恶习一旦沾染上,不容易戒掉,屡改屡犯,严重的甚至走上犯罪的道路。沾染上这种恶习的人不可能履行家庭义务、进行家庭正常生活了。因此,当这些恶习只有屡教不改的情况下,造成他方不堪与之共同生活的,才能认定为夫妻感情确已破裂。

4. 因感情不和分居满两年的

以一定期限的分居作为婚姻破裂的证明,是就离婚采取"破裂主义"国家所普遍采纳的标准。夫夫妻因感情不和分居两年以上,认定时应当具备三个方面的因素:一是双方客观上已经分居、分食,同居义务、共同生活中止。二是主观上有分居的故意,即主观上拒绝同居生活,这种主观意愿,可能是双方的,也可能是一方的意愿。但是,由于客观原因如因工作、学习、生病住院、出国等原因而分居的,没有分居的主观意愿,则不属因感情不和而分居。三是分居须具有连续性,即连续两年以上分居。如果因感情不和分居后又同居再分居的,从最后一次分居起连续两年以上,不得将多次分居的时间累计计算。

5. 其他导致夫妻感情破裂的情形

在现实生活中,造成夫妻感情破裂的情形是多种多样的,法律不可能一一列举。因此,《婚姻法》在规定了上述四项列举性法定离婚情形外,又用概括方式规定了其他导致夫妻感情破裂的情形。参照《认定夫妻感情确已破裂的意见》和《婚姻法解释(三)》第9条的规定,其他导致夫妻感情破裂的情形主要是指:(1)一方患有恶性传染性疾病的[①];(2)患

---

① 这些疾病主要是指性病、麻风病等传染力极强的传染病且久治不愈,不仅会传染给对方,还会传染给子女及其他家庭成员的。

有严重疾病,且久治不愈的①;(3)草率结婚,婚后未建立夫妻感情,难以共同生活的;(4)双方办理结婚登记且未同居生活,即要求离婚的;(5)一方与他人通奸或婚外恋,经教育批评后,屡教不改的;(6)一方犯罪,被处长期徒刑,或其违法犯罪严重伤害夫妻感情的;(7)夫妻双方因是否生育发生纠纷,比如妻子擅自中止妊娠,致使感情破裂的,可以解除婚姻,但男方不得在女方中止妊娠后6个月内提出离婚。

此外,现行《婚姻法》第32条还规定:"一方被宣告失踪,另一方提出离婚诉讼的,应准予离婚。"这一情形与上述五种法定情形不同的是,适用此项规定判决离婚,不要求调解无效。只要夫妻一方下落不明两年以上,未达到四年以上宣告死亡条件的,另一方即可向人民法院申请宣告其失踪,经法院审理宣告失踪的,双方的婚姻关系仍然存续。如果另一方要求解除婚姻关系的,应另行向人民法院起诉离婚,人民法院应认定其夫妻感情确已破裂,缺席判决离婚。

第四节 离婚对当事人的法律后果

【引例】

吴某(女)与张某(男)于2003年登记结婚,婚后无子。吴某2012年10月因无法忍受张某的婚外情,诉至法院,要求与张某离婚,并要求对夫妻共同财产予以分割。经法院审理,查明:(1)张某承认有一私生子,但否认"包二奶"。(2)夫妻共有三处房产:第一处系吴某2002年按揭贷款的房屋,首付款由吴某父母支付,夫妻共同还贷,但产权登记在吴某名下;第二次系夫妻2010年共同购买的房屋,其中吴某父母出资10万,产权也是登记在吴某名下;第三处系夫妻2005年购买的以张某父亲名义参加房改的房屋。(3)2008年吴某以个人名义投资20万元,与朋友李某合伙开办一家皮革加工厂。(4)夫妻共有债务60万元:10万元系吴某打麻将的赌债,50万元系夫妻经营服装销售店所欠,该经营欠款中有10万元系2002年张某个人借贷。

问:(1)若法院经调解无效后判决吴某和张某离婚,那么离婚对于他们二人意味着什么?

(2)吴某能否以"有配偶者与他人同居"为由请求离婚损害赔偿?

(3)法院应如何处置本案中的房屋、合伙投资额及服装销售店?

(4)本案中的债务应如何清偿?

离婚的法律后果,又称为离婚的法律效力,是指离婚在法律上所发生的作用和产生的相应后果。根据《婚姻法》和有关司法解释,离婚发生以下几种法律后果:一是夫妻身份关系消灭;二是夫妻财产的清算和债务的清偿;三是家务补偿、经济帮助和损害赔偿;四是对未成年子女的抚养和探望。第四者属于离婚对子女的法律后果,前三者属于离婚对当事

---

① 此类疾病主要是指,一方患精神病,或婚前隐瞒精神病,或明知对方患精神病而与之结婚的;一方有生理缺陷或生理疾病或肢体残疾无性行为能力的;或一方患有严重心脏疾病,不宜过夫妻生活的。夫妻性生活是夫妻关系的重要内容,如果一方患有这些严重疾病,且久治不愈,直接影响夫妻感情的。

人的法律后果。离婚对当事人的法律后果,是指随着婚姻关系的解除,婚姻当事人之间在身份关系、财产关系上的权利义务将发生一系列的变化,并随之产生夫妻共同财产的分割、共同债务的清偿、一方对生活困难方的经济帮助、离婚损害赔偿等问题。

一、离婚对当事人身份上的效力

离婚对当事人身份上的效力,是指夫妻之间的身份关系因离婚而解除,基于夫妻身份而产生的夫妻间的人身关系也随之消灭。根据我国现行《婚姻法》及其他法律,离婚后对当事人的身份后果,主要有以下几个方面:

1. 夫妻身份关系消灭

男女因结婚而产生夫妻身份关系,互为配偶,夫妻间因此种亲属身份而在人身上、财产上发生各种权利义务关系。离婚最为直接的法律后果是夫妻之间配偶身份关系的消灭,由此而解除了夫妻身份上的一切权利和义务,主要表现在以下几点:

(1)夫妻的忠实义务与同居义务终止。在婚姻关系存续期间,夫妻有相互忠实的义务和同居的义务,这既是婚姻道德的要求,也是婚姻自然属性的体现。而离婚后,夫妻的身份关系解除,夫妻忠实义务和同居义务也自然终止。

(2)夫妻日常家事代理权终止。在婚姻关系存续期间,夫妻基于特定的人身关系和财产关系在日常家事的范围内互为代理人,并承担由此而产生的法律后果。这一代理权限是其婚姻成立的效力的体现。离婚解除了婚姻关系,夫妻日常家事代理权也随之终止。在没有其他授权的情况下,任何一方不得再为他方从事任何代理行为。

(3)双方当事人获得再婚的权利。婚姻关系解除后,男女双方的夫妻身份消失,都取得了再婚的自由权利。登记离婚的,双方自领取离婚登记证之日起获得再婚的自由。诉讼离婚的,双方自人民法院离婚调解书或判决生效之日起获得再婚的自由。须注意的是一审判决离婚,当事人不服上诉的,一审判决并未生效,在此期间双方的夫妻身份关系尚未解除,此时尚未获得再婚的自由。

2. 姻亲关系消灭

姻亲关系因结婚而发生,但是否因离婚而消灭则有不同的主张,具体分为消灭主义和不消灭主义两种。采消灭主义的国家和地区,其立法规定姻亲关系因离婚而终止,如日本、韩国和我国台湾地区。而采不消灭主义的国家则认为离婚并不因此而消灭姻亲关系,如德国、瑞士。在有些国家的法律规定中,虽然姻亲关系因离婚而消灭,但在直系姻亲之间则禁婚效力仍然存在。

我国法律未将姻亲关系纳入法律调整,离婚后的姻亲关系是否消灭、直系姻亲是否具有禁婚效力也未作明确的规定。按法学理论通说,发生姻亲关系的婚姻中介已不复存在,姻亲关系失去了存在的基础,因此,姻亲关系无论是血亲的配偶、配偶的血亲,还是配偶的血亲的配偶都应因离婚而消灭。按我国民间习惯,夫妻离婚后,一方与对方的亲属关系也会自行终止,不再往来。同时,民间习惯对于直系姻亲的禁婚效力也是一直存在的。

二、离婚对当事人财产上的效力

离婚对当事人财产上的效力,是指因当事人身份关系的消灭而引起的财产上的法律后果。根据我国现行《婚姻法》的规定,这些后果包括夫妻扶养义务终止、配偶继承权丧失、夫妻共同财产关系终止等一系列法律后果。在实践中,尤其应当注意处理好夫妻共同财产关系终止时财产分割、债务清偿等事关夫妻双方切身利益的复杂问题。离婚终止了夫妻之间的共同生活,当事人相应地在夫妻共同生活中形成的财产使用或拥有关系以及负债关系必然要按照法律规定或双方约定进行清晰的权属认定或债务定性。总的来说,夫妻一方所有的财产由其自行取回、一方所负债务由其自身承担,而夫妻双方共有的财产则应按照双方协议或司法判决予以分割,夫妻为共同生活所负债务则由双方共同清偿。

(一)夫妻共同财产的分割

现行《婚姻法》第 39 条规定:"离婚时,夫妻的共同财产由双方协议处理;协议不成时,由人民法院根据财产的具体情况,照顾子女和女方权益的原则判决。夫或妻在家庭土地承包经营中享有的权益等,应当依法予以保护。"这是关于离婚时分割夫妻共同财产的原则性规定。

1. 离婚时财产分割的范围

夫妻婚姻关系存续期间的共同财产理应在离婚时加以分割。确定夫妻共同财产的范围①是正确处理分割财产的前提,只有属于夫妻共同的财产才能进行分割。双方在婚姻关系存续期间实行法定财产制的,分割的是婚后所得财产,但属于一方个人特有财产的除外;双方约定实行一般共同制的,分割的是双方婚前财产和婚后所得财产;双方约定实行分别财产制的,分割的是约定为共同共有的财产。对个人财产还是夫妻共同财产难以确定的,主张权利的一方有责任举证。当事人举不出有力证据又无法查实的,按夫妻共同财产处理。凡是属于夫妻一方所有的财产,不因婚姻关系的延续而转化为夫妻共同财产,除非双方另有约定。

夫妻离婚分割财产时,必须区分夫妻共同财产与其他家庭成员的财产和家庭成员共有的财产。未成年子女通过继承、受赠及其他合法途径获得的财产,属于未成年子女本人所有,不能列入夫妻财产分割范围;属于共同生活的其他家庭成员个人所有的财产,也不能作为夫妻共同财产加以分割;对于家庭成员共有的财产,在离婚时应将属于配偶双方所有的财产分离出来依法加以分割。

2. 分割夫妻共同财产的原则

对夫妻共同财产的分割,夫妻双方有约定的,如约定合法,按约定处理,如约定不合法,应按共同财产处理。对夫妻共同财产进行分割时,应按照以下原则处理:

(1)男女平等原则。夫妻对共同财产享有平等的所有权,所以对夫妻共同财产原则上应平均分割,同时还要考虑结婚时间的长短、财产来源等具体情况处理。因此,夫妻双方对共同财产享有共同分割权,对夫妻共同债务承担平等的清偿义务。

(2)保护儿童、妇女合法权益原则。这是对《婚姻法》保护妇女、儿童合法权益原则的具体实施,也是对男女平等原则的重要补充。在条件相当的情况下,对于女方及抚养子女的一方应适当多分财产。

---

① 有关夫妻共同财产和个人财产的具体范围,参见本书"夫妻关系"一章的有关内容。

(3)照顾无过错方原则。因一方过错引起的离婚,在分割夫妻共同财产时,让无过错一方适当多分财产,使之感情上得到慰藉。必须明确,"照顾"不是一种民事责任,其性质不同于离婚损害赔偿责任,这里的"过错"并不仅限于《婚姻法》第 46 条指明的重大过错,还包括其他违反夫妻义务侵害婚姻关系的过错行为。

(4)有利生产、方便生活原则。分割夫妻共同财产时,要注意财产的使用价值,应该使其在分割后能充分发挥其效用。

(5)不损害国家、集体和他人利益的原则。在分割夫妻财产时,不得把属于国家、集体和他人的财产进行分割,也不能把家庭财产或家庭其他成员的财产进行分割,也不得把非法所得进行分割。

3. 分割夫妻共同财产的方式

(1)协议分割与判决分割

这是根据分割夫妻共同财产的依据不同所作的分类。夫妻无论是登记离婚还是诉讼离婚,都应对夫妻共同财产分割进行协商,自愿达成一致协议的,经婚姻登记机关或人民法院审查,只要没有欺诈、胁迫、蓄意损害债权人利益等虚假行为,都应充分尊重当事人的意愿,承认协议分割的效力。值得注意的是,从形式上看,离婚协议中关于财产分割的条款或者当事人因离婚就财产分割达成的协议对男女双方具有法律约束力①,然而该协议是以登记离婚或者到法院协议离婚为前提条件的,如果双方未到民政部门办理离婚登记,也未到法院进行调解离婚或一方在离婚诉讼中反悔的,根据《婚姻法解释(三)》第 14 条的规定,人民法院应当认定该财产分割协议没有生效,并根据实际情况依法对夫妻共同财产进行分割。在该条中,"当事人达成的以登记离婚或者到人民法院协议离婚为条件的财产分割协议"实际上是一种附条件的民事法律行为②。当夫妻双方就共同财产分割达不成一致意见时,法院应当作出分割判决。

(2)实物分割与折价补偿

这是根据分割夫妻共同财产的具体方法不同所作的分类。对夫妻财产分割的方法可采用实物分割的方法和折价补偿的方法。对不宜分割或分割后有损其价值的,可以采用财产归一方所有,对方折价补偿的方法。

4. 对离婚时动产分割的处理

(1)对彩礼问题的处理

根据《婚姻法解释(二)》第 10 条的规定,对于按照习俗给付的彩礼,如双方结婚登记后确未共同生活或导致给付人生活困难的,当事人离婚时请求返还的,人民法院应当予以支持。

---

① 参见《婚姻法解释(二)》第 8 条第 1 款。该条第 2 款规定:"当事人因履行上述财产分割协议发生纠纷的,人民法院应当受理。"另外,离婚后一方对离婚登记时协议分割夫妻共同财产问题反悔,请求人民法院变更或撤销财产分割协议的,根据《婚姻法解释(二)》第 9 条规定,反悔一方在协议离婚之日起 1 年内请求的,人民法院应当受理,如经审理且未发现订立财产分割协议时存在欺诈、胁迫等情形的,应当依法驳回当事人的诉讼请求。

② 当所附条件未成就的,事先达成的财产分割协议就不应生效,对夫妻双方也不应产生法律约束力。但这并非是说这种财产分割协议就没有任何用处,实际上,这种协议本身就是一种证据,是能够证明协议中提及的财产是否存在以及财产性质的有力证据。

（2）对知识产权收益分割的处理

根据《婚姻法解释（二）》第 12 条的规定，婚姻关系存续期间实际取得或者已经明确可以取得的财产性的知识产权收益，应当按夫妻共同财产予以分割。由此可见，离婚时一方尚未取得的知识产权收益，归一方所有，在分割夫妻共同财产时可根据具体情况，对另一方予以适当照顾。

（3）对军人复员费、自主择业费分割的处理

人民法院审理离婚案件，涉及分割发放到军人名下的复员费、自主择业费等一次性费用的，以夫妻婚姻关系存续年限乘以年平均值，所得数额为夫妻共同财产。这里所称年平均值，是指将发放到军人名下的上述费用总额按具体年限均分得出的数额。其具体年限为人均寿命 70 岁与军人入伍时实际年龄的差额。

（4）对分居财产分割的处理

夫妻分居两地分别管理、使用的婚后所得财产应认定为夫妻共同财产；在分割财产时各自分别管理、使用的财产归各自所有；双方所分财产相差悬殊的，差额部分由多得财产的一方以与差额相当的财产抵偿另一方。已登记结婚，尚未共同生活，一方或双方受赠的礼金、礼物应认定为夫妻共同财产，具体分割时应考虑财产来源、数量等情况加以合理处理；各自出资购置、各自使用的财物，原则上归各自所有。

（5）对投资性财产分割的处理

夫妻双方分割共同财产中的股票、债券、投资基金份额等有价证券以及未上市股份有限公司股份时，根据《婚姻法解释（二）》第 15 条的规定，协商不成或者按市价分配有困难的，人民法院可以根据数量按比例分配。

（6）对有限责任公司出资额分割的处理

人民法院审理离婚案件，涉及分割夫妻共同财产中以一方名义在有限责任公司的出资额，另一方不是该公司股东的，根据《婚姻法解释（二）》第 16 条的规定，按以下情形分别处理：第一，夫妻双方协商一致将出资额部分或者全部转让给该股东的配偶，过半数股东同意、其他股东明确表示放弃优先购买权的，该股东的配偶可以成为该公司股东；第二，夫妻双方就出资额转让份额和转让价格等事项协商一致后，过半数股东不同意转让，但愿意以同等价格购买该出资额的，人民法院可以对转让出资所得财产进行分割；过半数股东不同意转让，也不愿意以同等价格购买该出资额的，视为其同意转让，该股东的配偶可以成为该公司股东。用于证明的过半数股东同意的证据，可以是股东会决议，也可以是当事人通过其他合法途径取得的股东的书面声明材料。

（7）对合伙企业中出资额分割的处理

人民法院审理离婚案件，涉及分割夫妻共同财产中以一方名义在合伙企业中的出资，另一方不是该企业合伙人的，当夫妻双方协商一致，将其合伙企业中的财产份额全部或者部分转让给对方时，根据《婚姻法解释（二）》第 17 条的规定，按以下情形分别处理：第一，其他合伙人一致同意的，该配偶依法取得合伙人地位；第二，其他合伙人不同意转让，在同等条件下行使优先受让权的，可以对转让所得的财产进行分割；第三，其他合伙人不同意转让，也不行使优先受让权，但同意该合伙人退伙或者退还部分财产份额的，可以对退还的财产进行分割；第四，其他合伙人既不同意转让，也不行使优先受让权，又不同意该合伙

人退伙或者退还部分财产份额的,视为全体合伙人同意转让,该配偶依法取得合伙人地位。

(8)对独资企业财产分割的处理

夫妻以一方名义投资设立独资企业的,人民法院分割夫妻在该独资企业中的共同财产时,根据《婚姻法解释(二)》第18条的规定,应当按照以下情形分别处理:第一,一方主张经营该企业的,对企业资产进行评估后,由取得企业一方给予另一方相应的补偿;第二,双方均主张经营该企业的,在双方竞价基础上,由取得企业的一方给予另一方相应的补偿;第三,双方均不愿意经营该企业的,按照《中华人民共和国个人独资企业法》等有关规定办理。

(9)对养老保险金的处理

根据《婚姻法解释(三)》第13条的规定,离婚时夫妻一方尚未退休、不符合领取养老保险金条件,另一方请求按照夫妻共同财产分割养老保险金的,人民法院不予支持;婚后以夫妻共同财产缴付养老保险费,离婚时一方主张将养老金账户中婚姻关系存续期间个人实际缴付部分作为夫妻共同财产分割的,人民法院应予支持。

(10)对夫妻间借款的处理

根据《婚姻法解释(三)》第16条的规定,夫妻之间订立借款协议,以夫妻共同财产出借给一方从事个人经营活动或用于其他个人事务的,应视为双方约定处分夫妻共同财产的行为,离婚时可按照借款协议的约定处理。

5. 对离婚时不动产分割的处理

(1)对公房使用、承租权的处理

公房是指属于国家或集体所有的房屋,夫妻共同使用、承租的公房,双方无所有权,只有使用权。离婚时,当事人经单位和房屋部门调解达不成协议的,人民法院也应在处理离婚案件中一并裁决。为此,1996年最高人民法院《关于审理离婚案件中公房使用、承租若干问题的解答》规定了如下处理规则:

第一,离婚后当事人双方对共同居住的公房均有承租权的条件是:婚前由一方承租的公房,婚姻关系存续5年以上的;婚前一方承租的本单位的房屋,离婚时,双方均为本单位职工的;一方婚前借款投资建房取得的公房承租权,婚后夫妻共同偿还借款的;婚后一方或双方申请取得公房承租权的;婚前一方承租的公房,婚后因该承租房屋拆迁而取得房屋承租权的;夫妻双方单位投资联建或联合购置的共有房屋的;一方将其承租的本单位的房屋,交回本单位或交给另一方单位后,另一方单位另给调换房屋的;婚前双方均租有公房,婚后合并调换房屋的;其他应当认定为夫妻双方均可承租的情形。

第二,对离婚时夫妻双方均可承租的公房的处理原则是:照顾抚养子女的一方;男女双方在同等条件下,照顾女方;照顾残疾或生活困难的一方;照顾无过错一方。依据这些原则进行处理时,要注意以下两点:其一,如果由一方承租的,承租方对另一方可给予适当的经济补偿。其二,如果其面积较大能够隔开分室居住使用的,可由双方分别租住;对可以另调房屋分别租住或承租方给另一方解决住房的,可予准许。

第三,对离婚时一方无权承租公房的处理方式是:一方对另一方婚前承租的公房无权承租而解决住房确有困难的,人民法院可调解或判决其暂时居住,暂住期限一般不超过两年,暂住方应交纳与房屋租金等额的使用费及其他必要的费用;另行租房经济上确有困难的,如承租公房一方有负担能力,应给予一次性经济帮助。

第四，人民法院在调整和变更单位自管房屋(包括单位委托房地产管理部门代管的房屋)的租赁关系时，一般应征求自管房单位的意见。经调解或判决变更房屋租赁关系的，承租人应依照有关规定办理房屋变更登记手续①。

（2）对夫妻共有房屋归属与价值的处理

第一，对于夫妻共有房屋的归属原则，《婚姻法解释(二)》第19条规定："由一方婚前承租、婚后用共同财产购买的房屋，房屋权属证书登记在一方名下的，应当认定为夫妻共同财产。"

第二，当已取得所有权的房屋价值与归属无法达成协议时，根据《婚姻法解释(二)》第20条的规定，人民法院按以下三种情形分别处理：双方均主张房屋所有权并且同意竞价取得的，应当准许；一方主张房屋所有权的，由评估机构按市场价格对房屋作出评估，取得房屋所有权的一方应当给予另一方相应的补偿；双方均不主张房屋所有权的，根据当事人的申请拍卖房屋，就所得价款进行分割。

第三，当双方对离婚时尚未取得所有权或者尚未取得完全所有权的房屋有争议且协商不成时，根据《婚姻法解释(二)》第21条的规定，人民法院不宜判决房屋所有权的归属，应当根据实际情况判决由当事人使用，当事人就该房屋取得完全所有权后有争议的，可以另行向人民法院提起诉讼。

第四，当夫妻一方擅自出卖共有房屋时，根据《婚姻法解释(三)》第11条的规定，只要第三人善意购买、支付合理对价并办理产权登记手续的，另一方则不得主张追回该房屋，但可以在离婚时向对方请求赔偿因其擅自处分共有房屋所造成的损失。

（3）对父母出资所购不动产的处理

第一，对于父母在当事人结婚前为双方购置房屋出资的，根据《婚姻法解释(二)》第22条第1款的规定，该出资应当认定为对自己子女的个人赠与，但父母明确表示赠与双方的除外。

第二，对于一方父母在其子女结婚后出资购买不动产②，产权登记在出资人子女名下的，根据《婚姻法解释(三)》第7条第1款的规定，该出资视为只对自己子女一方的赠与，该不动产应认定为夫妻一方的个人财产。值得注意的是，以最高人民法院法官对于"出资"③的理解，可以说，不论是父母全部出资或是部分出资，只要产权登记在出资方子女名

---

① 该解释中关于"部分产权"房屋的分割意见，因其与2003年《婚姻法解释(二)》的有关规定相抵触而废止。

② 对"不动产"的理解应限定在担保法第92条规定的"土地以及房屋、林木等地上定着物"，而排除父母出资为子女购买的船舶、航空器和机动车等情形的适用。参见奚晓明主编：《最高人民法院婚姻法司法解释(三)理解与适用》，人民法院出版社2011年版，第124页。

③ "出资"在本条中特指为购买房屋支付相应对价(一般为货币)，包括全部出资和部分出资两大类。在一方父母全部出资的情形下，该出资的对价是完整的不动产所有权，如该不动产登记在其子女名下，则该出资赠与转化为不动产的单方赠与。在父母部分出资(往往是首付款)的情形下，该部分出资应视为对其子女一方的赠与，即属于其子女一方的个人财产，那么其子女以该个人财产出资购买房屋时，根据本解释第10条的规定，亦应认定该不动产为夫妻一方的个人财产。参见奚晓明主编：《最高人民法院婚姻法司法解释(三)理解与适用》，人民法院出版社2011年版，第122页。

下的不动产,就属于该子女的个人财产。实质而言,该条款是以产权登记作为判断不动产归属和判断出资赠与真实意思表示的前提。《婚姻法解释(二)》第22条第2款曾规定:"当事人结婚后,父母为双方购置房屋出资的,该出资应当认定为对夫妻双方的赠与,但父母明确表示赠与一方的除外。"依此可推知,一方父母在当事人结婚后出资购买不动产,产权登记在夫妻名下的,该出资可视为对双方的赠与,该不动产应认定为夫妻共同财产。

第三,对于由双方父母出资购买的不动产,产权登记在一方子女名下的,根据《婚姻法解释(三)》第7条第2款的规定,该不动产可认定为双方按照各自父母的出资份额按份共有,但当事人另有约定的除外。也就是说,当购买的不动产登记在一方子女名下时,则不论该出资发生在婚前还是婚后,该不动产都可认定为双方按照各自父母的出资份额按份共有①。

(4)对一方婚前贷款所购不动产的处理

根据《婚姻法解释(三)》第10条的规定,夫妻一方婚前签订不动产买卖合同,以个人财产支付首付款并在银行贷款,婚后用夫妻共同财产还贷,不动产登记于首付款支付方名下的,离婚时该不动产由双方协议处理;不能达成协议的,人民法院可以判决该不动产归产权登记一方,尚未归还的贷款为产权登记一方的个人债务;双方婚后共同还贷支付的款项及其相对应财产增值部分,离婚时应根据《婚姻法》第39条第1款规定的原则,由产权登记一方对另一方进行补偿。

在理解本条时应注意:第一,夫妻一方婚前签订不动产买卖合同后以个人财产支付首付款并在银行贷款时,该方在婚前就取得了购房合同确认给购房者的全部债权,婚后获得房产的物权只是财产权利的自然转化,但是该不动产并不是当然地归属产权登记一方,而是双方可以协商确定。第二,在不能达成协议的情况下,人民法院可以判决该不动产归产权登记一方,同时在将按揭房屋认定为一方所有的基础上,未还债务也应由其继续承担。第三,对于婚后参与还贷的一方来说,婚后共同还贷支付的款项及其相对应财产增值部分,离婚时根据《婚姻法》第39条第1款规定的照顾子女和女方权益的原则,由产权登记一方对另一方进行补偿。第四,如果夫妻一方婚前签订不动产买卖合同,以个人财产支付首付款并在银行贷款,婚后用夫妻共同财产还贷,不动产登记于双方名下的,应当认定为夫妻共同共有。

(5)对购买以一方父母名义参加房改的房屋的处理

根据《婚姻法解释(三)》第12条的规定,婚姻关系存续期间,双方用夫妻共同财产出资购买以一方父母名义参加房改的房屋,产权登记在一方父母名下,离婚时另一方主张按照夫妻共同财产对该房屋进行分割的,人民法院不予支持。购买该房屋时的出资,可以作为债权处理。

这一规定的根据在于:第一,房屋是不动产,而根据物权法的规定,不动产登记是物权归属和内容的根据,不动产权属证书是权利人享有该不动产物权的证明。第二,房改房是国家对职工工资中没有包含住房消费资金的一种补偿,是住房制度向住房商品化过渡的

---

① 奚晓明主编:《最高人民法院婚姻法司法解释(三)理解与适用》,人民法院出版社2011年版,第125页。

形式,它的价格不由市场供求关系决定,而是由政府根据实现住房简单再生产和建立具有社会保障性的住房供给体系的原则决定,所以出资者的出资实际上也并不是整个房屋的价格,甚至只占房屋实际价格的一小部分。第三,房改房的销售对象是有限制的,不是任何人都可以享受房改房的优惠政策,购买房改出售的住房的人只能是承住独用成套公有住房的居民和符合分配住房条件的职工。在这种情况下,出资者并没有购买该房屋的资格。正是由于上述原因,《婚姻法解释(三)》第12条作出了上述规定。这一规定虽然对出资者未必完全公平,但它却是较好地保护了老年人的合法权益。

(6)对土地承包经营权的处理

夫妻是家庭承包户的主要成员,与其他家庭成员共同享有承包权及应承包的土地份额,共同生产、经营。土地承包经营权受法律保护,在承包期内,其合法权益不受任何人侵犯。在现实生活中,农村妇女结婚后,大多与丈夫及其家庭成员共同生活。离婚后,侵犯妇女承包权的行为较为普遍,妇女离婚、丧偶再婚后,不少承包方往往收回其承包地,使再婚妇女无地耕种,丧失生活来源。为此,现行《婚姻法》第39条第2款明确规定:"夫或妻在家庭土地承包经营中享有的权益等,应当依法保护。"《土地承包法》第30条特别规定:"……妇女离婚或丧偶,仍在原居住地生活或不在原居住地生活但在新居住地未取得承包地的,发包方不得收回其原承包地。"因此,离婚时,夫妻承包的土地,应进行协商或人民法院判决,将当事人已承包的土地份额析出,归一方自主承包经营。

6. 对离婚时其他财产分割问题的处理

(1)对尚未分割的遗产的处理

根据《婚姻法解释(三)》第15条的规定,婚姻关系存续期间,夫妻一方作为继承人依法可以继承的遗产[①],在继承人之间尚未实际分割,起诉离婚时另一方请求分割的,人民法院应当告知当事人在继承人之间实际分割遗产后另行起诉。由于遗产所有权的取得时间取决于继承发生的时间,所以继承发生后,该遗产就归夫妻共有了,但由于遗产没有实际分割,所以最终哪些遗产归夫妻共有也还不能最终确定。因此,离婚时另一方请求分割的,人民法院应当告知当事人在继承人之间实际分割遗产后另行起诉[②]。

(2)对尚未分割的共同财产的处理

根据《婚姻法解释(三)》第18条的规定,夫妻离婚后,一方以尚有夫妻共同财产[③]未处理为由向人民法院起诉请求分割的,经审查该财产确属离婚时未涉及的夫妻共同财产,人民法院应当依法予以分割。

(3)对离婚时妨害共同财产分割的处理

在离婚纠纷中,共同财产的分割对当事人离婚后的生活有着非同小可的影响,因此这个问题历来也受到双方当事人的极大关注。有些当事人为了最大限度地为自己谋利,不惜违反法律法规、违反诚信道德,采取一些非法手段尽量使自己多分财产,损害对方当事人的合法利益。在离婚时,有的夫妻一方为了多分共同财产,隐藏、转移、变卖、毁损夫妻

---

① 包括动产和不动产。
② 有关继承的开始、继承的接受与放弃、遗产的分割等内容,参见本书继承法部分。
③ 包括动产和不动产。

共同财产,或伪造共同债务,使对方少分夫妻共同财产;有的在离婚诉讼中妨害民事诉讼,将人民法院清查后责令一方管理或依法采取诉讼保全措施的夫妻共同财产,进行隐藏、转移、变卖、毁损,造成妨害民事诉讼的后果。基于此现实,现行《婚姻法》特别增加了对妨害共同财产分割行为的处理措施。

根据现行《婚姻法》第 47 条的规定,人民法院对离婚当事人妨害共同财产分割的行为可以依照民事诉讼法的规定予以制裁,即罚款或拘留。除此之外,为了维护另一方当事人的合法利益,法律规定区分当事人不法行为被发现的时点采取不同的处理办法:其一,离婚(包括登记离婚)时,一方隐藏、转移、变卖、毁损夫妻共同财产,或伪造债务企图侵占另一方财产的,分割夫妻共同财产时,对隐藏、转移、变卖、毁损夫妻共同财产或伪造债务的一方,可以少分或不分。其二,离婚后,另一方发现对方当事人有上述行为的,可以向人民法院提起诉讼,请求再次分割夫妻共同财产。根据《婚姻法解释(一)》第 31 条的规定,此种情形下当事人向人民法院提起诉讼,请求再次分割夫妻共同财产的诉讼时效为两年,从当事人发现之次日起计算。

(4)对离婚时无形财产权益分割的处理

目前,对夫妻共同财产的分割,一直局限于对夫妻共有的有形财产的分割,忽视婚姻中的无形财产权益,从而导致夫妻财产分割的不公。目前最突出的是夫妻一方利用夫妻共同财产出资出国深造或在国内读硕、读博或学习某种技能等,另一方不仅全力支持而且承担了家庭主要事务,双方都把希望寄托在深造一方能在学业有成后从事高收入的工作,从而使家庭生活富裕。但如果获得学历、文凭及职业资格证书的一方在还没有以高收入回报家庭或回报很少时,就提出离婚,这时的夫妻收入大都用在扶持深造一方的费用上,只有极少的夫妻共同财产可分割,甚至还存在根本没有夫妻共同财产可供分割的可能。按照现行的法律规定,付出的一方损失惨重,但却得不到法律的救助。所以,我们认为,为适应家庭收入、消费的多元化状况,立法上也应该逐步建立诸如学历、文凭及职业资格证书等无形财产权益的补偿制度,对于一方利用夫妻共同财产或另一方对家庭的贡献提升自身价值的,在离婚时应给予另一方必要的补偿[①]。

(二)夫妻债务的清偿

夫妻在共同生活期间,不仅会积累起共同财产,也可能对外共同负债。离婚时,当事人之间的夫妻关系行将解除之际,与共同财产的分割相对应,对共同负债亦应明确清偿责任。现行《婚姻法》第 41 条规定:"离婚时,原为夫妻共同生活所负的债务,应当共同偿还。共同财产不足清偿的,或财产归各自所有的,由双方协议清偿;协议不成时,由人民法院判决。"根据这一规定和相应的司法解释,我们需要分清债务性质,落实相应的清偿责任。

1. 离婚时夫妻共同债务的清偿

(1)夫妻共同债务的范围

夫妻共同债务,是指夫妻一方或双方在婚姻关系存续期间为维持家庭共同生活或者

---

① 有关补偿的具体方式,参见陈苇、曹贤信:《论婚内夫妻一方家务劳动价值及职业机会利益损失的补偿之道——与学历文凭及职业资格证书之"无形财产说"商榷》,载《甘肃社会科学》2010 年第 4 期。

为共同生产、经营活动所负的债务。夫妻共同债务包括：一是为共同生活所负债务,如为履行法定赡养、扶养、教育义务所负的债务;为购置家庭生活用品,支付家庭日常生活开支所负的债务;为夫妻一方或双方治疗疾病所负的债务;购置房屋所负的债务;等等。二是为共同生产、经营活动所负的债务,如夫妻双方共同经营、投资工商业、金融证券活动所负的债务;夫妻一方用共同财产投资以个人名义从事生产经营活动;一方自筹资金但收益用于共同生活所负的债务;等等。分析其生产经营活动所负的债务是否属于夫妻共同债务,关键是看其收益是否用于共同生活,是否用夫妻共同财产投资。

(2)夫妻共同债务的性质

在性质上,夫妻婚姻关系存续期间不论是以双方名义共同所欠债务,还是以一方个人名义所欠债务,应当按夫妻共同债务处理,均为法定的连带债务。这种债务不因离婚而消灭,双方离婚后仍负有共同清偿的责任。需要强调的是,虽然当事人协议或司法判决会对各方清偿的份额加以规定,但这都不能改变夫妻就其共同债务承担连带清偿的性质。

(3)夫妻共同债务的清偿方法

对于夫妻共同债务,应以夫妻共同财产偿还。根据《婚姻法》第41条的规定,夫妻共同债务的清偿方式分为三种:一是共同清偿;二是协议清偿;三是判决清偿。具体而言,对夫妻共同债务的清偿,应采取如下方法:

第一,离婚时夫妻有共同财产的,对于已届清偿期的债务应由夫妻共同财产偿还。

第二,如果双方共同财产不足清偿的或者夫妻实行分别财产制或离婚时尚未到期的共同债务,夫妻双方或一方不愿意提前清偿的,可以由双方协议确定各自承担的债务分额,但是该协议不能对抗债权人,当事人的离婚协议已经对夫妻财产分割做出处理的,债权人仍有权就夫妻共同债务向男方或女方主张债权。

第三,如果当事人双方不能达成协议,由人民法院根据双方的经济情况以及照顾女方和子女的原则,判决双方按一定比例承担债务,但人民法院的判决书、裁定书或调解书确定的双方的债权额只在夫妻内部发生效力,不能对抗债权人,债权人仍有权选择男方或女方主张债权。

第四,男方或女方一方死亡的,其共同债务并不能免责,生存一方应当对婚姻关系存续期间的共同债务承担连带清偿责任。

第五,夫妻一方就夫妻共同债务承担债务清偿责任后,对因清偿超过自己分担部分的给付额,获得向另一方的求偿权,有权基于离婚协议或者人民法院的法律文书向另一方追偿。

2. 离婚时夫妻个人债务的清偿

(1)夫妻个人债务的范围

夫妻个人债务,是指夫妻一方在婚前或婚后以个人名义所负与共同生活无关的债务。夫妻个人债务包括:一方婚前所负债务,除非债权人能够证明所负债务用于婚后家庭共同生活[①];一方以个人名义在婚姻关系存续期间所负债务,且与债权人明确约定为个人债务

---

① 《婚姻法解释(二)》第23条。

的，或者债权人知道夫妻之间实行分别财产制[①]；夫妻双方约定由个人负担的债务，但以逃避债务为目的的除外；一方未经对方同意，擅自资助与其没有扶养义务的亲朋所负的债务；一方未经对方同意，独自筹资从事经营活动，其收入确未用于共同生活所负的债务；一方因违法行为、工作失职行为，为满足个人私欲、生活享乐行为所负的债务。

（2）夫妻个人债务的清偿方法

离婚时，夫妻个人债务由其个人财产负清偿责任。夫妻个人负债一方不得要求以共同财产清偿，如果对方同意以共同财产清偿的，法律亦不禁止。

■ 三、离婚救济制度

根据现行《婚姻法》的有关规定，在离婚时，除夫妻共同财产的分割及债务的清偿以外，还会产生其他财产后果。目前有明确法律规定的就有以下三种必然的财产后果：分别财产制下对家务劳动贡献方的经济补偿、对生活困难一方的经济帮助和对离婚过错一方请求的损害赔偿。就本质而言，这三种法律后果实际上是离婚对夫妻在财产上的救济措施，学界统称为离婚救济制度，分别称为劳务补偿制度（又称离婚经济补偿制度）、离婚经济帮助制度和离婚损害赔偿制度。

（一）离婚时家务劳动补偿请求权

现行《婚姻法》第 40 条规定："夫妻书面约定婚姻关系存续期间所得的财产归各自所有，一方因抚育子女、照料老人、协助另一方工作等付出较多义务的，离婚时有权向另一方请求补偿，另一方应当予以补偿。"据此，《婚姻法》对家务劳动和协助工作作出了肯定的评价，并赋予了一方在离婚时的经济补偿请求权。

1. 家务劳动补偿请求权的概念

所谓家务劳动补偿请求权，是指夫妻间在婚后采取分别财产制的前提下，赋予抚育子女、照料老人、协助另一方工作的一方在离婚时请求另一方给予经济补偿的权利。这项制度使我国离婚制度更加完善，更有利于保护妇女的权益。在现实生活中，一方通过承担较多的家庭义务或协助对方工作，使另一方能全力以赴地投入生产、经营或工作中去。但是如果实行夫妻分别财产制，一方所创造的财富，另一方在离婚时却不能分享，这显然对承担较多家庭义务的一方极不公平。因此通过设立家务劳动补偿请求权，以承认家务劳动与社会劳动具有同等价值的方式，旨在协调婚姻当事人双方利益，维护社会公平，防止有人利用婚姻关系"系统地剥削"对方的劳动和财产以谋取婚姻正当利益之外的额外利益。这是立法的一大进步。

2. 家务劳动补偿请求权的行使条件

离婚时夫妻一方行使家务劳动补偿请求权的，应当具备《婚姻法》第 40 条规定的三个条件：

（1）夫妻约定在婚姻存续期间采用分别财产制。行使家务劳动补偿请求权的前提条件是夫妻书面约定婚姻关系存续期间所得的财产归各自所有。如果夫妻实行法定的夫妻

[①] 《婚姻法解释(二)》第 24 条。

共同财产制,或虽有书面约定但只约定婚后所得财产部分共有,部分归各自所有的,即使一方尽了较多家庭义务的,均不享有这一权利,在分割夫妻共同财产时予以适当照顾即可,并无设立补偿请求权的必要。

(2)补偿请求权行使的主体应是付出义务较多的一方。付出的义务包括抚育子女、照料老人或协助另一方工作。只要具备了这一实质要件,无论多尽义务的一方是否有离婚过错,也无论是否有无收入及收入多少,都不影响离婚时这一权利的行使。如果当事人未提出,法院也无权强行判决确定。

(3)补偿请求权只能在离婚时行使。这是家务劳动补偿请求权行使的时间条件。在理解"离婚时"时,应注意以下几点:享有家务劳动补偿请求权的夫妻一方作为离婚原告的,应在请求离婚时同时提出;其作为离婚被告的,应在离婚诉讼中提出反诉,要求原告给予经济补偿;如果在离婚诉讼中没有提出而在离婚后提出的,视为该权利放弃。如果不提出离婚而在婚姻存续期间向法院起诉要求对方给予经济补偿的,人民法院可依法不予受理。

3. 家务劳动补偿数额的确定方式

应予补偿的数额和补偿方式,先由双方协商确定;协议不成时,则由法院判决确定。法院在判决时,应考虑双方结婚时间的长短、请求权人付出义务的多少、另一方从中获利的情况、双方的财产状况及其经济能力等因素。获得的利益不仅包括显性的、有形的财产价值,而且还应包括隐性的、无形的可期待利益,如文凭、执业资格证书等。

(二)离婚时生活困难帮助请求权

现行《婚姻法》第 42 条规定:"离婚时,如一方生活困难,另一方应从其住房等个人财产中给予适当帮助。具体办法由双方协议;协议不成时,由人民法院判决。"据此,法律赋予了离婚时生活困难的一方向另一方请求帮助的权利。它不是夫妻婚姻关系存续期间扶养义务的延续,而是解除婚姻关系时的一种善后措施[①]。

1. 生活困难帮助请求权的概念

所谓生活困难帮助请求权,是指离婚时经济困难的一方有权要求对方给予经济帮助费的权利。离婚是不可避免的社会现象,法律实行离婚自由,允许那些夫妻感情确已破裂的夫妻,通过法定程序离婚,以解除双方的痛苦。但是,没有经济收入或收入较低的当事人一方通常会担忧在我国社会保障制度不健全的情况下,离婚后由于夫妻扶养义务终止,其失去了维持基本生活的条件。因此,不少人尽管夫妻感情破裂,婚姻名存实亡,都极力忍辱负重,委曲求全,不愿离婚。法律设立离婚经济帮助制度,赋予离婚时生活困难一方享有帮助请求权,以解决其离婚后的生活困难,保障当事人离婚自由的权利。

2. 生活困难帮助请求权的行使条件

(1)须离婚的一方生活有困难。《婚姻法解释(一)》第 27 条规定:"婚姻法第四十二条

---

① 经济帮助不同于夫妻间的扶养义务。外国立法一般设有离婚赡养费给付制度,视为是夫妻扶养义务的延续,以保障离婚当事人中的经济弱者。因此,外国的离婚扶养制度与我国的离婚经济帮助制度有着本质的不同。

所称'一方生活困难',是指依靠个人财产和离婚时分得的财产无法维持当地基本生活水平。一方离婚后没有住处的,属于生活困难。"造成生活困难的原因很多,有的是因年老、病残丧失劳动力,有的是没有工作、生产、经营的条件,有的是下岗、失业无经济收入生活困难。无论何种原因,只要离婚时一方具备生活困难这一条件,就享有法律赋予的生活困难帮助请求权。有的当事人一方离婚时虽然经济困难,但有法定义务人赡养,定期或不定期给付赡养费,或有其他亲友资助,能够维持其基本生活的,不享有生活困难帮助请求权。

(2)须生活困难在离婚时已发生。这是指这种帮助具有严格的时限性。一方生活困难在离婚时业已发生,即离婚时就不能独立维持基本生活。如果离婚时生活并不困难,而离婚后由于各种原因才发生生活困难的,不享有生活困难帮助请求权。

(3)提供帮助的一方具有负担能力。离婚时一方生活困难,负有帮助义务的对方须具有帮助的经济能力。如果他本人也存在生活困难或住房狭小等问题,无法提供帮助的,不能强使其提供帮助。如果生活困难一方已经再婚,不能再行使帮助请求权。

(4)须在离婚时行使请求权。符合条件的享有生活困难帮助请求权的一方,只有在离婚时行使这一权利。离婚时没有行使请求权的,即视为放弃。离婚后,无要求对方给予生活困难帮助的权利。

3. 生活困难帮助费数额的确定与变更

(1)生活困难帮助费的确定。符合条件的离婚当事人,经权利人一方要求后,根据现行《婚姻法》第42条的规定:"具体办法由双方协议;协议不成时,由人民法院判决。"由于我国各地城乡生活水平的差异和当事人的具体经济状况不同,人民法院应根据双方的财产现状、经济条件、谋生能力及当地基本生活水平,综合平衡作出判决。生活困难帮助费可以是货币,也可以是实物。对住房有困难的,可以房屋的居住权或房屋的所有权对生活困难者进行帮助。判决给予房屋居住权的,应当确定暂住期限(不超过两年)或给予一次性的租金补贴。判决给予生活困难帮助费是货币的,应根据困难的一方具体情况判决:第一,一方有劳动能力,只是生活暂时有困难的,另一方可给予短期的或一次性的经济帮助;第二,结婚多年,一方因年老、疾病或失去劳动能力的无生活来源的,另一方应在居住和生活方面,给予适当的安排。

(2)生活困难帮助费的变更。由双方协议或人民法院判决的生活困难帮助费已执行完毕,受帮助一方的生活如果继续困难,无权要求对方再行帮助。其困难应通过社会保险、"五保"和其他方式解决。生活困难帮助费尚未执行完毕,受帮助的一方已经再婚或经济收入足以维持基本生活的,或者提供帮助的一方在给付生活困难帮助费后经济困难、病残或失去经济来源的,给付一方对尚未给付的生活困难帮助费有权向人民法院请求减少或免除。

(三)离婚损害赔偿请求权

现行《婚姻法》第46条规定:"有下列情形之一,导致离婚的,无过错方有权请求损害赔偿:(一)重婚的;(二)有配偶者与他人同居的;(三)实施家庭暴力的;(四)虐待、遗弃家庭成员的。"这条规定赋予离婚时无过错方请求损害赔偿的权利,即离婚损害赔偿请求权。

1. 离婚损害赔偿请求权的概念

所谓离婚损害赔偿请求权,是指因配偶一方法定的过错行为而导致婚姻关系破裂,配偶中无过错一方依照法律的相关规定向过错一方请求赔偿其财产上的损失和精神上的损失的权利。

当今,离婚自由已成为离婚制度的一项重要的原则,并且取消了将禁止离婚作为对过错方的惩罚。如何使过错方承担其违背婚姻义务的责任后果,如何对无过错方进行权利救济,保障无过错方的利益,成为人们关注的热点。许多实行婚姻破裂主义的国家都在法律中将离婚损害赔偿制度确立为一项重要的救济措施。我国 2001 年在修正《婚姻法》时参照世界大多数国家的立法例,第一次在立法上肯定离婚损害赔偿制度。这项制度的确立保护了无过错方的合法利益,填补了受害人的损失,不仅使受害人经济上得到补偿,精神上也得到抚慰;此外通过对过错责任的追究,有效地遏制了重婚、有配偶者与他人同居、实施家庭暴力、虐待、遗弃家庭成员等违法行为的发生,进而维护婚姻家庭的稳定和促进社会的团结。

2. 离婚损害赔偿请求权的成立条件

根据现行《婚姻法》第 46 条的规定,离婚损害赔偿请求权的成立具有较为严格的条件。这些条件是:

(1)一方须有法定过错行为

这是构成离婚损害赔偿的必要前提。过错行为只限于《婚姻法》第 46 条规定的下列四项严重过错行为:重婚,有配偶者与他人同居,实施家庭暴力,虐待、遗弃。此为限制性的列举规定,不能对法定过错行为的范围作扩大解释。其他过错行为如通奸、卖淫、嫖娼、吸毒、赌博等,不能成为提出离婚损害赔偿的法定理由。没有过错行为,或者虽有过错行为但不是《婚姻法》规定的过错行为,不能提出离婚损害赔偿请求。

(2)另一方须无法定过错行为

这是构成离婚损害赔偿的又一必要前提。所谓"无过错",不是指享有离婚损害赔偿请求权的一方没有任何过错,而应作限制解释,特指请求权人没有实施《婚姻法》第 46 条规定的过错行为。《婚姻法解释(三)》第 17 条规定:"夫妻双方均有婚姻法第四十六条规定的过错情形,一方或者双方向对方提出离婚损害赔偿请求的,人民法院不予支持。"即离婚损害赔偿适用过错相抵原则。夫妻双方如果都有法定的过错行为,如妻子与他人公开同居,丈夫对其实施家庭暴力或虐待、遗弃,离婚时都无权以对方有法定过错为由请求损害赔偿。

(3)须因过错行为导致了离婚且给无过错方造成了损害

若配偶一方虽实施了法定过错行为,但并没有导致离婚,无过错方就不能获得损害赔偿。有损害才有赔偿,无损害就无赔偿,但这种损害既包括财产上的损害,亦包括非财产上的损害。财产损害,是指无过错方因另一方过错行为造成的物质上的现有财产权益的直接减损,但不包括可期待财产利益的损失。非财产上的损害,包括精神损害。精神损害是指过错行为导致婚姻破裂,由此给另一方造成的精神上的痛苦。这种离婚精神损害无需请求权人负举证责任,只要加害人有上述严重过错行为并且是导致离婚的原因,法律即推定这种精神损害存在。因此,离婚损害赔偿是"名义上的精神损害",而不是"需证明的精神损害"。

3. 离婚损害赔偿请求权的行使规则

离婚损害赔偿,作为法律赋予无过错方离婚时所享有的权利,要得以实现,必须依法

行使。具体说来,应当注意以下问题:

(1)离婚损害赔偿请求权的行使主体和责任主体

离婚损害赔偿请求权,是离婚时无过错一方享有的专属权,是否请求损害赔偿,完全由请求权人决定。如果无过错方为无民事行为能力人,依法由其监护人或委托代理人代为行使。无过错方没有提出请求,人民法院在处理离婚案件时不能主动干预、处理。提起离婚损害赔偿的无过错方是与过错方存在有效婚姻关系的配偶一方。没有婚姻关系的家庭成员间的损害赔偿,如父母对子女、子女对父母、儿媳对公婆、女婿对岳父母等以及家庭成员以外的一般公民间的损害赔偿,不属于离婚损害赔偿。无效婚姻、被撤销婚姻中的"配偶"等因一方过错行为受到损害的,也无权提起离婚损害赔偿。

《婚姻法解释(一)》第29条第1款规定:"承担婚姻法第四十六条规定的损害赔偿责任的主体,为离婚诉讼当事人中无过错方的配偶。"即只有与无过错方形成有效婚姻关系的配偶才是赔偿义务主体。对于破坏他人婚姻关系的"第三者"是否要承担责任,学界存在一种意见,认为应当将"第三者"作为共同侵权人承担损害赔偿责任。鉴于离婚损害赔偿的性质和构成要件不同于侵权行为中的损害赔偿,它只是夫妻离婚时过错方向无过错方承担的损害赔偿责任,因此我国婚姻立法仅将责任主体确定为过错方。另外,如果在离婚诉讼中,一方以《婚姻法》第4条规定"夫妻应当互相忠实,互相尊重"为依据,要求违反忠实义务的对方配偶及"第三者"承担侵权损害赔偿责任的,因忠实义务之规定仅为原则性规定,并非确定的义务性规范,即使违反忠实义务,也未完全符合侵权行为的构成要件,因而在我国现行法,除同时构成名誉权侵害外,应无损害赔偿请求权。

(2)离婚损害赔偿请求权的行使期限

关于当事人的离婚损害赔偿请求是否必须与离婚诉讼同时提出,《婚姻法解释(一)》第29条、第30条和《婚姻法解释(二)》第27条确立了以下规则:

第一,人民法院在受理此类案件时,应当将《婚姻法》第46条等规定中赋予当事人的有关权利义务,由人民法院行使告知权,在受理时书面告知当事人,以便让当事人知道法律的规定,作出选择,即主张或是放弃。

第二,人民法院在适用《婚姻法》第46条规定时,应区分不同情况进行处理:

首先,在婚姻关系存续期间,当事人不起诉离婚而单独依据第46条规定提起损害赔偿请求的,人民法院不予受理。这是因为,离婚损害赔偿是因离婚而发生的连带请求权,它与离婚诉讼不可分离,属于本质的必要合并之诉。因此,即使是在离婚诉讼中提出离婚损害赔偿请求,但法院判决不准离婚的,对于当事人的损害赔偿请求亦不予支持。

其次,符合《婚姻法》第46条规定的无过错方作为原告基于该条规定向人民法院提起损害赔偿请求的,必须在离婚诉讼的同时提出。由于人民法院已经告知过,原告不提的,视为其对自己权利的放弃。

再次,符合《婚姻法》第46条规定的无过错方作为被告的离婚诉讼案件,如果无过错方(被告)不同意离婚也不基于该条规定提起损害赔偿请求的,可以在离婚后1年内就此单独提起诉讼。

复次,无过错方作为被告的离婚诉讼案件,一审时被告未基于《婚姻法》第46条规定提出损害赔偿请求,二审期间提出的,人民法院应当进行调解,调解不成的,告知当事人在离婚后1年内另行起诉①。

最后，当事人在婚姻登记机关办理离婚登记手续后，以《婚姻法》第46条规定为由向人民法院提出损害赔偿请求的，人民法院应当受理。但当事人在协议离婚时已经明确表示放弃该项请求，或者在办理离婚登记手续1年后提出的，不予支持。

4. 离婚损害赔偿数额的确定标准

离婚损害赔偿包括物质损害赔偿和精神损害赔偿两个方面。物质损害赔偿通过支付赔偿金的方式承担，法官在确定赔偿金的数额时，应考虑以下因素：过错方的过错程度；无过错方所受到的实际损失；过错方与无过错方的财力与未来的生活需要；夫妻双方年龄及健康状况；夫妻双方的谋生能力；当事人所在地的经济发展水平。而精神损害赔偿则适用最高人民法院《关于确定民事侵权精神损害赔偿责任若干问题的解释》的有关规定，其赔偿数额的确定，按该解释第10条的规定应考虑以下因素：过错程度；侵害的手段、场合、行为方式等具体情节；所造成的后果；过错方获利情况；过错方承担责任的经济能力；当地平均生活水平等因素。

第五节　离婚对子女的法律后果

【引例】

周某（男）与丁某（女）2005年结婚，婚后育有一子。2010年9月双方因感情不和而商议离婚，双方对离婚和共有财产分割不持异议，但在子女抚养问题上却不能达成协议，只好诉至法院。在庭审中，双方都表示要直接抚养儿子（两周岁）。

问：(1)法院应判谁直接抚养该孩子？在何种情形下可以变更该孩子的直接抚养权人？

(2)不直接抚养该孩子的一方所享有的探望权在何种情形下会被中止？

夫妻离婚后，涉及子女抚养教育等方式的改变，子女由随父母双方共同生活改变为随父或母一方生活，不随子女生活的父或母则以给付抚养费的方式履行对子女的抚养义务。因此，离婚后会产生子女随何方生活，子女抚养费的负担，子女抚养关系变更及探望权等一系列法律后果。

一、离婚后的父母子女关系

现行《婚姻法》第36条第1款规定："父母与子女间的关系，不因父母离婚而消除。离

---

① 需要注意的是，人民法院处理该类案件时与其他民事案件有所不同。对于其他一般民事案件，如果当事人一审时不主张权利而是在二审时提出新的主张的，二审人民法院可以调解解决，调解不成的，应发回重审。由于离婚诉讼是一个复合之诉，《婚姻法》第46条赋予当事人的权利依法应予保护，无过错方作为被告在二审时第一次提出离婚损害赔偿请求的，如果法院对此请求作出判决，当事人无法上诉。如果调解不成就一律发回重审，又不符合婚姻案件的具体情况。因此，调解不成的，告知当事人可在离婚后1年内另行起诉，而不是发回重审。

婚后,子女无论由父或母直接抚养,仍是父母双方的子女。"这一规定是对离婚后父母子女关系的原则性规定,但是在现实生活中,父母子女的种类繁多,离婚对父母子女关系的后果不尽一致。

父母与亲生子女的关系,不因父母离婚而消灭。离婚后自然血亲的父母子女的关系包括婚生子女与父母关系、非婚生子女与父母关系及夫妻双方同意人工生育的子女与父母的关系。自然血亲的父母子女间的权利义务关系除因一方死亡或收养而消除外,不因人为的原因而消灭,因此父母离婚后,父母子女关系仍然存在。这是因为离婚只涉及婚姻关系的消灭,不涉及因血缘联系的亲属。

离婚后养父母与养子女的关系一般情况下不改变。离婚只解除养父母的夫妻关系,并不解除养父母与养子女的关系。但是养父母与养子女的关系并不完全等同于自然血亲关系。如果养父母离婚时,经生父母和已满10周岁的养子女同意,可变更收养关系,由原养父母一方收养,或解除收养关系并改由生父母抚养。

离婚后继父母与继子女间的权利义务关系,应视具体情况而定。未受继父或继母抚养教育的继子女,双方属于直系姻亲关系,双方无权利义务关系,可因继子女生父或生母离婚而消灭。继父母与受其抚养教育已成年的继子女关系,不因继子女的生父母与继父母离婚而消灭,双方仍然有父母子女间的权利义务。继父母与受其抚养教育的未成年继子女,当继子女的生父母与继父母离婚后,如果继父母不愿继续抚养继子女,或愿意继续抚养继子女但其生父母不同意的,则双方形成的继父母子女关系随离婚而终止,双方不再有父母子女间的权利和义务。如果继父母愿意继续抚养未成年的继子女,并经子女的生父母一致同意的,离婚后继父母与继子女双方形成的父母子女间的权利义务关系仍继续存续。

二、离婚后子女的抚养归属

(一)直接抚养权的确定

离婚后,虽然父母与子女的关系不变,但是子女的抚养方式发生了变化,子女只能由父或母一方直接抚养,而另一方则通过支付抚养费、行使探望权的方式间接抚养。离婚后子女的直接抚养归属成了离婚案件中争执的一个焦点。为了保障未成年子女的身心健康成长,保护子女的合法权益,现行《婚姻法》和1993年《子女抚养意见》对离婚后对子女的直接抚养权作出了明确规定。

1. 哺乳期内子女的直接抚养

哺乳期内的子女系婴幼儿,因其处于发育初期,身体娇弱,完全靠母乳和其他食物精心喂养,才能健康成长,哺养婴幼儿是母亲的"天职"。因此,现行《婚姻法》第36条第3款规定:"离婚后,哺乳期内的子女,以随哺乳的母亲抚养为原则。"1993年《子女抚养意见》第1条规定:"两周岁以下的子女一般随母方生活。"根据这一规定,明确了哺乳期内的子女为两周岁以下的子女。离婚时,凡是父母双方对两周岁以下的子女随何方生活达不成协议的,无论双方都争养还是不愿抚养的,人民法院一般都应判决由母方抚养。但1993年《子女抚养意见》第1条、第2条规定:"两周岁以下的子女,一般随母方生活。母方有下列情形之一的,可随父方生活:(1)患有久治不愈的传染性疾病或其他严重疾病,子女不宜与其共同生活的;(2)有抚养条件不尽抚养义务,而父方要求子女随其生活的;(3)因其他原因,子女确无法随母方生活的。""父母双方协议两周岁以下子女随父方生活,并对子女健康成长无不利影响的,可予准许。"

2. 哺乳期后子女的直接抚养

现行《婚姻法》第36条第3款规定:"哺乳期后的子女,如双方因抚养问题发生争执不能达成协议时,由人民法院根据子女的权益和双方的具体情况判决。"根据这一规定,离婚时双方对两周岁以上的未成年子女,首先由双方协商随何方生活,协商不成,由人民法院判决随何方生活,应根据双方的具体情况和有识别能力的子女意见综合考虑、判决确定。

(1)判决父或母随子女生活应优先考虑的法定情形。

依1993年《子女抚养意见》第3条、第4条的规定,法院判决父或母随子女生活应优先考虑的法定情形:已做绝育手术或因其他原因丧失生育能力的;子女随其生活时间较长,改变生活环境对子女健康成长明显不利的;无其他子女,而另一方有其他子女的;子女随其生活,对子女成长有利,而另一方患有久治不愈的传染性疾病或其他严重疾病,或者有不利于子女身心健康的情形,不宜与子女共同生活的;父方与母方抚养子女的条件基本相同,双方均要求子女与其共同生活,但子女单独随祖父母、外祖父母生活多年,且祖父母、外祖父母要求并且有能力帮助子女照顾孙子女、外孙子女的。

(2)考虑10周岁子女的意见。

1993年《子女抚养意见》第5条规定:"父母双方对十周岁以上的未成年子女随父或随母生活发生争议的,应考虑子女的意见。"10周岁以上的未成年子女,已有一定的识别能力,在民法上属于限制民事行为能力人。其父母离婚后,随何方生活更有利于自己健康成长,能够作出一定的判断选择。

(3)协议子女轮流随父母生活。

离婚后,当事人双方仍在同一地区居住生活的,在不改变子女学习环境和不影响子女生活安定的情况下,可以通过协议子女随父母双方轮流生活,应当允许。如果双方不在同一地区生活,协议子女轮流生活的,会涉及频繁转学,造成子女生活、学习环境时常变更,生活不安定的,可不予准许。

(4)在离婚诉讼中争抢或拒绝抚养子女的处理。

在离婚诉讼中,当事人双方互相争抢子女,或者双方互相推诿、妨害未成年子女学习、生活的,根据《子女抚养意见》第20条的规定,可以由人民法院先行裁定,暂时由一方抚养,待离婚案件审理终止,确定子女随何方生活。

另外,在养子女、继子女的直接抚养归属问题上,除遵循以上规则外,还要考虑:生父与继母或生母与继父离婚时,对曾受其抚养教育的继子女,继父或继母不同意继续抚养的,仍应由生父母抚养;《收养法》施行前,夫或妻一方收养子女,对方未表示反对,并与该子女形成事实收养关系的,离婚后应由双方负担子女的抚育费;但是对方始终反对的,离婚后则应由收养方抚养该子女。

(二)直接抚养权的变更

离婚时,无论当事人双方协议还是人民法院判决确定的子女随一方生活和子女抚养费,离婚后,由于情况发生变化,要求变更抚养关系或抚养费的,只要符合法律规定的条件均可依法变更。其变更方式有协议变更和诉讼变更。

1. 协议变更

离婚后,父母双方均要求变更子女抚养关系的,应当双方协商一致,达成书面变更子女抚养关系协议。10 周岁以上子女还应征得子女同意。协议内容应当包括变更事由、变更子女随何方生活、变更起始时间,变更后不随子女生活的父方或母方是否负担子女抚养费及抚养费的数额、给付方式、探望方式等。双方及 10 周岁以上子女均应在协议上签名。1993 年《子女抚养意见》第 17 条规定:"父母双方协议变更子女抚养关系的,应予准许。"

2. 诉讼变更

根据 1993 年《子女抚养意见》第 16 条的规定,一方要求变更子女抚养关系有下列情形之一的,法院应准予其变更子女抚养归属:(1)与子女共同生活的一方因患严重疾病或因伤残无力继续抚养子女的;(2)与子女共同生活的一方不尽抚养义务或有虐待子女行为,或其与子女共同生活对子女身心健康确有不利影响的;(3)10 周岁以上未成年子女,愿随另一方生活,该方又有抚养能力的;(4)有其他正当理由需要变更的。

三、离婚后子女抚养费的负担与变更

(一)离婚后子女抚养费的负担

抚养费,是指子女生活费、教育费、医疗费等费用[①]。离婚时,子女随一方生活确定后,不直接随子女生活的一方,应负担必要的生活费和教育费的一部或全部[②]。

1. 子女抚养费的负担原则

1993 年《子女抚养意见》第 7 条规定:"子女抚养费的数额,可根据子女的实际需要、父母双方的负担能力和当地的实际生活水平确定。"这一规定,明确了子女抚养费的负担原则,是以满足子女生活、教育需要和父母双方负担能力为原则。无论是不与子女共同生活的一方,还是与子女共同生活的一方的父母,都有平等负担子女抚养费的义务,基于父母双方的实际收入不同,收入较多的一方应当多负担或全部负担,收入少的或无收入的一方可以少负担或不负担。

2. 子女抚养费数额的确定方式

现行《婚姻法》第 37 条规定:"子女抚养费由双方协议,协议不成时,由人民法院判决。"根据这一规定,确定子女抚养费数额的方式有两种:

一是双方协议确定。当事人离婚时,经双方协议对一方负担的子女抚养费自愿达成协议的,只要不违背上述子女抚养费的负担原则应予准许。但 1993 年《子女抚养意见》第 10 条规定:"父母双方可以协议子女随一方生活并由抚养方负担子女全部抚育费。但经查实,抚养方的抚养能力明显不能保障子女所需费用,影响子女健康成长的,不予准许。"

二是判决确定。离婚时,当事人对子女抚养费数额达不成协议的,人民法院根据下列

---

① 《婚姻法解释(一)》第 21 条。
② 《婚姻法》第 37 条第 1 款。

情形确定:有固定收入的,抚育费一般可按其月总收入的 20%～30% 的比例给付;负担两个以上子女抚育费的,比例可适当提高,但一般不得超过月总收入的 50%;无固定收入的,抚育费的数额可依据当年总收入或同行业平均收入,参照上述比例确定;有特殊情况的,可适当提高或降低上述比例。

3. 子女抚养费负担的期限

子女抚养费一般给付至子女年满 18 周岁为止。16 周岁以上至 18 周岁的子女,以其劳动收入为主要生活来源,能维持当地平均生活水平的,也可终止给付。成年子女在升入高等学校就读后,或因病残和非主观原因无法维持正常生活的,至劳动能力恢复或其收入能维持当地平均生活水平时,也可停止给付。

4. 子女抚养费的执行

子女抚养费一般是定期给付,有条件的可一次性给付。无论协议还是法院判决所确定的子女抚养费,负担子女抚养费的父母一方拒不执行或不按期执行的,子女都有权请求给付,必要时可持协议或判决向人民法院申请强制执行。对负担子女抚养费的父母一方因违法犯罪、劳教、无经济收入或下落不明的,可用其离婚时应分得的共同财产或个人财产折抵子女抚养费。父母不得因子女变更姓氏而拒付子女抚育费;父或母一方擅自将子女姓氏改为继母或继父姓氏而引起纠纷的,应责令恢复原姓氏[①]。

(二)子女抚养费的变更

1. 协议变更

父母双方对离婚时确定的子女抚养费数额,给付方式,经过双方协议达成增加、减少或免除及给付方式一致协议的,应订立书面协议。其内容应包括增加、减少或免除的事由、数额、给付方式,双方签名即可发生法律约束力。必要时,报婚姻登记机关或人民法院备案。

2. 诉讼变更

一方要求变更子女抚养费,另一方不同意的,要求变更的一方必须向人民法院起诉。经人民法院调解达成变更协议的,按调解书变更的事项执行。调解无效的,人民法院应当按不同情况作出相应不同的处理:第一,子女要求增加抚养费,父或母有给付能力的,根据 1993 年《子女抚养意见》第 18 条的规定,应予支持的情形包括:原定抚养费不足维持当地实际生活水平的;因子女患病、上学,实际需要已超过原定数额的;有其他正当理由应当增加的。第二,对离婚时确定的子女抚养费数额,负担一方基于双方或一方条件发生变化,请求减少或免除子女抚养费,对方不同意的,根据司法实践,可以向人民法院请求减少或免除的情形包括:负担子女抚养费的一方因患病、伤残丧失全部或部分劳动能力或其他原因,无经济收入或经济收入大为减少,确实无力按原协议或判决确定的数额给付的;离婚时随子女生活一方无经济收入或收入较少,现经济条件好转,收入较多的;随子女生活一方再婚后,继父或继母自愿抚养该子女的;负担子女抚养费一方因违法犯罪、劳教失去经济来源的。

---

① 1993 年《子女抚养意见》第 19 条。

四、不直接抚养子女一方的探望权

男女离婚后,随子女生活的一方,有的不让或刁难对方探望子女,造成对方不了解子女的生活、学习等情况,给其精神上造成伤害。为此,现行《婚姻法》第38条特别规定:"离婚后,不直接抚养子女的父或母,有探望子女的权利,另一方有协助的义务。"这一规定,确立了我国离婚父母对子女的探望权。

(一)探望权的概念与特征

探望权,又称探视权或见面交往权,是指离婚后不直接抚养子女的父亲或母亲一方享有的与未成年子女探望、联系、会面、交往、短期共同生活的权利。探望权具有以下的法律特征:

1. 探望权是与直接抚养权相对应的一项法定权利。父母离婚后,子女由一方直接抚养,成为子女亲权的主要担当者,与此同时,不直接抚养子女的另一方依法享有对子女的探望权。因此,其与直接抚养权同时产生,并依直接抚养权的确定而确定。

2. 探望权的权利主体为未直接抚养子女的父母一方。离婚后,由于子女随父母一方生活,另一方对子女有探望、看望和交往的权利。其目的是使享有探望权一方增强对子女的感情,了解子女生活、学习情况和正确教育子女。依我国《婚姻法》的规定,探望权只属于父母一方享有。其他近亲属如祖父母、外祖父母、兄弟姐妹是否享有探望权,《婚姻法》没有明文规定。但按照我国民众的传统习惯和祖孙之间、兄弟姐妹间关系的特殊性,应当将探望权赋予这些法定近亲属。

3. 探望权的义务主体为直接抚养子女的父母一方。探望权行使时,随子女生活的一方负有协助义务,按照双方协议或人民法院判决探视的时间、地点、方式,为探望权人行使权利时,提供方便条件,不得拒绝、阻挠、刁难探望,否则,探望权人有权要求义务人履行协助义务,或请求人民法院裁决履行协助义务。

4. 探望权的行使不得损害子女的身心健康。我国《婚姻法》规定,父或母探望子女,不利于子女身心健康的,由人民法院依法中止探望的权利;中止的事由消失后,应当恢复探望的权利。探望权实际是一种义务性的权利,它的行使应使子女完整地享受父母之爱,使孩子得到积极向上健康的教育。如果行使探望权损害了孩子的身心健康,人民法院可以依法中止其行使探望权。

(二)行使探望权的方式与时间

探望权的行使方式大致包括两种:一种是探视性的探望,即不直接抚养子女的一方到对方家里或指定的地点进行探望;另一种是逗留性的探望,即探望权人在约定的或法院判定的探望时间内,接走子女并按时送回。决定在何种时间以何种方式探望子女,应考虑子女和父母的具体情形,而不能由享有权利者自作主张。一般来说,0~2周岁的幼儿受环境影响较大,环境经常变化会影响幼儿的身心健康,这个岁数的幼儿比较适合探视性的探望。10~18周岁的未成年子女已具备了初步独立的判断和思考能力,如何行使探望权应征得子女的同意。就父母而言,应考虑父母的工作性质、身体健康状况和个人品质等多种因素。

根据《婚姻法》关于"行使探望权的方式、时间由当事人协议;协议不成时,由人民法院判决"的规定,确定探望的方式与时间的途径有两种:当事人协议和法院判决,而其中又以当事人的协议为优先。协议优先充分尊重了当事人的意思自治,有利于探望权在今后的顺利行使;如当事人之间无法协议或协议不成时,则由人民法院判决确定。但是法院在作出判决前,也应注意听取双方的意见,尊重其意愿,在此前提下作出判决,否则将可能为以后的执行埋下隐患。然而在确定具体的探望方式、时间时,无论是当事人协议抑或法院判决,都应根据"子女最大利益原则"作出安排。

(三)探望权的中止与恢复

享有探望权的一方,在行使探望子女时,未按双方协议的探视方式、时间、地点探视,或在探视中违反探视附随义务,有不利于子女学习、生活和健康,严重损害子女权益的行为时,负协助探望的义务人有权要求改正,必要时,可向人民法院申请中止对方的探望权。现行《婚姻法》第38条规定:"父或母探望子女,不利于子女身心健康的,由人民法院依法中止探望权利。"中止探望的情形消失后,根据当事人的申请,可以通知恢复探望权。

1. 中止探望权的条件

现行《婚姻法》第38条规定的探望权人"有不利于子女身心健康"这一概括性行为,在现实生活中主要表现有:探望权人患有严重传染病,不宜探望子女的;探望权人不按协议或判决确定的探望方式、时间、地点探望,严重影响子女生活、学习的;探望权人将子女带入色情场所或让子女观看不健康的影视、书刊的;探望权人道德败坏、通奸、姘居、卖淫、嫖娼、吸毒、赌博,对子女身心健康会造成不利影响的;探望权人对子女实施家庭暴力或虐待、遗弃的;探望权人教唆、胁迫、引诱子女实施不良行为或违法犯罪行为的;探望权人发现子女有不良行为或违法犯罪行为不教育制止的。凡属上述行为之一的,均可作为中止探望权的理由。

2. 中止探望权的程序

探望权人具有了上述不利于子女健康的行为,享有中止探望权的请求权人都可以向人民法院申请中止探望权人的探望权。《婚姻法解释(一)》第26条规定:"未成年子女、直接抚养子女的父或母及其他对未成年子女负担抚养、教育义务的法定监护人,有权向人民法院提出中止探望权的请求。"从这一规定看出,享有中止探望权请求权的人是:10周岁以上未成年子女,随子女生活的父或母,及祖父母、外祖父母、成年的兄姐。除此之外,其他任何单位和个人,都不享有中止探望权的请求权。人民法院受理中止探望权的请求的,根据《婚姻法解释(一)》第25条的规定,应当依法审理,在征询双方当事人意见后,认为需要中止行使探望权的,依法作出裁决。

3. 探望权的恢复

经人民法院裁决中止探望权,只是暂时停止享有探望权人探望子女的权利。根据《婚姻法解释(一)》第25条的规定,当中止探望的情形消失后,人民法院应当根据当事人的申请通知其恢复探望权的行使。

（四）探望权的强制执行

探望权人按双方协议或人民法院的判决探视子女，是依法享有的人身权利，任何人不得剥夺或阻挠，随子女生活的一方负有协助的义务。义务人如果不履行协助义务，剥夺、阻挠权利人探望的，不但使权利人的探望权无法行使，而且直接影响到子女受探望的权利。为保障探望权人和子女的合法权益，现行《婚姻法》第48条规定："对拒不执行有关扶养费、抚养费、赡养费、财产分割、遗产继承、探望子女等判决或裁定的，由人民法院依法强制执行。有关个人和单位应负协助执行的责任。"但是须注意的是，这里强制执行的对象只能是对拒不履行协助责任的有关个人和单位，而不是子女。因为探望权纠纷案件涉及人身问题，如果执行不当，会对子女的身心健康造成严重的伤害。因此《婚姻法解释（一）》第32条进一步规定："婚姻法第四十八条关于对拒不执行有关探望子女等判决和裁定的，由人民法院依法强制执行的规定，是指对拒不履行协助另一方行使探望权的有关个人和单位采取拘留、罚款等强制措施，不能对子女的人身、探望行为进行强制执行。"此外，如果子女已满10周岁，对是否进行探望已具备初步独立的思考能力和认识能力，应当征求子女的意见，如果子女不同意的，不应当强制执行探望权。

【思考题】

1. 离婚与婚姻无效、婚姻被撤销有何区别？
2. 外国离婚立法经历了哪些演变？其发展趋势知何？
3. 简述我国离婚立法的指导思想。
4. 登记离婚应具备哪些条件？
5. 我国现行离婚法有何特点？
6. 我国《婚姻法》对婚姻当事人的离婚诉权有哪些限制性规定？
7. 如何认定夫妻感情确已破裂？
8. 离婚后应当如何确定未成年子女的直接抚养问题？
9. 如何确定离婚后子女抚养费的负担？
10. 试述探望权的概念和特征、探望权的行使、中止及恢复。
11. 如何处理离婚时的夫妻财产分割问题？
12. 离婚时夫妻的债务应如何清偿？
13. 离婚时一方请求家务劳动补偿（又称经济补偿）应具备哪些条件？
14. 简述离婚时经济帮助的性质、条件和具体方式。
15. 离婚损害赔偿应具备哪些条件？其请求权应如何行使？
16. 试述离婚的法律后果。
17. 我国《婚姻法》关于离婚的规定存在哪些不足？应当如何完善？

【司法考试真题链接】

1. 甲被宣告死亡后，其妻乙改嫁于丙，其后丙死亡。1年后乙确知甲仍然在世，遂向法院申请撤销对甲的死亡宣告。依我国法律，该死亡宣告撤销后，甲与乙原有的婚姻关系如何？（2003年）

　　A. 自行恢复　　　　　　　　B. 不得自行恢复

　　C. 经乙同意后恢复　　　　　D. 经甲同意后恢复

2. 甲与乙离婚，甲乙的子女均已成年，与乙一起生活。甲与丙再婚后购买了一套房屋，登记在甲的名下。后甲因中风不能自理，常年卧床。丙见状离家出走达3年之久。甲乙的子女和乙想要回房屋，进行法律咨询。下列哪些意见是错误的？（2011年）

　　A. 因房屋登记在甲的名下，故属于甲个人房产

　　B. 丙在甲中风后未尽到妻子的责任和义务，不能主张房产份额

　　C. 甲乙的子女可以申请宣告丙失踪

　　D. 甲本人向法院提交书面意见后，甲乙的子女可代理甲参与甲与丙的离婚诉讼

3. 甲于1990年与乙结婚，1991年以个人名义向其弟借款10万元购买商品房一套，夫妻共同居住。2003年，甲乙离婚。甲向其弟所借的钱，离婚时应如何处理？（2004年）

　　A. 由甲偿还　　　　　　　　B. 由乙偿还

　　C. 以夫妻共同财产偿还　　　D. 主要由甲偿还

4. 张某和柳某婚后开了一家美发店，由柳某经营。二人自2005年6月起分居，张某于2005年12月向当地法院起诉离婚。审理中查明，柳某曾于2005年9月向他人借款2万元用于美发店的经营。下列哪些选项是正确的？（2007年）

　　A. 该美发店属于夫妻共同财产

　　B. 该债务是夫妻共同债务，应以共同财产清偿

　　C. 该债务是夫妻共同债务，张某应承担一半的清偿责任

　　D. 该债务系二人分居之后所负，不是用于夫妻共同生活，应由柳某独自承担清偿责任

5. 王某以个人名义向张某独资设立的飞跃百货有限公司借款10万元，借期1年。不久，王某与李某登记结婚，将上述借款全部用于婚房的装修。婚后半年，王某与李某协议离婚，未对债务的偿还作出约定。下列哪一选项是正确的？（2008年）

　　A. 由张某向王某请求偿还　　　B. 由张某向王某和李某请求偿还

　　C. 飞跃公司只能向王某请求偿还　D. 由飞跃公司向王某和李某请求偿还

6. 黄某与唐某自愿达成离婚协议并约定财产平均分配，婚姻关系存续期间的债务全部由唐某偿还。经查，黄某以个人名义在婚姻存续期间向刘某借款10万元用于购买婚房。下列哪一表述是正确的？（2011年）

　　A. 刘某只能要求唐某偿还10万元

　　B. 刘某只能要求黄某偿还10万元

　　C. 如黄某偿还了10万元，则有权向唐某追偿10万元

D. 如唐某偿还了 10 万元,则有权向黄某追偿 5 万元

7. 王某与周某结婚时签订书面协议,约定婚后所得财产归各自所有。周某婚后即辞去工作在家奉养公婆,照顾小孩。王某长期在外地工作,后与李某同居,周某得知后向法院起诉要求离婚。周某的下列哪些请求可以得到法院的支持?(2004 年)

A. 由于自己为家庭生活付出较多义务,请求王某予以补偿

B. 由于自己专门为家庭生活操持,未参加工作,请求法院判决确认双方约定婚后所得归各自所有的协议显失公平,归于无效

C. 由于离婚后生活困难,请求王某给予适当帮助

D. 由于王某与他人同居导致双方离婚,请求王某给予损害赔偿

8. 周某与妻子庞某发生争执,周某一记耳光导致庞某右耳失聪。庞某起诉周某赔偿医药费 1000 元、精神损害赔偿费 2000 元,但未提出离婚请求。下列哪一选项是正确的?(2007 年)

A. 周某应当赔偿医疗费和精神损害

B. 周某应当赔偿医疗费而不应赔偿精神损害

C. 周某应当赔偿精神损害而不应赔偿医疗费

D. 法院应当不予受理

9. 甲、乙结婚多年,因甲沉迷于网络游戏,双方协议离婚,甲同意家庭的主要财产由乙取得。离婚后不久,乙发现甲曾在婚姻存续期间私自购买了两处房产并登记在自己名下,于是起诉甲,要求再次分割房产并要求甲承担损害赔偿责任。下列哪些选项是正确的?(2008 年)

A. 乙无权要求甲承担损害赔偿责任

B. 法院应当将两处房产都判给乙

C. 请求分割房产的诉讼时效,为乙发现或者应当发现甲的隐藏财产行为之次日起两年

D. 若法院判决乙分得房产,则乙在判决生效之日即取得房屋所有权

10. 2003 年 5 月王某(男)与赵某结婚,双方书面约定婚后各自收入归个人所有。2005 年 10 月王某用自己的收入购置一套房屋。2005 年 11 月赵某下岗,负责照料女儿及王某的生活。2008 年 8 月王某提出离婚,赵某得知王某与张某已同居多年。法院应支持赵某的下列哪些主张?(2009 年)

A. 赵某因抚育女儿、照顾王某生活付出较多义务,王某应予以补偿

B. 离婚后赵某没有住房,应根据公平原则判决王某购买的住房属于夫妻共同财产

C. 王某与张某同居导致离婚,应对赵某进行赔偿

D. 张某与王某同居破坏其家庭,应向赵某赔礼道歉

11. 甲与乙结婚多年后,乙患重大疾病需要医治,甲保管夫妻共同财产但拒绝向乙提供治疗费,致乙疾病得不到及时治疗而恶化。下列哪一说法是错误的?(2012 年)

A. 乙在婚姻关系存续期间,有权起诉请求分割夫妻共同财产

B. 乙有权提出离婚诉讼并请求甲损害赔偿

C. 乙在离婚诉讼中有权请求多分夫妻共同财产

D. 乙有权请求公安机关依照《治安管理处罚法》对甲予以行政处罚

12. 甲与乙离婚并达成协议:婚生男孩丙(3 岁)由乙(女方)抚养,如双方中一方再婚,丙则由另一方抚养。后乙在丙 6 岁时再婚,甲去乙家接丙回去抚养,乙不允。甲即从幼儿园将丙接回,并电话告知乙。为此,双方发生争执,诉至法院。下列有关论述正确的有哪些?(2002 年)

A. 甲、乙均为丙的监护人

B. 乙的行为是违约行为,受合同法调整

C. 甲欲行使对丙的抚养权,应通过诉讼程序解决

D. 甲、乙的协议违反了法律

第十章　继承制度概述

第一节　继承与继承法

【引例】

　　王某有一子一女,其早年丧妻,因年事已高,遂搬与儿子、儿媳共同生活。两年后,王某因病去世,遗留90平方米的房屋一套及一些存款。儿子王城与女儿王玉因财产继承分配问题发生争议。王城认为他是王某的唯一儿子,且与父亲共同生活多年,而妹妹王玉已出嫁,且出嫁后对父亲少有照顾,因此遗产应当归他一人继承。而王玉则声称儿女具有平等的继承权,既然父亲王某生前未对财产继承问题作出明示,自己就有权分得父亲的遗产。

　　问:王玉对父亲王某的遗产是否享有继承权?

一、继承的概念与特征

(一)继承的概念

　　继承是一个多含义的概念,其最一般的含义是指对前人事业的承接和延续[①]。法学上继承的含义有广义与狭义之分。广义的继承,是指生者对于死者生前享有的权利和承担的义务的承受,其内容不仅有财产继承,还有身份继承,如继承王位、爵位或家长身份等。狭义的继承,仅限财产继承,是指生者对死者财产权利和义务的承受。古代法上的继承属于广义的继承,且以身份继承为主,财产继承往往是身份继承的附庸。而近现代法中的继承是狭义的继承,属于单纯的财产继承。

　　在继承关系中,遗留财产的死者称为被继承人,死者遗留的个人合法财产称为遗产,依法或依遗嘱继承遗产的人称为继承人,继承人依法或依遗嘱取得遗产的权利称为继承权。继承制度的内容主要包括:有关遗产的转移方式(法定继承、遗嘱继承、遗赠等)、法定继承人的范围和顺序、遗产范围、遗产的处理原则和分割方法,以及被继承人债务的清偿等。

(二)继承的特征

1. 继承的发生以被继承人死亡为原因

一般民事法律关系的发生原因,多数是民事法律行为。而继承关系的发生原因,则是

---

　　① 郭明瑞、房绍坤:《继承法》,法律出版社2004年版,第1页。

被继承人死亡这一法律事实的出现。我国《继承法》第2条规定："继承从被继承人死亡时开始。"即确定继承开始的时间，应以被继承人死亡的时间为准。被继承人自然死亡的，以医学上公认的方法所确定的生命终止时间为准。被继承人宣告死亡的，以人民法院判决中确定的死亡日期为准。相互有继承关系的几个人在同一事件中死亡，如不能确定死亡先后时间的，推定没有继承人的先死亡。死亡人各自都有继承人的，如几个死亡人辈分不同，推定长辈先死亡；几个死亡人辈分相同，推定同时死亡，彼此不发生继承，由他们各自的继承人分别继承。

2. 继承人只能是与被继承人有一定亲属身份关系的自然人

一般民事法律关系的主体，可以是自然人、法人或国家。而继承制度中的继承人只能是自然人，而且继承与一定的亲属身份关系相联系。按我国《继承法》的规定，继承人只能是与被继承人之间存在婚姻、血缘或扶养关系的自然人。国家、法人及其他社会组织不能成为继承人，只能作为受遗赠人。国家或集体组织对于无人继承又无人受遗赠的遗产，也可成为取得该遗产的主体，但不是基于继承。

3. 继承的内容是财产权利和财产义务的全面承受

与单务民事法律关系的权利主体只享有财产权利不同，财产继承关系的权利主体即继承人，既享有继承遗产的权利，又承担在遗产实际价值范围内清偿被继承人生前所负债务的义务。即继承的内容是继承人对财产权利和财产义务的全面承受。因此，继承的标的，即权利、义务指向的对象，不但包括积极财产即遗产，而且包括消极财产即被继承人遗留的个人债务及应缴纳的税款。此外，在附义务的遗嘱继承情况下，财产继承的标的，除包括积极财产和消极财产外，还可以是遗嘱人指定遗嘱继承人必须履行的某些行为。

■ 二、继承制度的本质

关于财产继承的发生根据及其本质，在西方法学界存在着各种不同的学说，大致可归纳为以下七种观点：

1. 意思说。这一学说源于自然法学派，认为一切权利及其变动无不出于人的意思，继承的根据在于被继承人的意思。

2. 死后扶养说。这一学说认为，负有扶养义务的人，对于一定范围之内的宗族或亲属，其义务不仅限于生存之时，死后亦须继续履行扶养义务。

3. 家庭协同说。这学说由历史浪漫派所主张。它认为，继承产生于家庭成员的协同生活，因而，没有一体的协同生活和协同感者，应被排除于继承之外。

4. 死者权利伸延说。这种学说理论最早始于罗马法。它认为，人们继承的是死者的法律地位，继承权是死者死后法律地位的伸延，既延续死者的人格，又延续死者的权利。

5. 无主财产之归属说。按照这种学说，人的人格因死亡而消灭，其生前所有的财产因主体的不复存在而成为无主财产，这些财产的归属，全依国家立法来决定。所以，现今法律才将继承人的范围限制于一定的亲属中并规定征收遗产累进税。

6. 崇拜祖先说。按照这种学说，祖先死后，灵魂还在，要以继承的方法来祭祀他的灵魂。

7. 公益说。此学说认为，人死亡后，遗产应先由国家继承。国家鉴于公共利益的需要,将财产分给死者的家属。

三、继承法的概念与性质

(一)继承法的概念

继承法是调整公民死亡后所发生的财产移转关系的法律规范的总称。继承法有形式意义上的继承法和实质意义上的继承法之分。形式意义上的继承法是指冠以"继承法"名称的法律;实质意义上的继承法则是指有关继承关系的法律规范的总和,既包括形式意义上的继承法,也包括其他法律法规中有关继承的规范以及与继承有关的具有法律效力的规范性文件等。在继承法学中,继承法往往是指实质意义上的继承法。

继承法有纯粹的继承法和非纯粹的继承法之分。纯粹的继承法,是指规定与遗产继承直接有关问题的法律规范,只规定死者生前所有的财产如何转移给其他继承人,内容仅限于继承人的确定、继承的方式、遗产的清算与分割、继承人的权利和义务等。但现代各国极少有纯粹意义的继承法,继承法规范的内容不限于上述内容,大多数立法将遗嘱包含其中,立遗嘱人除可以指定继承人外,还可以指定受遗赠人。我国继承法也不是纯粹的继承法,除规定了法定继承和遗嘱继承外,把不属于继承的遗赠和遗赠扶养协议也规定于继承法中。

(二)继承法的性质

1. 继承法是亲属关系上的财产法

继承法是调整因被继承人死亡而发生的财产继承关系的法律规范,规定死者遗产如何转移给继承人,本质而言属于财产法,而且继承权发生的原因是与被继承人有特定的亲属关系。故继承法为亲属关系上的财产法。

2. 继承法为普通法

财产继承是一种普遍存在的社会关系,其适用于一切公民。任何人都具有依法作为继承权主体的资格,都可因一定法律事实发生后参与继承法律关系,且负有不得侵害他人享有和行使继承权的义务。一切财产的继承均适用于继承法,故继承法为普通法。

3. 继承法为强行法

由于继承制度与社会的政治、经济、伦理道德有密切的联系,各国继承法虽然赋予当事人一定的自由,可以遗嘱或协议处分其遗产,但这些权利的行使不能逾越法律允许的范围。很多法律规范都体现为强行性规范,如立遗嘱人的遗嘱能力、遗嘱形式、继承方式、继承人的范围和顺序、遗产的范围以及继承权保护时效的规定,等等。这些强行性规范,当事人必须遵守,不得任意改变。

四、我国继承法的基本原则

我国《继承法》以宪法为根据,与《民法通则》、《婚姻法》的有关规定相一致,全面贯穿着保护公民私有财产继承权、继承权男女平等、养老育幼、权利义务相一致、互谅互让协商处理遗产等基本原则①。这些基本原则是制定、解释、执行和研究我国《继承法》的出发点和依据。它们集中体现了我国《继承法》的社会主义性质,反映了我国社会主义继承制度的特点。

(一)保护公民私有财产继承权原则

我国《宪法》规定的"国家依照法律规定保护公民的私有财产权和继承权",是我国继承法的立法依据。我国《继承法》第1条明确规定:"根据《宪法》规定,为保护公民的私有财产的继承权,制定本法。"可见,我国继承法始终贯穿了保护公民私有财产继承权这一宪法规定的原则,反映了民法的所有权神圣原则之精神。保护公民私有财产继承权原则,在我国《继承法》中主要体现在以下几个方面:

1. 公民死亡时遗留的个人合法财产依法可作为遗产。公民死亡时遗留的个人合法财产可作为遗产,由其法定继承人或遗嘱继承人继承,以保护公民私有财产继承权。

2. 公民的继承权不得非法剥夺。公民的继承权,非依合法有效的遗嘱,不得被取消。而且,除法律规定的丧失继承权的法定情形外,不得被法院判决剥夺或自然丧失。我国《继承法》明确规定了继承人丧失继承权的法定事由,如继承人故意杀害被继承人,继承人为争夺遗产而杀害其他继承人,伪造或篡改或销毁遗嘱且情节严重等行为。

3. 公民的遗产继承权受法律保护。在我国,公民的遗产继承权受法律保护。公民的继承权受到非法侵害时,公民有权请求人民法院依法予以保护。

(二)继承权男女平等原则

继承权男女平等原则,是指公民作为继承权的主体,不因性别的差异而影响其继承权的享有和行使。作为继承法的一项基本原则,继承权男女平等原则是男女平等观念在继承法中的反映,是我国宪法确立的在政治、经济、文化、社会和家庭生活等各方面男女关系准则在继承制度中的具体体现。在旧中国,从西周到民国初期的制度,都是实行宗祧继承,遗产的继承以嫡长子为主,女儿一般无继承权,只有在"户绝"的情况下,才由女儿继承。而立嗣制度又排斥了女儿的继承权。至民国1930年《民法·继承编》,始废除了宗祧继承,主张男女有平等的继承权,但在半殖民地半封建社会条件下,实际上未能得到贯彻执行。新中国成立后,颁布了1950年《婚姻法》,废除了封建婚姻家庭制度,确立了婚姻自由、男女平等的原则,妇女享有与男子平等的继承权。我国《继承法》也明确规定继承权男女平等。继承权男女平等原则在我国《继承法》中主要体现为以下几个方面:

1. 法定继承权男女平等

不论男女,都享有平等的继承权。在确定法定继承人的范围和继承顺序时,不因男女性别的不同而区别对待,即不以性别决定公民有无继承权或继承顺序的先后。如夫与妻、子与女、父与母都平等地作为第一顺序法定继承人。同时继承遗产份额的多少

---

① 关于外国继承法基本原则的比较研究,参见陈苇主编:《外国继承法比较与中国民法典继承编制定研究》,北京大学出版社2011年版,第44~82页。

也不因男女性别不同而有差异。在法定继承人所尽义务大体相同且无其他特殊情况时,男女继承人继承遗产的份额应大体均等。在代位继承中,男女地位和权利也完全平等。

2. 立遗嘱权男女平等

在遗嘱继承时,男女均平等地享有按自己的意志依法立遗嘱处分个人所有财产的权利。并且,男女都可以按遗嘱人的指定成为遗嘱继承人。

3. 夫妻享有相互继承遗产的平等权利

夫妻有相互继承遗产的权利,配偶为第一顺序法定继承人。对夫妻共同财产,如因一方死亡而分割遗产,应先将共同所有财产的一半分出为配偶所有,其余的为被继承人的遗产。夫妻一方死亡后另一方再婚的,有权处分所继承的财产,任何人不得干涉。

(三)养老育幼原则

尊老爱幼是中华民族的传统美德。养老育幼,即赡养老人、抚育未成年子女及照顾病残者,是我国社会主义社会家庭的重要职能之一。把养老育幼作为我国继承法的一项基本原则,既是宪法和法律的要求,也弘扬了社会主义优良道德。

我国继承法始终要求在继承关系中切实保护老人和儿童的合法权益,对缺乏劳动能力又没有生活来源的继承人给予特别照顾。养老育幼原则在我国《继承法》中主要体现在以下几个方面:

1. 把继承人的范围限定在与被继承人共同生活、互负扶养义务的家庭成员

根据养老育幼的需要,确定法定继承人的范围和顺序以及代位继承。在继承顺序上,对被继承人负有扶养义务的人列为第一顺序继承人,如子女、父母、配偶;把一定条件下对被继承人负有扶养义务的人列为第二顺序继承人,如兄弟姐妹、祖父母、外祖父母。丧偶儿媳对公、婆,丧偶女婿对岳父母尽了主要赡养义务的,作为第一顺序继承人。如果被继承人的子女先于被继承人死亡的,由被继承人的子女的晚辈直系血亲代位继承。

2. 在遗产分配上照顾老弱病残者适当多分

我国《继承法》规定,同一顺序继承人分配遗产时,一般应当均等。对生活有特殊困难的缺乏劳动能力的继承人,分配遗产时,应当予以照顾。对继承人以外的依靠被继承人扶养的缺乏劳动能力又没有生活来源的人,可以分给他们适当的遗产。遗产分割时,应当保留胎儿的继承份额。即在遗产分配份额上,照顾老弱病残者适当多分。

3. 遗嘱必须为某些法定继承人保留必要的份额

依我国《继承法》的规定,遗嘱应当对缺乏劳动能力又没有生活来源的继承人保留必要的遗产份额,以保障老弱病残者的生活。

4. 设立遗赠扶养协议制度来保障老人、病残者的生活

我国《继承法》规定老人、病残者或其他公民可以与扶养人或集体所有制组织签订遗赠扶养协议。按照协议,由扶养人承担该公民生养死葬的义务,同时享有受遗赠(即被扶养人死后其遗产遗赠给扶养人)的权利。通过遗赠扶养协议,使老人、病残者生有所养,死有所葬。

（四）权利义务相一致原则

权利与义务相一致原则是社会主义制度下一项普遍适用的法律原则,也是我国继承法的基本原则。它要求权利与义务紧密联系,不允许任何公民只享受权利而不尽义务。由于继承关系的特殊性,这项原则在继承法领域有着特定的含义。权利与义务相一致原则在我国《继承法》中主要体现在以下几个方面。

1. 权利与义务一致是法定继承某些规定的依据

权利与义务一致是法定继承时确定某些法定继承人的身份、应继份额以及继承人以外的人酌分遗产的依据之一。这在法定继承中主要表现为:

(1)有扶养关系是发生继承权的根据之一。丧偶的儿媳对公婆、丧偶的女婿对岳父母尽了主要赡养义务的,作为第一顺序继承人。继兄弟姐妹之间的继承权,因继兄弟姐妹之间的扶养关系而发生。没有扶养关系的,不能互为第二顺序继承人。

(2)对被继承人尽扶养义务的多少,是在同一顺序法定继承人中确定分配遗产份额的依据之一。对被继承人尽了主要扶养义务或与被继承人共同生活的继承人,分配遗产时,可以多分。有扶养能力和有扶养条件的继承人,不尽扶养义务的,分配遗产时,应当不分或者少分。

(3)对被继承人尽扶养义务是确定酌分遗产人及其酌分遗产份额的依据。继承人以外的对被继承人扶养较多的人,可以分给他们适当的遗产。分给他们遗产时,按具体情况可多于或少于继承人。

2. 接受遗嘱继承或遗赠以履行遗嘱所附义务为前提条件

遗嘱继承或者遗赠附有义务的,继承人或者受遗赠人应当履行义务。没有正当理由不履行义务的,经有关单位或者个人请求,人民法院可以取消继承人或者受遗赠人接受遗产的权利。

3. 继承遗产应同时承担清偿被继承人债务的义务

继承人继承遗产,同时应在遗产实际价值范围内承担清偿被继承人依法应当缴纳的税款和债务的义务。继承人放弃继承的,对被继承人依法应当缴纳的税款和债务可以不负偿还责任。

4. 对被继承人有故意杀害、遗弃、严重虐待等行为的丧失继承权

故意杀害被继承人的,或者遗弃被继承人的,或者虐待被继承人情节严重的继承人,丧失继承权。

5. 依遗赠扶养协议履行了扶养义务的享有受遗赠的权利

依遗赠扶养协议,扶养人承担该公民生养死葬的义务,享有受遗赠的权利。扶养人依遗赠扶养协议履行了扶养义务的,在该受扶养人死亡后,扶养人取得受遗赠的财产。

（五）互谅互让、协商处理遗产的原则

互谅互让、和睦团结,是社会主义道德的要求,也是正确处理继承问题的要求。当事人协商处理继承问题,也体现了民法的意思自治原则之精神。根据我国《继承法》的规定,

继承人应当本着互谅互让、和睦团结的精神,协商处理继承问题[①]。互谅互让、协商处理遗产的原则在我国《继承法》中主要表现在:

1. 在法定继承时由共同继承人协商确定各自继承的遗产份额

在法定继承时,由同一顺序继承人协商确定各自继承的遗产份额。同一顺序继承人继承遗产的份额,一般应当均等。但继承人协商同意的,也可以不均等。

2. 遗产分割的具体时间和办法由继承人协商确定

继承从被继承人死亡时开始,但无论是实行法定继承或者是实行遗嘱继承(除遗嘱另有指定外),遗产分割的具体时间和办法,可以由继承人协商确定。在我国现实生活中,实行法定继承时较为普遍的做法是,当父母一方死亡,另一方尚生存时,子女们一般互相协商不进行遗产分割,待父母双亡后再分割遗产。

第二节　继承法律关系

【引例】

陈某于 2009 年去世,死亡后遗留有与丈夫刘某共有的房屋一套,陈某共有子女二人,分别为女儿刘甲、儿子刘乙,刘甲生有一女何柳。陈某的母亲陈母尚健在,陈某的父亲陈父 2010 年去世,此时陈某遗产尚未分割。陈父共有子女三人,分别为长女陈某、次女陈二、儿子陈三。陈某、陈父生前均未留有任何形式的遗嘱。

问:该案中有几种继承法律关系? 其主体、内容和客体分别是什么?

▌一、继承法律关系的概念和特点

我国继承法上的继承只限于法定继承与遗嘱继承,不包括遗赠和遗赠扶养协议,只因遗赠、遗赠扶养协议与继承关系密切,才规定在继承法中。本书认为,继承法律关系是指由继承法规范调整,因被继承人死亡而发生的继承人之间、继承人与其他公民之间的财产方面的权利义务关系。继承法律关系具有如下特点:

1. 继承法律关系为民事法律关系的一种

民事法律关系是受民法调整并以民事权利、义务为内容的社会关系。民事法律关系有以下三个重要特点:一是由民法规范调整形成;二是以权利义务为内容;三是主体具有平等性。继承法律关系具有民事法律关系的一切特点。继承法律关系是经继承法调整所形成的社会关系,继承法属于民法的一部分;继承法律关系也以权利和义务为内容,不过与单纯的财产关系和人身关系相比,权利和义务稍显复杂而已;继承法律关系是发生在平等主体之间的法律关系,不论是继承人之间,还是继承人与其他人之间都处于平等地位。

---

① 近年来,也有学者认为"互谅互让、协商处理遗产的原则"不是继承法的基本原则。认为继承法的基本原则在效力方面具有完全性,它贯穿于继承法的始终,而"互谅互让、协商处理遗产则是对法定继承人分割遗产的倡导性规定,不适用于遗嘱继承"。参见陈苇、宋豫主编:《中国大陆与港、澳、台继承法比较研究》,群众出版社 2007 年版,第 37 页。

可见,继承法律关系是一种民事法律关系,同其他民事法律关系一样,也是由主体、内容、客体三个要素组成。

2. 继承法律关系是以亲属关系为基础的法律关系

确定继承关系的依据主要是亲属关系,包括配偶和血亲。只在极少数情形下才依照扶养关系确定,但即使依照扶养关系确定继承人,继承人与被继承人之间也必须存在姻亲关系,如丧偶儿媳或女婿与公婆或者岳父母之间的继承关系。可以说,继承法律关系主要是发生在特定的亲属之间的法律关系。以亲属身份为基础是继承法律关系区别于一般财产关系与一般身份关系的重要特点。

3. 继承法律关系为财产方面的民事法律关系

民事法律关系包括财产法律关系和人身法律关系。现代民法都是财产继承,不包括身份继承。继承人的确认以一定的亲属关系为基础,但亲属关系不受继承法调整。继承法只调整继承人互相之间、继承人与其他人之间因遗产继承而发生的社会关系。所以继承法律关系是以财产为内容的民事法律关系。

4. 继承法律关系是一种特殊的财产法律关系

一般的民事财产法律关系以商品经济为基础,而继承法律关系不以商品经济为基础。虽然同为财产法律关系,但适用商品经济的许多规则不能适用于继承法律关系,如等价有偿是商品经济的固有原则,我国《民法通则》也确定了等价有偿作为民法的基本原则,但该原则不能适用于继承法律关系。

5. 继承法律关系是因被继承人死亡而发生的财产法律关系

引起民事法律关系发生的事实多种多样,引起遗嘱继承法律关系的发生除被继承人死亡这一自然事实外,还需要被继承人生前立有合法有效的遗嘱,但被继承人死亡依然是最基本的事实。

二、继承法律关系的种类

根据继承的方式不同,继承法律关系可分为两种:一种是法定继承法律关系,另一种是遗嘱继承法律关系。法定继承法律关系是指按照法律规定的继承人的范围、顺序、应继份等发生在法定继承人之间以及法定继承人与其他人之间的法律关系;遗嘱继承法律关系是指依照被继承人的遗嘱发生在遗嘱指定的继承人之间以及遗嘱继承人与其他人之间的法律关系。在同一继承法律关系中,通常既有遗嘱继承,又有法定继承,当两种继承关系同时出现时,遗嘱继承关系的解决优先于法定继承关系。

三、继承法律关系与其他相关法律关系的区别

因被继承人死亡而发生的法律关系,不仅包括继承法律关系,还包括遗赠法律关系、酌分遗产法律关系、遗赠扶养协议关系。继承法律关系与这些法律关系虽然都是因被继承人死亡而发生的,但性质各异。

(一)继承法律关系与遗赠法律关系

遗赠法律关系是因被继承人立遗嘱将财产处分给法定继承人范围以外的人而在受遗

赠人与遗嘱执行人之间发生的财产法律关系。继承法律关系与遗赠法律关系的区别表现在:(1)继承法律关系发生在继承人与其他人之间,而遗赠法律关系发生在受遗赠人与遗嘱执行人之间。(2)继承法律关系的当事人是法律规定的继承人范围以内的人,并且继承人只能是自然人;而遗赠法律关系的当事人是法律规定的继承人范围以外的人,可以是自然人,也可是国家和其他民事主体。(3)继承人的确定依据是血缘和婚姻关系,而受遗赠人的确定没有限制。(4)继承人享有的是继承权,遗产自继承开始就转移给继承人;而受遗赠人享有的是受遗赠权,只享有要求遗嘱执行人给付遗赠财产的权利。(5)继承法律关系的发生不以被继承人有遗嘱为要件,而遗赠法律关系的发生必须有遗嘱存在。

(二)继承法律关系与酌分遗产法律关系

酌分遗产法律关系是指在被继承人死后给予受被继承人扶养的无劳动能力和生活来源的人,以及对被继承人扶养较多的未能继承遗产的人适当遗产,而在继承人与酌分遗产人之间发生的法律关系。继承法律关系与酌分遗产法律关系的区别表现在:(1)继承法律关系的当事人依照血缘和婚姻关系来确定;而酌分遗产的当事人则主要是依照是否存在扶养关系来确定,不以当事人有血缘和婚姻关系为必要。(2)继承人继承的份额以均等为原则,以不均等为例外;而酌分遗产的份额可以高于、等于或者低于法定继承人的应继份,主要通过扶养的情况和当事人的需要来确定。(3)继承开始后,继承人当然承受遗产,遗产转归继承人共同共有;而酌分遗产人则非遗产共有人,只能要求继承人给付可以酌情分得的遗产份额。

(三)继承法律关系与遗赠扶养协议关系

遗赠扶养协议关系是指受扶养人与扶养人之间签订的,扶养人负责受扶养人的生养死葬,在受扶养人死后接受其遗产的权利义务关系。继承法律关系与遗赠扶养协议关系的区别表现在:(1)引起继承法律关系发生的事实是被继承人死亡,而引起遗赠扶养协议关系发生的是当事人之间的意思表示。(2)继承法律关系开始于被继承人死亡时,是继承人与其他一切人之间的法律关系,是绝对法律关系;而遗赠扶养协议在被扶养人死亡以前就发生法律效力,是扶养义务人与受扶养人之间的法律关系,是相对法律关系。(3)继承法律关系中当事人的权利义务不确定,而遗赠扶养协议关系中当事人的权利义务自协议成立时就已经确定。

第三节　继承人

【引例】

2008 年 10 月,闫某与孙某经人介绍结婚。2009 年 11 月,闫某怀孕,但不幸的是2010 年 6 月孙某在去外地出差时不幸遇交通事故死亡。在分割孙某的遗产时,孙某的父亲以闫某怀的孩子没有出生,胎儿没有继承能力为由,宣称孙某的遗产不能分割给未出生的胎儿。无奈之下,闫某向当地法院提起诉讼,要求判定胎儿对孙某遗产的继承权。

问:闫某的诉讼请求能否得到法院支持?

一、继承人的概念

继承人是继承法上的特定法律概念,是指根据继承法的规定在继承中有权继承被继承人遗产的自然人,包括法定继承人和遗嘱继承人。法定继承人是依照法律规定直接承受被继承人遗产的继承人,其范围和顺序都是由法律直接规定的,一般来说,遗产在同一顺序范围内的继承人之间平均分配。遗嘱继承人是根据被继承人生前所立的合法有效的遗嘱承受其遗产的继承人,遗嘱继承人是被继承人在法定继承人范围内所指定的,且不受法律规定的继承顺序的限制。无论是法定继承人,还是遗嘱继承人,都是以与被继承人之间有一定亲属身份关系为前提。

值得注意的是,继承人和遗产的承受人并非同一概念,遗产承受人除了继承人,还包括受遗赠人和其他可以分得遗产的人,他们不是基于继承权而分得遗产。如国家、法人、社团等接受遗产时,只能以受遗赠人的身份取得遗赠财产,或以其原来固有的身份取得无人继承的遗产,而不是基于继承人的法律地位而取得遗产。而其他可以分得遗产的人,在我国继承法上主要体现为可酌情分得遗产的两类人,一是依靠被继承人扶养的缺乏劳动能力又没有生活来源的人,二是对被扶养人扶养较多的人。

二、继承能力

继承能力,是指继承人能够享有继承权的资格。就其法律性质而言,继承能力属于民事权利能力的范畴。哪些人具有继承能力,往往由一国的法律规定。现代各国大多承认继承能力只与继承人的生命相关,自出生到死亡具有继承能力,即实行"同时存在原则",要求继承人必须是在继承开始时生存的人,在继承开始时,已经死亡或者尚未出生的人,不能作为权利主体,因此无继承资格。

(一)胎儿的继承能力问题

一般认为,自然人的民事权利能力始于出生,终于死亡,尚未出生的胎儿无民事权利能力,因此严格适用"同时存在原则",故胎儿也无继承能力,其利益得不到有效保护。但自罗马法以来,各国都对胎儿特设例外规定,承认胎儿的继承能力,并形成了两种立法例:一是采用一般主义,认为胎儿只要出生尚生存,就具有权利能力;二是采用特别主义,只有继承、损害赔偿、遗赠等情形下,才视胎儿既已出生,认可其权利能力。关于胎儿的继承能力,理论上也有法定停止条件说和法定解除条件说两种学说。法定停止条件说认为,胎儿以活着出生为条件,溯及继承开始时的继承能力。法定解除条件说则认为,胎儿本身即具有继承能力,不过出生时为死产的,溯及继承开始时丧失继承能力。

我国《民法通则》规定自然人的民事权利能力始于出生,不承认胎儿的继承能力,但为了保护胎儿的利益,《继承法》第 28 条规定:"遗产分割时,应保留胎儿的继承份额。胎儿出生时是死体的,保留的份额按照法定继承办理。"

（二）失踪人的继承能力问题

自然人长期离开自己的住所，下落不明达到法定期限，为消除因其长期下落不明而引起的法律关系上的不确定状态，可以依照法律规定的条件和程序，宣告该下落不明的自然人为失踪人。根据我国《民法通则》的规定，公民下落不明满两年的，利害关系人可以向人民法院申请宣告失踪。自然人被宣告失踪后，其权利能力和行为能力仍存，故继承能力也依然存在，失踪人仍有权作为继承人取得被继承人的财产。该失踪人接受遗产的权利由为其财产选定的代管人代为行使，继承的遗产由代管人代管。

三、继承人的法律地位

继承人的法律地位是指继承人在遗产继承过程中所享有的权利和负担的义务。对于继承人的法律地位，各国法律上有两种立法例：一是集中规定继承人的法律地位，如《德国民法典·继承编》第二章专门规定了继承人的法律地位，分别对遗产的接受与拒绝、继承人对遗产债务的责任、遗产请求权等作了规定；二是不集中规定继承人的法律地位，但在有关的章节中有分别规定。我国《继承法》对继承人法律地位的规定即采用后一种立法例，对继承人在继承过程中的权利义务分散规定。

继承开始后，因被继承人遗产的转移会发生各种不同的法律关系，继承人与不同的人共同构成这些法律关系的主体。体现在继承人之间、继承人与非继承人之间、继承人与受遗赠人之间以及继承人与被继承人的债权债务人之间不同的法律关系中，继承人将享有不同的权利和承担不同的义务。

第四节　继承权

【引例】

刘某去世，有二子一女。长子刘一知道父亲除了留有一套住房外还有60万元存款，为了多占遗产，便模仿父亲的笔迹书写了一份遗嘱，内容人概如下："本人百年之后，房产由长子继承，银行的60万元存款由长子刘一、次子刘晓和女儿刘芳按2∶2∶1的比例继承"，并加盖了父亲刘某的私章。在准备处理遗产的过程中，长子刘一拿出该"遗嘱"，要求按遗嘱继承遗产。刘晓和刘芳看过遗嘱内容后认为父亲不会留下这样的遗嘱，怀疑遗嘱有假，于是要求做笔迹鉴定。哥哥刘一见无法再隐瞒，只好承认错误、赔礼道歉。

问：本案长子刘一伪造遗嘱是否丧失对父亲遗产的继承权？

一、继承权的概念和特征

（一）继承权的概念

继承权是继承人依照法律的规定或被继承人生前所立合法有效遗嘱的指定，享有继承被继承人遗产的权利。

"继承权"一词经常在两种意义上被使用,一是客观意义上的继承权;二是主观意义上的继承权。

客观意义上的继承权,又称继承期待权,是指继承开始前推定继承人法律上的地位,为将来继承开始时得为继承之希望的地位。它的产生是基于法律的规定(如法定继承权),或遗嘱的指定(如遗嘱继承权),与继承人本人的主观意志无关,具有客观性,并且它本身并不具有直接的财产内容,仅仅是一种将来具有实现可能性的财产权利,即继承人有将来参加继承取得遗产的可能性,但也有由于法定继承人可能因法定事由而丧失其继承遗产的权利,遗嘱继承人也可能因遗嘱的变更、撤销或无效而丧失遗嘱继承权,等等,故继承人将来继承取得遗产只是一种可能性。

主观意义上的继承权,又称继承既得权,是指继承开始时,继承人享有的对被继承人的遗产实际取得的权利。它反映了继承开始后继承人的法律地位。这种继承权与继承人的主观意志相联系,继承人既可以接受,也可以放弃,并且它是一种具有现实性的财产权利,可以给继承人带来实际财产利益,即实际取得被继承人遗产的继承权。

就这两种意义上的继承权而言,继承人享有客观意义上的继承权,只表明推定他具有取得被继承人遗产的法律地位,但并未实际取得被继承人的遗产;只有当继承人享有主观意义上的继承权时,他才能实际取得被继承人的遗产。只有具备特定的法律事实,如被继承人死亡、留有遗产等条件下才能由客观意义上的继承权转化为主观意义上的继承权。

(二)继承权的法律特征

1. 继承权是一种财产权

继承权是一种遗产取得权,继承人通过继承取得被继承人遗产所有权。继承权以财产利益为内容,是基于亲属身份关系而发生的财产权,因此,是一种特殊的财产权利。

2. 继承权属于绝对权

继承权的权利主体即继承人是特定的,而义务主体是不特定的,是除继承人以外的其他民事主体包括公民、法人及其他社会组织等。故继承权属于绝对权,具有排他性。权利主体也无须经义务主体实施一定行为即可实现其权利,义务主体负有不妨碍权利主体行使继承权和不得侵犯继承权的义务。继承权一旦被侵害,继承人可以行使继承回复请求权。

3. 继承权的客体是遗产

继承权是一种财产权,其客体是被继承人的遗产,包括死者遗留的财产和财产权利。至于死者的债务,属于继承法律关系中义务所指向的客体,而非继承权的客体。公民的人身权以及某些与公民的人身不可分离的财产权,也不能作为继承权的客体。

二、继承权的取得

继承权的取得根据有二:一是法律的直接规定;二是合法有效遗嘱的指定。因法律直接规定而取得的继承权,是法定继承权;因合法有效遗嘱的指定而取得的继承权,是遗嘱继承权。

（一）法定继承权的取得

法定继承权的取得是基于法律的直接规定，其根据主要是血缘关系和婚姻关系。但现代一些国家立法已突破了传统的根据范围，规定与被继承人形成扶养关系（或共同生活关系）也是取得法定继承权的根据之一。按我国《婚姻法》和《继承法》的规定，我国公民的法定继承权取得的根据主要是婚姻关系和血缘关系。单纯的扶养关系虽然可作为取得酌情分得遗产的根据，但并不是取得继承权的根据。

1. 因婚姻关系而取得法定继承权

婚姻关系是家庭关系的基础，配偶之间互享继承权是现代各国立法的通例。根据我国《婚姻法》和《继承法》的规定，夫妻有相互继承遗产的权利，且配偶为第一顺序法定继承人。夫妻间的遗产继承权是基于合法婚姻关系的成立而产生，当配偶一方死亡时，生存配偶依法律规定为法定继承人，对死亡配偶的遗产享有继承权。因婚姻关系而形成的姻亲，通常不是取得继承权的根据。虽然我国《继承法》第12条规定"丧偶儿媳对公、婆，丧偶女婿对岳父、岳母，尽了主要赡养义务的，作为第一顺序继承人"，但这是有条件地赋予被继承人的丧偶儿媳和丧偶女婿对公婆和岳父母的继承权，而非单纯地基于婚姻关系。

2. 因血缘关系而取得法定继承权

血缘关系是基于出生而产生的亲属关系。例如，父母子女关系、兄弟姐妹关系、祖孙关系。因血缘关系而取得继承权，一般都是按照血缘关系的远近来确定法定继承人的范围和顺序。我国《婚姻法》和《继承法》均以血缘关系为根据，规定父母子女、兄弟姐妹、祖孙等近血缘亲属为法定继承人，相互享有继承权，这有利于实现家庭养老育幼的职能。

（二）遗嘱继承权的取得

遗嘱继承权的取得根据是合法有效的遗嘱指定。按我国《继承法》第16条的规定，遗嘱人只能在法定继承人的范围内，指定遗嘱继承人。也就是说，在我国，取得遗嘱继承权的人，只能是法定继承人范围以内的人。遗嘱继承权的产生，是基于两个法律事实：一是被继承人立有合法有效的遗嘱；二是立遗嘱人死亡。只有在此情况下，遗嘱所指定的继承人才能取得遗嘱继承权。

三、继承权的行使与放弃

（一）继承权的行使

继承权的行使，是指继承人或其法定代理人通过实施一定的行为使继承权得以实现。继承权行使的内容包括表示接受或放弃继承、占有和管理遗产，请求分割遗产等行为。

继承权行使的方式与公民是否具有民事行为能力密切相关。公民的民事行为能力不同，对继承权的行使方式也有所不同。

1. 完全民事行为能力人的继承权的行使

完全民事行为能力人可以依法独立地行使继承权。在继承开始后，他们可以根据自己的意志独立地表示接受或放弃继承、参加遗产管理、请求分割遗产等。他们在行使继承权时,无须征得他人同意,也不受他人干预。

2. 限制民事行为能力人的继承权的行使

限制民事行为能力人的继承权,由其法定代理人代为行使,或者征得法定代理人同意后行使,即限制民事行为能力人不能独立行使继承权。限制民事行为能力人的继承权,如由本人行使,首先必须征得其法定代理人的同意,或者只能由其法定代理人代为行使。

3. 无民事行为能力人的继承权的行使

根据我国《继承法》第 6 条第 1 款规定:"无行为能力人的继承权、受遗赠权,由他的法定代理人代为行使。"即无民事行为能力人不能行使继承权。无民事行为能力人的继承权,只能由其法定代理人代为行使。

为保护限制民事行为能力人和无民事行为能力人的合法利益,法定代理人代理限制民事行为能力人、无民事行为能力人行使继承权时,应当注意依法维护他们的合法权益。根据《继承法意见》第 8 条的规定,法定代理人代理被代理人行使继承权,不得损害被代理人的利益。法定代理人一般不能代理被代理人放弃继承权。明显地损害被代理人利益的,应认定其代理行为无效。

(二)继承权的放弃

继承权的放弃,是指继承人于继承开始后作出的放弃继承被继承人遗产权利的意思表示,是继承人对自己所享有的继承权的一种处分。我国《继承法》第 25 条第 1 款规定:"继承开始后,继承人放弃继承权的,应当在遗产处理前,作出放弃继承的表示。"根据这一规定,继承权的放弃只能于继承开始后作出,继承开始前继承人所享有的继承权只是一种客观权利不得抛弃,且继承权的放弃只能在遗产分割前作出,遗产分割后继承人再表示放弃的,就不是对遗产的继承权了,而是对遗产的所有权。

1. 继承权放弃的方式

继承权放弃的方式,各国立法不一,大体分为明示放弃和默示放弃两种不同的立法例。

(1)明示放弃。依这种立法规定,继承权的放弃必须以明示的意思表示作出,继承开始后,继承人未明确表示放弃的,视为接受继承。这一做法为绝大多数国家继承法所采用,我国《继承法》便采取明示放弃的做法。但实行这一立法例的很多国家同时还对继承权放弃的形式加以严格限制,如《德国民法典》第 1945 条规定:"遗产的拒绝,以对遗产法院的表示为之;该表示必须以遗产法院的记录或以公证认证的形式作出。"《瑞士民法典》第 570 条则规定:"抛弃继承权,由继承人以口头或书面向主管官厅作出。抛弃继承权,不能附加任何条件及保留。主管官厅应将抛弃之情形作成备忘录。"

(2)默示放弃。依这种立法规定,继承人接受继承应以明示方式作出意思表示,未表示继承的,视为放弃继承权。

2. 继承权放弃的限制

肯定继承人有放弃继承权的自由,但放弃继承权也并非不受任何限制。根据《继承法意见》第 46 条的规定,因继承人放弃继承权,致其不能履行法定义务的,放弃继承权的行为无效。

3. 继承权放弃的效力

继承权放弃的效力溯及继承开始之时，是各国立法之通例。继承人放弃继承权的，不继承被继承人生前的财产权利，也不承受被继承人生前的债务。但不能随其放弃继承权而免除一切责任。如果放弃继承权的继承人占有遗产的，应将遗产交付给其他继承人或遗嘱执行人。在遗产未交付前，放弃继承权的继承人对遗产仍有保管义务。

继承人已经放弃继承权的，其后是否允许反悔、撤回继承权放弃的意思表示？从各国立法来看，有两种不同的立法例：一种是允许撤回，如《法国民法典》和《德国民法典》规定，在一定条件、一定期间内，允许放弃继承权的人撤回放弃声明，接受遗产继承。另一种是不得撤回，如《日本民法典》第919条规定，放弃继承权的意思表示不得撤销。我国《继承法》没有明确规定继承权放弃是否可以撤回，在司法实践中，继承权放弃可以撤回，但应由人民法院审核撤回的理由。根据《继承法意见》的规定，遗产处理前或在诉讼进行中，继承人对放弃继承反悔的，由人民法院根据其提出的具体理由，决定是否承认。遗产处理后，继承人对放弃继承反悔的，不予承认。

四、继承权的丧失

（一）继承权丧失的概念

继承权的丧失，又称为继承权的剥夺，是指继承人因对被继承人或其他继承人犯有某种罪行或其他违法行为而被依法剥夺继承资格。

继承权的丧失不同于继承权的放弃。对继承人来说，放弃继承权是继承人对其继承权的一种处分权利，而丧失继承权则是基于其所犯的罪行或过错而承受的一种制裁。放弃继承权应在继承开始后至遗产处理前，而剥夺继承权则既可以在继承开始后，也可以在继承开始前。

（二）继承权丧失的法定事由

关于继承权丧失的法定事由，即导致继承权被剥夺的原因，各国法律规定大致相同。根据我国《继承法》第7条的规定，继承人丧失继承权的法定事由包括以下四种：故意杀害被继承人；为争夺遗产而杀害其他继承人；遗弃被继承人，或者虐待被继承人情节严重的；伪造、篡改或者销毁遗嘱，情节严重的。

1. 故意杀害被继承人

故意杀害被继承人是一种严重的犯罪行为。凡故意杀害被继承人的，不论既遂还是未遂，不论是否需要承担刑事责任，均丧失继承权。构成故意杀害被继承人的行为必须具备两个要件：

（1）主观上具有杀害被继承人的故意，不论其基于什么动机。如果只具有伤害的故意或只具有过失，则不具备主观要件。

（2）客观上实施了非法剥夺被继承人生命的行为，不论其手段是作为或不作为，也不论其结果是既遂或未遂。如因执行公务或正当防卫等合法行为致被继承人死亡的，则不具备客观要件。

同时具备上述主客观犯罪要件的继承人,依法绝对丧失对被害被继承人遗产的继承权。

2. 为争夺遗产而杀害其他继承人

构成为争夺遗产而杀害其他继承人的行为必须具备主、客观两个要件:

(1)主观上具有以争夺遗产为目的而杀害其他继承人的故意。如果继承人主观上只有伤害的故意,或只有过失,或虽有杀害的故意,但无争夺遗产的动机而是出于其他动机,如泄愤报复等,则不具备主观要件。

(2)客观上实施了非法剥夺其他继承人生命的行为。不论既遂、未遂,不论是否为同一顺序继承人,也不论是法定继承人还是遗嘱继承人。如果被害人不是继承人范围内的人,则不具备客观要件。

同时具备上述主客观犯罪要件的继承人,依法绝对丧失继承权。

3. 遗弃被继承人,或者虐待被继承人情节严重的

(1)遗弃被继承人的。遗弃被继承人,是指依法负有法定义务且具有扶养能力的继承人,对没有独立生活能力的被继承人,拒不履行扶养义务的行为。凡继承人有遗弃被继承人的行为,不论其情节是否恶劣,后果是否严重,也不论其是否构成犯罪,均依法丧失继承权。

(2)虐待被继承人情节严重的。虐待被继承人,是指继承人对被继承人进行精神上或肉体上的摧残折磨。根据我国《继承法》和《继承法意见》的规定,虐待被继承人情节严重的,才丧失继承权。情节是否严重的判断,可以从实施虐待行为的时间长短、手段恶劣程度、后果是否严重、社会影响的大小等方面认定。虐待被继承人情节严重的,不论是否追究刑事责任,均可确认其丧失继承权。但是,继承人虐待被继承人情节严重的,或者遗弃被继承人的,如以后确有悔改表现,而且被虐待人、被遗弃人生前又表示宽恕的,可以不确认其丧失继承权。

4. 伪造、篡改或者销毁遗嘱,情节严重的

(1)伪造遗嘱。是指被继承人生前未立遗嘱处分自己的财产,继承人以被继承人的名义制造假遗嘱的行为。

(2)篡改遗嘱。是指被继承人生前立有遗嘱,但继承人擅自改变原遗嘱内容的行为。

(3)销毁遗嘱。是指被继承人生前立有遗嘱,继承人将该遗嘱完全破坏、毁灭的行为。

上述三种违法行为,均违背了被继承人的真实意愿。通常情况下,继承人实施上述三种行为都是为了争夺或独占遗产,但也不排除继承人出于其他目的伪造、篡改或销毁遗嘱。因此,我国《继承法》规定只有达到情节严重才丧失继承权。其中,情节严重的判断,根据《继承法意见》的规定,只有侵害了缺乏劳动能力又无生活来源的继承人利益,并造成其生活困难的,才认定其行为情节严重,依法丧失继承权。

(三)继承权丧失的确认

关于继承权丧失的确认,目前有两种立法例:一种是自然失权主义,只要发生法定丧失事由,继承权就当然丧失,无须经诉讼程序宣告;二是宣告失权主义,法定丧失事由发生后,还须经诉讼程序确认,宣告继承人丧失继承权。

根据我国《继承法》第7条的规定,我国立法上采取的是自然失权主义,继承人有丧失

继承权的法定事由之一的,则当然丧失继承权,无须经诉讼程序宣告。但是,如果在遗产继承中,继承人之间因是否丧失继承权而发生纠纷,诉讼到人民法院的,则由人民法院依法判决确认其是否丧失继承权。因此,我国确认丧失继承权,不是丧失继承权的法定必经程序。继承人基于丧失继承权法定事由的发生,依法当然丧失继承权,而无须经诉讼程序宣告。不论该继承人本人是否仍主张其继承权,均不影响其继承权的依法当然丧失。如其与其他继承人(或利害关系人)对是否丧失继承权有争议的,可经诉讼程序,由人民法院依法确认其是否丧失继承权。

(四)继承权丧失的效力

继承权丧失的效力,是指继承权丧失的法律后果。主要包括时间上的效力和对人的效力两个方面。

1. 继承权丧失的时间效力

继承权丧失的时间效力是指继承权的丧失于何时发生效力。各国通行的做法是认为继承权丧失的时间效力应始于继承开始之时。即使丧失继承权的法定事由发生于继承开始以后的,其丧失继承权的效力应溯及至继承开始之时。如该不当继承人在继承开始后已占有遗产的,应予以返还。

2. 继承权丧失对人的效力

继承权丧失对人的效力主要表现在以下几个方面:

(1)继承权丧失对其他被继承人的效力。因为继承人丧失继承权是基于法定事由,对特定的被继承人而言,效力不及于继承人的其他被继承人。如,某人故意杀害其父母,导致了其对父母遗产的继承权,但并不因此影响对其配偶享有遗产继承权。

(2)继承权丧失对继承人的晚辈直系血亲的效力。继承权丧失对继承人晚辈直系血亲的效力,各国法律规定不一,有两种立法例:一种立法例规定继承权丧失对继承人的晚辈直系血亲不发生效力,继承人丧失继承权的,其晚辈直系血亲仍有代位继承权;另一种立法例则规定继承权丧失及于继承人晚辈直系血亲,不得代位继承。我国采用第二种立法例,根据《继承法意见》的规定,继承人丧失继承权的,其晚辈直系血亲不得代位继承,从而承认继承权丧失对继承人的晚辈直系血亲发生效力。

(3)继承权丧失对取得遗产的第三人的效力。通常认为,为保护善意第三人的合法权益,继承权丧失对善意第三人不发生效力。如果第三人基于善意有偿取得财产的,其他继承人不能主张该第三人返还,其他继承人因此而蒙受的损失,由丧失继承权的继承人负赔偿责任。如果第三人是无偿取得财产,或者在取得财产时存有恶意,则其他继承人有权请求第三人返还。

五、继承权回复请求权

(一)继承权回复请求权的概念

继承权回复请求权,又称遗产诉权或继承回复权,是指合法继承人的财产继承权受到侵害时,有请求恢复到继承开始时状态的权利。继承恢复请求权的内容包括两个方面:一是请求确认继承人的继承资格和继承地位的权利;二是请求恢复其对遗产的返还请求权利。继承恢复请求权作为继承权保护的一种法律措施,其设立的意义在于保护继承人合法的继承权,使其在遭受侵害时及时恢复。继承人提起请求继承权回复的诉讼,既可以是确认继承人继承资格的确认之诉,也可以是遗产的返还请求权的给付之诉。

(二)继承权回复请求权的诉讼时效

继承权回复请求权的诉讼时效,是指继承人在其继承权受侵害时,享有依法请求恢复其继承权、返还被侵占遗产的请求权的有效期限。在法定期限届满前,权利受到侵害的继承人享有向人民法院提起诉讼要求恢复继承的请求权;法定期限届满后,则此诉讼权利不再受法律保护。之所以规定继承权回复请求权的诉讼时效,主要在于避免继承关系长期处于不稳定的状态,促使继承人及时行使其权利。

现代各国法律多明文规定继承权回复请求权的诉讼时效,只是在法定期限的设定上并不相同。有的国家只设定继承权保护的一般期限即通常时效,如《德国民法典》和《法国民法典》均规定继承回复诉讼因 30 年之通常时效而消灭。有的国家则在通常时效之下,以继承人知悉其权利受到侵害为前提,规定特别短期时效,如《日本民法典》第 884 条规定:"继承回复请求权,自继承人或其法定代理人知道继承权受到侵害的事实时起,5 年间不行使时,因时效而消灭。自继承开始时起,经过 20 年时,亦同。"有的国家还因不法侵害行为的性质而作进一步的区分,如《瑞士民法典》第 600 条规定:"对于善意的被告,遗产回复之诉,自原告知悉被告占有或知悉自己的优先权时算起,逾一年,因时效而消灭。无论何种情形,自被继承人死亡或其遗嘱开启之时起,逾十年,因时效而消灭。对于恶意的被告,前款的时效,为三十年。"

我国《继承法》对继承权回复请求权的通常时效和短期时效作了明确规定。规定继承权纠纷提起诉讼的期限为 2 年,自继承人知道或者应当知道其权利被侵犯之日起计算。但是,自继承开始之日起超过 20 年的,不得再提起诉讼。据此,短期时效为 2 年,自继承人知道或者应当知道其权利被侵犯之日起计算;通常时效则自继承开始之日起计算,无论继承人何时知悉其权利受到侵害,20 年为最长期限。此外,继承权诉讼时效也同样适用诉讼时效的中止、中断和延长。

1. 继承诉讼时效的中止

在诉讼时效期间内,因不可抗拒的事由致继承人无法主张继承权利的,人民法院可按中止诉讼时效处理;继承人在知道自己的权利受侵犯之日起的两年之内,其遗产继承纠纷在人民调解委员会进行调解期间,可按中止诉讼时效处理。

2. 继承诉讼时效的中断

继承人因遗产继承纠纷向人民法院提起诉讼,诉讼时效即为中断。

3. 继承诉讼时效期间的届满与延长

自继承开始之日起的第 18 年至第 20 年期间内,继承人才知道自己的权利被侵犯的,其提起诉讼的权利,应当在继承开始之日起的 20 年之内行使,超过 20 年的,不得再提起诉讼。从权利被侵害之日起超过 20 年的,人民法院不予保护。但有特殊情况的,人民法院可以延长诉讼时效期间。超过诉讼时效期间,当事人自愿履行的,不受诉讼时效限制。

第五节　遗　产

【引例】

王女士结婚后,为自己购买了一份人寿保险,指定丈夫肖某为其受益人。2009年3月,王女士因病去世,保险公司赔付10万元的保险赔偿金。王女士父母得知后找到肖某,认为这10万元保险金是女儿的遗产,他们也有权继承这笔保险赔偿金。

问:本案中10万元保险金是否属于遗产?

一、遗产的概念和特征

遗产是财产继承法律关系的客体。根据我国《继承法》第3条的规定,所谓遗产是指被继承人死亡时遗留的个人合法财产和依法可以继承的财产权利。它具有以下法律特征:

（一）特定的时间性和财产性

遗产是被继承人死亡时遗留的财产,具有特定的时间性和财产性。被继承人死亡这一法律事实的出现,是被继承人生前个人财产转化为遗产的法定时间界限。因为,自然人死亡之前,其拥有的一切财产都不属于遗产,而属个人所有财产。只有在自然人死亡后,其遗留的个人所有财产才转化为遗产。

财产性则是区别被继承人遗留的物或权利能否作为遗产的标准之一。被继承人遗留的物或权利中,凡具有财产性的物或权利,如房屋、家具或所有权、债权等都可作为遗产;凡不具有财产性的物或权利,如死者消费后已丧失使用价值的废物,或具有人身性的权利如死者的姓名权、肖像权、监护权等,都不能作为遗产。

（二）专属性和合法性

遗产是被继承人生前个人合法所有的财产,具有专属性和合法性。被继承人遗留的财产和财产权利中,只有其个人所有的部分,包括被继承人单独所有的财产,或在共有财产中被继承人享有的财产份额才属于遗产;非属于被继承人生前所有,而仅由其占有的财产,以及在共有财产中属于他人享有的份额等都不能作为被继承人的遗产。如被继承人生前享有使用权的自留地、自留山、宅基地等,或享有承包权的土地、荒山、滩涂、果园、鱼塘等,因属国家或集体所有的财产即公共财产,均不能作为被继承人的遗产。

只有合法的财产才能成为继承法律关系的客体。被继承人遗留的财产中,无论是积极的财产还是消极的财产,并不是都属于遗产。只有依法可以由自然人所有,并且系被继承人合法取得的财产,才可作为遗产。凡属法律规定不得为自然人个人所有的财产,如土地、森林、矿藏资源等,或被继承人无合法根据取得的财产,如盗窃或非法侵占的国家、集体、他人的财产等,都不能作为遗产。

（三）概括性

作为遗产的财产是一个整体，是一定财产权利和财产义务的概括统一体。我国《继承法》采用概括继承原则，自被继承人死亡时起遗产即概括地转归继承人，遗产不但包括财产权利，还包括财产义务。

（四）可转移性

遗产是被继承人遗留的依法能够转移给他人的财产，具有可转移性。公民死亡时遗留的个人合法所有财产和财产权利，凡属法律允许转移给他人所有的，都可作为遗产，如房屋、家具、债权等。凡属法律不允许转移给他人的人身权利或与个人身份密不可分的财产权利义务，都不能作为遗产。

二、遗产的范围

关于遗产的范围，各国法律规定不一，主要有两种立法例：一是采用列举式规定，即明确列举哪些财产属于遗产可以继承；一是采用排除式规定，即明确列举哪些财产不属于遗产不能继承。我国《继承法》第3条采用列举式立法例，规定了遗产的范围。

（一）属于遗产的财产

根据我国《继承法》和《继承法意见》的规定，遗产的范围包括：

1. 公民的收入

公民的收入包括公民的工资、奖金，从事合法经营的收益，以及接受赠与、继承等所得的财产。

2. 公民的房屋、储蓄和生活用品

公民的房屋包括公民个人所有的自住房、出租房、营业用房，但宅基地的所有权不属于公民所有，不能作为遗产继承。公民的储蓄即公民个人所有的存款。生活用品，是指满足公民日常生活需要的物质资料，如家具、衣服、首饰、家用电器等。

3. 公民的林木、牲畜和家禽

公民的林木，是指依法归公民个人所有的树木、竹木、果园。公民在住宅前后、自留地、自留山上自种的林木归其个人所有。公民的牲畜，是指公民自己饲养的马、牛、羊、猪等。公民的家禽，则是指公民自己喂养的鸡、鸭、鹅等。公民所饲养的牲畜和家禽，不论是为满足生产需要还是生活需要，都可以作为遗产继承。

4. 公民的文物、图书资料

公民的文物，是指公民自己收藏的书画、古玩、艺术品。公民的图书资料，是指公民个人所有的书籍、手稿、笔记等。我国宪法确立了保护公民私有财产继承权原则，凡属依法可以由公民个人所有的文物和图书资料，不论是否属于珍贵文物，也不论是否属于机密资料，均可以作为遗产予以继承。但是，对于这些文物和图书资料的使用和处分，不得违反相关文物保护法规和保密法规的规定。

5. 法律允许公民所有的生产资料

公民对于任何生活资料均可享有所有权,但不是对任何生产资料都可享有继承权。只有法律允许公民所有的生产资料才可以作为遗产。这些生产资料一般指国家法律允许从事工商经营的或农副业生产的公民拥有的汽车、拖拉机、船舶及饲料加工机等各种交通运输工具、农用机具、饲养设备等,以及华侨、港澳台地区同胞、外国人在我国内地投资所拥有的各种生产资料。

6. 公民的著作权、专利权中的财产权利

我国法律上虽然只规定公民的著作权和专利权中的财产权利可以作为遗产来继承,但实际上是指公民享有的知识产权中的财产权利,除了著作权、专利权外,还包括商标权、发明权、发现权等中的财产权利。知识产权具有人身和财产双重属性,并非单纯的财产权利,知识产权中的人身权与公民的人身不可分,因此不能列入遗产的范围。可以作为遗产继承的只是知识产权中的财产权利。此外,依法律规定,知识产权具有时间性,其财产权只有在一定时间内受法律保护。公民对知识产权中财产权的享有,只限于法定的保护期限内,如我国对著作权的财产权保护期为作者终生及其死后 50 年。法定保护期届满,知识产权中的财产权利便归于消灭,其继承人也就无从继承,该智力成果则成为公共财富,任何人都可以无偿地自由利用。

7. 公民的其他合法财产

除了公民个人财产所有权和知识产权中的财产权外,公民的合法财产还包括国库券、债券、支票、股票等有价证券,他物权,以及履行标的为财物的债权等。此外,公民个人承包应得的收益,也是公民的合法收入的组成部分,属于遗产的范围。

(二)不属于遗产的财产

1. 人身保险合同中指定受益人的保险金

被继承人生前和保险公司签订的人身保险合同,如果在合同中投保人已指定了受益人,被保险人死亡后,则由合同所指定的受益人取得保险金并享有所有权。即该保险金被继承人生前不享有所有权,不能作为被继承人的遗产。如果没有指定受益人,则被保险人死亡后,给付的保险金可作为被继承人的遗产。

2. 与被继承人人身有关的具有专属性的财产权利

与被继承人人身有关的具有专属性的财产权利,因不具有可转让性,不能作为遗产。这类权利主要包括:以特定身份为基础的财产权利,如夫妻间的扶养费请求权,父母对子女的赡养费请求权,以及工伤职工领取劳保费的权利、残废军人领取医疗费的权利等。

3. 承包经营权

承包经营权是基于承包合同享有的承包经营土地、山林、果园、鱼塘等的权利,不能作为遗产来继承。如果依照法律允许由继承人继续承包的,按照承包合同办理,即其继承人想继续承包而又为法律允许的,可与原发包人协商,变更当事人而续包,但这不是继承问题,而是承包合同的主体变更问题。

4. 抚恤金

抚恤金是职工因公死亡、革命军人牺牲或病故、公民因交通事故或其他事故死亡时,国家或死者生前所在单位等给予死者家属的精神关怀和物质帮助,不是被继承人生前的个人财产,不能作为遗产。

第六节　继承的开始

【引例】

　　刘雄和刘春根系父子关系,2006年6月,父子俩在给他人运输货物途中发生交通事故,不幸双双遇难。刘雄的妻子陈慧慧和婆婆熊英办理完他们的丧事后,因刘春根名下的存款16万元的分割问题发生争执。婆婆熊英认为儿子刘雄和自己的丈夫同时死亡,因此,刘雄对刘春根的遗产无继承权,刘春根名下的财产除了作为夫妻共同财产加以分割外,个人遗产部分应全部由作为配偶的她继承。

　　问:(1)本案婆婆熊英的说法是否正确?

　　(2)刘雄和刘春根的死亡顺序如何确定?

一、继承开始的时间

(一)继承开始时间的确定

我国《继承法》第2条规定:"继承从被继承人死亡时开始。"这里所称的死亡包括自然死亡和被宣告死亡。

1. 自然死亡时间的确定

自然死亡,又称生理死亡,是指公民生命的终结。自然死亡时间的认定,法律上有种种学说,如呼吸停止说、脉搏停止说、脑死亡说等,但应以医学上公认的方法所确定的生命终止时间为准。

2. 宣告死亡时间的确定

宣告死亡是指公民下落不明达到法定期限,经利害关系人申请,由人民法院依法宣告失踪人死亡的法律制度。被宣告死亡是法律上的死亡推定,产生与自然死亡同样的法律效力。公民为失踪人被宣告死亡的时间,是以法院判决中确定的失踪人的死亡日期为准。

3. 相互有继承权的继承人在同一事故中死亡时间的确定

相互有继承关系的人在同一事故中死亡,在没有确切证据确定其死亡时间的先后时,如何确定死亡先后时间对于他们各自的继承人有较大的影响。对此,各国法律规定不一。根据《继承法意见》第2条的规定,确定了死亡在先和同时死亡相结合的推定原则,即对没有继承人的死亡人推定死亡在先,对各死亡人都有继承人的,长辈死亡人推定为死亡在先,对各自都有继承人的同辈死亡人,则实行同时死亡推定。

(二)继承开始时间的法律意义

由于继承从被继承人死亡时开始,继承开始的时间具有以下法律意义:

1. 确定遗产所有权的转移

继承开始的时间是继承权从期待权变为既得权的时间,是遗产所有权开始转移给继承人的时间。在继承开始前,继承人对被继承人的遗产仅有期待权,只有在继承开始时,在继承人的继承权既未放弃也未丧失的情况下,该期待权才转化为既得权,继承人享有资格实际参加继承被继承人的遗产。

2. 确定遗产范围

遗产是被继承人死亡时遗留的个人所有财产。在被继承人死亡前,遗产的范围不能被确定。被继承人生前的个人所有财产随时可能会有变动,只有在被继承人死亡时,其遗留的个人财产范围才能被确定下来。

3. 确定继承人范围

只有在继承开始时尚生存着的继承人才有资格参加继承,取得被继承人的遗产。在继承人先于被继承人死亡的情况下,如果先亡者为被继承人的子女,则由被继承人的子女的晚辈直系血亲代位继承;如果先亡者为除被继承人的子女外的其他继承人,则不能发生代位继承。

4. 确定遗产转移方式和遗嘱是否有执行效力

继承开始时,才能确定遗产转移的方式。有遗赠扶养协议的,按协议办理;无协议而有遗嘱的,按遗嘱继承或遗赠办理;没有协议和遗嘱,或协议和遗嘱未处分的遗产,适用法定继承。同时,继承开始时也是确定遗嘱是否有效的时间,只有在被继承人死亡时符合法定条件和形式的遗嘱,才具有法律效力,才能够被执行。

5. 确定继承权回复请求权的起算点

我国《继承法》第 8 条规定:"继承权纠纷提起诉讼的期限为二年,自继承人知道或者应当知道其权利被侵犯之日起计算。但是,自继承开始之日起超过二十年的,不得再提起诉讼。"即继承权回复请求权 20 年的通常时效的起算点,始于继承开始的时间。

二、继承开始的地点

继承开始的地点,又称继承开始的场所,是指继承人行使继承权,接受遗产的场所。我国《继承法》对此无明文规定。但在司法实践中,通常以被继承人生前最后住所地(一般也为户籍所在地)为继承开始的地点。如果主要遗产不在被继承人生前最后住所地或被继承人最后住所地不明的,则以被继承人主要遗产所在地为继承开始的地点。

确定继承开始的地点的法律意义在于,首先,继承开始的地点是召集继承人、受遗赠人等有权取得遗产的人,前来接受遗产的场所。其次,继承开始的地点是清点被继承人的遗产,并加以妥善保管,清偿被继承人的债务,执行遗赠,继承人协商分割遗产的场所。最后,继承开始的地点是继承遗产纠纷的诉讼地。按我国现行《民事诉讼法》第 33 条第 3 项的规定,"因继承遗产纠纷提起的诉讼,由被继承人死亡时住所地或者主要遗产所在地人民法院管辖。"

三、继承的通知

继承的通知,是指将被继承人死亡、继承开始的情况告知继承人、遗嘱执行人的行为。我国《继承法》第 23 条规定:"继承开始后,知道被继承人死亡的继承人应当及时通知其他继承人和遗嘱执行人。继承人中无人知道被继承人死亡或者知道被继承人死亡而不能通知的,由被继承人生前所在单位或者住所地的居民委员会、村民委员会负责通知。"通知的形式可以是书信、电报、电话、口传等，也可以采用公告形式，以便继承人、遗嘱执行人及时前来参加继承，执行遗嘱。

【思考题】

1. 简述继承权的概念及其法律特征。

2. 继承权丧失的法定事由有哪些？

3. 遗产的范围包括哪些？

4. 什么是继承权回复请求权？我国继承法对继承权回复请求权的诉讼时效是如何规定的？

5. 简述继承人的范围和种类。

【司法考试真题链接】

王某与李某系夫妻，二人带女儿外出旅游，发生车祸全部遇难，但无法确定死亡的先后时间。下列哪些选项是正确的？（2008 年）

A. 推定王某和李某先于女儿死亡

B. 推定王某和李某同时死亡

C. 王某和李某互不继承

D. 女儿作为第一顺序继承人继承王某和李某的遗产

第十一章　法定继承

第一节　法定继承概述

【引例】

王某早年丧偶,与儿子王小强相依为命。后二人共同做生意,挣了一些钱,盖了6间瓦房,每人3间。王小强经人介绍与张某结婚。婚后不久,王小强在车祸中丧生,而此时张某已经怀孕。王某因老年丧子,悲伤过度,半年多后也因病死亡。张某与王小强的孩子在出生后不久夭折。王某的弟弟与张某因遗产继承发生纠纷。王某的弟弟主张其应继承王某的3间瓦房,而张某也主张继承。

问:何为法定继承? 本案中的继承人有哪些? 本案中的3间房屋应由谁来继承?

一、法定继承的概念和特征

(一)法定继承的概念

法定继承是相对于遗嘱继承而言的,是指在被继承人生前没有遗嘱的情况下,直接依据法律规定的继承人范围、继承顺序和继承份额,将被继承人的遗产转移给继承人所有的一种继承方式。法定继承只能在无遗嘱时才能发生,故又被称为无遗嘱继承。

从法制史角度来说,法定继承早于遗嘱继承[①]。在不同历史阶段和不同国家或民族中,由于继承运行的价值取向和社会功利作用的不同,对法定继承和遗嘱继承所持的侧重态度有一定的差异[②]。法定继承的观念,最早见于《汉谟拉比法典》,该法典中法定继承的内容已经初步形成,内容大体有:法定继承人的范围限于家庭成员之间,法定继承人的继承权可在一定条件下被剥夺,遗嘱继承优先于法定继承。但法定继承作为一个法律上的概念,则始于罗马市民法的"succession abintesto",在《查士丁尼》法典中,详细规定了继承人的范围、继承顺序、应继份、代位继承等。这些规定,对于后世各国的法定继承制度有着直接而深远的影响。大陆法系国家的法定继承制度,有许多都直接源于古罗马法。英美法系国家则一般使用"无遗嘱继承"一词,而不使用"法定继承"这一概念。

我国古代实行的是以身份继承(家长权继承)、祭祀祖先继承和财产继承为一体的宗祧继承。其中,身份继承具有决定意义,而财产继承则为宗祧继承的附属。宗祧继承实行

[①]　蒋月主编:《婚姻家庭与继承法》,厦门大学出版社 2001 年第 2 版,第 301 页。

[②]　孟立志、曹诗权、麻昌华:《婚姻家庭与继承法》,北京大学出版社 2012 年版,第 278 页。

嫡长子继承制,只有嫡长子才能继承家长的身份,主持祭祀祖先的仪式,次子或庶出只能继承一定的财产,而女子则无继承权。从本质上来说,这种继承主要就是一种法定继承。直至近代,我国继承制度才有了本质上的变化,实行现代意义上的财产继承制度,遗嘱继承才成为一种主要的方式。新中国成立后,在 1950 年《婚姻法》和 1980 年《婚姻法》中都规定了近亲属间的法定继承权,特别是 1985 年《继承法》和之后的《继承法意见》对法定继承作了具体的规定,形成了我国比较完善的法定继承制度。

(二)法定继承的特征

根据我国《继承法》的规定,法定继承具有以下特征:

第一,法定继承具有强烈的身份性。法定继承中的继承人是由法律直接规定的,而不是由被继承人指定的。法定继承以特定的亲属身份关系为基础和前提,亲属身份权是法定继承的本源,法定继承权则是亲属身份权的派生。也就是说,法定继承人一般只是与被继承人之间有亲属关系的人[①],"无遗嘱继承规则来源于十分流行的家庭观念,并且它可以说是家庭法的附录"[②]。各国法律规定法定继承人的范围、顺序和份额,一般依据婚姻关系、血缘关系或扶养关系。只有少数国家的法律规定无亲属关系的人在一定的条件下,可以成为法定继承人。根据我国《继承法》的规定,夫妻之间、父母子女之间、兄弟姐妹之间、祖父母、外祖父母与孙子女、外孙子女之间有法定的扶养义务,他们是主要的法定继承人。可见,我国法定继承人被严格限定在有扶养关系的近亲属范围内,法定继承人具有强烈的人身性,法定继承具有以身份关系为基础的特点。

第二,法定继承具有法定性和强行性。法定继承的法定性,是指法定继承人的范围、继承顺序、继承份额和遗产分配原则等都由法律明确规定,而不是由被继承人决定的。法定继承的法定性决定了法定继承的强行性,法律关于法定继承的规范属于强制性规范,不得任意排除其适用。除法律另有规定外,其他任何单位组织和个人均无权改变法律规定的继承人的范围,也不得改变法律规定的继承人参加继承的先后顺序,以及遗产分配的份额和原则。当然,法定继承的强行性并不意味着法定继承都是强制性规范,没有任意性规范,如在法律允许的范围内,继承人可就遗产的分配进行协商。

第三,法定继承具有补充性和限制性。法定继承的补充性,是指法定继承是遗嘱继承的补充。法定继承虽然是与遗嘱继承并行的继承方式,但在效力上低于遗嘱继承。继承开始后,有遗嘱的适用遗嘱继承,在没有遗嘱的情况下,才能适用法定继承。同时,法定继承又是对遗嘱继承的限制。遗嘱继承体现了被继承人的意愿,但被继承人的遗嘱仍受到法定继承的限制。如:被继承人只能在法定继承人范围内指定继承人;被继承人所立遗嘱不能影响缺乏劳动能力又没有生活来源的法定继承人的必要份额,否则,该部分遗嘱无效;如果遗嘱继承人先于被继承人死亡的,则遗嘱不生效,仍然按照法定继承继承遗产。因此,法定继承限制着遗嘱继承的适用。

---

① 张贤玉主编:《婚姻家庭继承法》,法律出版社 1999 年版,第 270 页。

② [英]F. H. 劳森、B. 拉登:《财产法》,施天涛等译,中国大百科全书出版社 1998 年版,第 207 页。

■ 二、法定继承的适用范围

法定继承是我国现实生活中继承遗产的一种主要方式。法定继承的适用是指在什么情况下根据法律的规定分配被继承人的遗产。"遗嘱在先原则"是各国立法的通例，即在继承开始后，应当首先适用遗嘱继承，在不能适用遗嘱方式的情况下，才能按法定继承方式继承。我国《继承法》第5条规定："继承开始后，按照法定继承办理；有遗嘱的，按照遗嘱继承或者遗赠办理；有遗赠扶养协议的，按照协议办理。"据此，被继承人死亡时，有遗赠扶养协议的，应先执行该协议；没有遗赠扶养协议或者遗赠扶养协议无效的，应适用遗嘱继承或遗赠；没有遗嘱或遗嘱无效的，最后才能适用法定继承。根据《继承法》第27条及有关规定，法定继承适用以下几种情况：

第一，被继承人生前未同他人订立遗赠扶养协议，或已订立的遗赠扶养协议无效的；

第二，被继承人生前未立遗嘱的，或虽然立有遗嘱，但遗嘱只处分了部分遗产的；

第三，被继承人生前所立遗嘱无效或部分无效的；

第四，被继承人在遗嘱中指定的继承人放弃继承权、丧失继承权或者受遗赠人放弃受遗赠权的；

第五，被继承人在遗嘱中指定的遗嘱继承人、受遗赠人先于遗嘱人死亡或被宣告死亡的。

第二节　法定继承人的范围及顺序

【引例】

1. 孙甲与张乙有二子，长子孙一、次子孙二。孙一娶妻王丙，并于2002年生下一子孙丁。孙一于2003年4月病故。孙甲因悲痛过度，于同年5月去世。孙甲去世时，留有房屋6间。此后，张乙一直同儿媳王丙一起生活，由王丙照顾其生活起居。房屋6间一直由次子孙二使用。2005年，孙二准备结婚，遂欲将该6间房屋出让给邻居黄某，经张乙和王丙同意后，卖得价款9万元。

问：(1)孙甲去世时留下的6间房屋应由哪些人分配？各自应分得多少？

(2)房屋出让后，张乙去世，9万元房款应当由哪些人分配？各自应分得多少？

2. 王某兄弟五人，王某自小即被张某收养，1992年王某16岁时，张某因病于5月死亡，留遗产10万元人民币。6月王某的生父母因意外事故死亡，留遗产1万元人民币。王某要求继承生父母的遗产，王某的四个哥哥不同意，认为已不存在父母子女关系，如要继承10万元也应共同分配。

问：(1)本案中王某是否有权继承生父母的遗产？

(2)本案应当如何处理？

一、法定继承人的范围

(一)法定继承人范围的概念

法定继承人是指由法律直接规定可以依法继承被继承人遗产的人。法定继承人的范围,是指适用法定继承方式时,哪些人可以作为继承人享有法定的继承权,继承被继承人的遗产。确定法定继承人的范围,是法定继承的首要问题。"各个历史时代和各个国家的继承法关于法定继承人范围的规定,都是根据当时社会统治者的根本利益和意志,以婚姻、血缘和家庭关系为基本要素,同时参考各时代和各国的具体情况而制定。"[①]现代各国继承立法规定法定继承人,主要是依据婚姻关系和血缘关系,与此同时,也有部分国家突破了传统的以血缘关系和婚姻关系作为取得法定继承权根据的原则,把与被继承人形成扶养关系作为取得法定继承权的根据之一。

世界上主要国家的继承立法,对法定继承人范围的规定存在着很大的差异,有的国家将法定继承人的范围规定得较宽,也有的国家将法定继承人的范围规定得较窄,但从总的趋势来看,法定继承人的范围在逐渐缩小。以血缘关系为基础的立法有两种不同的立法例。一种是"亲属继承无限制主义",即法定继承人不受亲等的限制。这种立法例几乎把所有与死者有血缘关系的人全部列入法定继承人的范围。如《德国民法典》规定的法定继承人的范围是:配偶、被继承人的直系血亲卑亲属,父母及其直系血亲卑亲属、祖父母(外祖父母)及其直系血亲卑亲属、曾祖父母及其直系血亲卑亲属、高祖父母及其直系血亲卑亲属。再如,《匈牙利民法典》规定的法定继承人范围是:配偶、子女及其直系卑亲属、父母及其直系卑亲属、祖父母(外祖父母)及其直系血亲卑亲属、旁系祖父母及其直系卑亲属,直至较远的先祖。另一种是"亲属继承限制主义",即法定继承人一般仅限于死者一定亲等以内的亲属,对于以哪一亲等为限,各国立法不一,如法国和意大利以六亲等为限。

(二)我国法定继承人的范围

我国确定法定继承人范围的依据,主要是婚姻关系、血缘关系和扶养关系。根据我国《继承法》第 10 条、第 11 条、第 12 条的规定,我国法定继承人的范围包括:配偶、子女、父母;兄弟姐妹、祖父母、外祖父母;孙子女、外孙子女及其直系卑血亲(为代位继承人);对公婆或岳父母尽了主要赡养义务的丧偶儿媳或丧偶女婿。相比之下,我国继承法所规定的法定继承人的范围是最窄的国家之一。有学者认为这顺应了继承立法的发展趋势,反映了现阶段发挥家庭职能的要求,是科学合理的[②]。也有学者认为,随着我国社会主义市场经济的发展、家庭结构的变化等因素,我国现有的法定继承人范围已不能适应我国当前的社会现实,需要对此进行全新审视[③]。

---

① 侯放:《继承法比较研究》,澳门基金会 1997 年版,第 31 页。
② 刘素萍主编:《继承法》,中国人民大学出版社 1988 年版,第 195 页。
③ 杨立新、朱呈义:《继承法专论》,高等教育出版社 2006 年版,第 160 页。

1. 配偶

婚姻关系是取得继承权的基本依据。夫妻是共同生活的伴侣,夫妻双方互称配偶。夫妻是家庭的基本成员,相互间有着密切的人身关系和财产关系。依据《婚姻法》的规定,夫妻双方在家庭中地位平等,夫妻有相互继承遗产的权利,此种权利非经法定程序不可剥夺。配偶继承权的取得,是基于合法有效的婚姻关系的成立和存续。因此,以配偶身份继承遗产,应当同时具备以下两个条件:(1)婚姻关系合法。即婚姻必须符合法定条件,履行法定手续。只有存在合法婚姻关系的夫妻,才能享有配偶继承权。如果男女之间没有合法有效的婚姻关系,双方不具有合法配偶的身份,则不能享有配偶继承权。一切非法的婚外同居关系和各种无效婚姻、重婚下的男女当事人都不存在法律承认和保护的婚姻关系,不具备配偶身份,因而也不能享有配偶继承权,不能作为法定继承人。(2)合法婚姻关系必须保持到被继承人死亡时。配偶继承权以一方死亡时仍存在有效的婚姻关系为前提。男女双方从办理结婚登记,取得结婚证之日起,在离婚登记、取得离婚证或诉讼离婚的调解书、判决书生效之前,在法律上即为有效的婚姻关系,双方具有配偶身份,在这期间,任何一方死亡,生存一方即享有继承权。如果在继承开始之前,夫妻已依法解除了婚姻关系,配偶身份随之终止,则配偶继承权也归于消灭。

配偶作为法定继承人有两个问题需要注意:

第一,关于事实婚姻的问题。事实婚姻是指没有配偶的男女,未进行结婚登记,便以夫妻名义共同生活,群众也认为是夫妻的两性结合。事实婚与法律婚相对应,具有与法律婚同等的效力,男女双方之间具有夫妻身份,当然可以作为法定继承人,享有继承权。对于男女双方未经婚姻登记即以夫妻名义共同生活的法律效力,我国婚姻法针对不同情形作了不同的认定。《婚姻法解释(一)》第5条规定:"1994年2月1日民政部《婚姻登记管理条例》公布实施以前,男女双方已经符合结婚实质要件的,按事实婚姻处理;1994年2月1日民政部新的《婚姻登记管理条例》公布施行以后,男女双方符合结婚实质要件的,人民法院应当告知其在案件受理前补办结婚登记;未补办结婚登记的,按解除同居关系处理。"据此,对于在1994年2月1日民政部《婚姻登记管理条例》实施前同居的,只要符合《婚姻法》规定的结婚实质要件,法律即有条件地承认其效力,认定为事实婚姻。双方当事人互相享有配偶继承权。除此之外,一律不承认事实婚姻,当事人未经结婚登记而同居的,不形成夫妻关系,因此也就不享有继承权。

第二,关于历史重婚问题。依据我国现行《婚姻法》的规定,重婚属于无效婚姻,重婚的男女不享有法定继承权。对在新中国成立之前或新中国成立之后,但在1950年《婚姻法》施行前形成的重婚、纳妾等,属历史遗留问题,如本人未提出解除关系,一般不予干涉。应承认妻、妾对丈夫的遗产均享有继承权,且妻与妾对丈夫的遗产享有同等的配偶继承权。但1950年《婚姻法》施行后形成的重婚、纳妾等,一律不承认其婚姻关系,不享有法定继承权。

2. 子女

子女与父母有着最近的血缘关系,是父母最近的晚辈直系血亲。他们之间有密切的人身关系和财产关系。因此,各国立法都将子女列为第一顺序的法定继承人,但对子女的范围的界定各国却有所不同。有的国家规定非婚生子女没有继承权(如英国),有的国家虽承认非婚生子女的继承权,但在继承份额上受到不同程度的限制(如日本),有的国家规定非婚生子女继承父亲的遗产必须经过认领和准证的程序(如美国)。有的国家认为养子女与养父母之间有继承权(如日本、美国),而有的国家则不承认养子女的继承权(如德国)。关于继子女,各国立法一般都不承认继子女对继父母的遗产有继承权。我国现行《婚姻法》和《继承法》都规定,父母子女有相互继承遗产的权利。子女是父母的法定继承人,不论其已婚或未婚,也不论其是男是女,享有平等的继承权。我国《继承法》第10条第3款规定:"本法所说的子女,包括婚生子女、非婚生子女、养子女和有扶养关系的继子女。"

(1)婚生子女

婚生子女是指合法婚姻关系的男女所生育的子女。子女作为法定继承人,不论是儿子还是女儿,也不论是否结婚,他们享有的继承权都是平等的。任何否定或限制女儿包括已婚女儿继承权的行为,都是违法的。子女对父母的继承权,不因父母之间的婚姻关系的变化而受影响。

被继承人的子女,不仅包括被继承人死亡前已出生的,也包括被继承人死亡前已怀孕、在其死亡时尚未出生的胎儿。关于胎儿,因其不具有权利能力,因而不是民事主体,不享有继承权。但是为了保护胎儿的继承利益,我国《继承法》第28条规定:"遗产分割时,应当保留胎儿的继承份额。胎儿出生时是死体的,保留的份额按照法定继承办理。"同时依据《继承法意见》第45条规定:"为胎儿保留的遗产份额,如果胎儿出生时就是死体的,由被继承人的继承人继承;如果胎儿出生后死亡的,则由其继承人继承。"

(2)非婚生子女

非婚生子女是指无合法婚姻关系的男女所生的子女。婚生子女与非婚生子女统称为亲生子女。对非婚生子女是否享有继承权,各国立法不一。如美国法律规定,非婚生子女只能继承母亲的遗产,经过认领和准证的程序以后,可以继承父亲的遗产。罗马法认为非婚生子女与其生母可以继承生父的六分之一的遗产。日耳曼法规定,非婚生子女对生父或生母皆无继承权。[①] 子女对父母的继承权,是基于子女与父母的血缘关系,而不是父母相互间的婚姻关系,因此,父母之间的婚姻不合法不能影响非婚生子女的继承权。我国《婚姻法》第25条规定:"非婚生子女享有与婚生子女同等的权利,任何人不得加以危害和歧视。"因而,在我国,非婚生子女和婚生子女享有同等的继承权,任何否定或限制非婚生子女继承权的行为,都是违法的。

(3)养子女

养子女是指因收养关系的成立而与养父母形成父母子女关系的子女。养子女与父母之间是一种拟制的血亲关系,这种拟制血亲关系随着收养关系的成立而成立,随着收养关系的解除而解除,在合法有效的收养关系存续期间,养子女与亲生子女具有同等的法律地位。根据我国现行《婚姻法》第26条的规定,养父母和养子女间的权利义务,适用对父母子女关系的有关规定。我国《继承法》把养子女作为法定继承人之一,养子女享有与亲生子女同等的继承权。关于养子女的继承权问题,应注意以下几个问题:

第一,关于事实收养的问题。事实收养,是指收养双方没有办理收养手续,但长期以

---

①　王丽萍主编:《婚姻家庭继承法学》,北京大学出版社2010年第2版,第282页。

父母、子女相称并共同生活、相互扶养，当地群众也公认的收养。只要被确认形成了事实收养关系，收养双方就相互享有继承权。但是《收养法》明确规定，收养应当向县级以上民政部门登记，收养关系自登记之日起成立。因此，在《收养法》施行之后，已经不再承认事实收养，当事人之间不具有养父母子女关系，不享有继承权。只有在《收养法》施行之前就已经形成了事实收养关系，如果不违背当时有关法律政策规定的条件，应予承认。事实收养关系的养父母与养子女互有遗产继承权。

第二，关于"过继"子女的继承权问题。根据有关司法解释，应当区别对待。"过继"子女与"过继"父母形成扶养关系的，即为养父母子女，互有继承权；如系封建性的"过继"、"立嗣"，没有形成扶养关系的，不能享有继承权。

第三，对特殊养祖孙关系的继承问题。在收养关系中，还有一种养孙子女。这种养孙子女是指收养人在没有亲生子女或养子女的情况下，直接收养的养孙子女。由于收养人与被收养人之间年龄相差悬殊、辈分不同，民间习惯上称为"养孙子女"。我国法律视这种养祖孙关系具有与养父母子女关系相同的权利义务，养祖孙之间互有遗产继承权。《继承法意见》第 22 条规定："收养他人为养孙子女，视为养父母与养子女，可互为第一顺位的继承人"。

第四，养子女对生父母的继承权问题。世界各国对养子女是否享有继承生父母的遗产存在不同的立法例。实行"完全收养制度"的国家，如我国，认为因收养关系的成立，养子女与生父母的权利义务消除，养子女无权继承生父母的遗产；实行"不完全收养制度"的国家，如德国成年人收养法，养子女仍然与生父母及其近亲属保留权利义务关系，故养子女仍有生父母的遗产继承权。根据我国现行《婚姻法》第 26 条第 2 款的规定，养子女与生父母及其他近亲属的权利和义务，因收养关系的成立而消除。因此收养关系成立后，养子女在享有对养父母的遗产继承权的同时，对其生父母及其他近亲属的遗产继承权随之消灭。但是，养子女虽无权继承生父母的遗产，如果对养父母尽了赡养义务，同时又对生父母扶养较多的，除可依《继承法》第 10 条的规定继承养父母的遗产外，还可依《继承法》第 14 条的规定分得生父母的适当的遗产。

第五，收养关系解除后养子女的继承权问题。在养子女与养父母的收养关系解除后，则他们之间的继承权随之消灭；养子女是否能够恢复对生父母的遗产继承权，则要视其亲子关系是否恢复。我国《收养法》第 29 条规定："收养关系解除后，养子女与养父母及其他近亲属的权利义务关系即行消除，与生父母及其他近亲属间的权利义务关系自行恢复，但成年养子女与生父母及其他近亲属间的权利义务关系是否恢复，可以协商确定。"由此，若收养关系解除时，养子女尚未成年，则其与生父母的权利义务关系自行恢复，自然也就享有继承权；若收养关系解除时，养子女已经成年，则由当事人自行协商，如经协商一致恢复父母子女关系的，则当然享有继承权。

（4）有扶养关系的继子女

继子女是指夫与前妻或妻与前夫所生的子女。继子女是否对继父母享有遗产继承权，不能一概而论，应区别对待。继父母子女关系分为形成扶养关系的和未形成扶养关系的两种。根据我国《婚姻法》第 27 条第 2 款规定："继父或继母和受其抚养教育的继子女间的权利和义务，适用本法对父母子女关系的有关规定。"也就是说，继父母与继子女之间形成扶养关系的,就具有父母子女的权利和义务,也包括有相互继承遗产的权利;没有形成扶养关系的,就不具有父母子女的权利和义务,也包括没有相互继承遗产的权利。

有扶养关系的继子女除有权继承继父母的遗产外,还有权继承生父母的遗产,即享有双重继承权,这是有扶养关系的继子女与养子女不同的地方。有扶养关系的继子女,其生父母离婚,并不消除父母子女关系,父母、子女的权利义务仍然存在。因此,《继承法意见》第21条规定:"继子女继承了继父母遗产的,不影响其继承生父母的遗产。"

此外,《继承法意见》还规定,在旧社会形成的一夫多妻家庭中,子女与生母以外的父亲的其他配偶之间形成扶养关系的,互有继承权;但与生母以外的父亲的其他配偶未形成扶养关系的,无权继承父亲的其他配偶的遗产。

(5)人工生育子女

随着科学技术的发展,试管婴儿等非传统方式突破了传统的生育方式,为保障人工生育子女和实施人工生育当事人的继承权,我们认为应当赋予这种以非传统生育方式出生的子女以平等的继承权。

3. 父母

父母是子女最亲近的直系尊血亲,父母子女之间具有最为密切的人身关系和财产关系,各国立法均对父母的继承权作了规定,只是所列继承顺序有所差异。我国《继承法》规定了父母为子女的法定继承人。《继承法》第10条规定:"本法所说的父母,包括生父母、养父母和有扶养关系的继父母。"父母子女互有继承权,父母能否取得子女遗产继承权与子女能否取得父母遗产继承权两者要求的条件是完全一致的。因此,可以参照子女继承父母的遗产的条件来确定父母对子女的遗产继承权。

4. 兄弟姐妹

兄弟姐妹是最亲近的旁系血亲,各国继承法均规定兄弟姐妹是法定继承人。兄弟姐妹在生活中往往互相扶养,我国《婚姻法》第29条规定:"有负担能力的兄、姐,对于父母已经死亡或父母无力抚养的未成年的弟、妹,有扶养的义务。"兄弟姐妹平等地享有相互继承遗产的权利,《继承法》第10条规定:"本法所说的兄弟姐妹,包括同父母的兄弟姐妹、同父异母或者同母异父的兄弟姐妹、养兄弟姐妹、有扶养关系的继兄弟姐妹。"

(1)同父母的兄弟姐妹、同父异母或者同母异父的兄弟姐妹

同父母的兄弟姐妹是全血缘的兄弟姐妹,即同一父母所生的兄弟姐妹,又称同胞兄弟姐妹。全血缘的兄弟姐妹有着全血缘关系,相互间有继承遗产的权利。同父异母或者同母异父的兄弟姐妹是半血缘的兄弟姐妹,半血缘的兄弟姐妹有着父方或母方的血缘关系,在各国继承法上的法律地位并不相同。如《日本民法典》第900条规定,同父异母或同母异父的兄弟姐妹的应继份为同胞兄弟姐妹应继份的二分之一。但在我国法律上,半血缘的兄弟姐妹与全血缘的兄弟姐妹都是亲兄弟姐妹,享有平等的继承权。

(2)养兄弟姐妹

养兄弟姐妹是因收养关系的成立而产生的法律上的拟制直系血亲关系。养兄弟姐妹包括养子女与养子女、养子女与生子女两种,养兄弟姐妹之间的权利义务关系适用亲兄弟姐妹之间权利义务关系的有关规定,互有继承权。但被收养人与其亲兄弟姐妹间的权利义务关系,因收养关系的成立而消除,相互之间无继承权。随着收养关系的解除,被收养

人与收养人的子女之间的养兄弟姐妹关系终止,相互之间不再享有继承遗产的权利。收养关系解除后,被收养人与生父母恢复亲子关系的,则其与亲兄弟姐妹之间的权利义务关系也自行恢复,包括继承权。

（3）有扶养关系的继兄弟姐妹

在现代各国或地区立法中,大多不承认继兄弟姐妹间的继承权,认为继兄弟姐妹间是姻亲关系而非血缘关系。在我国,对于继兄弟姐妹之间的继承权,有学者认为,形成扶养关系的继兄弟姐妹在实际中是很少见的,主张不把他们作为法定继承人,而是赋予其遗产酌给请求权,按《继承法》第14条的规定取得遗产[①]。也有的学者认为,继兄弟姐妹间虽没有血缘关系,但由于其父母再次结婚而形成姻亲关系,形成扶养关系的继兄弟姐妹间也就产生了权利义务；根据权利义务一致的原则,形成扶养关系的继兄弟姐妹间应当相互有继承权[②]。根据我国相关立法精神,有扶养关系的继兄弟姐妹之间的继承权,是基于继兄弟姐妹之间的扶养关系而发生的,故没有形成扶养关系的,不能互有继承权。如继兄弟姐妹仅与其继父母形成扶养关系,而继兄弟姐妹间未形成扶养关系的,则不能互为遗产继承人。有扶养关系的继兄弟姐妹,如有亲兄弟姐妹的,除继兄弟姐妹间可互相继承遗产外,还可继承亲兄弟姐妹的遗产,即享有双重继承权。

5. 祖父母、外祖父母

祖父母、外祖父母是除父母以外的血缘关系最近的直系尊亲属。在现实生活中,祖父母、外祖父母与孙子女、外孙子女共同生活,彼此之间形成抚养、赡养关系的情况十分普遍。我国现行《婚姻法》第28条规定:"有负担能力的祖父母、外祖父母,对于父母已经死亡或父母无力抚养的未成年的孙子女、外孙子女,有抚养的义务。"

在国外立法例中,有的直接将祖父母规定为一个独立顺序继承人,有的将祖父母规定为与父母同为尊亲属的继承顺序[③]。我国《继承法》规定,祖父母、外祖父母为法定继承人。《继承法意见》第26条规定:"被继承人的养子女、已形成扶养关系的继子女的生子女可代位继承；被继承人亲生子女的养子女可代位继承；被继承人养子女的养子女可代位继承；与被继承人已形成扶养关系的继子女的养子女也可以代位继承。"根据该条规定,祖父母、外祖父母的继承权包括:祖父母、外祖父母对亲生子女的生子女和养子女的继承权；祖父母、外祖父母对养子女的生子女和养子女的继承权；祖父母、外祖父母对有扶养关系的继子女的生子女和养子女的继承权[④]。

6. 孙子女、外孙子女及其晚辈直系血亲

孙子女、外孙子女是隔代直系卑亲属,他们具有平等的法律地位。各国大多将孙子女、外孙子女列入法定继承人的范围。根据我国《继承法》第11条和有关司法解释的规定,孙子女、外孙子女及其晚辈直系血亲均为法定代位继承人,代位继承人不受辈数限制,也就是说在我国并没有将孙子女、外孙子女列入法定继承人的范围。

---

① 张玉敏:《继承制度研究》,成都科技大学出版社1994年版,第253页。
② 郭明瑞、房绍坤、关涛:《继承法研究》,中国人民大学出版社2003年版,第68页。
③ 杨立新、朱呈义:《继承法专论》,高等教育出版社2006年版,第159页。
④ 马忆南:《婚姻家庭继承法学》,北京大学出版社2011年第2版,第338页。

7. 对公婆尽了主要赡养义务的丧偶儿媳和对岳父母尽了主要赡养义务的丧偶女婿

儿媳与公婆、女婿与岳父母是直系姻亲关系,他们之间本无法律上的权利和义务,故在一般情况下,不论其是否丧偶对公婆或岳父母均无遗产继承权。但在现实生活中,有些儿媳或女婿在丧偶以后仍然继续对公婆或岳父母尽主要赡养义务。对此,我国《继承法》第12条规定:"丧偶儿媳对公、婆,丧偶女婿对岳父、岳母,尽了主要赡养义务的,作为第一顺序继承人。"将对公、婆或岳父、岳母尽了主要赡养义务的丧偶儿媳和丧偶女婿列为第一顺位的法定继承人,是我国《继承法》的一个独创①。

丧偶儿媳和丧偶女婿的继承权,应当注意以下几个问题:

(1)必须是丧偶的儿媳和女婿。配偶必须在公、婆或岳父母之前已经死亡。如果配偶仍然活着,则儿媳和女婿不能作为第一顺序继承人享有继承权。

(2)丧偶儿媳或女婿必须对公、婆或岳父母尽了主要的赡养义务。认定"尽了主要赡养义务"一般可从以下三方面综合考虑:第一,在生活上对老人进行照料,精神上、情感上给予抚慰。第二,在物质上尽了主要供养义务。在经济上对公婆或岳父母生活提供了主要经济来源;或者在生活上对公婆或岳父母提供了主要劳务帮助。第三,尽供养义务具有长期性、经常性。儿媳或女婿在丧偶以后,仍然继续对公婆或岳父母尽主要赡养义务,并且尽赡养义务不是临时性的,而是具有长期性、经常性的②。《继承法意见》第30条规定:"对被继承人生活提供了主要经济来源,或在劳务等方面给予了主要扶助的,应当认定其尽了主要赡养义务。"

(3)丧偶儿媳或女婿以第一顺位继承人的身份继承公、婆或岳父母的遗产时,与其他第一顺位继承人的地位完全平等,享有同等的继承份额。尽了主要赡养义务的丧偶儿媳或丧偶女婿,依法享有对公婆或岳父母遗产的继承权,不论他们是否再婚,均为第一顺序法定继承人。但丧偶儿媳或丧偶女婿依《继承法》第12条作为第一顺序法定继承人时,既不影响其子女代位继承,也不影响他们本人对其父母的遗产继承。

(4)丧偶儿媳或女婿对公、婆或岳父母的继承权具有单向性,不具有双向性,即公、婆对丧偶儿媳,岳父母对丧偶女婿不享有遗产继承权。

二、法定继承的顺序

(一)确定继承顺序的依据

法定继承的顺序,又称法定继承的顺位,是指法律规定的各法定继承人继承遗产的先后次序。继承开始后并非所有的法定继承人都同时参加继承,而是根据法律规定的先后顺序,依次参加继承。继承顺序在前的法定继承人,有优先参加遗产继承的权利。继承顺序在后的法定继承人,只有在无前一顺序继承人或前一顺序继承人全部丧失继承权或全部放弃继承权的情况下,才能参加遗产继承。法定继承的顺序由法律以强制性规范规定,因而具有法定性、强行性、排他性和限定性的特征。

---

① 王丽萍主编:《婚姻家庭继承法学》,北京大学出版社2010年第2版,第290页。

② 孟立志、曹诗权、麻昌华:《婚姻家庭与继承法》,北京大学出版社2012年版,第284页。

　　与法定继承人范围确定依据相同,法定继承人的顺序主要也是以婚姻关系、血缘关系和扶养关系为依据进行确定。此外,"民族传统与习俗,在确定法定继承人的顺序方面也起着一定的作用。由于国家、各民族的习俗不同,因此在确定继承顺序方面也有差异"①。在法定继承人继承顺序的确定上,各国或地区一般从以下两个方面进行规定:

　　1. 配偶继承顺序的立法例。各国或地区立法对配偶的继承顺序主要有两种立法例:其一,配偶为当然的继承人。配偶并不是一个固定顺序的继承人,在继承时根据继承法的规定与其他继承人按一定的比例获得应继份,且其应继份额往往不少于同时参与继承的血亲继承人。其二,配偶为固定顺序的继承人,且该顺位往往较前。我国《继承法》即采此种立法例,将配偶规定为第一顺位的继承人。

　　2. 血亲继承人继承顺序立法例。现代各国或地区立法对血亲继承人的继承顺序,大体有三种立法例:其一,亲等制。即按照血亲亲等的远近划分继承顺序,亲等近者为先,同亲等者为同一顺位的继承人。我国立法即属此种类型。其二,亲系制。即按照血亲亲系划分继承顺序,各亲系的继承顺序内又按照血缘关系的远近排列继承顺序,亲等近者为先。德国、瑞士等国即属此种立法例。其三,亲等与亲系结合制。即将上述两种方法综合,某一个或某几个顺序按亲系划分,其余按亲等划分。英国、法国等国即属此种立法例。

(二)我国的法定继承顺序

　　现代各国,对法定继承顺序的多少规定不尽相同,少的只有两个顺序,如苏联;多的有五个顺序以上,如德国。我国《继承法》第10条规定:"遗产按照下列顺序继承:第一顺序:配偶、子女、父母。第二顺序:兄弟姐妹、祖父母、外祖父母。继承开始后,由第一顺序继承人继承;第二顺序继承人不继承。没有第一顺序继承人继承的,由第二顺序继承人继承。"第12条规定:"丧偶儿媳对公、婆,丧偶女婿对岳父、岳母,尽了主要赡养义务的,作为第一顺序继承人。"由此可见,我国的法定继承顺序有两个,采取的是亲等继承制。第一顺序继承人包括配偶、子女、父母及对公、婆或岳父、岳父尽了主要赡养义务的丧偶儿媳和丧偶女婿;第二顺序继承人包括兄弟姐妹、祖父母与外祖父母。

　　我国《继承法》确定以上继承顺序的依据主要有二:一是亲属关系的亲疏远近;二是近亲属间扶养关系的密切程度。亲属关系近的,扶养关系最密切的配偶、父母、子女,以及尽了主要扶养义务的丧偶儿媳或丧偶女婿被列为第一顺序继承人;而与第一顺序继承人相对而言,亲属关系稍远的、扶养关系不够密切的(尽扶养义务是有条件的)兄弟姐妹、祖父母、外祖父母被列为第二顺序继承人。至于孙子女、外孙子女,虽与祖父母、外祖父母同是被继承人的隔代直系血亲,都属二亲等,其法律上的权利义务都一样,但因《继承法》规定其为代位继承人,他们不是基于自己固有的继承地位而继承,所以未将他们列入继承顺序。

　　关于我国《继承法》规定的两个继承顺序,主要涉及以下问题:

　　1. 配偶的继承顺序问题

　　前文已经谈到,关于配偶的继承顺序,世界各国主要有两种立法例:一种立法例是不确定配偶为某一固定继承顺序,而是规定配偶可以和任何顺序的血亲继承人一起参与继

---

　　① 刘春茂主编:《中国民法学·财产继承》,中国人民公安大学出版社1990年版,第242页。

承,这一立法例为绝大多数大陆法系国家所采用;另一种立法例是将配偶的继承顺序作为法定的第一顺序继承,我国《继承法》即采此种立法例。有学者认为,将配偶固定为第一顺序继承人,不能充分保护其合法权益。按照第一种立法例,配偶继承所得的份额一般都大于依据第二种立法例继承所得的份额,因而相对于我国《继承法》的规定,第一种立法例更加有助于维护配偶的利益。但也有学者持否定的态度,认为如不将配偶固定在一个顺序,容易产生被继承人死亡后,在没有子女、父母时,所遗留下来的财产便由配偶与被继承人联系不很密切的兄弟姐妹共同继承,虽然可以规定彼此之间不同的继承份额,但是终究不是很合理。① 对此,我们赞同前一种观点,即不固定配偶的继承顺序,配偶可以和任何顺序的血亲继承人一起参与继承。毕竟,父母、子女都不生存不是通常的情形,不能因为这一特例就忽视配偶在通常情况下的利益维护。

2. 父母的继承顺序问题

纵观各国继承立法例,将父母列为第一顺序继承人的,只有我国、苏联和伊朗;少数国家将父母列为第三顺序,如匈牙利;大多数国家将父母列为第二顺序继承人,如德国、日本等国② 。赞同将父母列为第一顺序的学者认为,如果将父母列为配偶、子女之后的第二顺序继承人,将导致父母很难得到子女的遗产,而将父母列为第一顺位将更有利于对老人的赡养,也有助于解决我国人口老龄化的问题,缓解整个社会的沉重压力。否定将父母列为第一顺序的学者认为,这种立法例与民法"物尽其用"理念不符,父母继承遗产后死亡的,其遗产则由所有子女在原则上平分,这样被继承人的遗产就会传至旁系血亲,这应当说是违背被继承人的意志的。从我国当前实际情况考虑,我们赞同将父母列为第一顺序继承人。

3. 孙子女、外孙子女的继承问题

根据我国《继承法》的规定,孙子女、外孙子女属于代位继承人,因而没有将其列为第二顺序继承人。有学者认为,就直系亲等而言,孙子女、外孙子女与祖父母、外祖父母皆为二亲等,继承法将祖父母、外祖父母规定为第二顺序继承人,却将孙子女、外孙子女排除在外,显然有失公允。本书认为,这种观点有失偏颇,我国《继承法》将孙子女、外孙子女规定为代位继承人,已经足以维护孙子女、外孙子女的利益,没有必要再将孙子女、外孙子女纳入继承顺序,而且,如果将孙子女、外孙子女列为第二顺序继承人,则《继承法》中的代位继承将形同虚设。

第三节　代位继承与转继承

【引例】

张某,女,孤老太,有弟妹4人。张某于1966年冬死亡时,因其房产、存款等均已被抄没,故4个弟妹当时未继承。1976年,张某的二弟亦死亡。1982年落实政策,查抄的房产、存款均发还。二弟之独子要求继承一份遗产。一审法院依据《继承法》第

① 杨立新、朱呈义:《继承法专论》,高等教育出版社2006年版,第170页。
② 王丽萍主编:《婚姻家庭继承法学》,北京大学出版社2010年第2版,第293页。

10 条、第 11 条之规定作出判决：甥对姑的遗产无代位继承权，张某的遗产应由其健在的 3 个弟妹继承，各继承一等份。

　　问：(1)本案属于代位继承还是转继承？

　　(2)张某的遗产应当由谁来继承？

一、代位继承

(一)代位继承的概念和沿革

代位继承是和本位继承相对应的继承制度，它是指被继承人的子女先于被继承人死亡时，继承开始后，由被继承人子女的晚辈直系血亲代替先死亡的长辈直系血亲继承被继承人遗产的一项法定继承制度。在代位继承中，先于被继承人死亡的继承人，称为被代位继承人或被代位人；代替被代位人继承遗产的人称为代位继承人或代位人；代位人代替被代位人继承遗产的权利，叫代位继承权。

代位继承始于罗马法的按股继承，罗马市民法规定，先于继承人死亡或受家父权免除之子的儿子，取得其父的应继份。后来代位继承扩展到旁系亲属间。日耳曼法最初没有代位继承制度，受罗马法的影响，在中世纪才确定了代位继承制度。近代各国立法几乎都对该制度加以沿用，但一般都对代位继承作了限制。关于代位继承的发生原因，有的国家规定为被代位人先于被继承人死亡，有的国家规定为被代位人先于被继承人死亡或者丧失继承权，还有的国家规定为被代位人先于被继承人死亡、丧失继承权或者放弃继承[①]。关于代位继承的适用范围，多数国家把代位继承权限制在被继承人子女的直系血亲和亲属范围内，但也有少数国家，允许兄弟姐妹的直系血亲享有代位继承权。

(二)代位继承权的性质

代位继承权的性质，即代位继承权的根据，也就是说代位继承人是基于被代位人的权利而继承，还是基于自己的固有权利而继承。关于代位继承权的性质，主要有两种学说，即固有权说和代表权说。

1. 固有权说

固有权说认为代位继承人参加继承是自己本身固有的权利，代位继承人是基于自己的权利继承被继承人的遗产，而不以被代位人是否有继承权为转移[②]。因此，即使被代位人丧失继承权或放弃继承权，其直系卑亲属仍能代位继承。德国、瑞士、日本、意大利等国立法采此主张。如《瑞士民法典》第 541 条规定："无继承能力，仅及于无继承资格者本人。无继承资格人的直系血亲，按无继承资格人先于被继承人死亡的情况，继承被继承人的财产。"《意大利民法典》第 467 条规定："代位继承系在尊亲属不能或者不愿意接受遗产或遗赠时，其婚生或非婚生的卑亲属按照该尊亲属所在的亲等取得

---

① 蒋月主编：《婚姻家庭与继承法》，厦门大学出版社 2011 年第 2 版，第 312 页。

② 杨立新、朱呈义：《继承法专论》，高等教育出版社 2006 年版，第 173 页。

代替参加继承的权利。"

2. 代表权说

代表权说，又称代位权说。该说认为代位继承人继承被继承人的遗产，不是基于自己本身固有的权利，而是代表被代位继承人参加继承，也就是代位继承人是以被代位继承人的地位而取得被代位继承人的应继份额[①]。因此，在被代位人丧失继承权或放弃继承权的情况下，不发生代位继承。如《法国民法典》第751条规定："代位继承是法律上的一种拟制，其效果是召唤取代被代位人权利的代位人继承遗产。"[②]

我国《继承法》在代位继承性质问题上采取的是代表权说。《继承法意见》第28条规定："继承人丧失继承权的，其晚辈直系血亲不得代位继承。如该代位继承人缺乏劳动能力又没有生活来源，或对被继承人尽赡养义务较多的，可适当分给遗产。"可见，代位继承人的继承权受被代位人的继承权状况的影响，只有在被代位人享有继承权时，代位继承人才有权代位继承。

(三)代位继承的适用条件

我国《继承法》第11条规定："被继承人的子女先于被继承人死亡的，由被继承人的子女的晚辈直系血亲代位继承。代位继承人一般只能继承他的父亲或者母亲有权继承的遗产份额。"由此可见，代位继承必须具备以下条件：

第一，被继承人的子女先于被继承人死亡。代位继承的目的，旨在保护被继承人已失去父母的晚辈直系血亲的合法权益。因此，只有被继承人的子女先于被继承人死亡的，才能发生代位继承。如被继承人的长辈直系亲属(父母)，或旁系亲属(兄弟姐妹)，以及被继承人的配偶等，先于被继承人死亡的，均不能发生代位继承。

第二，被代位人只能是被继承人的晚辈直系亲属。在我国，代位继承不受代数限制。只有先于被继承人死亡者是被继承人的子女或孙子女、外孙子女等晚辈直系亲属，才能作为被代位人。被继承人的子女包括生子女、养子女和形成扶养关系的继子女。

第三，代位继承人只能是被代位人的晚辈直系亲属。代位继承人不受辈数的限制，被代位人的子女、孙子女、外孙子女、曾孙子女、外曾孙子女等，均可作为代位继承人。《继承法意见》第26条规定："被继承人的养子女、已形成扶养关系的继子女的生子女可代位继承；被继承人亲生子女的养子女可代位继承；被继承人养子女的养子女可代位继承；与被继承人已形成扶养关系的继子女的养子女也可以代位继承。"根据该条，代位继承人包括被代位人的晚辈直系自然血亲和晚辈直系养亲，即被继承人子女(包括生子女、养子女、已形成扶养关系的继子女)的生子女或养子女均可作为代位继承人。

第四，被代位人必须有继承权。代位继承人只能继承被代位人有权继承的遗产份额。根据我国司法解释，我国的代位继承人不是基于自己固有的继承顺序直接取得继承权，而是基于代替被代位人的地位取得的继承权。因此，被代位人必须有继承权，代位继承人才有位可代。被代位人丧失继承权的，其晚辈直系血亲不得代位继承。并且，代位继承人只

---

① 杨立新、朱呈义：《继承法专论》，高等教育出版社2006年版，第173页。

② 《法国民法典》，罗结珍译，北京大学出版社2010年版，第211页。

能继承他的父亲或者母亲有权继承的遗产份额。代位继承人有两人以上的,则由数个代位继承人共同继承和分割被代位人应得的遗产份额。

第五,代位继承只适用于法定继承。代位继承制度是法定继承制度的组成部分,代位继承只适用于法定继承,不适用于遗嘱继承和遗赠。遗嘱继承人和受遗赠人如先于立遗嘱人死亡,则遗嘱不发生效力,即遗嘱继承人未取得继承权,受遗赠人也未取得受遗赠权,故均不发生代位继承问题。

(四)代位继承的法律效力

代位继承的法律效力,主要表现为代位继承人的应继份额。各国立法都承认代位继承人应当继承被代位人的应继份额。在数个代位继承人代位被代位人继承遗产时,数个代位继承人只能继承该被代位人的应继份额。我国《继承法》第11条规定:"代位继承人一般只能继承他的父亲或者母亲有权继承的遗产份额。"

二、转继承

(一)转继承的概念

转继承,是指继承人在被继承人死亡之后,遗产分割前死亡,其应继承的遗产份额由他的继承人继承。在转继承中,死亡在前的人称为被继承人;死亡在后且依法有权继承被继承人遗产的人称为被转继承人或继承人;继承人对被继承人遗产的应得份额称为继承人的应继份;有权继承继承人应继份的人称为转继承人。转继承属于两个继承关系的正常连续运行,完全适用一般继承法律规则,无须法律特别作出规定,但在现实生活中,转继承这种现象时有发生,在理论上和司法实践中都有其重要意义。

(二)转继承的条件

我国《继承法意见》第52条规定:"继承开始后,继承人没有表示放弃继承,并于遗产分割前死亡的,其继承遗产的权利转移给他的合法继承人。"

1. 须继承人在被继承人死亡后、遗产分割前死亡

这是转继承发生的时间条件。只有在被继承人死亡后、遗产分割前,继承人死亡的,才会发生转继承。继承人于继承开始前死亡的,发生代位继承,不发生转继承。继承人于遗产分割后死亡的,则按一般继承办理,同样也不会发生转继承。

2. 须继承人未丧失或放弃继承权

如果继承人因法定事由丧失了继承权或者放弃了继承权,则由于其不能继承被继承人的遗产,也就不会发生转继承。

3. 须由死亡继承人的合法继承人继承其应继承的遗产份额

关于转继承中,继承的是权利还是遗产份额,学者们存在争议。一种观点认为,转继承的客体是权利,而不是已经确定的应继份,所以转继承人只能对继承人的继承权予以接受或放弃,而不能将应继份看作夫妻共同财产,先分出一半归生存配偶,余下一半由其配偶和其他转继承人继承。另一种观点认为,转继承的客体是死亡继承人应继承的遗产份

额,所以死亡继承人的遗产份额应当作为夫妻共同财产,在转继承人进行转继承时先分出死亡继承人的配偶的部分,余下部分再由其配偶和其他转继承人继承。本书赞同后一种观点。

三、代位继承与转继承的区别

代位继承,是指被继承人的子女先于被继承人死亡,继承开始后,由被继承人子女的晚辈直系血亲代替已亡父母继承被继承人的遗产。转继承则是指继承人在被继承人死亡之后,遗产分割前死亡,其应继承的遗产份额由他的继承人继承。代位继承与转继承主要有如下区别:

(一)两者的发生根据不同

代位继承的发生是基于继承人(被代位人)先于被继承人死亡的事实;转继承的发生是基于继承人(被转继承人)后于被继承人死亡(继承开始后,遗产分割前死亡)且未表示放弃继承权的事实。

(二)两者死亡的继承人范围不同

代位继承死亡的继承人即被代位人,仅限于被继承人的晚辈直系血亲;转继承死亡的继承人即原继承人,既可以是被继承人的晚辈直系血亲,也可以是被继承人的配偶、父母等其他继承人。

(三)两者继承遗产的权利主体不同

代位继承人继承遗产的权利主体即代位继承人,只限于被代位人的晚辈直系亲属;转继承中继承遗产的权利主体即转继承人,既可以是原继承人的晚辈直系亲属,也可以是原继承人的配偶、父母等其他合法继承人。

(四)两者适用的范围不同

代位继承只适用于法定继承;转继承既适用于法定继承,又适用于遗嘱继承。也就是说,无论是法定继承或是遗嘱继承,只要在继承开始后,继承人未表示放弃继承而于遗产分割前死亡的,原继承人继承遗产的权利可由其转继承人(包括其法定继承人和遗嘱继承人)继承。

第四节　法定继承的份额与酌分遗产

【引例】

金立生于 20 世纪 60 年代我国三年困难时期,由于家里子女多,父母无力抚养,便将他送与他人收养。金立与养父母关系一直很好,由于离生父母家很近,金立与生父母一直有来往。长大后他的经济收入较多,不仅赡养其养父母,也赡养其生父母,而且他对生父母所尽的赡养义务比其他亲兄弟姐妹还多。2003 年 5 月,他的生父母在去县城的途中遇车祸死亡,在料理完丧事后,金立提出生父母的遗产也应酌情分给他一份。但其他兄弟姐妹以金立已被别人收养而与生父母已无亲属关系为由,不同意将生父母的遗产酌情分给金立。

问:金立能否酌情分得生父母的遗产?

一、法定继承的份额

(一)法定继承份额确定的原则

法定继承的份额又称为法定应继份,是指同一顺序数名继承人共同继承时,各继承人取得被继承人遗产的比例或份额。在法定继承时,当继承人仅有一人时,该继承人可以继承被继承人的全部财产,不发生遗产的分配问题;但如数人共同继承,就产生了在同一顺序数名法定继承人之间确定各自继承份额的问题。

各国对于继承人法定应继份的规定,主要有两种立法例:一种是通过法律明确规定各个顺序、各种继承人的应继份。如根据《日本民法典》第 900 条的规定,同一顺位的继承人有数人时,其继承份额依下列规定确定:子女同配偶为继承人时,子女的继承份额与配偶的继承份额各为 1/2;配偶同直系尊亲属为继承人时,配偶的继承份额为 2/3,直系尊亲属的继承份额为 1/3;配偶同兄弟姐妹为继承人时,配偶的继承份额为 3/4,兄弟姐妹的继承份额为 1/4;子女、直系尊亲属或兄弟姐妹有数人时,各自的继承份额相等,但是非婚生子女的继承份额为婚生子女继承份额的 1/2;半血缘兄弟姐妹的继承份额为全血缘兄弟姐妹继承份额的 1/2。另一种立法例是仅规定各法定继承人继承份额均等,而不加以细化。我国《继承法》即采此种立法例。

(二)我国的法定继承份额

我国《继承法》第 13 条规定:"同一顺序继承人继承遗产的份额,一般应当均等。对生活有特殊困难的缺乏劳动能力的继承人,分配遗产时,应当予以照顾。对被继承人尽了主要扶养义务或者与被继承人共同生活的继承人,分配遗产时,可以多分。有扶养能力和有扶养条件的继承人,不尽扶养义务的,分配遗产时,应当不分或者少分。继承人协商同意的,也可以不均等。"由此可见,我国《继承法》就法定继承中的遗产分配,遵循如下原则:以"一般应当均等"为基本原则,以特殊情况下的不均等为例外。

1. 同一顺序继承人继承遗产的份额,一般应当均等。即属同一顺序的各个法定继承人,无论是配偶继承人还是血亲继承人,不论其性别、年龄、婚姻状况,在生活状况、劳动能力以及对被继承人尽扶养义务等条件大体相同时,其继承遗产的份额应当均等。这是平等原则的体现。

2. 特殊情况下不均等分配遗产。主要包括以下四种情况:

第一,对生活有特殊困难的缺乏劳动能力的继承人,分配遗产时,应当予以照顾。即对没有独立经济来源或其他经济收入而难以维持最低生活水平,并且因年幼或年迈、病残等原因没有劳动能力的继承人,应照顾多分遗产,其所得份额应大于平均份额。"生活有特殊困难"是指继承人缺乏经济来源而难以维持生计;"缺乏劳动能力"是指继承人年幼、痴呆或患精神病而无劳动能力或因年迈、疾病伤残而全部丧失或部分丧失劳动能力,无法获得劳动收入。有劳动能力但因主观上不愿劳动等原因而导致生活困难的,或虽缺乏劳动能力但有固定的生活来源的,都不属于照顾之列。

第二,被继承人尽了主要扶养义务或者与被继承人共同生活的继承人,分配遗产时,可以多分。所谓"对被继承人尽了主要扶养义务"是指对被继承人生活提供了主要的经济来源,或在生活上给予主要照顾,在劳务等方面给予了主要扶助。对尽了主要扶养义务的继承人多分遗产是继承法中权利义务相一致原则的体现。"与被继承人共同生活的继承人"往往是未成年人、父母、配偶及其他受被继承人扶养的人,他们之间一般都具有相互扶养的权利义务,他们在物质生活上、精神慰藉上、劳务帮助上彼此关系较为密切,所以在分配遗产时可以多分。但应注意,根据《继承法意见》第 34 条的规定:"有扶养能力和扶养条件的继承人,虽然与被继承人共同生活,但对需要扶养的被继承人不尽扶养义务,分配遗产时,可以少分或者不分。"

第三,有扶养能力和有扶养条件的继承人,不尽扶养义务的,分配遗产时,应当不分或者少分。这种应当不分或少分遗产的情况,需要满足以下两个条件:第一,被继承人经济上或生活上困难,需要继承人扶养。第二,继承人有条件或有能力扶养而不承担扶养义务。但应注意,根据《继承法意见》第 33 条的规定:"继承人有扶养能力和扶养条件,愿意尽扶养义务,但被继承人因有固定收入和劳动能力,明确表示不要求扶养的,分配遗产时,一般不应因此而影响其继承份额。"

第四,继承人协商同意的,也可以不均等。即同一顺序法定继承人经平等协商、互谅互让,自愿达成遗产分配份额协议的,即使分配份额不均等,也允许按协议处理。

■ 二、法定继承人以外的人酌分遗产

(一)酌分遗产人与酌分遗产权的概念

酌分遗产人是指除法定继承人外,与被继承人生前形成过一定扶养关系,依法可以分得适当遗产的人。酌分遗产权,是指酌分遗产人依法享有的可以酌情分得适当遗产的权利。我国《继承法》第 14 条规定:"对继承人以外的依靠被继承人扶养的缺乏劳动能力又没有生活来源的人,或者继承人以外的对被继承人扶养较多的人,可以分给他们适当的遗产。"

国外也有关于酌分遗产的类似规定。如法国民法规定,生存配偶对死亡配偶的继承人有扶养请求权。德国民法规定,非婚生子女对生父之遗产享有扶养请求权。奥地利民法规定,生存配偶对死亡配偶的遗产有扶养请求权,继承缺格者对遗产有扶养请求权。其中扶养请求权即是酌分遗产权。[1]

酌分遗产只能在法定继承时适用,而不能在遗嘱继承时适用。我国《继承法》把酌分遗产问题规定在法定继承一章里,表明在法定继承时,法定继承人以外的人可依法酌分遗产。但对遗嘱继承,《继承法》第 19 条仅规定:"遗嘱应当对缺乏劳动能力又没有生活来源

---

[1]　王丽萍主编:《婚姻家庭继承法学》,北京大学出版社 2010 年第 2 版,第 308 页。

的继承人保留必要的遗产份额",而未规定为法定继承人以外的酌分遗产人保留遗产份额,故酌分遗产不能适用于遗嘱继承。

(二)酌分遗产权的法律特征

根据我国《继承法》第 14 条的规定,酌分遗产权具有以下法律特征:

1. 酌分遗产权的权利主体是特定的

酌分遗产权的权利主体,是应召继承人[①]以外的人,包括非法定继承人或不能参加继承的法定继承人范围内的人。根据我国《继承法》第 14 条的规定,酌分遗产人仅限于除法定继承人以外的两种人:一是继承人以外的依靠被继承人扶养的缺乏劳动能力又无生活来源的人;二是继承人以外的对被继承人扶养较多的人。

2. 酌分遗产权的取得依据是形成了一定的扶养关系

酌分遗产权的取得依据是在被继承人生前与其形成了一定扶养关系,包括依靠被继承人扶养或对被继承人扶养较多两种情况。也就是说与被继承人存在特定的扶养关系是酌分遗产的唯一根据,而不论该酌分遗产人是否有亲属关系。

3. 酌分的标的遗产数额是不确定的

酌分遗产权的标的,即酌分的遗产,其数额是不确定的。我国《继承法》第 14 条规定了酌分遗产人分得遗产的份额是"可以分给他们适当的遗产"。《继承法意见》第 31 条进一步规定:"依继承法第十四条规定可以分给适当遗产的人,分给他们遗产时,按具体情况可多于或少于继承人。"可见,法律对酌分遗产人的遗产份额没有作出具体的规定,也不便于作出具体的规定。酌分遗产人分得遗产的份额主要取决于酌分遗产人依靠被继承人扶养的程度,或对被继承人进行扶养的程度以及遗产总额的多少。在一般情况下,酌分遗产人的份额应少于继承人的平均份额。但在酌分遗产人完全依靠或主要依靠被继承人扶养,或者酌分遗产人对被继承人扶养较多或完全扶养时,其酌分遗产的份额,也可以等于或高于继承人的平均份额。

(三)酌分遗产人的种类及认定

根据我国《继承法》第 14 条的规定,酌分遗产人主要包括以下两种:

1. 继承人以外的依靠被继承人扶养的缺乏劳动能力又无生活来源的人

此类主体享有酌分遗产权须同时具备三个条件:

第一,缺乏劳动能力。包括两种情况,一是因为被扶养人尚未成年而不具备劳动能力;二是因年老或病残、痴呆而丧失了原有的劳动能力。

第二,无生活来源。对于何谓"无生活来源",学者们有不同的看法,一种观点认为,有亲属扶助即为有生活来源;另一种观点认为生活来源仅以本人具有独立的经济收入为限,无独立经济收入即为无生活来源。我们认为,应当将两种观点结合起来,即生活上既无自己的经济收入,也无亲属的扶助就是无生活来源。

第三,在被继承人生前依靠被继承人扶养。这里的扶养并不是基于法律上的规定,而

---

① 具有推定继承人资格的人在继承开始的瞬间,转化为应召继承人。

是基于道德观念,是无条件的,不受扶养期限长短的限制。

上述三个条件应当以被继承人死亡时为准。如果在被继承人死亡时已经不依靠被继承人扶养或在被继承人死亡时已经具备劳动能力或有固定的生活来源的,都不能成为酌分遗产人。

2. 继承人以外的对被继承人扶养较多的人

这里的扶养,包括经济上的供养、劳务上的扶助或生活上的照顾。这里要求的是较多扶养,包括数量上的较多和时间上的较长,如果对被继承人只给予一次性或临时性的扶养或给予扶养的数量不多,均不是扶养较多。

(四)酌分遗产权的行使与保护

酌分遗产权是一项独立的请求权,请求权人可以自己行使其权利,也可以通过代理人行使其权利。请求权人可以直接向包括继承人或遗产管理人在内的酌分遗产义务人提出请求,如果义务人拒绝给付,请求权人可以向法院提起诉讼,或请求基层组织调解。

为保护酌分遗产人的合法权益,《继承法意见》第 32 条规定:"依继承法第十四条规定可以分给适当遗产的人,在其依法取得被继承人遗产的权利受到侵犯时,本人有权以独立的诉讼主体的资格向人民法院提起诉讼。但在遗产分割时,明知而未提出请求的,一般不予受理;不知而未提出请求,在二年以内起诉的,应予受理。"即酌分遗产人享有独立的诉权,当其酌分遗产权受到侵犯时,有权在法定诉讼时效期间内,向人民法院起诉,请求保护其酌分遗产权。

【思考题】

1. 简述酌分遗产权的法律特征。
2. 简述代位继承的条件。
3. 简述代位继承与转继承的区别。
4. 试述我国法定继承人的范围和顺序。
5. 试述法定继承的份额。

【司法考试真题链接】

1. 田某死后留下五间房屋、一批字画以及数十万存款的遗产。田某生三子一女,长子早已病故,留下一子一女。就在两个儿子和一个女儿办理完丧事协商如何处理遗产时,小儿子因交通事故身亡,其女儿刚满周岁。田某的上述亲属中哪些人可作为第一顺序继承人继承他的遗产?(2003 年)

A. 二儿子和女儿　　　　　　　B. 小儿子
C. 小儿子之女　　　　　　　　D. 大儿子之子女

2. 钱某与胡某婚后生有子女甲和乙,后钱某与胡某离婚,甲、乙归胡某抚养。胡某与吴某结婚,当时甲已参加工作而乙尚未成年,乙跟随胡某与吴某居住,后胡某与吴某生下一女丙,吴某与前妻生有一子丁。钱某和吴某先后去世,下列哪些说法是正确的?(2009年)

  A. 胡某、甲、乙可以继承钱某的遗产 B. 甲和乙可以继承吴某的遗产

  C. 胡某和丙可以继承吴某的遗产 D. 乙和丁可以继承吴某的遗产

3. 李某死后留下一套房屋和数十万存款,生前未立遗嘱。李某有三个女儿,并收养了一子。大女儿中年病故,留下一子。养子收入丰厚,却拒绝赡养李某。在两个女儿办理丧事期间,小女儿因交通事故意外身亡,留下一女。下列哪些选项是正确的?(2007年)

  A. 二女儿和小女儿之女均是第一顺序继承人

  B. 大女儿之子对李某遗产的继承属于代位继承

  C. 小女儿之女属于转继承人

  D. 分配遗产时,养子应当不分或少分

4. 张某1岁时被王某收养并一直共同生活。张某成年后,将年老多病的生父母接到自己家中悉心照顾。2000年,张某的养父、生父母相继去世。下列哪种说法是正确的?(2006年)

  A. 张某有权作为第一顺序继承人继承生父母的财产

  B. 张某有权作为第二顺序继承人继承生父母的财产

  C. 张某无权继承养父王某的财产

  D. 张某可适当分得生父母的财产

5. 郭大爷女儿五年前病故,留下一子甲。女婿乙一直与郭大爷共同生活,尽了主要赡养义务。郭大爷继子丙虽然与其无扶养关系,但也不时从外地回来探望。郭大爷还有一丧失劳动能力的养子丁。郭大爷病故,关于其遗产的继承,下列哪些选项是正确的?(2010年)

  A. 甲为第一顺序继承人 B. 乙在分配财产时,可多分

  C. 丙无权继承遗产 D. 分配遗产时应该对丁予以照顾

6. 唐某有甲、乙、丙成年子女三人,于2002年收养了孤儿丁,但未办理收养登记。甲生活条件较好但未对唐某尽赡养义务,乙丧失劳动能力又无其他生活来源,丙长期和甲共同生活。2004年5月唐某死亡,因分配遗产发生纠纷。下列哪些说法是正确的?(2006年)

  A. 甲应当不分或者少分遗产 B. 乙应当多分遗产

  C. 丙可以多分遗产 D. 丁可以分得适当的遗产

7. 张某一家共4口人:张某夫妇、两岁的儿子及张父。张某自1992年外出打工,1993年春节托人捎给其妻王某一封信和6000元钱,其后音信皆无。1998年2月,对张某的归来不抱希望的王某向法院申请宣告张某死亡,法院依法于1999年10月宣告张某死亡。张某和王某共有面积相同的房屋6间,现金6000元。2000年5月,王某将儿子送与李某收养。之后,王某与刘某结婚,但1年后刘某即病故。根据上述事实,请回答下列问题。(2008年)

（1）张某被宣告死亡后，对上述 6 间房屋和 6000 元现金的正确处理是（　　）

A. 应由王某、其子、张父平均继承　　　　B. 王某应分得 4 间房屋和 4000 元现金

C. 应全部由张父继承　　　　　　　　　　D. 应全部由其子继承

（2）如果张父于 2001 年去世，遗产有 3 间房屋和 4000 元现金，且王某对张父尽了主要赡养义务，关于其遗产处理，下列选项正确的是（　　）

A. 王某有权继承，王某之子无权继承　　　B. 王某无权继承，王某之子有权继承

C. 王某和其子均有权继承　　　　　　　　D. 王某和其子均无权继承

（3）如张某生还并申请法院撤销死亡宣告，下列选项正确的是（　　）

A. 张某在被宣告死亡期间所实施的民事法律行为并不因此而无效

B. 张某与王某的夫妻关系不能自行恢复

C. 张某可与李某协议解除王某之子与李某之间的收养关系

D. 若张某和王某共有的房屋已被第三人合法取得，第三人可不予返还

第十二章　遗嘱继承

第一节　遗嘱与遗嘱继承

【引例】

张某丧偶多年,育有三个子女,其大儿子在外地工作,两个女儿在本地工作。考虑到两个女儿平日里尽了更多的赡养义务,于是张某便立下共同遗嘱,声明其拥有的20万元存款归属长子,其名下一套市值150万元的房产则由两个女儿平分。遗嘱立下后没多久,张某的二女儿便因交通事故意外身亡,张某因伤心过度也于半年后去世。在遗产分割问题上,张某的儿女发生争议。张某二女儿的儿子认为,其母虽已过世,但仍应按照原有的遗嘱内容执行,但张某的长子以及三女儿均不同意。

问:(1)张某二女儿之子的主张是否合理?

(2)本案中张某的遗产最终应当如何继承?

一、遗嘱的概念

(一)遗嘱的含义

遗嘱是公民生前处分其遗产并于死后生效的单方民事法律行为。根据我国《继承法》第16条的规定,公民可以依法立遗嘱处分个人财产,可以立遗嘱将个人财产指定由法定继承人的一人或者数人继承,也可以立遗嘱将个人财产赠给国家、集体或者法定继承人以外的人。其中,依法以遗嘱方式处分个人财产的人称为遗嘱人,依遗嘱取得遗嘱继承权的人称为遗嘱继承人,依遗嘱取得受遗赠权的人称为受遗赠人或遗赠受领人。

遗嘱制度一般认为发源于罗马法。在公元前5世纪《十二铜表法》中已有遗嘱的规定。至公元前2世纪,遗嘱已为一般人所普遍使用,无遗嘱继承已成为例外现象。到了公元1世纪,遗嘱继承得到了确认。公元6世纪,在罗马法典中,遗嘱继承已经趋于成熟,成为中世纪后期欧洲大陆遗嘱继承的楷模。德、法两国遗嘱继承制度于12至13世纪产生。遗嘱之风习于一般庶民,在法国为14世纪,在德国为15世纪之后的事。在英国,以遗嘱继承为原则,在1938年继承法案对于遗嘱人之配偶、未成年子女规定了一种类似特留份的制度之前,绝对承认被继承人依遗嘱处分财产之自由,法定继承仅于无遗嘱或遗嘱无效情况下才适用。

我国古代早在春秋时期就有依被继承人的“遗言”这种处理其后事的方式。在封建社会,帝王的“遗命”、“遗诏”,臣子的“遗表”,百姓的“遗言”等,都包含遗嘱的意思。但是,由于宗法思想的影响,当时还未形成遗嘱继承制度,而主要是实行法定继承。这是因为与现代继承法不同,古代继承法考虑的主要是家庭,对于个人和社会则极少留意,这在东西方社会都不例外。在古代社会,基本的社会单位是家庭、家族,而不是个人,个人的人格往往被家庭和家族所吸收,继承只是对集体财产的团体继承。在这样的社会里,遗嘱继承是不可能发达的。而现代继承法在制度设计上主要考虑的是三个方面的因素,即个人、家庭和社会三者利益的平衡,这也就成为法律所追求的目标。这也是继承法律制度得以发展起来并走向完善的原因。

1911 年完成的《大清民律(草案)》参照日本民法、德国民法,第一次明确规定了遗嘱继承制度,不过,由于历史的原因并未实施。中华民国时期,国民党政府于 1930 年通过的《民法·继承编》,效仿德国、日本、瑞士等资本主义国家民法典中有关财产继承的规定,确立了遗嘱继承制度。中华人民共和国成立之后,于 1985 年颁行《继承法》,对遗嘱继承制度予以了明确的规定。

不过,直到今天,多数中国人仍然习惯让法律来安排自己的身后财产,而不习惯遗嘱处分这种方式。究其原因,一是从客观上看,几千年的封建专制统治使中国的私法很不发达。以"义务"为本的立法理念,漠视对私人权利的保护。二是从主观上看,被继承人缺乏应有的权利意识,也是造成遗嘱在中国适用较少的一个重要因素。[①]

(二)遗嘱的特征

1. 遗嘱是单方民事法律行为

单方民事法律行为,是指基于当事人一方的意思表示就可以成立的民事法律行为。其特点在于只要当事人单方作出意思表示,无须再有他方当事人同意就可以引起预期的民事法律后果。

遗嘱是基于遗嘱人单方的意思表示就可以产生民事法律后果的法律行为,遗嘱人在立遗嘱时无须征得相对方的同意,只要所立遗嘱具备法律规定的有效条件,就能在其死后发生法律效力。所以遗嘱是单方民事法律行为。

2. 遗嘱是遗嘱人亲自进行的法律行为

遗嘱不同于其他一般的民事法律行为,它是遗嘱人对自己财产所作的最终处分,具有严格的人身性质。为确保遗嘱出于遗嘱人的真实意愿,法律要求遗嘱必须由遗嘱人本人亲自设立,既不需要征得他人的同意,也不能由他人代为设立。

3. 遗嘱是遗嘱人死亡时生效的法律行为

遗嘱是立遗嘱人生前以遗嘱方式对其死后的财产所作的处分。死亡前,遗嘱人对其遗嘱内容有权加以变更或撤销。因此,遗嘱必须以遗嘱人的死亡作为生效的前提条件。

4. 遗嘱是要式民事法律行为

要式民事法律行为,是指必须具备法律要求的特定形式才能成立的民事法律行为。

由于合法有效的遗嘱有改变法定继承关系的效力,遗嘱又比较易于被篡改和伪造,所以各国立法都对遗嘱的形式要件予以严格的限制,规定了遗嘱须采用的方式。我国《继承

---

① 杜江涌:《继承法的发展趋势研究》,载《现代法学》2003 年第 25 卷(民商法专刊)。

法》对遗嘱的形式也作了具体规定。根据《继承法》第17条的规定,遗嘱人订立遗嘱,必须依照法定的形式进行,违反法定形式的遗嘱不发生法律效力。

(三)遗嘱的内容

遗嘱的内容,是指遗嘱人在遗嘱中所表现出来的对自己财产处分的意思表示。因为设立遗嘱属于法律上的任意事项,是否设立遗嘱以及遗嘱中包括哪些内容,全可由立遗嘱人自己决定。因此,各国立法绝大多数没有对遗嘱内容作详尽的、强制的规定,只要求遗嘱内容具体、明确。根据我国《继承法》的相关规定,遗嘱内容通常包括:指定继承人或受遗赠人;明确遗产的名称、数量、特征、存放地点,同时指定各遗嘱继承人应得的遗产份额或遗产的分配方法;规定立遗嘱人对遗嘱继承人和受遗赠人的附加义务;指定补充继承人、补充受遗赠人;指定遗嘱执行人;确定遗嘱信托的受托人和受益人;其他事项。

二、遗嘱继承的概念

遗嘱继承,是法定继承的对称,它是指按照被继承人生前所立的遗嘱来指定继承人及其继承的遗产种类、数额的继承方式。我国《继承法》第16条第2款规定:"公民可以立遗嘱将个人财产指定由法定继承人的一人或者数人继承。"立遗嘱的被继承人叫遗嘱人,接受遗嘱指定继承遗产的人叫遗嘱继承人。依此制度,遗嘱继承人的范围和顺序、继承人的应继份、遗产的管理和分割均由遗嘱人在遗嘱中加以指定,因此,又称"指定继承"。与法定继承相比,遗嘱继承有以下法律特征:

第一,遗嘱继承的发生需要被继承人生前立有有效遗嘱和被继承人死亡两个法律事实。而法定继承的发生只需要被继承人死亡一个法律事实。

第二,遗嘱继承在适用上优先于法定继承。凡死者留有合法有效遗嘱的,都必须先执行遗嘱。只有被继承人生前没有立遗嘱或虽立遗嘱但遗嘱无效时,才按法定继承办理。

第三,我国遗嘱继承人与法定继承人虽然范围相同,但遗嘱继承人不受法定继承顺序的限制。遗嘱继承人继承遗产的数量也不受法定继承中遗产分配原则的限制。

第四,在我国遗嘱继承人的法律地位不能被替代。遗嘱继承人先于遗嘱人死亡的,其作为遗嘱继承人的法律地位在无遗嘱人另行补充指定的情况下不能由他的晚辈直系亲属替代。法定继承中,"被继承人的子女先于被继承人死亡的,由被继承人的子女的晚辈直系血亲代位继承"。[①]

三、遗嘱继承的适用

根据我国《继承法》的规定,遗嘱继承在适用时应具备以下条件:

第一,必须有被继承人生前所立的合法有效的遗嘱。

第二,必须无遗赠扶养协议。《继承法意见》第5条规定:"被继承人生前与他人订有遗赠扶养协议,同时又立有遗嘱的,继承开始后,如果遗赠扶养协议与遗嘱没有抵触,遗产分割按协议和遗嘱处理;如果有抵触,按协议处理,与协议抵触的遗嘱全部或部分无效。"

---

① 《继承法》第11条。

第三,遗嘱继承人没有放弃继承权,也没有依法丧失继承权。遗嘱继承要求继承人必须具备继承资格。遗嘱继承人在继承开始后,以明示方式表示放弃继承权的,其按照遗嘱而继承被继承人遗产的权利因其放弃继承权而消灭,不产生遗嘱继承的效力。根据《继承法》第 25 条的规定,遗嘱继承人放弃继承权必须符合一定的条件:(1)只能在继承开始后,遗产分割前作出放弃继承的意思表示;(2)放弃继承必须以明示的方式,遗嘱继承人没有明确表示放弃继承的,视为接受继承。同时,遗嘱继承人依据法律的规定而丧失继承权的,其无权继承被继承人的遗产,该部分的遗产只能根据法定继承来进行。

第四,遗嘱继承人后于被继承人死亡。若遗嘱继承人先于立遗嘱人死亡的,根据《继承法》第 27 条的规定,遗产中的有关部分适用法定继承。[①] 所以,遗嘱继承要求遗嘱继承人后于立遗嘱人死亡。

四、遗嘱自由原则

(一)遗嘱自由原则的确立

意思自治作为私法自治的核心和灵魂,是民法的一项基本原则,体现在民法领域的各个方面。在继承领域,则表现为遗嘱自由。在世界上,对待遗嘱自由的态度,英美法系和大陆法系有着不同的主张。近代英美法系国家主张偏重于强调保护遗嘱人的自由意志,使之享有自由处分自己财产的绝对权利,这种主张被称作遗嘱自由主义,或绝对的遗嘱自由主义。[②] 这种主张的理由是:既然遗嘱人生前可以自由处分自己的财产,那么,遗嘱人将财产遗留给自己的遗嘱继承人或受遗赠人,法律就不应当加以干涉。而大部分的大陆法系国家,如法国、德国、日本等则主张,财产所有人以遗嘱的方式处理财产,应当符合公平原则,不得违反法律关于法定继承人的"特留份"或"保留份"的规定。遗嘱人用遗嘱处分的只能是遗产的一部分,而不能是全部,否则就要受到法律的干预。此种主张被称为相对的遗嘱自由主义,或有限制的遗嘱自由主义。

遗嘱自由的内容主要包括:遗嘱人可以通过订立遗嘱变更继承人的继承顺序和应继份额,甚至可以取消法定继承人的继承权;可以将财产赠与法定继承人以外的其他公民或赠与国家、集体组织,用于社会公共福利事业等。之所以把遗嘱自由看作是意思自治原则的体现,就是因为建构在遗嘱自由基础之上的遗嘱继承制度与法定继承相比,更能直接体现被继承人的意志。遗嘱自由原则与意思自治原则一样体现了对公民个人财产权的保护和尊重,这有利于保护被继承人、遗嘱继承人以及社会的利益。

---

① 《继承法》第 27 条规定,有下列情形之一的,遗产中的有关部分按照法定继承办理:(一)遗嘱继承人放弃继承或者受遗赠人放弃受遗赠的;(二)遗嘱继承人丧失继承权的;(三)遗嘱继承人、受遗赠人先于遗嘱人死亡的;(四)遗嘱无效部分所涉及的遗产;(五)遗嘱未处分的遗产。

② 实际上从来就没有绝对的遗嘱自由,从古到今,遗嘱自由都要受到家庭制度和伦理道德的限制。古罗马法中也通过"遗嘱逆伦之诉"制度对遗嘱自由加以限制。被继承人没有正当理由而取消处于家长权之下的子孙的继承权被认为是违背人伦的,被取消继承权之人得提起"遗嘱逆伦之诉",若胜诉,则遗嘱将被宣告无效。

（二）对遗嘱自由限制的发展

在英国，20 世纪遗嘱自由已趋于完备，遗嘱人不必像大陆法系国家那样受"特留份"或"保留份"的限制。但在苏格兰，女儿的应继份仍然得到保留，生存的配偶仍然可以得到"寡妇应继份"或主张"生存者的权利"。在新西兰，1900 年通过一项法律，授权法院在遗嘱人不照顾他的配偶或生活困难的子女的情况下，可以下令从遗产中支付一定数量的抚养费。这是保障家庭成员不因遗嘱自由而被剥夺继承权的一项新的立法。此后，澳大利亚、加拿大和英国也通过了类似的家庭成员的扶养条例。可见当遗嘱自由主义发展到了顶点后，就已经向着它的反面转化了，也即开始了从个人本位主义向团体本位主义转化。在英美的普通法上，有寡妇产和鳏夫产制度①。对于寡妇产和鳏夫产，配偶一方不仅不得以遗嘱处分，甚至在生前非经对方同意也不得处分。自 20 世纪以来，英国和美国对遗嘱自由规定了更为严格的限制。根据英国 1938 年《家庭供养条例》和 1952 年修正该条例的"无遗嘱继承"条例，法院可以违反遗嘱人的意愿，甚至可以不顾遗嘱继承的一般法规，根据申请人的要求，判决从遗产收益中，甚至从遗产本金中，支付抚养费给予生存的配偶、未婚女儿、未成年儿子以及因身体或精神上的疾病，不能养活自己的子女。在 1958 年的《婚姻诉讼（财产和抚养）条例》中，此项原则被扩展到被继承人生前已离婚的配偶。可见，英国继承法在 21 世纪已经从绝对的遗嘱自由原则转变为相对的遗嘱自由原则。美国 1969 年通过的《统一继承法典》，赋予生存配偶应继份选择权，这种选择权是不可剥夺的，除非生存配偶自动放弃。《统一继承法典》还规定生存配偶和未成年子女享有宅院特留份和家庭特留份，这些都是《统一继承法典》对遗嘱自由的限制。

在大陆法系国家，遗嘱自由要受到"特留份"的限制，而且比英美法系国家对遗嘱自由的限制更为严格。法国、日本和德国分别规定了"特留份"和"保留份"对遗嘱自由加以限制。一般来说，在设立了"特留份"、"保留份"的国家，如果被继承人有配偶、子女、父母等近亲属存在时，遗嘱人能用遗嘱方式处分的财产仅是其财产的二分之一或三分之一。超越法律规定的遗嘱处分没有法律效力。如果被继承人损害了特留份权利人的利益，德国规定特留份权利人有权请求继承人补足特留份，法国则规定遗嘱处分超过有权处分部分者无效。

（三）我国继承法对遗嘱自由的限制

我国《继承法》赋予遗嘱人有订立遗嘱的自由，允许公民可以以遗嘱的方式处理自己的遗产，可以变更法定继承的继承顺序和应继份额，甚至还可以取消法定继承人的继承权，将遗产赠与法定继承人以外的公民。但在我国，遗嘱自由也是要受到一定限制的。我国《继承法》对遗嘱自由的限制表现在：遗嘱的内容不得违反法律和社会道德准则，即遗嘱必须为缺乏劳动能力又无生活来源的继承人保留必要的继承份额。

---

① 寡妇产是指生存妻子对已亡丈夫的不动产的三分之一享有的终身用益权；鳏夫产是指丈夫对已亡妻子的全部不动产享有的终身用益权。寡妇产和鳏夫产存在于婚姻关系存续期间配偶拥有的一切财产。

从限制的方式看,我国《继承法》对遗嘱人处分自己身后财产的限制更接近于英美法系国家的规定,即不是规定统一的特留份比例,而是根据需要灵活处理。但对于可以享受照顾的条件,却比英美法系国家规定得更加严格。与世界上一些主要国家立法一致的是,遗嘱自由要受法律的约束、不得违背社会道德准则。而为我国所特有的是,我国《继承法》规定,实行遗嘱自由,不得剥夺法定继承人中无独立生活能力又无独立生活来源者的必要的遗产份额。我国《继承法》第 19 条规定:"遗嘱应当对缺乏劳动能力又没有生活来源的继承人保留必要的遗产份额。"《继承法意见》第 37 条规定:"遗嘱人未保留缺乏劳动能力又没有生活来源的继承人的遗产份额,遗产处理时,应当为该继承人留下必要的遗产,所剩余的部分,才可参照遗嘱确定的分配原则处理。继承人是否缺乏劳动能力又没有生活来源,应按遗嘱生效时该继承人的具体情况确定。"上述规定的立法宗旨是保护缺乏劳动能力又没有生活来源的继承人的权益,以求法律的公正和社会财富分配的公平,并防止遗嘱人通过立遗嘱的方式将应当由家庭承担的义务推向社会,其积极作用是毋庸置疑的。

第二节　遗嘱成立的条件

【引例】

　　王某夫妇无儿无女,只收养了李某作为其养子。2007 年,王某病重,考虑到自己死后其妻子无收入来源的情况,便立下遗嘱:表明其现有的四间房屋及财产均由李某继承,但前提是李某应当按月给养母生活费并照料养母的生活起居。2008 年年初,王某病逝,李某继承了全部房屋和财产。半年后,李某与其养母的关系恶化,继而停止支付赡养费。王某的妻子要求解除养母子关系,并起诉至法院,要求李某归还全部财产。

　　问:(1)本案中王某所订立的遗嘱是否成立?

　　(2)本案中王某妻子的主张是否合理?

一、遗嘱人在立遗嘱时必须具有遗嘱能力

遗嘱能力,是指公民依法享有的,通过设立遗嘱自由处分自己财产的资格。我国《继承法》中没有明确规定公民的遗嘱能力,但该法第 22 条第 1 款规定:"无行为能力人或者限制行为能力人所立的遗嘱无效。"这就是说,只有完全行为能力人才具有遗嘱能力,无行为能力人和限制行为能力人没有遗嘱能力,所立遗嘱无效。

《民法通则》第 11 条规定:"十八周岁以上的公民是成年人,具有完全民事行为能力,可以独立进行民事活动,是完全民事行为能力人。十六周岁以上不满十八周岁的公民,以自己的劳动收入为主要生活来源的,视为完全民事行为能力人。"因此,在没有因精神疾病导致民事行为能力欠缺的一般情况下,成年人和十六周岁以上的,以自己的劳动收入为主要生活来源的未成年人,可以设立遗嘱处分自己的财产。

遗嘱人是否具有遗嘱能力,只能根据立遗嘱时的情况为标准来确定。遗嘱人立遗嘱时有行为能力而以后又丧失其行为能力的,不影响其遗嘱的效力;立遗嘱时无行为能力,

即使以后取得或恢复了行为能力,原来所立的遗嘱仍然无效。

二、遗嘱必须是遗嘱人的真实意思表示

遗嘱必须是遗嘱人的真实意思表示。原因在于:

第一,设立遗嘱的行为是与特定身份相联系的单方法律行为,遗嘱只与某个个人的人身相联系并完全取决于他本人的意愿,不能由他人代理。

第二,只有真实的意思表示才能代表人的意愿,才有利于保护遗嘱人自由处分其财产的合法权益,同时也有利于保护继承人的合法继承权。

三、遗嘱的内容必须合法

正像历史上存在过的任何一种制度都有其存在的客观必然性一样,遗嘱继承制度也既有其积极的一面,同时也有其弊端。在强调私权自治、私权神圣的时代,赋予遗嘱人遗嘱自由的权利无疑是充分地尊重了遗嘱人的自由意志,但是如果对遗嘱人的遗嘱自由丝毫不加限制,遗嘱人往往根据自己的好恶、偏爱或由于一时的感情冲动而滥用遗嘱自由的权利。因此,法律必须对遗嘱继承设定一定的限制,使遗嘱人在法律允许的范围内更好地行使遗嘱自由的权利。

遗嘱内容必须合法表现在三个方面:

第一,遗嘱只能处分遗嘱人自己的财产。遗嘱人不能处分属于他人、集体或国家所有的财产。

第二,遗嘱应当对缺乏劳动能力又没有生活来源的继承人保留必要的遗产份额。如果遗嘱人未保留必要的遗产份额,遗产处理时,应当为该继承人留下必要的遗产,剩余部分才可参照遗嘱确定的分配原则处理。

第三,遗嘱的内容不得违反法律、社会公德和公共利益。

四、遗嘱的形式必须符合法律规定

遗嘱的形式,是指遗嘱人表述处分自己财产意愿的方式。由于执行遗嘱时遗嘱人已经死亡,遗嘱的真伪无法直接查证。因此,为保证遗嘱的真实性,避免或减少遗嘱纠纷的发生,我国《继承法》第17条明确规定了遗嘱的五种形式,并对每种形式都提出了严格的要求。

(一)公证遗嘱

公证遗嘱是经过国家公证机关办理了公证的遗嘱。公证遗嘱的程序为:[1]

第一,遗嘱人必须亲自到其住所地或遗嘱行为发生地的公证机关[2]办理遗嘱公证,不

---

[1]　有关公证遗嘱程序的规定,参见 2006 年 3 月 1 日施行的《公证法》,2006 年 7 月 1 日施行的《公证程序规则》,以及 2000 年 7 月 1 日实施的《遗嘱公证细则》。

[2]　2006 年《公证程序规则》第 14 条规定,公证事项由当事人住所地、经常居住地、行为地或者事实发生地的公证机构受理。涉及不动产的公证事项,由不动产所在地的公证机构受理;涉及不动产的委托、声明、赠与、遗嘱的公证事项,可以适用前款规定。

得委托他人代理。如果遗嘱人确有困难不能亲自去公证处的,公证员可到遗嘱人所在地办理公证事务(居住在国外的我国公民要订立公证遗嘱,可以到我国驻外国大使馆、领事馆办理遗嘱公证)。

第二,公证处应当按照《公证程序规则》的规定进行审查,并着重审查遗嘱人的身份及意思表示是否真实、有无受胁迫或者受欺骗等情况。公证人员询问遗嘱人,除见证人、翻译人员外,其他人员一般不得在场。公证人员应当依法制作谈话笔录。

第三,对于符合法定条件的,公证机关应出具公证书。公证书应制成一式两份,分别由公证机关和遗嘱人保存。遗嘱人也可以委托公证机关代为保存。

(二)自书遗嘱

自书遗嘱,又称亲笔遗嘱,是遗嘱人亲笔书写的遗嘱。立遗嘱人应在遗嘱上签名,并注明年、月、日。在实际生活中,对于涉及死者个人财产处分内容的遗书,如果确实反映了死者真实意思表示,又有死者个人的签名并注明了年、月、日,且无相反证据的,可按自书遗嘱对待。

(三)代书遗嘱

代书遗嘱,又称代笔遗嘱,是由遗嘱人口述遗嘱的内容,他人代为书写制作成的遗嘱。在遗嘱人无文字书写能力或者由于其他原因不能亲笔书写遗嘱的情况下,遗嘱人可以请求他人代为书写遗嘱,订立代书遗嘱。法律要求代书遗嘱必须有两个以上见证人在场见证,由其中一人代书,注明年、月、日,并由代书人、其他见证人和遗嘱人签名。

(四)录音遗嘱

录音遗嘱,是指遗嘱人以录音形式制作的遗嘱。法律要求以录音形式立遗嘱,应当有两个以上的见证人在场见证。所谓"在场见证",是指见证人要亲自参加遗嘱人制作录音遗嘱的全过程,并在录音遗嘱中由见证人亲口录下自己的姓名、见证的时间和地点。随着录音设备的普及,录音遗嘱也将会越来越多。但是,录音遗嘱又极易通过剪辑复制等方式被伪造、篡改。因此,审判实践中对于这种遗嘱的真实性,必须严格审查。

(五)口头遗嘱

口头遗嘱[①]是由遗嘱人口头表达并不以任何方式记载的遗嘱。由于口头遗嘱无文字记载,完全靠见证人证明,容易被他人篡改、伪造,也容易发生纠纷。遗嘱系要式法律行为,涉及遗嘱人死后遗产的处理等一系列重大事务的安排,因而一般不允许遗嘱人以口头的方式设立遗嘱。但现实生活中又经常出现遗嘱人生命垂危、与外界联系隔绝等紧急情况,无法依其他方式订立遗嘱。此时,如不允许遗嘱人订立口头遗嘱,则有

---

① 对于口头遗嘱,我国台湾地区的有关规定明确要求通过书面或录音方式予以记录并且见证人须签名。参见陈苇、宋豫主编:《中国大陆与港、澳、台继承法比较研究》,群众出版社2007年版,第354页。

失公允。我国《继承法》第17条第5款规定:"口头遗嘱应当有两个以上见证人在场见证。危急情况解除后,遗嘱人能够用书面或者录音形式立遗嘱的,所立的口头遗嘱无效。"这里所指的"危急情况",一般是指遗嘱人生命垂危或者其他紧急情况,如重大军事行动等。

根据我国《继承法》第17条的规定,代书遗嘱、录音遗嘱、口头遗嘱在订立的时候,必须有两个以上的见证人在场作证。见证人的证明是否真实,直接关系到遗嘱的法律效力。因此法律规定见证人必须具备一定的条件,不具备这些条件不能作为遗嘱见证人,其所见证的遗嘱无效。根据我国《继承法》第18条的规定,下列人员不能作为遗嘱见证人:无行为能力人、限制行为能力人;继承人、受遗赠人;与继承人、受遗赠人有利害关系的人。根据司法解释,与继承人、受遗赠人有利害关系的人包括下列人员:继承人、受遗赠人的配偶、父母、子女、祖父母、外祖父母、兄弟姐妹以及继承人、受遗赠人的债权人、债务人、共同经营的合伙人等。

第三节 遗嘱的效力

【引例】

甲、乙二人1976年结婚,婚后育有一子一女,子女长大成人后分别在外地工作。2008年,甲在进行体检时发现自己患有胃癌。为了防止日后子女就遗产问题发生纠纷,甲亲笔写了一份书面遗嘱,内容如下:甲、乙二人所购买的一套三居室的商品房待甲死亡后归儿子所有,甲、乙二人的存款20万元归女儿所有。2010年,甲去世,其子女因为遗产继承问题发生争执。女儿认为,其弟弟继承的商品房的市场价值高达百万元,而自己只继承了20万元遗产,请求法院确认该遗嘱无效。

问:(1)甲所立的遗嘱是否有效?

(2)甲、乙二人的遗产应当如何继承?

一、遗嘱效力概述

(一)遗嘱效力的概念

遗嘱的效力,是指立遗嘱人在遗嘱中所作的意思表示得以实现的效力,亦即遗嘱的生效。此种效力实际上就是遗嘱的执行效力,即遗嘱从何时起可以执行。

遗嘱的生效与遗嘱的成立是两个具有相互联系但又不同的概念。遗嘱的成立属于事实判断的问题,其着眼点在于遗嘱行为是否已经存在;而遗嘱的生效属于价值判断的问题,其着眼点在于遗嘱行为能否获得法律的认可和保障。

(二)遗嘱发生法律效力的时间标准

由于遗嘱是遗嘱人按照法律规定的方式处分遗产或其他事务,并于遗嘱人死亡时发生法律效力的一种法律行为。因此,遗嘱的法律效力开始于遗嘱人死亡之时;遗嘱人死亡之前,遗嘱一概不发生法律效力。遗嘱人死亡,包括两种情况:一是自然死亡,也就是说遗嘱人因疾病、年老等原因而生命终结;二是经人民法院宣告死亡,也就是指自然人下落不明满法定期限,人民法院根据利害关系人的申请,以审判程序宣告该自然人死亡。遗嘱人自然死亡时,遗嘱从其自然死亡时起发生法律效力。遗嘱人经人民法院宣告死亡的,自人民法院的判决中所确定的遗嘱人死亡之日起,遗嘱发生法律效力。

二、遗嘱的无效

遗嘱的无效,是指遗嘱不能发生当事人预期的法律效力。如果设立的遗嘱违反了法定的遗嘱的实质要件和形式要件,那么,该遗嘱当然全部或部分无效。具体而言,主要有以下几种情形:

1. 无行为能力者、限制行为能力者所立的遗嘱无效

无行为能力者、限制行为能力者属于无遗嘱能力的人,不具有以遗嘱处分其财产的资格,因此,其所立的遗嘱是无效的。

2. 不反映立遗嘱人真实意志的遗嘱无效

第一,受欺诈、胁迫所立的遗嘱无效。所谓受欺诈所立的遗嘱,是指遗嘱人因受他人歪曲的、虚假的行为或言词的错误导向而产生错误的认识,作出了与自己的真实意愿不相符合的意思表示。所谓受胁迫所立的遗嘱,是指遗嘱人受到他人非法的威胁、要挟,为避免自己或亲人的财产或生命健康遭受侵害违心地作出与自己的真实意思相悖的遗嘱。

第二,伪造的遗嘱无效。伪造的遗嘱,也就是假遗嘱,是指以被继承人的名义设立的但根本不是被继承人意思表示的遗嘱。

第三,被篡改的遗嘱内容无效。被篡改的遗嘱,是指遗嘱的内容被遗嘱人以外的其他人作了更改的遗嘱,例如,对遗嘱的修改、删节、补充等。

3. 遗嘱人处分了国家、集体或他人所有的财产,该部分遗嘱应认定为无效①

遗嘱是遗嘱人处分自己财产的意思表示,但不能处分不属于遗嘱人自己的财产。当然,若遗嘱人设立遗嘱时其处分的财产不为自己所有,但由于遗嘱人死亡时其已取得该财产的所有权的,则不属于处分他人的财产,遗嘱有效。

4. 遗嘱没有对缺乏劳动能力又没有生活来源的继承人保留必要份额的,对应当保留的必要份额的处分无效

我国现行《继承法》第 19 条规定:"遗嘱应当对缺乏劳动能力又没有生活来源的继承人保留必要的遗产份额。"因此,遗嘱不符合《继承法》该条规定的,不能有效。遗嘱中未为缺乏劳动能力又没有生活来源的继承人保留必要的遗产份额的,遗嘱并非全部无效,而仅是涉及处分应保留份额遗产的遗嘱内容无效。

5. 违反我国法律和社会公共利益的遗嘱无效

按照私法自治原则,法无明文规定皆自由,只要不违反法律的强行性、禁止性规定,不违反社会公共利益,当事人所立的遗嘱就应是合法的。

6. 违反法定程序所立的遗嘱无效

遗嘱是要式法律行为,如果违反了订立遗嘱所必须遵守的法定程序,不具备遗嘱生效

---

① 《继承法意见》第 38 条。

的必要条件,当然不会产生当事人预期的法律效果。

三、遗嘱的不生效

遗嘱的不生效,是指不能产生当事人预期法律效果的遗嘱。具体而言,不生效的遗嘱主要有以下几种表现形式:

第一,遗嘱的继承人、受遗赠人在遗嘱继承开始前均已死亡,则遗嘱不发生法律效力。因为在此种情形下,因无人可依照遗嘱的内容继承或受遗赠,遗嘱的内容也就不能生效。

第二,附有解除条件的遗嘱,如果在遗嘱人死亡以前条件已经成就,则遗嘱不发生法律效力。因为附解除条件的民事法律行为在条件成就时其效力停止,因此,该遗嘱内容也不会发生效力。

第三,附有停止条件的遗嘱,遗嘱继承人、受遗赠人在条件成就前已经死亡,则遗嘱不发生法律效力。

第四,遗嘱的继承人、受遗赠人在遗嘱成立后,由于某种不法行为或不道德的行为而被剥夺继承权,则遗嘱不发生法律效力。

第五,在继承开始时,遗嘱的标的物已经不存在。如果该财产为遗嘱人生前以事实行为或法律行为所处分,推定遗嘱人变更遗嘱,但若该财产系因其他原因而不复存在,则涉及该财产处分的遗嘱内容不发生效力。

第四节　遗嘱的变更、撤销和执行

【引例】

甲于 2005 年 3 月以公证的方式订立了一份遗嘱,遗嘱内容如下:由于自己孤身一人并无妻子儿女,于是将自己名下的两处房产留给自己的侄子乙,另有 50 万元存款留给自己的侄女丙。2008 年 5 月,乙因盗窃被判处有期徒刑 3 年,甲获知此事后十分痛心,于是当着众位亲友的面将 2005 年订立的公证遗嘱烧毁,并且在众位亲友的见证下重新书写了一份新的遗嘱,将自己的所有财产留给侄女丙。2009 年,甲因病去世,丙遵照后一份遗嘱继承了甲的财产。2011 年乙出狱后获知此事,找到丙提出异议,认为自己也应对甲的财产享有继承权。

问:(1)乙在本案中对甲的财产究竟有无继承权?

(2)甲的财产应当如何分配?

(3)如果甲不希望乙继承其财产,应当采取何种适当的方式?

一、遗嘱的变更和撤销

(一)遗嘱变更和撤销的含义

遗嘱的变更和撤销,是指遗嘱人以一定的方式对原来所立遗嘱的部分或全部内容予以废止的行为。遗嘱是遗嘱人个人意志的体现,因此,遗嘱人在遗嘱订立后完全可以根据自己的意志对遗嘱加以变更或撤销。

我国《继承法》第20条第1款规定："遗嘱人可以撤销、变更自己所立的遗嘱。"但从严格意义上讲，"撤回"较"撤销"更为科学。因为"撤销"一词一般是针对已经生效的意思表示而言，而对于尚未生效的遗嘱而言，"撤回"一词显然更恰当。

(二)遗嘱的变更和撤销的方式

遗嘱的变更和撤销的方式有以下情形：

第一，遗嘱人另立新的遗嘱，并且在新的遗嘱中明确声明撤销或变更原来所立的遗嘱。我国《继承法》第20条第3款规定："自书、代书、录音、口头遗嘱，不得撤销、变更公证遗嘱。"即遗嘱人若要撤销、变更公证遗嘱，必须再经公证程序，否则不发生撤销、变更的效力。

第二，遗嘱人前后立了几个遗嘱，虽然在后面的遗嘱中并未明确宣布前面的遗嘱撤销或变更，但是，前后遗嘱的内容若相抵触时，则应当以最后所立合法有效遗嘱为准，前面的遗嘱视为被撤销；前后遗嘱的内容部分相抵触的，则视为遗嘱的变更。

《继承法意见》第42条规定："遗嘱人以不同形式立有数份内容相抵触的遗嘱，其中有公证遗嘱的，以最后所立公证遗嘱为准；没有公证遗嘱的，以最后所立的遗嘱为准。"

第三，遗嘱人可以通过自己的与遗嘱内容相抵触的行为，变更、撤销原来所立的遗嘱。《继承法意见》第39条规定："遗嘱人生前的行为与遗嘱的意思表示相反，而使遗嘱处分的财产在继承开始前灭失，部分灭失或所有权转移、部分转移的，遗嘱视为被撤销或部分被撤销。"

(三)遗嘱变更或撤销的效力

遗嘱变更或撤销只要符合变更或撤销的条件，作出之时即可发生效力。遗嘱变更或撤销的效力，就在于使被变更或撤销的遗嘱内容不发生效力。

遗嘱变更的，自变更生效时起，应以变更后的遗嘱内容为准。

遗嘱撤销的，自撤销生效时起，原设立的遗嘱作废，相当于遗嘱人未设立遗嘱。遗嘱人撤销原立遗嘱另立遗嘱的，以新设立的遗嘱内容确定遗嘱的效力；遗嘱人撤销原立遗嘱而未立遗嘱的，视其未立遗嘱。

二、遗嘱的执行

遗嘱执行是遗嘱生效后，使遗嘱中规定的内容得以实现的行为和程序。遗嘱的执行是实现遗嘱继承的重要步骤，不但对确保遗嘱人意志的最终实现有决定性意义，而且对于保障遗嘱继承人及其利害关系人的利益也是必不可少的。

遗嘱由遗嘱执行人执行。确立遗嘱执行人制度，是因为遗嘱人不可能执行遗嘱，而遗产继承人与遗嘱规定的内容有利害关系，加之继承人有可能是无行为能力人，规定与遗嘱没有利害关系的第三人来执行遗嘱，才有利于全面公正地执行遗嘱。

(一)遗嘱执行人的资格

遗嘱执行人的资格，是指遗嘱执行人在执行遗嘱时应具备的民事行为能力。遗嘱的执行是一种民事法律行为,因此,遗嘱执行人应具备一定的条件和资格。

1. 自然人

依我国《民法通则》有关规定的精神,遗嘱执行人应当具备完全民事行为能力,具有一定的社会生活经验,能独立管理并按遗嘱执行遗产分配。

2. 法人和其他组织

遗嘱执行人不限于自然人,遗嘱人生前所在的单位或居住地的居民委员会或村民委员会在没有自然人担任遗嘱执行人或自然人不适合担任遗嘱执行人时可担任执行人。

(二)遗嘱执行人的产生方式

我国《继承法》第 23 条虽然承认遗嘱执行人制度的存在,但对与之相关的一系列问题均未作出明确的规定。我国司法实践中通常的做法是,遗嘱没有指定遗嘱执行人的,一般以法定继承人为遗嘱执行人。

(三)遗嘱执行人的职责

总的来说,执行人为执行遗嘱之必要,有权实施一切与执行有关的行为,同时对不当执行行为所产生的损害后果承担赔偿责任。具体来说,主要包括以下几个方面:

第一,执行人为执行遗产时可占有遗产,但其有妥善保管的义务。

第二,为执行遗嘱的必要,遗嘱执行人可以独立为诉讼行为。

第三,执行人应当严格按照遗嘱人设立的遗嘱处分遗产,确保遗嘱人意愿的实现。

第四,执行人应在遗嘱开始执行时,尽快将遗产得以执行,有放弃继承者,将其放弃份额登记造册,以便转入法定继承。

(四)对遗嘱执行人的保护和限制

遗嘱执行人按照法律规定和遗嘱内容执行遗嘱时,任何人不得妨碍和干涉。继承人或继承人以外的其他人妨害遗嘱执行人执行其职务时,遗嘱执行人有权请求法院予以排除妨碍,并有权请求人民法院责令妨碍活动的人承担由于其行为而给自己和遗嘱继承人造成财产损失的赔偿责任,以保证遗嘱工作的顺利进行。

遗嘱执行人在执行遗嘱时,必须遵守法律的要求和按照立遗嘱人的指示尽妥善义务管理遗产,以维护立遗嘱人、遗嘱继承人和受遗赠人的合法权益。遗嘱继承人和受遗赠人如果发现遗嘱执行人在执行遗嘱时违背了法律规定和遗嘱内容,可以依法向人民法院提起诉讼,要求解除其职务并赔偿由于执行人的违法行为而给自己造成的财产损失。

遗嘱执行人执行遗嘱不当而给继承人或受遗赠人造成损害的,应当承担相应的赔偿责任。由于遗嘱执行人执行遗嘱一般是无偿的,因此,其应仅就自己的故意或重大过失而给继承人或受遗赠人造成的损失进行赔偿。但如果遗嘱执行人是有偿执行遗嘱的,应就自己的过失所造成的损失承担赔偿责任。[①]

---

① 关于外国遗嘱继承制度的比较研究,参见陈苇主编:《外国继承法比较与中国民法典继承编制定研究》,北京大学出版社 2011 年版,第 261～361 页。

【思考题】

1. 试比较遗嘱继承与法定继承的异同点。
2. 简述法律对遗嘱的形式要求。
3. 简述遗嘱执行人的职责。
4. 试述遗嘱成立的条件。
5. 试述我国现行法对遗嘱自由的限制及立法之完善。

【司法考试真题链接】

1. 甲育有二子乙和丙。甲生前立下遗嘱，其个人所有的房屋死后由乙继承。乙与丁结婚，并有一女戊。乙因病先于甲死亡后，丁接替乙赡养甲。丙未婚。甲死亡后遗有房屋和现金。下列哪些表述是正确的？（2012 年）

    A. 戊可代位继承
    B. 戊、丁无权继承现金
    C. 丙、丁为第一顺序继承人
    D. 丙无权继承房屋

2. 甲在乙寺院出家修行，立下遗嘱，将下列财产分配给女儿丙：乙寺院出资购买并登记在甲名下的房产；甲以僧人身份注册的微博账号；甲撰写《金刚经解说》的发表权；甲的个人存款。甲死后，在遗产分割上乙寺院与丙之间发生争议。下列哪一说法是正确的？（2012 年）

    A. 房产虽然登记在甲名下，但甲并非事实上所有权人，其房产应归寺院所有

    B. 甲以僧人身份注册的微博账号，目的是为推广佛法理念，其微博账号应归寺院所有

    C. 甲撰写的《金刚经解说》属于职务作品，为保护寺院的利益，其发表权应归寺院所有

    D. 甲既已出家，四大皆空，个人存款应属寺院财产，为维护宗教事业发展，其个人存款应归寺院所有

3. 甲立下一份公证遗嘱，将大部分财产留给儿子乙，少部分的存款留给女儿丙。后乙因盗窃而被判刑，甲伤心至极，在病榻上当着众亲友的面将遗嘱烧毁，不久去世。乙出狱后要求按照遗嘱的内容继承遗产。对此，下列哪一选项是正确的？（2008 年）

    A. 乙有权依据遗嘱的内容继承遗产
    B. 乙只能依据法定继承的规定继承遗产
    C. 乙无权继承任何遗产
    D. 可以分给乙适当的遗产

4. 甲有二子乙、丙，甲于 1996 年立下遗嘱将其全部财产留给乙。甲于 2004 年 4 月死亡。经查，甲立遗嘱时乙 17 岁，丙 14 岁，现乙、丙均已工作。甲的遗产应如何处理？（2004 年）

    A. 乙、丙各得二分之一
    B. 乙得三分之二，丙得三分之一
    C. 乙获得全部遗产
    D. 丙获得全部遗产

5. 张某李某系夫妻，生有一子张甲和一女张乙。张甲于 2007 年意外去世，有一女

丙。张某在 2010 年死亡,生前拥有个人房产一套,遗嘱将该房产处分给李某。关于该房产的继承,下列哪些表述是正确的?(2011 年)

A. 李某可以通过张某的遗嘱继承该房产

B. 丙可以通过代位继承要求对该房产进行遗产分割

C. 继承人自张某死亡时取得该房产所有权

D. 继承人自该房产变更登记后取得所有权

6. 甲有一子一女,二人请了保姆乙照顾甲。甲为感谢乙,自书遗嘱,表示其三间房屋由两个子女平分,所有现金都赠给乙。后甲又立下书面遗嘱将其全部现金分给两个子女。不久甲去世。下列哪些选项是错误的?(2007 年)

A. 甲的前一遗嘱无效   B. 甲的后一遗嘱无效

C. 所有现金应归甲的两个子女所有   D. 所有现金应归乙所有

7. 王锋与刘青结婚四年后,已生一子王达。1994 年 7 月 5 日,王锋出海打鱼遇台风未归,生死不明。若干年后,其妻刘青向法院申请宣告王锋死亡,法院依法作出宣告死亡判决。经查,王锋结婚后与父母分开生活(其父于 1996 年 10 月 3 日死亡)。王锋因与刘青感情不和且离婚未果而与刘青分居,分居期间王锋盖有楼房 6 间。王锋遇台风后被人相救,因不想再见刘青而未与家庭联系,独自到南方某市打工。1997 年王锋与打工妹陈莹相识并相好,并在该市教堂举行了婚礼,生有一女王莉。陈莹为王锋介绍了一收入颇丰的工作。1998 年 5 月 5 日王锋因摸彩票中奖,获奖金 30 万元。1998 年 6 月 6 日王锋与陈莹各出 10 万元购买了张明的 3 间私房,但未办登记过户手续。1999 年 4 月 8 日,王锋因心脏病发作死亡,临终前告诉了陈莹自己的身世,口头遗嘱将自己原有的 6 间房屋由其母谢兰继承(有 2 名医生在场)。请回答下列问题。(2002 年)

(1)刘青向法院申请宣告王锋死亡,法院应予受理的最早申请日期是哪一天?

A.1998 年 7 月 5 日   B.1998 年 7 月 6 日

C.1996 年 7 月 5 日   D.1996 年 7 月 6 日

(2)设刘青于最早申请日期向法院申请,受理法院依法作出宣告王锋死亡的判决。此时,王锋所建的 6 间房屋应如何继承?

A. 其中 3 间房屋归刘青所有;3 间房屋属王锋遗产,由王锋的继承人继承

B.6 间房屋由刘青、谢兰、天达和王锋之父继承

C.3 间房屋由刘青、谢兰、王达继承

D.6 间房屋由刘青、谢兰、王达继承

(3)王锋彩票中奖所得 30 万元,应由谁继承?

A. 谢兰、王达、王莉   B. 谢兰、刘青、王达、王莉

C. 谢兰、刘青、陈莹、王达、王莉   D. 谢兰、陈莹、王达、王莉

第十三章 遗赠和遗赠扶养协议

第一节 遗 赠

【引例】

为让外公外婆能过个舒适的晚年生活,2008年,蒋某以外公王某的名义买了一套房子,同一年,王某到公证处办理了遗赠手续,并将情况告知了儿女及亲友,表示在他去世后,名下的这套房子归蒋某所有。2010年前后,外公外婆相继去世,蒋某决定去办理房屋过户手续。但让她没想到的是,房管部门认为王某的这份遗赠书已过期,不能据此办理过户手续。

问:蒋某如何才能取得该套房子的所有权?

一、遗赠的概念和特征

(一)遗赠的概念

遗赠,是指公民以遗嘱的方式将其财产的一部分或全部赠送给国家、集体或法定继承人以外的人,并在其死后生效的法律行为。立遗嘱人称为遗赠人,按照遗嘱接受遗产的人称为受遗赠人或遗赠受领人。

遗赠制度早在罗马法上已经存在。现代各国继承立法中均有关于遗赠制度的规定。因处理遗嘱继承与遗赠的关系不同,存在两种立法例:一种是不区分遗嘱继承和遗赠。采用这种立法例有法国、日本等国家;第二种是区分遗嘱继承和遗赠。德国、瑞士以及我国采用此立法例。我国《继承法》第16条第3款规定:"公民可以立遗嘱将个人财产赠给国家、集体或者法定继承人以外的人。"

(二)遗赠的法律特征

1. 遗赠是单方法律行为

遗赠人以遗嘱方式将自己的财产赠给受遗赠人时,不需要征得受遗赠人的同意,不以受遗赠人的意思表示为转移。即使在遗赠生效后,受遗赠人是否接受遗赠也是受遗赠人的自由。受遗赠人是否接受遗赠,并不影响遗赠的有效成立。也正是如此,遗赠人在作出遗赠的意思表示后,仍可以单方面予以撤销或变更。

2. 遗赠是无偿法律行为

受遗赠人接受遗嘱并不支付任何对价。遗赠中有时也可以负某种义务,但所给予的权利应超过所负担义务,因其负担义务与所获得的权利是不对等的,这不影响遗赠的无偿性。

3. 遗赠是遗赠人死后生效的法律行为

遗赠虽然是遗赠人生前作出的意思表示,但只有在遗赠人死亡后才产生法律效力,即遗赠人死亡是受遗赠人取得财产的前提条件。如果遗赠人尚未死亡,即使遗赠人已经设立了遗赠,受遗赠人也无权请求执行遗赠,此时作出的接受或放弃遗赠的意思表示无法律效力。

4. 遗赠是给予受遗赠人财产利益的行为

遗赠人给予受遗赠人的财产利益,可以是财产权利,也可以是财产义务的免除。

5. 受遗赠人必须是法定继承人以外的人

受遗赠人可以是法定继承以外的任何自然人,也可以是国家和集体,但不能是法定继承人范围人的人。如果遗嘱人指定其财产由法定继承人中的一人或数人承受,则属于遗嘱继承。

(三)遗赠的效力

1. 遗赠的生效条件

(1)遗赠人在设立遗嘱时,必须具有完全行为能力。如立遗嘱时遗赠人有行为能力,而后丧失行为能力,不影响遗赠的效力。受遗赠人则要求没有丧失受遗赠权。因为如果受遗赠人对遗嘱人或其直系亲属有违法行为或严重的不道德行为时,若允许其继续保有受遗赠权,则不符合人们的社会生活道德观念和公序良俗的法律原则。

(2)遗赠人所立遗嘱内容必须合法。遗嘱不得违反法律的强行性和禁止性规定,不得违反社会的公共道德和准则。如我国《继承法》第 19 条规定:"遗嘱应当对缺乏劳动能力又没有生活来源的继承人保留必要的遗产份额。"

(3)遗赠人死亡。遗赠是一种死后生效的法律行为,因而遗赠发生法律效力(即生效)的时间标准,一般是遗赠人死亡时,除非有停止条件的遗赠,其条件在遗赠人死亡后成就的,于条件成就时发生效力。

2. 遗赠的无效和不生效

(1)遗赠的无效。如果设立遗赠的遗嘱违反了法定的遗嘱的实质要件和形式要件,那么,该遗赠当然全部或部分无效。

(2)遗赠不生效的情形主要有:受遗赠人先于遗赠人死亡的;受遗赠人丧失受遗赠权的;由于种种原因遗赠物已不属于遗产的范围;附有解除条件的遗赠,遗赠人死亡以前条件已经成就;附有停止条件的遗赠,受遗赠人在条件成就以前已经死亡。

二、遗赠与遗嘱继承、赠与的联系与区别

(一)遗赠与遗嘱继承的联系与区别

1. 遗赠与遗嘱继承的联系

遗赠与遗嘱继承的相同之处为:两者都是公民用立遗嘱的方式处分其财产,并于其死后发生法律效力的单方法律行为,都是遗产所有权转移的方式,都可以附有义务。

2. 遗赠与遗嘱继承的区别

(1)主体的范围不同。遗嘱继承人只能是法定继承人中的一人或数人;而受遗赠人则是国家、集体或法定继承人以外的人。

(2)是否承担义务不同。遗嘱继承人在继承被继承人的遗产时,要负责清偿被继承人的债务;而受遗赠人只享有受遗赠财产的权利,不承担偿还债务的义务。但根据《继承法》第34条的规定,执行遗赠时,须先偿还被继承人的债务,然后将剩余财产执行遗赠。若遗产不足以清偿债务,受遗赠人则不能接受遗赠。

(3)取得遗产的方式不同。遗嘱继承人可以直接参与遗产的分配而取得遗产;而受遗赠人则一般不直接参与遗产的分配,而是从遗嘱执行人或遗嘱继承人那里取得遗产。

(4)接受或放弃权利的要求不同。遗嘱继承人须在遗产处理前作出放弃继承的表示,不表示放弃的,视为接受;而受遗赠人应在知道受遗赠后两个月内作出接受的表示,到期没有表示接受的,视为放弃接受遗赠。

(二)遗赠与赠与的联系与区别

1. 遗赠与赠与的联系

遗赠与赠与的相同之处是两者都是财产所有人处分个人财产的法律行为。

2. 遗赠与赠与的区别

(1)遗赠与赠与的法律性质不同。遗赠是单方民事法律行为,无须经过受遗赠人的同意;赠与是双方民事法律行为,只有赠与人与受赠人双方意思表示一致的才成立。

(2)遗赠与赠与的生效时间不同。遗赠是赠与人死后生效的法律行为;赠与则是赠与人生前完成的法律行为。

(3)遗赠与赠与的方式不同。遗赠只能采取遗嘱的方式;赠与则可采取遗嘱以外的多种方式,只要双方达成合意,以书面、口头形式都可。

(4)处分财产的范围不同。遗赠须采用遗嘱的方式,因而遗赠不得剥夺无独立生活能力又无生活来源的法定继承人的必要的遗产份额;而赠与则无此限制。

第二节 遗赠扶养协议

【引例】

张大妈没有子女,独居在上城区一套四十多平方米的老房子里,市值约80万元。2010年6月,张大妈与陈某夫妇一起到公证处签订了"遗赠扶养协议"。双方约定:今后陈某夫妇负责照料张大妈的日常生活,包括患病期间的照料,直至终老;如果张大妈今后生了病,医保不足支付的部分,全部由陈某夫妇承担。张大妈自愿将房屋遗赠给陈某夫妇。2012年1月,张大妈将陈某夫妇起诉至法院,称陈某夫妇未尽扶养义务,要求解除遗赠扶养协议。经法院查明陈某夫妇已履行了扶养义务。

问:该遗赠扶养协议能否解除? 如解除,张大妈是否要偿还陈某夫妇的扶养费用?

一、遗赠扶养协议概述

（一）遗赠扶养协议的概念

所谓遗赠扶养协议，是指遗赠人（又称被扶养人）与扶养人签订的，由遗赠人遗赠个人财产给扶养人所有，扶养人承担遗赠人生养死葬义务的协议。遗赠扶养协议有两种：一是公民与公民之间签订的遗赠扶养协议；二是公民与集体所有制组织之间签订的遗赠扶养协议。

我国《继承法》第31条规定："公民可以与扶养人签订遗赠扶养协议。按照协议，扶养人承担该公民生养死葬的义务，享有受遗赠的权利。公民可以与集体所有制组织签订遗赠扶养协议。按照协议，集体所有制组织承担该公民生养死葬的义务，享有受遗赠的权利。"这一规定，充分体现了我国继承立法的中国特色，有利于弱势群体生活的保障，减轻了社会负担，弥补了社会救济的不足。

（二）遗赠扶养协议的法律特征

1. 遗赠扶养协议是双务、有偿性质法律行为

遗赠扶养协议中，遗赠人和扶养人相互享有权利的同时又都相互负有义务，且双方当事人在从对方获得权益时都支付了相应的对价，受扶养人按照协议将自己的财产给予扶养人，扶养人依约对受扶养人尽生养死葬的义务。因此，遗赠扶养协议是双务、有偿性质的法律行为。双方法律行为也就是合同行为，只因遗赠扶养协议具有强烈的人身属性，所以是一种特殊的合同。

2. 遗赠扶养协议是诺成性法律行为

遗赠扶养协议自双方意思表示达成一致时即发生法律效力。遗赠扶养协议一经签订，扶养人就应当依约定履行义务。虽然赠与部分在受扶养人死亡后才发生财产转移，但赠与的效力早在遗赠扶养协议成立时已产生。遗赠人对在遗赠扶养协议中确定的遗赠财产，从协议签订生效之日起不得再行处分。

3. 遗赠扶养协议具有效力优先性

《继承法》第5条规定："继承开始后，按照法定继承办理；有遗嘱的，按照遗嘱继承或者遗赠办理；有遗赠扶养协议的，按照协议办理。"这一规定说明，继承开始后，首先看被继承人是否与他人签订有遗赠扶养协议。如果被继承人与他人签订有遗赠扶养协议的，则应按遗赠扶养协议办理。如果没有遗赠扶养协议，再看被继承人是否立有遗嘱，如果被继承人生前立有遗嘱，按遗嘱继承。如果被继承人生前既签订有遗赠扶养协议，又立有遗嘱，继承开始后，分两种情况：一是遗赠扶养协议与遗嘱内容不相矛盾，分别按遗赠扶养协议与遗嘱办理；二是遗赠扶养协议与遗嘱内容相抵触，应按遗赠扶养协议办理，与遗赠扶养协议相抵触的遗嘱全部或部分无效。如果被继承人生前既没有签订遗赠扶养协议，又没有立遗嘱，其遗产才按法定继承办理。

4. 遗赠扶养协议是要式法律行为

对于遗赠扶养协议的形式，继承法没有明文规定。由于遗赠扶养协议涉及遗赠人的

财产处分、扶养人的扶养责任及其他继承人的利益,并且扶养义务的履行与遗赠财产的转移,持续时间可能会很长。基于上述特殊性,遗赠扶养协议应当以书面形式为必要,而不能采用口头形式。

(三)遗赠扶养协议与遗赠的区别

1. 性质不同

遗赠扶养协议是双方法律行为;而遗赠是单方法律行为。遗赠扶养协议的订立、变更、解除和履行,均以双方合意为条件。遗赠人订立、变更、撤销遗嘱无须征得遗赠人的同意。

2. 是否支付代价不同

遗赠扶养协议是有偿法律行为;而遗赠是无偿法律行为。遗赠扶养协议中的双方当事人从对方获得权益时都支付了一定的代价,扶养人以尽扶养义务为条件接受遗赠财产,遗赠人以遗赠为条件接受扶养;而遗赠中的受赠人是单方面地接受某种利益,并不为此支付一定代价。

3. 效力不同

遗赠扶养协议的效力高于遗赠。当遗赠人生前既签订有遗赠扶养协议又有遗赠时,如果遗赠扶养协议与遗赠的内容没有抵触,遗赠人的遗产可分别按遗赠扶养协议和遗赠办理;如果遗赠扶养协议与遗赠内容有抵触,根据《继承法》第5条的规定,遗赠人的遗产只能按遗赠扶养协议处理,与遗赠扶养协议有抵触的遗嘱全部或部分无效。

4. 主体不同

遗赠扶养协议中的受赠人(扶养人)只能是法定继承人以外的公民或集体组织;而遗赠当中的遗赠受领人可以是国家、集体和法定继承人以外的人。

5. 生效时间不同

遗赠扶养协议是从协议签订成立时起发生法律效力;而遗赠是在遗嘱人死亡后发生法律效力。

二、遗赠扶养协议当事人的权利义务

(一)扶养人的权利义务

扶养人的主要义务是对遗赠人负责生养死葬;扶养人的主要权利是在遗赠人死后接受遗赠扶养协议中确定的遗赠财产。

(二)遗赠人的权利义务

遗赠人的主要义务是生前确保遗赠扶养协议中确定的遗赠财产在其死后有效地转移给扶养人;遗赠人的主要权利是生前接受扶养人的扶养,死后得到扶养人的安葬。

遗赠扶养协议一经签订,就具有了法律约束力,双方当事人都必须按协议的规定履行自己的义务。扶养人不得有虐待等不利于遗赠人的行为,也不得随意中断对遗赠人的扶养、照顾或随意降低扶养标准。遗赠人应当妥善保管遗赠财产,不得任意毁坏。遗赠人对遗赠财产除继续享有占有、使用、收益权外,不得再将遗赠财产另行处分。如果因一方或双方不履行义务发生纠纷的,可先进行调解;经调解无效,双方当事人不能继续相处的,可解除遗赠扶养协议。如果是由于扶养人或集体组织无正当理由不履行义务致使协议解除的,不能享有受赠的权利,其支付的供养费用一般不予补偿;如果是由于遗赠人无正当理由不履行义务致使协议解除的,则应偿还扶养人或集体组织已经支付的供养费用。

三、遗赠扶养协议的解除

遗赠扶养协议是双方法律行为,它必须在双方自愿协商一致的基础上才能成立。同样,它的解除也必须经过协商一致才能解除。否则,任何一方无权任意变更或解除协议。遗赠扶养协议的解除,一般有以下两种情况:

第一,双方协商同意,导致协议解除。如果遗赠扶养协议当事人一方的情况发生变化(包括遗赠人另由亲属扶养或扶养人丧失扶养能力等),一方当事人有正当理由,可以要求双方协商解除协议。在双方当事人共同协商一致同意后,遗赠扶养协议即可解除。

第二,一方无正当理由不履行义务,导致协议解除。扶养人或集体组织与公民订有遗赠扶养协议,扶养人或集体组织无正当理由不履行义务,导致协议解除的,不能享有受遗赠的权利,其支付的供养费一般不予补偿。遗赠人无正当理由不履行义务,导致协议解除的,则应偿还扶养人或集体组织已支付的供养费。①

【思考题】

1. 简述遗赠的法律特征。
2. 简述遗赠扶养协议的特征。
3. 简述遗赠与赠与的区别。
4. 试述遗嘱继承与遗赠的区别。
5. 试述遗赠扶养协议的效力。

【司法考试真题链接】

1. 王某立有遗嘱,表示将遗产50万元留给妹妹甲,但此款须全部用于资助贫困大学生。王某死后,甲取得王某的50万元遗产,但并未履行资助义务且无正当理由。王某有一子一女。下列哪些选项是正确的?(2008年)

A. 王某的儿子或女儿可以请求法院取消甲取得遗产的权利

B. 甲的继承权被取消后,按照法定继承原则分配王某的遗产

C. 甲的继承权被取消后,王某的儿子和女儿继承甲的遗产

D. 王某的儿子或女儿必须按照王某的要求履行义务,才能取得王某的遗产

---

① 《继承法意见》第56条。

2. 甲与保姆乙约定：甲生前由乙照料，死后遗产全部归乙。乙一直细心照料甲。后甲女儿丙回国，与乙一起照料甲，半年后甲去世。丙认为自己是第一顺序继承人，且尽了义务，主张甲、乙约定无效。下列哪一表述是正确的？（2012 年）

A. 遗赠扶养协议有效 　　　　　　　 B. 协议部分无效，丙可以继承甲的一半遗产

C. 协议无效，应按法定继承处理 　　 D. 协议有效，应按遗嘱继承处理

3. 甲妻病故，膝下无子女，养子乙成年后常年在外地工作。甲与村委会签订遗赠扶养协议，约定甲的生养死葬由村委会负责，死后遗产归村委会所有。后甲又自书一份遗嘱，将其全部财产赠与侄子丙。甲死后，乙就甲的遗产与村委会以及丙发生争议。对此，下列哪一选项是正确的？（2010 年）

A. 甲的遗产应归村委会所有

B. 甲所立遗嘱应予撤销

C. 村委会、乙和丙共同分割遗产，村委会可适当多分

D. 村委会和丙平分遗产，乙无权分得任何遗产

4. 梁某已八十多岁，老伴和子女都已过世，年老体弱，生活拮据，欲立一份遗赠扶养协议，死后将三间房屋送给在生活和经济上照顾自己的人。梁某的外孙子女、侄子、侄女及干儿子等都争着要做扶养人。这些人中谁不应做遗赠扶养协议的扶养人？（2004 年）

A. 外孙子女 　　　　　　　　　　　 B. 侄子

C. 侄女 　　　　　　　　　　　　　 D. 干儿子

第十四章　遗产的处理

第一节　遗产的接受和放弃

【引例】

郭某2002年6月在一次外出散步时,心脏病突发,经抢救无效死亡。郭大海和郭二海系郭某之子,郭某妻子早年去世。郭大海和郭二海在料理父亲后事中,郭二海即向哥哥提出分割父母留下的房屋和其他财产。郭大海因当时心情悲痛,且一贯不喜弟弟为人,遂未作表示,回家休息。过了几天,郭大海想起弟弟说的话,觉得也有必要将父母留下的遗产和弟弟早日分清楚,不料郭二海已将父母留下的其他财产卖与他人,留下的房子自己一家也已经搬进去居住。郭大海找弟弟理论,郭二海认为"我提出分配遗产你不作表示,分明是你放弃了继承权"。郭大海认为郭二海是强词夺理,于是向人民法院起诉。

问:郭大海在继承开始后未作接受继承的意思表示,是否可以认为其放弃了继承权?

一、遗产的接受

(一)遗产接受的概念

遗产的接受,包括继承的接受和遗赠的接受,是指继承人或受遗赠人为意思表示愿意继承或受遗赠而接受遗产。继承开始后,依法或依照遗嘱享有继承资格的法定继承人或遗嘱继承人,是否实际参加继承取得遗产,应以其是否表示接受继承为依据;受遗赠人是否能实际取得遗产,也应以其是否表示接受遗赠为依据。

(二)遗产接受的法定期限

我国《继承法》第25条规定:"继承开始后,继承人放弃继承的,应当在遗产处理前,作出放弃继承的表示。没有表示的,视为接受继承。受遗赠人应当在知道受遗赠后两个月内,作出接受或者放弃受遗赠的表示。到期没有表示的,视为放弃受遗赠。"也就是说,继承的接受,不论是法定继承还是遗嘱继承,只要继承人没有在继承开始之后遗产分割之前表示放弃,视为接受继承;而遗赠的接受,必须在法定期限内表示,才具有法律效力。

（三）遗产接受的方式

接受继承的表示方式，可以是明示的，也可以是默示的。继承开始后，继承人既可以明确表示接受继承，也可以不表示放弃继承而视为接受继承。而遗赠的接受，必须以明示的方式表示，才具有法律效力。

二、遗产的放弃

（一）遗产放弃的概念

遗产的放弃，包括继承的放弃和受遗赠的放弃，是指继承人或受遗赠人为不接受被继承人遗产的意思表示。继承权或受遗赠权是继承人或受遗赠人享有的一项民事权利，继承人或受遗赠人可以根据自己的意愿予以放弃。

（二）放弃遗产的法定期限

放弃继承意思表示的期限，始于继承开始之时，止于遗产分割之前。因为，在继承开始之前，继承人享有的是继承遗产的民事权利能力。公民的权利能力，开始于出生，终止于死亡，不能被放弃。遗产分割后，继承人表示放弃的已不是继承权，而是其个人财产的所有权。

放弃遗赠的意思表示，受遗赠人应当在知道受遗赠后两个月内作出，到期未作出，视为放弃。

（三）放弃遗产的方式

《继承法》第 25 条规定："继承开始后，继承人放弃继承的，应当在遗产处理前，作出放弃继承的表示。没有表示的，视为接受继承。受遗赠人应当在知道受遗赠后两个月内，作出接受或者放弃受遗赠的表示。到期没有表示的，视为放弃受遗赠。"

放弃继承的意思表示方式，只能是明示的方式。继承人放弃继承应当以书面形式向其他继承人表示。如果用口头方式表示放弃继承，本人承认，或有其他充分证据证明的，也应当认定其放弃有效。在诉讼中，继承人向人民法院以口头方式表示放弃继承的，要制作笔录，由放弃继承的人签名。而受遗赠权的放弃，既可以用明示的方式，也可以用默示的方式。

三、接受和放弃遗产的效力

继承人表示接受或放弃遗产后，将产生一定的法律效力。继承人表示接受遗产，则继承人取得其应继份的所有权。继承人表示放弃遗产的，放弃遗产的效力，追溯到继承开始的时间。《继承法意见》第 50 条规定："遗产处理前或在诉讼进行中，继承人对放弃继承翻悔的，由人民法院根据其提出的具体理由，决定是否承认。遗产处理后，继承人对放弃继承翻悔的，不予承认。"

第二节 遗产的分割

【引例】

刘军与宋某于2000年初结婚,半年后,刘军出车祸身亡,此时妻子宋某已怀孕5个月,一个月后,刘军父亲刘福去世,弟弟刘德料理后事同时提出遗产继承问题,姐姐刘英当场明确表示放弃对父亲遗产的继承权。弟弟刘德表示,既然大姐放弃了继承权,哥哥刘军已经死亡,自己就是唯一的继承人,刘家的全部财产应由自己一人继承,宋某可以带着自己的嫁妆回娘家去,但宋某经过咨询认为应为未出世的胎儿保留财产份额,于是起诉到当地人民法院,要求法院依法保护胎儿的继承权。

问:(1)宋某是否拥有继承权?

(2)继承过程中是否要预留胎儿份额?

一、遗产分割概述

(一)遗产分割的概念

遗产的分割,是指继承开始后,依法在各继承人之间进行遗产分配的法律行为。遗产分割发生在多个继承人共同继承的场合,遗产分割的效果是各共同继承人的共同共有关系消灭,遗产上的权利义务分别归属于各个继承人。因此,分割遗产是遗产处理中的一个重要步骤。

遗产分割不同于实际生活中的分家析产,二者的区别在于:

第一,主体不同。分家析产的主体是家庭共有财产的共有人;参与遗产分割的是遗产管理人、继承人和受遗赠人等。

第二,标的不同。分家析产的标的是家庭共有财产;遗产分割的是死者死亡时遗留的个人合法财产。

第三,产生原因不同。分家析产是基于共有人分割家产的合意而发生;遗产分割则基于被继承人死亡并留有遗产的事实。

(二)遗产分割的时间

1. 遗产分割的时间须在继承开始之后

根据我国《继承法》第2条的规定,遗产继承从被继承人死亡时开始。因此,在继承人有数人的情况下,遗产的分割在被继承人死亡时即可开始。然而在现实生活中,基于我国的风俗习惯,在遗产分割之前,往往要经过一个短暂的共同所有时期。由于遗产分割的目的在于结束各继承人的共同所有,使被继承人遗产上的权利义务各有归属,因此,遗产的共同所有时间的长短完全取决于继承人的意愿,在继承开始以后,继承人可以随时请求分割遗产。

2. 遗产分割的具体时间可由继承人协商

遗产分割的时间以继承开始的时间为起点,但具体在什么时间分割遗产,可由继承人协商确定。对于协商确定的遗产分割时间,除法律另有规定或共有人另有约定的以外,各继承人必须遵守。如继承人对遗产的分割时间不能达成协议时,可由人民调解委员会调解或向人民法院提起诉讼,以确定遗产的分割时间。

（三）遗产分割的原则

第一,尊重被继承人意愿的原则。被继承人在遗嘱中指定遗产的分割方法的,应按遗嘱指定的分割方法进行。

第二,兼顾继承人的具体情况和发挥遗产效用的原则。此原则是指在遗产分割时既要发挥遗产的实际效用,又要兼顾继承人的生产和生活的需要,将遗产尽可能地分给有特殊需要的继承人。我国《继承法》第 29 条规定:"遗产分割应当有利于生产和生活需要。"被继承人的遗产,既有生活资料,又有生产资料,而继承人因年龄、职业等不同,对各具性能的遗产的需求也不同。因此,在分割遗产时,必须考虑到继承人基于生活和生产的需要,对具有特定性能的遗产的需求,从而将遗产分配给最需要该项性能的遗产的继承人,使遗产发挥最大的经济效用。对不需要该项性能的遗产的继承人,可以通过其他遗产或其他方式得到补偿。

第三,应当保留胎儿的继承份额的原则。我国《继承法》第 28 条规定:"遗产分割时,应当保留胎儿的继承份额。胎儿出生时是死体的,保留的份额按照法定继承办理。"即如果死亡的被继承人留有尚未出生的胎儿,继承人在分割遗产时,就应当为该胎儿保留一定的遗产份额。所保留的遗产份额,一般应等同于各继承人所取得的遗产份额的平均数。如果继承人明知被继承人留有胎儿,但在分割遗产时,却未为胎儿保留继承份额,则要从继承人已取得的遗产中扣回。为胎儿保留的遗产份额,如胎儿出生后死亡的,由其继承人继承;如胎儿出生时就是死体的,由被继承人的继承人继承。保留胎儿的继承份额,并不意味着尚未出生的胎儿是独立的民事主体,有独立的继承能力。只有当胎儿出生时是活体时,他才具有民事权利能力,才能以继承人的资格取得被继承人的财产。因而,胎儿的继承份额,应由胎儿的母亲代为保管。

（四）遗产分割的方法

1. 遗产分割的依据

遗产分割的依据,是确定遗产分割方法的重要前提。纵观世界各国的立法例,遗产的分割依据有三种:

（1）依被继承人的指示分割。意思自治是继承法的基本原则之一,依此,被继承人可以在遗嘱中规定遗产分割的方式。对此,在进行遗产分割时,应充分尊重被继承人的意思,按其指示进行分割。

（2）依共同继承人的协议分割。在无前一种情形的情况下,共同继承人可以通过协商,就遗产分割的相关内容达成一致意见。但该协议必须合法,不能损害他人的合法权益。

（3）依法院的裁决分割。共同继承人无法就遗产分割的相关事项达成一致意见时,或有继承人认为分割的方法损害自己的利益时,均有权起诉到人民法院请求裁决分割。人民法院关于遗产分割的裁决结果,具有法律约束力,各继承人应予以执行。

2. 遗产分割的方法

我国《继承法》第 29 条第 2 款规定:"不宜分割的遗产,可以采取折价、适当补偿或者共有等方法处理。"根据该项法律规定,在分割被继承人的遗产时,应当针对遗产的性质而采取相应的分割方法。

(1)对于适宜进行实物分割的遗产,可采用实物分割方法。

(2)对于不适宜进行实物分割的遗产,应采用折价、补偿和共有等方法处理。

二、遗产分割的效力

(一)遗产分割的溯及力

遗产分割的效力应溯及至继承开始之时。因为在继承开始后遗产分割前,遗产为各共同继承人暂时的共同财产。各共同继承人对遗产的整体享有潜在的不确定的应继份,而对各个具体的财产没有应继份。因此,非经全体共同继承人同意,任何一个继承人都无权单独处分遗产。遗产分割的过程,就是各共同继承人将其应继份从共同财产中特定化的过程。遗产分割后,各共同继承人间的应继份就从共同财产中分离出来,为各继承人实际取得而占有,至此,财产共有关系消灭,并视为自始未发生①。

在遗产分割后,各共同继承人对其分得的遗产有权进行处分,故各继承人对其取得的遗产有权出卖或赠与。

(二)遗产分割后各共同继承人相互间对遗产的担保责任

我国《继承法》对遗产分割后各共同继承人相互间对遗产的担保责任未予规定,但现实生活中,往往出现遗产分割后,某继承人分得的遗产有瑕疵,或被追夺,或债权不能被偿付等情况。为维护各共同继承人应得的利益,使遗产的分割公平合理,各共同继承人相互之间对分得的遗产应承担一定的担保责任。这样,在遗产分割后,如某继承人分得的遗产有瑕疵,或被追夺,或债权不能被偿付等,他有权请求其他共同继承人重新(按各自应继份)分割遗产,而其他共同继承人则负有按其请求重新分割遗产,或按各自应继份的比例分别对该继承人予以补偿的义务。

1. 对遗产瑕疵的担保责任

这是指遗产分割后,各共同继承人对其他继承人因分割所得的遗产瑕疵,在一定条件下负有担保责任。承担此担保责任必须具备的条件是:

第一,遗产的瑕疵必须是在遗产分割前就已经存在。

第二,遗产的瑕疵必须是非因分得该物或权利的继承人本人的过失而产生。

第三,遗产的瑕疵必须是分得该遗产的继承人在遗产分割时不知其存在。

第四,各共同继承人之间对遗产瑕疵的担保责任,未经被继承人用遗嘱予以免除,也

---

① 刘春茂主编:《中国民法学·财产继承》,中国人民公安大学出版社 1990 年版,第 596 页。

未被各共同继承人以契约加以限制。

2. 对遗产被追夺的担保责任

这是指遗产分割后,各共同继承人对其他继承人所分得的遗产,承担因遗产被追夺的担保责任。现实生活中继承人所分得的遗产有时会发生被追夺的情况,或是因为其分得的财产,原来并不是被继承人的财产;或是因为其分得的财产虽原来是被继承人的财产,但被继承人生前对该财产已进行了处分(已出卖或赠与他人),但在遗产分割时,各继承人因不知实情,误认为属于遗产加以分割,以致出现某继承人分得的遗产被追夺,对此其他共同继承人应负担保责任。

3. 对债权的担保责任

各共同继承人对其他继承人分得的债权应负的担保责任,有以下两种情况:

第一,对未附停止条件而已届清偿期或不定期的债权,各共同继承人就遗产分割时债务人的支付能力,承担担保责任。[①]

第二,对附有停止条件或尚未到期的债权,各共同继承人对分得此种债权的继承人,仅就条件成立时或清偿期到来时债务人的支付能力承担担保责任。

第三节　被继承人债务的清偿

【引例】

楼某系被继承人楼大名之子。楼大名老伴早逝,只有一个儿子楼某。楼大名退休之后,不愿和儿子、儿媳一家共同生活,自己一人仍在承租的公房中独自居住。2001 年 10 月,楼大名向朋友马某借款 2 万元,随一旅游团出国旅游。在旅游途中,楼大名不幸染病,回家不久死亡。马某得知楼大名死亡的消息,持借条向楼某索要借款。楼某用父亲留下的遗产全部折价(合 1.2 万元)还款,但仍有 8000 元不够偿还。马某要求楼某个人将剩余的部分偿还,但楼某认为自己没有义务还这笔钱。马某遂向人民法院起诉。

问:(1)楼某是否有义务代父亲清偿生前债务?

(2)楼某如需要代父清偿则清偿原则是什么?

债权人利益保护问题从根本上说是一个社会经济秩序问题。这个问题存在于社会经济生活的各个领域。随着财产继承制度的确立,其在财产继承领域表现尤为突出。继承制度的目的不但是要保护继承人的利益,而且要保护被继承人的债权人的利益。

---

① 关于外国遗产分割制度的比较研究,参见陈苇主编:《外国继承法比较与中国民法典继承编制定研究》,北京大学出版社 2011 年版,第 497～568 页。

一、被继承人债务的确定

(一)被继承人债务的概念

被继承人的债务,是指被继承人生前应当偿还到死亡时尚未偿还的债务。无论是公法上的债务,还是私法上的债务,在被继承人死后,均应由接受遗产的继承人承担清偿责任。

(二)被继承人债务的特征

1. 被继承人的债务是其生前所欠的

关于被继承人的殡葬费是否属于被继承人的个人债务,应当区分两种情况:第一种情况,被继承人死亡时,有应当对被继承人履行法定义务人的,其对被继承人应当履行生养死葬的义务。当被继承人死亡时,法定义务人殡葬被继承人欠下的债务,是其履行法定义务欠下的个人债务,应由其本人偿还,而不是被继承人的债务;第二种情况,被继承人死亡时,被继承人没有法定义务人,殡葬被继承人欠下的债务,应当属于被继承人的个人债务,用被继承人的遗产来清偿。

2. 被继承人的债务是为满足被继承人个人需要所欠的

被继承人的债务是为满足被继承人个人需要所欠的,即指与家庭共同生活需要或增加家庭共有财产、偿还家庭共同债务无关,只是用来满足被继承人个人某种特殊需要而欠下的债务。否则,无论是否以被继承人名义欠下的,均应属于家庭共同债务,应以家庭共有财产清偿。如果家庭共有财产不足清偿的,则由家庭成员分担偿还责任,只有被继承人应当分担的部分才属于被继承人遗产债务的范围。

二、清偿被继承人债务的原则

(一)基本原则

1. 诚实信用原则

诚实信用原则是民法的基本原则,适用于民事活动的各个领域。诚实信用原则要求人们在民事活动中恪守信用,诚实不欺,善意地行使权利,善意地履行义务。如果继承人违反这一原则,欺诈债权人,即应承担不利的法律后果。继承制度,特别是关于债权人利益保护制度的设计应体现诚实信用的原则。这不但是保护债权人利益的需要,也是净化社会道德,维持经济秩序的需要。

2. 基本生活保障原则

生存权是最基本的人权。一个人死后,他的遗产应当首先用于解决依靠死者生活且没有生活来源的继承人的生活之必需。也就是说,如果继承人中有缺乏劳动能力又无生活来源的人,即使死者的财产不足以清偿债务时,也应当为这些缺乏劳动能力又无生活来源的继承人保留适当的财产,因为人的基本生活保障应当放在最优先的位置。

3. 公平原则

这一原则包括两方面的内容:一方面,债务的清偿以积极财产的现存价值为限;另一方面,申报债权的各债权人,在积极财产的现存实际价值范围内按比例受偿。

(二)清偿被继承人债务的具体原则

1. 继承人清偿被继承人的债务,以接受继承为前提

我国《继承法》第33条规定:"继承遗产应当清偿被继承人依法应当缴纳的税款和债务","继承人放弃继承的,对被继承人依法应当缴纳的税款和债务可以不负偿还责任"。根据这一规定,凡是表示接受继承的继承人,在继承遗产的同时,应承担相应的财产义务,即负责清偿被继承人的债务。如果放弃继承,则不承担清偿被继承人债务的责任。当国家或集体组织接受了无人继承且无人受遗赠的遗产时,也应在遗产的实际价值范围内负责清偿被继承人的债务。

2. 清偿被继承人债务,以遗产的实际价值为限

我国《继承法》第33条第1款规定:"继承遗产应当清偿被继承人依法应当缴纳的税款和债务,缴纳税款和清偿债务以他的遗产实际价值为限。超过遗产实际价值部分,继承人自愿偿还的不在此限。"这表明,我国采取限定继承原则,即接受遗产的继承人对被继承人的债务不是承担无限清偿责任,而只在他所接受遗产的实际价值范围内承担清偿被继承人债务的责任。当然,法律也并不禁止继承人自愿以自己的财产,清偿超过被继承人遗产实际价值范围的债务。

3. 对继承人中有缺乏劳动能力又没有生活来源的人,即使遗产不足清偿债务,也应为其保留适当遗产

根据《继承法意见》第61条规定:"继承人中有缺乏劳动能力又没有生活来源的人,即使遗产不足清偿债务,也应为其保留适当遗产,然后再按继承法第三十三条和民事诉讼法第一百八十条[①]的规定清偿债务。"

4. 清偿被继承人债务,优先于执行遗赠

我国《继承法》第34条规定:"执行遗赠不得妨碍清偿遗赠人依法应当缴纳的税款和债务。"根据这一规定,在继承开始后,必须对被继承人的债务予以清偿。债务清偿完毕后,如遗产还有剩余,可执行遗赠;如遗产无剩余,则不再执行遗嘱。这项规定对防止继承人以遗赠为名转移遗产而不履行清偿债务的义务,保护债权人的合法权益,是有积极意义的。需注意的是,清偿被继承人债务优先于执行遗赠的原则,应只适用于遗嘱中的遗赠,而不应适用于遗赠扶养协议中的"遗赠"。

三、清偿被继承人债务的方法

我国《继承法》上没有明确规定遗产债务的清偿方法,司法实践中一般采用下列方法

---

① 　1982年10月1日试行的《民事诉讼法》第180条:"被执行人被执行的财产,不能满足所有申请人要求的,按下列顺序清偿:(一)工资、生活费;(二)国家税收;(三)国家银行和信用合作社贷款;(四)其他债务。"现行《民事诉讼法》并无此债务清偿顺序的规定,但该法第232条规定了"作为被执行人的公民死亡的,以其遗产偿还债务"。

进行:①

第一种方法是总体清偿法,又称一次性清偿法,是指继承人在遗产分割前,首先用遗产偿还被继承人的全部债务,使各债权人的债权得以完整地实现。如遗产在清偿债务后有剩余时,各继承人再按继承遗产份额的多少,扣除其应承担的偿还被继承人债务的比例份额,以获得其应继承的遗产。

第二种方法是个体清偿法,又称个人清偿法,是指各继承人在遗产分割后,按各自继承遗产的份额比例分担清偿被继承人债务的份额,并在其继承遗产的实际价值范围内对被继承人的债务承担清偿责任,但债权人债权的实现,则是分散的,而不是一次性的。

四、清偿被继承人债务的顺序

当债权人为一人,或者遗产足以清偿全部债务时,继承顺序的确定无实际意义。但是,当有多个债权人存在,且遗产又不足以清偿全部遗产债务时,就会发生债务的清偿顺序问题。

1. 总体清偿法下的债务清偿顺序

在遗产分割前,如遗产不能偿还被继承人的全部债务的,考虑到债权的性质,清偿被继承人的债务应当遵循如下顺序:

(1)在遗产上享有担保物权的债权。按我国现行法律的规定,担保物权包括抵押权和留置权。在遗产上享有抵押权或留置权的债权人,在抵押物价值的限度内,可以比其他债权人享有优先受偿的权利。对债权额超过抵押物价值的部分,列入普通债权,不再享有优先受偿权。

(2)为保全和分配遗产而发生的债权。为保全遗产而发生的债权,主要是指为避免遗产减少、毁损等所应支付的费用,如遗产的保管、保养等所应支付的费用。为分配遗产所发生的债权,主要是指具体分割遗产过程中发生的必要支付,如拍卖遗产所应支付的费用等。在遗产不足以清偿全部债务时,为保全和分配遗产所发生的债权,是为全体债权人的利益而发生的支付,故应优先拨付。否则,如果因遗产保全费用的支付无法保障而使遗产遭受损失,或者因分割遗产费用的支付无保障而使债务清偿无法顺利进行,必将使债权人的利益受到更大的损害。

(3)工资和生活费债权。这是指应当由被继承人支付的工资和抚养、赡养费。被继承人生前没有支付,死后应从其遗产中优先拨付,以保证公民或受扶养人的基本生活需要。

(4)其他普通债权。这是指除上述债权人外的普通债权。遗产在清偿前述三项债权后如果还有剩余,可以用于清偿其他普通债权。在遗产不足清偿全部债务时,对其他普通债权则应当按比例清偿,以保证普通债权人能够公平受偿。

2. 个体清偿法下的债务清偿顺序

遗产已被分割而未清偿债务时,为了保护债权人的利益,同时考虑到各种继承方式的法律效力,清偿被继承人的债务应当遵循如下顺序:

(1)由法定继承人首先在遗产实际价值范围内负担清偿被继承人的债务。如果法定

---

① 郭明瑞、房绍坤:《继承法》,法律出版社 1996 年版,第 215 页。

继承人所取得的遗产实际价值不足以清偿被继承人的全部债务,则不足部分再由遗嘱继承人和受遗赠人按所得遗产份额的比例负责清偿。

(2)如果仅有遗嘱继承人和受遗赠人取得了遗产,应当由遗嘱继承人和受遗赠人按照各自取得遗产份额的比例清偿被继承人债务。这是因为"限定继承原则"同样适用于遗嘱继承方式。在被继承人用遗嘱仅指定遗嘱继承人取得其遗产中的财产权利而对其财产义务的负担未做任何安排的情况下,为了保护债权人的合法权益,就必须由表示接受继承的遗嘱继承人承担清偿被继承人债务的责任。至于受遗赠人之所以也要在遗产分割后以其取得的遗产承担清偿被继承人债务的责任,这是由清偿被继承人债务优先于遗赠的法律原则所决定的。

第四节　无人承受的遗产和"五保户"遗产的处理

【引例】

刘甲 18 岁的时候父母因意外双双去世。至此刘甲作为独子一人生活,并一直未婚。2001 年刘甲暴病身亡,留下房屋 2 间和遗产若干,折合人民币价值 1.2 万元。刘甲的侄子刘某虽然生前和其较少来往,但此时为了占有刘甲留下的遗产,便出 400 元葬了刘甲,然后住进了刘甲留下的房屋,占有刘甲的财产。村委会认为刘某并不是刘甲的继承人,刘甲也没有遗嘱指定刘某继承遗产,遂要求刘某将遗产交给村里。但刘某认为,自己是刘甲的侄子,并且安葬了刘甲,理应继承这笔遗产。双方发生争执。

问:(1)刘甲财产的性质是什么?

(2)刘甲的财产该如何处理?

一、无人承受遗产的处理

(一)无人承受遗产的概念

无人承受的遗产,又称绝产,是指死亡公民遗留的财产既无人承受又无人受遗赠。被继承人死亡后,出现下列情况之一时,其遗产便成为无人承受的遗产。[1]

第一,被继承人没有法定继承人、遗嘱继承人或受遗赠人。

第二,法定继承人、遗嘱继承人或受遗赠人都放弃继承或拒绝受遗赠。

第三,法定继承人、遗嘱继承人都丧失了继承权。

第四,被继承人用遗嘱的方式取消了所有继承人的继承权。

第五,遗嘱只处分了部分财产而又无法定继承人时,未作处分的遗产即属无人继承的遗产。

---

[1]　关于"无人承受遗产"的含义,中国大陆学者主要有四种观点,参见陈苇、宋豫主编:《中国大陆与港、澳、台继承法比较研究》,群众出版社 2007 年版,第 439~441 页。

（二）无人承受遗产的处理

《继承法》第 32 条规定："无人继承又无人受遗赠的遗产,归国家所有;死者生前是集体所有制组织成员的,归所在集体所有制组织所有。"

无人继承又无人受遗赠的遗产,无论归国家所有或为集体组织所有,死者生前所欠下的债务,应首先从遗产中清偿。对债务的清偿也同样适用限定继承的原则,即清偿债务以死者的遗产实际价值为限,超过部分,国家或集体所有制组织不负偿还责任。

同时,最高人民法院在司法解释中又说明,遗产因无人继承收归国家或集体组织所有时,按《继承法》第 14 条规定可以分给遗产的人提出取得遗产要求的,人民法院应视情况适当分给遗产。

二、"五保户"遗产的处理

（一）五保制度的本质

五保制度是我国农村集体经济组织的一项社会保障制度。根据 2006 年《农村五保供养工作条例》①第 6 条的规定,老年、残疾或者未满 16 周岁的村民,无劳动能力、无生活来源又无法定赡养、抚养、扶养义务人,或者其法定赡养、抚养、扶养义务人无赡养、抚养、扶养能力的,享受农村五保供养待遇。五保供养的内容包括保吃、保穿、保住、保医、保葬。

（二）遗赠扶养协议与"五保"协议

总的来看,遗赠扶养协议与"五保"协议不能等同。两者的区别在于:一是"五保"协议是单务协议;二是"五保"协议强调合同的监督、管理;三是"五保"协议具有强烈的社会福利性。

（三）"五保户"遗产的处理

集体组织对"五保户"实行五保时,双方有扶养协议的,按协议处理;没有扶养协议,死者有遗嘱继承人或法定继承人要求继承的,按遗嘱继承或法定继承处理,但集体组织有权要求扣回"五保"费用。②

---

① 根据国务院令第 456 号,2006 年 3 月 1 日实施的《农村五保供养工作条例》取代了 1994 年 1 月 23 日国务院发布的《农村五保供养工作条例》。

② 《继承法意见》第 55 条。需说明的是,2000 年 6 月 30 日《最高人民法院关于如何处理农村五保对象遗产问题的批复》中认为:"农村五保对象死亡后,其遗产按照国务院《农村五保供养工作条例》第十八条、第十九条的有关规定处理。"1994 年《农村五保供养工作条例》第 18 条规定,五保对象的个人财产,其本人可以继续使用,但是不得自行处分;其需要代管的财产,可以由农村集体经济组织代管。第 19 条规定,五保对象死亡后,其遗产归所在的农村集体经济组织所有;有五保供养协议的,按照协议处理。但 2006 年的《农村五保供养工作条例》已删除原第 18 条、第 19 条的相关内容。

【思考题】

1. 遗产分割的原则和方法有哪些？
2. 如何清偿被继承人生前的债务和税款？
3. 何谓无人继承的遗产？怎么处理无人继承的遗产？

【司法考试真题链接】

1. 甲被法院宣告死亡,甲父乙、甲妻丙、甲子丁分割了其遗产。后乙病故,丁代位继承了乙的部分遗产。丙与戊再婚后因车祸遇难,丁、戊又分割了丙的遗产。现甲重新出现,法院撤销死亡宣告。下列哪种说法是正确的?(2006年)

A. 丁应将其从甲、乙、丙处继承的全部财产返还给甲

B. 丁只应将其从甲、乙处继承的全部财产返还给甲

C. 戊从丙处继承的全部财产都应返还给甲

D. 丁、戊应将从丙处继承的而丙从甲处继承的财产返还给甲

2. 甲死后留有房屋1套、存款3万元和古画1幅。甲生前立有遗嘱,将房屋分给儿子乙,存款分给女儿丙,古画赠与好友丁,并要求丁帮丙找份工作。下列哪种说法是正确的?(2006年)

A. 甲的遗嘱部分无效

B. 若丁在知道受遗赠后2个月内没有作出接受的意思表示,则视为接受遗赠

C. 如古画在交付丁前由乙代为保管,若意外灭失,丁无权要求乙赔偿

D. 如丁在作出了接受遗赠的意思表示后死亡,则其接受遗赠的权利归于消灭

3. 甲死后留有房屋一间和存款若干,法定继承人为其子乙。甲生前立有遗嘱,将其存款赠与侄女丙。乙和丙被告知3个月后参与甲的遗产分割,但直到遗产分割时,乙与丙均未作出是否接受遗产的意思表示。下列说法哪一个是正确的?(2004年)

A. 乙、丙视为放弃接受遗产　　　B. 乙视为接受继承,丙视为放弃接受遗赠

C. 乙视为放弃继承,丙视为接受遗赠　　D. 乙、丙均应视为接受遗产

4. 下列哪一行为可引起放弃继承权的后果?(2011年)

A. 张某口头放弃继承权,本人承认

B. 王某在遗产分割后放弃继承权

C. 李某以不再赡养父母为前提,书面表示放弃其对父母的继承权

D. 赵某与父亲共同发表书面声明断绝父子关系

5. 徐某死后留有遗产100万元。徐某立有遗嘱,将价值50万元的房产留给女儿,将价值10万元的汽车留给侄子。遗嘱未处分的剩余40万元存款由妻子刘某与女儿按照法定继承各分得一半。遗产处理完毕后,张某通知刘某等人,徐某死亡前1年向其借款,本

息累计 70 万元至今未还。经查,张某所言属实,此借款系徐某个人债务。女儿应向张某偿还多少钱?(2008 年)

A. 20 万元　　　　　　　　　　B. 40 万元

C. 49 万元　　　　　　　　　　D. 50 万元

6. 何某死后留下一间价值六万元的房屋和四万元现金。何某立有遗嘱,四万元现金由四个子女平分,房屋的归属未作处理。何某女儿主动提出放弃对房屋的继承权,于是三个儿子将房屋变卖,每人分得两万元。现债权人主张何某生前曾向其借款 12 万元,并有借据为证。下列哪些说法是错误的?(2009 年)

A. 何某已死,债权债务关系消灭

B. 四个子女平均分担,每人偿还三万元

C. 四个子女各自以继承所得用于清偿债务,剩下两万元由四人平均分担

D. 四个子女各自以继承所得用于清偿债务,剩下两万元四人可以不予清偿

7. 马俊 1991 年去世,其妻张桦 1999 年去世,遗有夫妻共有房屋 5 间。马俊遗有伤残补助金 3 万元。张桦 1990 年以个人名义在单位集资入股获得收益 1 万元。双方生有一子马明,1995 年病故。马明生前与胡芳婚后育有一子马飞。张桦长期患病,生活不能自理,由表侄常生及改嫁儿媳胡芳养老送终。5 间房屋于 2001 年 11 月被拆迁,拆迁单位与胡芳签订《危旧房改造货币补偿协议书》,胡芳领取作价补偿款、提前搬家奖励款、搬迁补助费、货币安置奖励费、使用权补偿款共计 25 万元。请回答以下问题。(2005 年)

(1)下列各项中何者属于遗产?

A. 提前搬家奖励款　　　　　　B. 搬迁补助费

C. 货币安置奖励费　　　　　　D. 使用权补偿款

(2)马俊的伤残补助金、张桦集资入股收益的性质应如何确定?

A. 伤残补助金和集资收益均为个人财产

B. 伤残补助金为个人财产,集资收益为夫妻共同财产

C. 伤残补助金为夫妻共同财产,集资收益为个人财产

D. 伤残补助金和集资收益皆为夫妻共同财产

(3)下列关于常生可否得到补偿的说法何者正确?

A. 应当得到补偿,分配数额应当小于法定继承人

B. 应当得到补偿,分配数额可以等于或大于法定继承人的继承份额

C. 如常生明知法定继承人分割遗产而未提出请求,即丧失遗产分配权

D. 如常生要求参与分割遗产,应在继承开始后 1 年内提出请求

(4)下列关于胡芳及其子女遗产继承权的说法何者正确?

A. 胡芳对张桦尽了主要赡养义务,应列为第一顺序继承人

B. 马飞对张桦的遗产享有代位继承权

C. 胡芳再婚后所生子女对张桦的遗产享有代位继承权

D. 马飞对马俊的遗产享有转继承权

图书在版编目(CIP)数据

婚姻家庭与继承法/曹贤信主编. —厦门:厦门大学出版社,2013.8
江西省法学教材系列
ISBN 978-7-5615-4631-4

Ⅰ.①婚… Ⅱ.①曹… Ⅲ.①婚姻法-中国-高等学校-教材②继承法-中国-高等学校-教材
Ⅳ.①D923.9②D923.5

中国版本图书馆 CIP 数据核字(2013)第 100779 号

厦门大学出版社出版发行

(地址:厦门市软件园二期望海路 39 号 邮编:361008)

http://www.xmupress.com

xmup @ xmupress.com

三明日报社印刷厂印刷

2013 年 8 月第 1 版 2013 年 8 月第 1 次印刷

开本:787×1092 1/16 印张:19.5 插页:2

字数:468 千字 印数:1~3 000 册

定价:31.00 元

本书如有印装质量问题请直接寄承印厂调换